ANTHOLOGY OF HEBREW POETRY IN GREECE, ANATOLIA AND THE BALKANS

by

Leon J. Weinberger

HEBREW UNION COLLEGE PRESS
Cincinnati, Ohio

Distributed by
THE UNIVERSITY of ALABAMA PRESS
University, Alabama

Published with the assistance of the
LOUIS AND MINNA EPSTEIN FUND
of the
AMERICAN ACADEMY FOR JEWISH RESEARCH

Cover Design, Hebrew: Bernard Honan
Typist, Hebrew: Edna Burg
English: Sue Brannon

Library of Congress Cataloging in Publication Data
Main entry under title:

Anthology of Hebrew poetry in Greece, Anatolia and the Balkans.
Bibliography: p.
1. Hebrew poetry—Greece. 2. Hebrew poetry—Asia Minor. 3. Hebrew poetry—Balkan Peninsula.
I. Weinberger, Leon J.
PJ5040.A5 892.4'1'008 75-34119
ISBN 0-8173-8525-8

Manufactured in the United States of America

THE HEBREW POETS FROM EASTERN EUROPE AND ANATOLIA*

It was Leopold Zunz who began the systematic study of the synagogue poets, their poetry and use of language and the synagogue ritual itself among other things, and laid the foundation for a century and half of productive research in this field. In recent years, students of the subject in expanding on the efforts of Zunz have tended to deal with the synagogue poets in their separate geographic setting. Thus, for example, Menaḥem Zulay concentrated his work on the poets of Palestine (Yannai) and Babylon (Saadia Gaon) among others, J. Schirmann on Italy, Spain and the Provence and A.M. Habermann on the Franco-Germans.[1] The literature on the synagogue poets of eastern Europe, i.e. Greece and the Balkan States, is not nearly as extensive as that devoted to the regions previously mentioned. A major contributing cause for this is the paucity of identifiable Jewish literary materials from eastern Europe[2] although from the years 1096 to 1348-9 alone there were eleven major and fourteen lesser Jewish communal centers in Greece, Anatolia and the Balkan States.[3] The foremost literary source for this region during the early and high middle ages remains the prayer book of the people, in this case the Maḥzor Roumania and to a lesser extent the Maḥzorim from Korfu[4] and Kaffa[5].

The Maḥzor Roumania[6] has been preserved in three printed editions:

1. Constantinople 1510 (Bodleian, Oxford Opp. Add. 4 V 96 and 283

2. Venice 1522-3 (Bodleian, Oxford Opp. Add. 4 V 32 and Jewish Theological Seminary 8448)

3. Constantinople 1574 (Bodleian, Oxford, Opp. Add. 4 V 32 a and Jewish Theological Seminary 8446)

and in the following manuscript versions: (1) Oxford, Neubauer Catalogue 1082 (c. 1350); (2) Oxford, 1144 (1263); (3) Oxford, 1168 (c. 1500); (4) Oxford, 2501 (c. 1400); (5) New York, Jewish Theological Seminary, Adler, 4027 (c. 1250); (6) Vatican Library, Assemani, 320 (c. 1350);[7] (7) Bibliotheque Nationale, Paris, 606 (1250?); (8) Paris, 616 (1400); (9) University of Bologna Library, 3574A (1550); (1) London, Jews College, Montefiore Coll., 220 (c. 1350); (11) British Museum, 685 (1350); (12) Parma, 997 (c. 1350) and (13) Asher Myers Fragment, Jewish National and University Library, Institute of Microfilms of Hebrew Ms. Jerusalem. It is

---

*The following is an expanded version of the earlier, L.J. Weinberger, "Greek, Anatolian and Balkan Synagogue Poets," in Texts and Responses, Studies Presented to Nahum Glatzer, Fishbane and Flohr ed. (Leiden, E.J. Brill, 1975) pp. 108ff.

not likely that Ms. Oxford, 2895, Ms. Parma, 1192 and Ms. National and University Library, Jerusalem 3302, 8⁰ are of the Byzantine ritual which has clearly distinguishable characteristics as has been demonstrated by Zunz and recently by D. Goldschmidt.[8]

Although the Maḥzor Roumania was the synagogue ritual of the Jews in Greece, Anatolia and the Balkans, it preserved, in addition to numerous works by its native sons, the poetry of Palestinians like Qalir and Babylonians like Saadia as well as the works of the Italian, Spanish, North African and Franco-German schools. Thus there arises the major problem in the study of the poets from Eastern Europe. How can one identify the poet as originating from Greece, Anatolia and the Balkans?

I would suggest the following criteria that may be used for this purpose. (1) The poet's place of origin is added to his name as for example Abraham b. Jacob of Kastoria, Elijah ha-Kohen Ẓelebi of Anatolia, Elijah Philosoph b. Eliezer of Candia and others. (2) The poet is mentioned by Judah al-Ḥarizi in his Taḥkemoni[9] as originating from Greece as for example Moses b. Hiyya from whose pen more than twenty poems have survived. (3) The poem has above it an inscription giving its author and his place of origin as for example Ms. J.T.S. New York, Adler 4027 (p. 37): "Qinah by R. Mordecai of Nicaea." and others. (4) The poet is listed in the Taqqanot Candia as being from this region as for example Jacob b. Eliezer and Malkiel b. Meir.[10] (5) The poet makes use of Greek words or expressions as do Anatoli b, David Qazani, Shmarya of Rabiyoanno and others. (6) All or most of the poets liturgical works survive only in the Maḥzor Roumania. (7) L. Zunz and/or S.D. Luzzatto state that the poet originates from Greece, Anatolia or the Balkans.

More than fifty poets from this region are known to us by name. It is a testament to their popularity that their liturgical compositions were included in the prayerbooks of communities other than those in Greece. Some eleven other rituals such as the Asti, Fossano and Moncalvo in the Piedmont, the Aram Zoba, the Ashkenaz, the Turin, the Kaffa, the Polish, the French, the Cochin, the Korfu, the Karaite and the Bene Roma have preserved the works of the Greek poets.

The earliest poets from this region are Benjamin b. Samuel of Qushtani and Isaac b. Judah. The works of both were accepted into the old French ritual and both show evidence of being familiar with Merkabah Mysticism and the Hekhalot literature. Benjamin b. Samuel lived no later than the first half of the 11th century and was known to and revered by Rashi and the Tosafists. He calls himself "poyyetan", -- a Greek appelation in contrast to the Aramaic "payyetan". I have elsewhere written about his anti-Christian polemics and his familiarity with Shi'ur Qomah speculation.[11] It is equally noteworthy that in his great Qerobah for Shavuot "Arukha Me'eretz Middah" (D. Aleph 7639) his phrasing in addressing the Torah is reminiscent of the "song of the kine".[12]

"עלי קנויית קדם והתנופפי בבית הדריך"

Arise O Primeval Purchase and stretch forth in the house of thy majesty.

"ימינית ושמאלית עדי עדויה"

(Bedecked) with the finest ornaments on both sides (lit. right and left)

Gershom Scholem has already shown the relationship of the "song of the kine" to the Merkabah hymns where the Holy Living Creatures sing hymns to the divine throne while carrying it even as the kine while bearing the Ark sing hymns to it.[13] It is likely that Benjamin b. Samuel who was familiar with the Hekhalot literature was aware of the connection between these two groups of singers.

Scholars have long been divided on the question of Benjamin b. Samuel's provenance. L. Zunz[14] and those who follow him like S. Bernstein[15], D. Goldschmidt[16], B.Z. Dinur[17] and the contemporary A.M. Haberman[18] interpret Qushtani as referring to Coutances in Normandy, France while others like A. Epstein[19] and I. Davidson[20] and the contemporaries S. Baron[21] and Ch. Schirman[22] argue for a Byzantine provenance, challenging the identification of Qushtani with Coutances, since historically the latter community was hardly known as a Jewish center. Moreover, they argue, Benjamin b. Samuel in one of his poems signs his name in an acrostic and adds the Greek poyyetan appelation. Also most of his works have been preserved in the Roumanian (Greek) synagogue ritual.[23] Following is an attempt to establish with certainty that Benjamin b. Samuel was not from France due to a number of anti-Qaraite statements that he makes. Such statements were common among Rabbanites like Tobias b. Eliezer of Byzantium[24] where Qaraites flourished but not among the Jewish sages of France where no Qaraite influence is in evidence.

One of the issues dividing Qaraites and Rabbanites was over the method to be used in establishing the Jewish calendar. Unlike the Rabbanite calendar in the Middle Ages which was precalculated and mathematically computed for all time and in all lands, the Qaraite calendar required the monthly testimony on the appearance of the New Moon ('edei r'iyah) in order to determine Rosh Chodesh, the first day of each individual month. It also required the annual report on the state of crops in Palestine in order to intercalate the leap year when the 'abib, i.e. the new barley crop ripened. This event signalled the coming of spring and the advent of another calendar year. Thus the determination of when the first month of Nisan was to be declared depended directly on the appearance of the Holy Land 'abib. If therefore the 'abib was late in coming the year was intercalated. This made for wide differences between the flexible Qaraite and inflexible Rabbanite calendars on when the Biblical holy days and festivals were to be observed.[25]

In the ensuing polemics on this issue the arguments put forth by Qaraites like the 10th century Ya'qub al-Qirqisani and the 12th century Yehuda Hadassi is that the pre-calculated and mathematically computed Rabbanite calendar is contrary to Scripture and is an innovation by the amora {R.} Isasc Nappacha and transmitted by {R.} Chai ben David (or Chai ben Nachshon)[26] in the Gaonic period.[27] Saul Lieberman has observed that both Hadassi and al-Qirqisani were aware of an older tradition in which the precalculated calendar was attributed to the tanna Rabban Gamaliel however for their polemical purposes they cited the later tradition making the amora Isaac Nappacha who was not even a descendent of the princely house of Hillel, responsible for this "innovation".[28]

In defending against these arguments the Byzantine Rabbanite Tobias b. Eliezer declares that the monthly testimony on the appearance of the New Moon ('edei r'iyah) is frequently impractical as for example when skies are cloudy[29] and was never the authoritative determinant in deciding when the new month was to be declared. It was rather the Jewish people who, through their courts, determined when Rosh Chodesh was to be observed:

> And if you should ask, "How could the Late Sages {Aḥaronim} impose a reform based on {precalculated} postponements {deḥiyyoth} of Rosh-Hodesh over and above the procedure of the Early Sages {Rishonim} who sanctified the beginning of the month according to lunar observation?"--here is the solution: The Torah said, "These are the appointed seasons of the Lord which ye shall proclaim to be holy convocations" (Lev. 23:2). This means that proclamation of holidays depends on the Jewish people. Indeed, even in the days of the Prophets, Jews did not follow any other method but the sanctification of Rosh-Hodesh by court decision. For it is written, "This month shall be unto you the beginning of months" (Ex. 12:2), which is to say, 'Look at {the pattern of} it and sanctify it accordingly'. This means {in other words} that the matter does not depend on sighting the moon but on sanctification by court decision {kiddush beth din}.[30]

Moreover declares Tobias b. Eleizer following the midrash in the Pirke de R. Eliezer the mathematically pre-calculated calendar is hardly an innovation. It is a tradition doing back to the time of Adam:

> So long as the Jews were settled on their land, they used to sanctify the month on the basis of actual observation by witnesses. But since the time they are in Exile, there is no permanent {authoritative} court to investigate and examine {the matter}. And in order that Jews should not observe the same holiday on different days, the father today, the son tomorrow,

> and his brother the day after, they based themselves on the rules of the intercalation formula the way it was calculated from Adam to Noah, Noah transmitting it to Shem, and Shem to our father Jacob, and Jacob to Kehath, and Kehath to Amram {the father of Moses}. And unto this very day it has been transmitted to the Sages of Israel, so that they may sanctify the month accordingly. . .
> Likewise, since Scripture has stated, "For whatsoever soul it be that shall not be afflicted on that same day" (Lev. 23:29), this commandment was given to all Israel that they should fast and deny themselves on the same day, equally, and not one today and one tomorrow.
> And by now, Jewry is scattered in lands where the moon is not seen in the way it was seen in the Land of Israel. Yet, the Torah had stated, "Ye shall have one law" (Num. 15:29), and not a variety of observances.[31]

The very same arguments are made by Benjamin b. Samuel in his peticha, "Thus did decree our sages" (D. Kaf 239) to a reshut for Shabbat ha-Gadol before Passover:

> Thus did decree our sages the Sandendrin, great ones of the world
> In the second Temple built and completed
> For their sake there appeared the throne of fire
> And upon it the Sovereign of the world
> Exalted and standing between the vestibule (and the altar)
> They received the crown and held fast to the hidden seal
> And they designated and decreed the laws of the universe
> And they were given in the hands of R. Eliezer the greatest of them all.
> And he decreed that Purim must not ever fall on Monday, Wednesday or Saturday
> Neither Pesach on Monday, Wednesday or Friday
> Neither (Shmini) Atzeret on Tuesday, Thursday or Saturday
> Neither Rosh Hashana on Sunday, Wednesday or Friday
> Neither Yom Kippur on Sunday, Tuesday or Friday
> And by their consent do we now observe the Feast of Unleavened Bread
> On this and this day among the Eternal People (Israel)
> In accordance with the calculations of our Sages
> May the Lord of the universe made us rejoice therein.[32]

In this peticha Benjamin b. Samuel like Tobias b. Eliezer draws upon the midrashim in Pirke de.R. Eliezer. The reference to "R. Eliezer the greatest of them all" is clearly to the assumed author of this midrashic collection R. Eliezer b. Hyrcanus.[33] Benjamin however goes beyond Tobias in attributing the Rabbanite pre-calculated calendar and the principle of intercalation to God himself. Here too Benjamin follows the midrash in Pirke de R. Eliezer:

> Rabbi Eliezer says that ten (men are required {for intercalation}), as it is said, "God standeth in the congregation of God" (Ps. lxxxii. 1), and if they become less than ten, since they are diminished they place a scroll of the Torah before them, and they are seated in a circle in the court-room, and the greatest (among them) sits first, and the least sits last; and they direct their gaze downwards to the earth and (then) they stand and spread out their hands before their Father who is in heaven, and the chief of the assembly proclaims the name (of God), and they hear a Bath Kol (saying) the following words, "and the Lord spake unto Moses and Aaron. . . saying, This month shall be unto you" (Ex. xii. 1,2). . . .
> On the New Moon of Nisam the Holy One, blessed be He, was revealed to Moses and Aaron in the land of Egypt, and it was the 15th year of the great cycle of the moon, the 16th year of the cycle of intercalation, (and He said): "henceforward the counting devolves on you."[34]

The ten sages "seated in a circle in the court-room" are patterned after the seating plan of the Sanhedrin in Jerusalem[35] and was undoubtedly also the model for Benjamin's "Thus did decree our sages the Sanhedrin, etc." The thrust of Benjamin's peticha here is that the duly constituted Jewish court determines when the festivals are to be observed. He repeats this point in the reshut itself for Shabbat Hagadol "'Az kegulgal shi'bud horim" (D. Alef 2138):

> Therefore are the days of Passover determined for
> the generations to come
> In accordance with the rule commanded by our God
> and the teachings of the Masters.[36]

Even though Benjamin does not refer to Qaraites by name[37] the purpose of the latter two points was undoubtedly motivated by the same polemical considerations as those which urged Tobias to state that the pre-calculated calendar goes back to the time of Adam and that ultimately it is the Jewish people through their courts who determine when the new month is to be declared.

Why should Benjamin b. Samuel deem it necessary to compose a peticha and a reshut for the Sabbath before Passover affirming the authority of the pre-calculated calendar as sanctioned by the Divine Throne which then delegates its power to a Rabbinic court? Might it not be because there were instances in Byzantium when Jews did indeed observe both the Qaraite and the Rabbanite dates for the Passover. Tobias b. Eliezer speaks out boldly against such brazen practices:

> And if a man should decide to duplicate, celebrating two feasts of Passover--if so, then he is also bound to fulfill the pronouncements of both {i.e., Rabbanites and Karaites} in regard to 'Aṣereth and Sukkoth throughout

> the years, in the same manner as he has begun. And since he fails to do so, he demonstrates for all to see that his deeds are as naught. And anyone who performs a deed haphazardly cannot be considered intelligent and his religious practice is tantamount to no practice at all. Therefore, you must not duplicate in matters on which the Sages of blessed memory have already decided.[38]

It is likely that such practices alluded to in a code of the 14th century Byzantine Qaraite Aaron b. Elijah were cause for the concern of both Tobias and Benjamin:

> It has been related {so goes the Karaite report} through reliable witnesses that the moon was sighted {on a certain date} , wherefore the Karaites sanctified then the month {of Nisan}. However, the day {of the first of Nisan}, as fixed by the Rabbanites {through calculation}, was due to fall on the next day . . . Now, the author who wrote down this story narrated further that some people from among the Rabbanites felt apprehensive {as to the correctness of their own date} and observed the custom of removing all leavened bread in accordance with {the date determined by} the Karaites {i.e., one day earlier than the majority of the Rabbanites}.[39]

Yet another example of Benjamin b. Samuel's anti-Qaraite polemics is to be found in the third part (the meshulash) of his Qedushta for Shavuot "'Arukha me'eretz middah" (D. Alef 7639) based on the theme of the 'giving of the Torah' (mattan Torah).[40] Several synagogue poets composed Qedushta'ot on this theme from the period of the anonymous poets through Yannai and Qalir and his followers.[41] Beginning with Qalir, from whom three such works are preserved,[42] the mattan Torah Qedushta for Shavuot follows an established literary form. This form may be observed in the mattan Torah Qedushta'ot for Shavuot by the 10th-11th century synagogue poets who follow Qalir like Yochanan Ha-Kohen b. Yehoshua of Byzantium, Simon b. Isaac the Pious b. Abun the Great of Mainz, Germany, Solomon Suleiman al-Sinjari of Babylonia, Nehemiah b. Solomon b. Heman ha-Nasi of Babylonia, Solomon b. Judah Gaon of Jerusalem and Joseph b. Samuel Tob-Elem of Limoges, France.[43]

In these post-Qaliric Qedushta'ot on mattan Torah the above poets frequently use similar verses from Scripture to develop the familiar themes of mattan Torah in the first three sections of the Qedushta, the Magen, Mechaye and Meshulash as found in earlier Midrashim. Moreover all of the above Qedushta'ot contain the legend (not found in the Midrash) of God as matchmaker for the Torah in a section introduced by the verse in Proverbs 8:22: "The Lord possessed me in the beginning of his way, before his works of old."[44] Although in his Qedushta for mattan Torah Benjamin b. Samuel generally employs the standard forms for this work as developed by Qalir and his followers he nevertheless shows some significant variations in three areas. Two of these involve his concern with the Hekhalot literature and Shi'ur Qoma speculation and anti-Christian polemics, subjects that are beyond the scope of this paper.[45] The third variation however reveals an anti-Qaraite polemic in the meshulash section of his Qedushta on mattan Torah. In the very opening stanza of the meshulash he affirms, contrary to Qaraite teaching, the co-equal validity of both the Written and Oral Torah. Not one but two Torah's did God reveal at Simai:

> With thousands upon thousands, even 20 thousand chariots
> You revealed yourself to those who slept among the sheep-folds (Israel)
> Afraid and still were the heavens and the earth
> When You pressed through the heights the two Torahs.[46]

Continuing he writes that the Written Torah, its 613 commandments according to Rabbinic tradition and the interpretation thereof were contained in the Tablets given to Moses which, for this reason, were exceedingly heavy to carry:

> 365 negative commands
> 248 positive commands
> And 13 rules for clarifying what is to be done
> The prohibited and permitted, whether to be lenient or strict in their performance
>
> Tablets of stone weighing 40 se'ah
> (Containing) both the concealed and the revealed, the particular and the general
> Even the forty nine gates of wisdom wherewith to comprehend them
> You gleaned for your messenger (Moses) them to inherit eternally.[47]

The leading motif in this meshulash of Benjamin b. Samuel, as contrasted with those of his fellow-poets from Germany (Simon b. Isaac)[48] and France (Joseph Tob-Elem)[49] for example, is the co-validity of the Oral with the Written Torah and is an attempt to defend against Qaraite opinions to the contrary,--an effort which his French and German counterparts did not require to make.

From a comparison of the meshulashim of these three poets we observe that all deal with the theme of Moses' ascent to heaven in order to bring the Torah to Israel which they develop from the Scriptural verses in Exodus 19:3 and Proverbs 21:22 among others. However only Benjamin b. Samuel emphasizes that "two Torah's" were given to Israel "the concealed and the revealed, the particular and the general." Thus we may assume that Benjamin is here too defending against Qaraite arguments to the contrary[50] by stressing the co-validity of the Oral with the Written Torah. B.Z. Dinur in his Israel in Exile (in Hebrew) in the chapter on "The Rebuttals of the Sages against the Qaraites" cites just such a polemic by the author (from Gaonic times) of the Midrash Shochar Tov. Commenting on the plural form in the verse from Psalms 16:6: "The lines are fallen unto me in pleasant places" he observes that this refers to the two Torah's that were revealed at Sinai,--the Written and the Oral.[51]

In conclusion, we learn from Benjamin b. Samuel's peticha, reshut and Qedushta cited above about his anti-Qaraite polemics paralleling those of the Byzantine sage Tobias b. Eliezer[52] and other Rabbanite authorities who lived in an environment where the Qaraite population and influence was extensive. Benjamin b. Samuel's attempts to defend against their anti-Rabbanite arguments suggests that he too lived in such an environment, probably in Byzantium.

Isaac b. Judah was probably a late contemporary of Benjamin b. Samuel. Some 12 or 13 poems from his hand have survived all of which, with one exception, were preserved in the Maḥzor Roumania. His familiarity with the Hekhalot literature is best seen in his 'Ophan for Sabbath Bereshit "Yidodun Yidodun" which appears both in the Maḥzor Roumania, (Vatican, 320 p. 551) and the Mahzor Vitry (Quntras ha-Piyyutim 30).[53] Other 11th century poets from this region are Judah ha-Kohen who has left us 4 piyyutim and Joseph b. Isaac whose two surviving works are preserved in the Maḥzor Roumania. The 12th century poets include Anatoli b. David Qazani of Candia who wrote 2 Hebrew metrical poems and one in Aramaic. He was considerably influenced by the neo-Platonic thinking of his day probably through Solomon Ibn Gabirol with whose "Keter Malkut" he was undoubtedly familiar and with which he shows some affinity.[54] Another from this century is Moshe b. Hiyya, one of the few Greek poets to merit the praise of Judah al-Ḥarizi in the latter's critical review of Hebrew poetry and Shmarya of Rabiyoanno who uses Greek terms in the one surviving poem from his pen.[55] A study of the manuscripts of the Maḥzor Roumania shows that Greek did occasionally make intrusions at the expense of Hebrew in the service of the synagogue.[56] The latter poet is one example as is Abraham b. Jacob of Kastoria who uses the term ouranos (=heaven) for rhyming purposes. The 13th century manuscript of the Maḥzor Roumania (J.T.S. Adler 4027) contains in its 9th of Ab order of service an elegy written entirely in what A. Papadopulos-Keramens calls "vulgärgriechisch."[57] The 13th century poets from this region are Abraham Ḥazzan b. Issac b. Moses whose ten surviving poems are preserved in the Maḥzor Roumania. His tendency toward assonance in phrasing is his distinguishing characteristic. His poetry reflects the hardships of the Jewish communities under Byzantine rule as he prays for the downfall of the 'leva'im', -- a code name for Edom among the synagogue poets. Also typical of the synagogue poets is his prayer in his selicha for Ne'ila "'El Adir" (D. Aleph 3306) that God accept the loss of fat suffered by his congregation in fasting on Yom Kippur as if it were offered up at the Temple altar;[58] Shmarya b. Elijah Ikriti who was born in Rome and later moved to Crete. Some place his residence also in Negroponte. He is reported to have been employed by Robert of Anjou, King of Naples for whom he translated from the Greek and also wrote a philosophical commentary on the Bible while at the Naples court. In Spain he tried to bring peace between Rabbanites and Karaites, was considered by some to be a messianic pretender and died in prison.[59] Some six liturgical poems from his pen survive one of which is preserved in the Maḥzor Roumania; David Peppi, Mordecai of Nicaea and Caleb Nenni b. Shabtai each of whom has left us one qinah from the service for the ninth of Ab as preserved in the Maḥzor Roumania (Ms. Adler 4027);[60] Caleb b. Solomon whose selicha for the 17th day of Tammuz is preserved in the above mentioned manuscript and whose two other surviving works are found in the printed editions of the Maḥzor Roumania.

Fourteenth century poets from Greece, Anatolia and the Balkans include Mordecai b. Shabtai ha-'Aruch who was given the title "Rabana" and whose poetry is characterized by a clarity in phrasing and language. His 16 surviving piyyutim were accepted into the Ashkenaz and Karaite prayer-books as well as in the Byzantine rite of the Maḥzor Roumania; Elnatan ha-Kohen from whom two piyyutim are preserved in the Maḥzor Roumania; Shmarya b. Elqanah who left us four liturgical works in the aforementioned maḥzor and his son Elqanah b. Shmarya of Candia whose one surviving work is in this ritual; Jonathan, the author of two selichot in the above maḥzor and Jacob b. Eliezer, who was ḥazzan in the province of Ritimo in Crete in 1363 and later served in that office in the province of Candia.[61] His surviving works are one metrical poem in Hebrew and one in Aramaic; Leon b. Michael ha-Parnes some of whose five surviving liturgical works were accepted into the Maḥzor Bene Roma as well as in the Maḥzor Roumania; Malkiel b. Meir ha-Rofe Ashkenazi whose one surviving work is a poetic rendition of the story of Judith which was recited on Ḥanukka in the Byzantine ritual;[62] Moses Ḥazzan b. Abraham, a prolific poet of considerable skill who wrote 33 separate liturgical works all of which are preserved only in the Maḥzor Roumania; Moses Kapuzato ha-Yevani (the Greek), whose commentary on the Bible is mentioned by Elijah Bashyachi the Karaite and from whose pen only one liturgical poem survives; Shabtai b. Joseph who is listed in a 14th century manuscript as one of 22 leading composers of selichot.[63] His three surviving liturgical works are preserved only in the Maḥzor Roumania; Samuel Qir b. Shabtai the Physician whose five liturgical works are preserved in the Byzantine rite; Shabtai b. Mordecai, surnamed ha-Oreg (the Poet). One of his two surviving works is an elegant epithalamium in the form of a dialogue between God and Israel; Shabtai Ḥabib b. Abishai whose 12 surviving poems were accepted by the Korfu and Kaffa congregations as well as in the Byzantine rite. He frequently alludes to the philosophic works of Maimonides, his contemporaries and followers with whom he seems to be thoroughly familiar. It is likely that he was a descendant of the Abishai family that lived in southern Bulgaria;[64] Solomon Sharbit ha-Zahab from Ephesus who wrote works on grammar and a commentary to that of Abraham Ibn Ezra's on the Bible. He is cited as an authority by the Karaite Elijah Bashyachi in his controversy with Elijah Mizrachi. His ten surviving liturgical works were included mostly in the Maḥzor Roumania as well as in the rituals of Korfu and Kaffa. In his Mi Kamocha for the Sabbath that falls on Ḥanukka he describes in jesting form a lively debate between the Sabbath and Ḥanukka each of which claims priority in Jewish law and tradition. In this poem he also satirizes what was probably a form of Platonic love in his day as may be seen from the following:

"אמר שבת לחנוכה: ׳אני הגבר המשובח והמהולל/ ואת כאשה העזה
פניה ותשלל שלל

והרי אמרו חכמי היופי והמכלל: אין משתמשין באשה כלל.׳" [65]

15th and 16th century poets from this region include Shmarya ha-Kohen from whose pen only one poem written in a variation of the sari' meter survives. He is cited as an authority in a response by Elia ha-Levi b. Benjamin; Samuel b. Natan ha-Parnes who was titled "Rabana". Three of his surviving poems are preserved in the Maḥzor Roumania; Shalom b. Joseph Enabi who translated from the Arabic and commented upon the mathematical work of Abulhassan Kuschyar ben Lebhan and is also possibly the author of a commentary on Aristotle's Physics. His surviving 12 poems which are preserved mostly in the Maḥzor Roumania as well as in the Maḥzorim Korfu and Kaffa are full of allusions to mathematics, philosophy and astronomy; Moses Kilki from Chios whose one surviving poem written in a variation of the kamil meter is preserved in the Byzantine rite; Moses ha-Kohen b. Mamal ha-Vardi from whose pen two poems are extant in the Maḥzor Roumania; Mordecai Komtino b. Eliezer who wrote commentaries on the Torah as well as on the works of Maimonides and Abraham Ibn Ezra. He lived in Constantinople and later, as he put it "went into captivity in a strange land in the city of Adrianople."[66] His four surviving poems were accepted into the Maḥzor Roumania and in Karaite prayer-books. Joseph Solomon del Medigo of Candia highly praises him as a scholar and teacher and among his students was Elijah Mizrachi as well as a number of Karaites who honored him for his learning; Menaḥem Tamar b. Moses who wrote commentaries on the Torah as well as on the Torah commentary of Abraham Ibn Ezra. He left us some 25-6 liturgical poems in which he shows considerable skill in phrasing and imagery as in the following lines from his selicha for the 10 Days of Repentance:

"דמות וצלם וצורה לא תשוה לו/ העולם ומלואו פעם לא יכלכלו

ופעם ראש השערה תכילו/ השמר מפניו ושמע בקולו" [67]

Menaḥem B. Elia of Kastoria from whom five poems are preserved and Menaḥem of Bulgaria who has left us only one liturgical work; Caleb b. Eliaqim and Caleb b. Moses from whom there are preserved two and three poems respectively; Judah ha-Kohen Kilti whose three surviving piyyutim were accepted by congregations in Cochin, by the Karaites we well as in Greece, Anatolia and the Balkans; Ḥanania b. Shelaḥya whose 6 surviving poems are found in the Maḥzorim Roumania and Kaffa; David b. Eliezer of Kastoria who was titled "Rabbana David" and from whose pen 12 poems are extant in the Maḥzorim Roumania and Korfu; Elijah Philosoph b. Eliezer of Candia from whose pen five Hebrew poems and possibly one in Aramaic have come down to us. Of special interest is his hoda'ah which was recited in the Byzantine rite immediately prior to Ibn Gabirol's "Keter Malkut" and is considerably influenced by it. The basic theme of the hoda'ah is developed from Elijah's adaptation of Aristotle's 10 categories in logical theory which he employs for the purpose of delineating the nature of God;[68] Elijah ha-Kohen Ẓelebi of Anatolia whose five surviving poems, some in meter, are preserved in the Maḥzor Roumania; Elijah ha-Kohen he-'Aluv of Kastoria titled "Rabana Elia" from whom five liturgical works have come down to us in the Maḥzorim Roumania and Korfu; Abraham b. Jacob of Kastoria who occasionally employs Greek terms and whose eight poems are preserved in the Maḥzor Roumania and Moses b. Elia Kapsali of Candia from whom 2 piyyutim are found therein as well as in the Maḥzor Kaffa.

Other early 16th century poets include Elijah ha-Levi b. Benjamin, outstanding disciple of Moses Kapsali whose part he took in the latter's controversy with Joseph Kolon and colleague of Elijah Mizrachi whom he succeeded as Rabbi in Constantinople in 1526. He wrote numerous responsa as well as books on ethics and law, published collections of his own poems and prayers and edited the Maḥzor Roumania. 16 of his liturgical works, some written in meter and patterned in other ways after the Spanish poets, are preserved in the aforementioned maḥzor as well as in the Maḥzor Kaffa; Moses b. Elijah del Medigo of Crete[69] whose one surviving piyyut is preserved in the Byzantine ritual and Shabtai b. Caleb of Arta in the Balkans from whom 13 liturgical works have come down to us in the Maḥzorim Roumania and Kaffa and in Karaite prayer books.

Other poets whose works are preserved in the Maḥzor Roumania and who may possibly have originated from Greece, Anatolia and the Balkans are Yoḥanan ha-Kohen b. Yehoshua whose great Qedushta for Pentecost "Arqa Hir'ish" (D. Aleph 7707) is preserved in the Maḥzor Roumania (Ms. Bodleian, Oxford, 2501 and Bibliotheque Nationale, Paris 606), Elia b. Yaqar, Mordecai b. Isaac author of the poem "Ani ha-Gever" (D. Aleph 7642) and two or three others and Matitya b. Joseph ha-Parnes whose two surviving piyyutim are found in printed editions as well as in manuscript versions of the Maḥzor Roumania.

The poets from this region use a wide variety of rhyming patterns. These tend to become more elaborate in the 15th and 16th centuries. Occasionally they employ after the manner of Spanish-Arabic prosody some metric forms such as the kamil, wafir, sari', ramal and hajaz as well as forms in which there are an equal number of syllables in each half-verse without counting the shva na and the ḥataf. Of special interest are laments of the poets on the condition of the Jewish communities under Byzantine and Moslem rule. Some undoubtedly reflect the persecutions of Jews in 1096 and in 1348/9 while others are more general in nature. An example of the former is the plaint of Mordecai b. Shabtai ha-'Aruch:

[70]

"בחירים גבורים נשמדו/ בגזירות צורריהם אבדו"

while the latter may be seen in the statement of Judah ha-Kohen:

"ולדי ידידך (אברהם אבינו) אל קמו להשחיתו
ויחשבוהו להם להכריתו מארץ בריתו
וישטמוהו וישנאו אותו
ולא יכלו דברו לשלום."

[71]

The attempts to forcibly convert Jews to Christianity is echoed in the words of Shabtai b. Joseph:

"יקבץ אפרוחיה/ זרים הפיצום ריחקום
ומסית ומדוחיה/ יערים סוד ואם יקום [אם התנצר מאונס]
על נפשה לא יקום/ וה' יסלח לה"

[72]

and the martyrdom of those who gave their lives for the sanctification of God's name is reflected in the following line from Abraham Ḥazzan b. Isaac:

"טירוף דמם ומיעוט חלבם תחשוב כתכסיס אימורי חלבים." [73]

Mordecai b. Shabtai singles out the Byzantine rulers who have turned Israel into slaves:

"ביד לבאים (נוצרים) לעבדים
כל ימינו אנחנו"

[74]

while Caleb Nenni b. Shabtai observes that the Moslems have done no less:

"לפנינה (שרה) היו ילדים
ולשפחתה (הגר) הן לעבדים"

[75]

and Shabtai b. Joseph charges that both Byzantium and Islam have succeeded in entrapping Israel from all sides:

"כי היתה תוך לבאים (נוצרים)/ ואין מציל ואין רואה
יסובבוה כל פראים (ישמעאלים)/ והעורב שם ידאה." [76]

Elia ha-Levi b. Benjamin bewails the powerlessness of his people:

"ונתן יד/ לכל ציד/ ואזלת יד/ לישראל" [77]

while Mordecai of Nicaea and Shmarya b. Aaron ha-Kohen eulogize over Zion's mount which is in the hands of strangers:

"משכני שת לשמה/ שפו (בן אדום) וגם את בן האמה (ישמעאל)"

"זיוי מאד חשך ולא יהל/ ציון ערבי ואדום יהל" [78]

At this time I should like to acknowledge the help given me by teachers, colleagues and friends in the preparation of this volume. To Professors A.M. Haberman and Ch. Schirman, my revered mentors in mediaeval Hebrew poetry, I extend deep thanks for their never failing and invaluable aid; I am grateful to Professor Ezra Fleischer for examining the manuscript and for his helpful comments. I wish to thank Professors Elias Epstein and Werner Weinberg for their generous assistance and valuable suggestions. I also wish to acknowledge the aid given me by the Librarians at the following institutions: Menahem Schmelzer at the Jewish Theological Seminary of America and Herbert Zafren at the Hebrew Union College Library. Thanks are also herein extended to the Librarians at the Bodleian, Oxford; the Vatican Library; the Bibliotheque Nationale in Paris; the University of Bologna Library; the Montefiore Collection, Jews College, London; the British Museum (The British Library); the Biblioteca Palatina, Parma; the Institute of Microfilms of Hebrew Manuscripts at the Jewish National and University Library, Jerusalem; the Sassoon Library and the Schocken Institute both in Jerusalem.

I gratefully acknowledge the assistance given me by the University of Alabama Research Committee enabling me to carry on my studies over the past eight years in the preparation of this volume. I also herein extend my thanks to the American Academy for Jewish Research for their publication grant and to Dr. Michael A. Meyer and the Publications Committee at the Hebrew Union College-Jewish Institute of Religion for their support.

Some of the poems in this volume have been published in my earlier articles on the Hebrew poetry in Byzantium in Hebrew Union College Annual, 1968 and 1972 editions and are here revised and more extensively annotated due to my subsequent research in new manuscript versions of the maḥzorim from Roumania, Korfu and Kaffa. In closing I wish to pay tribute to the memory of my parents Jacob and Rachel Weinberger, lovers of Hebrew learning, to whom this volume is dedicated.

The University of Alabama
Tuscaloosa, Ala.
20 Tammuz, 5735, July 29, 1975.

Leon J. Weinberger

Notes

[1] Cf. A.M. Habermann, A History of Hebrew Liturgical and Secular Poetry (in Hebrew), I, (Ramat Gan, 1970), pp. 281-8 and the annual reviews of studies in mediaeval Hebrew poetry by J. Schirmann in Kiryat Sepher.

[2] Cf. J. Schirmann, New Hebrew Poems from the Genzia (in Hebrew), (Jerusalem, 1965), p. 421 and H.J. Zimmels, "Scholars and Scholarship in Byzantium and Italy." World History of the Jewish People, ed. C. Roth, vol. 11, (Rutgers University Press, 1966), pp. 196-7.

[3] Cf. B. Dinur, Israel in the Diaspora (in Hebrew), (Jerusalem, 1966), vol. 2, Book 2, p. 159 and A. Sharf, Byzantine Jewry, (New York, 1971), pp. 3-4.

[4] The major manuscripts of the Maḥzor Korfu which was never printed are Shocken 22 (c. 1450); Jewish Theological Seminary, Enelow, 615 (c. 1550); Bodleian, Oxford, 1083 (c. 1350) and 2500 (c. 1400); London, Jews' College, Montefiore Coll., 196 (c. 1400); British Museum, 686 (c. 1350) and Or., 9150 (c. 1350).

[5] The Kaffa (Crimea) Maḥzor was never published although the Siddur appeared in a Kale edition in 1753. On the poets of Kaffa see I Markon, Festschrift . . .A. Harkavy, (1908), pp. 449-69 and S. Bernstein, S.K. Mirsky Memorial Volume, (1970), pp. 451-538.

[6] S.D. Luzzatto maintained that the Minhag and Maḥzor Roumania is the oldest of the European rituals (cf. S.D. Luzzatto, Introduction to the Maḥzor Bene Roma, ed. D. Goldschmidt, (Tel-Aviv, 1966) p. 34, and that it served as the bridge for the influx of the earlier Palestinian and Babylonian liturgy. D. Goldschmidt disagrees and suggests that the Palestinian liturgy went directly to Italy and from thence to the rest of Europe. However, a case may be made for the priority of the Minhag Roumania. Cf. L.J. Weinberger, "Al Maḥzor Calabria Uminhago...", Bitzaron, 64, (September, 1973), pp. 353-8.

[7] This is probably the ritual of Candia (Crete) which is, for the most part similar to that of the Maḥzor Roumania but has some distinguishable characteristics as well, cf. Taqqanot Candia, ed. Artom and Cassuto, (Jerusalem, 1943), vol. 1, Cap. 30, n. 57.

[8] The first is probably Italian, the second Spanish and the third is from Korfu. See Bodleian Catalogue, Hebrew Mss., vol II, p. 408, Sepher Hamqorot, p. 512. Cf. D. Goldschmidt, "On the Maḥzor Roumania and its Ritual," (in Hebrew), Ben-Zvi Memorial Volume, (Jerusalem, 5724), pp. 207-36.

[9] Cf. J. Schirmann, Hebrew Poetry in Spain and the Provence, (in Hebrew), (Jerusalem, 5721), vol. 2, p. 143.

[10] Cf. Taqqanot Candia, Chap. 50, lines 8 and 58.

[11] Cf. L.J. Weinberger, "A Note on Jewish Scholars and Scholarship in Byzantium," Journal of the American Oriental Society, 91.1, (1971), pp. 142-4. For additional references to his anti-Christian polemics see L.J. Weinberger, "New Hebrew Poems from the Byzantine Period," Part II, Hebrew Union College Annual, (1972), line 203 of his Qedushta, "'Arukha Me'eretz Middah." Noteworthy also is his mention of Jesus of Nazareth in Ms. Sassoon, #493, p. 35:

לא יהיה לך גיעול סמלים/ בתבנית איש עמולים
דרוש שם המחודש באראלים/ ולא תחללנו בפסילים

[12] Cf. G. Scholem, Gnosticism, Mysticism and Talmudic Tradition, (New York, pp. 24-5.)

[13] Ibid.

[14] L. Zunz, Literaturgeschichte der synagogalen Poesie, (Berlin, 1865), p. 115.

[15] S. Bernstein, New Piyyutim and Payyetanim from the Byzantine Period, (in Hebrew),(Jerusalem, 1941), p. 44.

[16] Cf. S.D. Luzzatto, Mavo l'Machzor Bene Roma, D. Goldschmidt ed. (Jerusalem, 1966), p. 48, n. 26.

[17] According to Dinur, Benjamin b. Samuel comes from Contanees in Normandy, France. See his Israel in Exile (in Hebrew), (Tel-Aviv, 1961), vol. 1, book 3, p. 254, no. 35.

[18] A.M. Haberman, A History of Hebrew Liturgical and Secular Poetry, 2 (Ramat Gan, 1972), pp. 226-7.

[19] Cf. Monatsschrift für Geschichte und Wissenschaft des Judentums, 44, (1900), p. 291.

[20] I. Davidson, Machzor Yannai, (New York, 1919), p. xvi.

[21] S. Baron, Social and Religious History of the Jews, (New York, 1958), vol. 7, p. 256.

[22] Ch. Schirman, New Hebrew Poems from the Geniza, (in Hebrew), (Jerusalem, 1956),pp. 421-2. Cf. also E. Fleisher's edition of The Poems of Shelomo Ha-Bavli, (in Hebrew), (Jerusalem, 1973), p. 38, n. 9, where he states that he is uncertain as to the origin of Benjamin b. Samuel.

[23] Cf. L.J. Weinberger, "New Hebrew Poems from the Byzantine Period," 2, (in Hebrew), Hebrew Union College Annual, vol. XLIII, (1972), pp. 307-8.

[24] Cf. Z. Ankori, Karaites in Byzantium, (New York, 1959), p. 542.

[25] Ibid., pp. 292-3.

[26] Cf. H.J. Bornstein, "The Controversy Between Saadya Gaon and Ben Meir" (in Hebrew), Sokolow Jubilee Volume, (Warsaw, 1904), p. 158, n. 1.

[27] Cf. Ankori, pp. 350-1 and S. Lieberman, Shkiin, 2nd ed. (Jerusalem, 1970), pp. 18-21.

[28] Ibid. pp. 19-20.

[29] Cf. Tobias b. Eliezer, Leqach Tov on Exodus, S. Buber ed., (Vilna, 1880), 54 (27b) and 55 (28a) and Ankori, p. 352, n. 143.

[30] Cf. Tobias b. Eliezer, Leqach Tov on Genesis, S. Buber ed., (Vilna 1880), 78 (39b) and Ankori, pp. 348-9.

[31] Leqach Tov on Exodus, 54f. (27b f.) and cf. Ankori pp. 270 and 349. For the text Tobias follows, see Pirqe deR. Eliezer (PRE), A.A. Brode ed. (Vilna, 1838), Chap. 8, pp. 10ff and The Chapters of R. Eliezer the Great, G. Friedlander ed. (New York, 1965), 2nd ed. pp. 52-4.

[32] The Hebrew text based on the following manuscripts of the Maḥzor Roumania: Bibliotheque Nationale, Paris, #606 (c. 1250) and #616 (c. 1400) and Bodleian, Oxford #2501 (c. 1400) reads:

כך גזרו רבותינו סנהדרין גאוני עולם/ בבית מקדש שני כנבנה ונשלם
ואז נראה כסא אש בשלם/ ועליו מלכו של עולם
מסתלסל ועומד בין האולם/ וקבלו כתר ותפשו חותם נעלם
ומנו ותקנו תקנת עולם/ ונתן ביד רבי אליעזר גדול שבכלם
והתקין לא בד"ז פור ולא בד"ו פסח ולא גה"ז עצרת ולא אד"ו ראש השנה
ולא אג"ו יום כפור לעולם
וברשותם יש לנו חג המצות הזה: יום פלוני ויום פלוני בעם עולם/ כחשבון
רבותינו ישמחנו בו אלהי עולם

[33] Cf. Friedlander, Introduction, xiii.

[34] Cf. Brode ed., Chap. 8, p. 11 and Friedlander, p. 58.

[35] Cf. Talmud Bavli, Sanhedrin 35b, 36b, and Sofrim, 19.9.

[36] The text in Maḥzor Roumania, B.N. Paris #606 reads:

לכן ימי פסח קבועים לדורי דורות

כחק מצות אלהינו וכהוריה מורים

[37] Even Tobias b. Eliezer the leading Rabbanite spokesman in Byzantium does not specifically name a single Qaraite scholar nor does he quote by title a single Qaraite composition although he makes frequent references to Qaraite opinions. Only in two cases does he directly address his opponents as "Qaraites". Cf. Ankori p. 262.

[38] Ibid. p. 272.

[39] Ibid.

[40] Cf. L.J. Weinberger, "New Hebrew Poems from the Byzantine Period," 2, pp. 270-308.

[41] Cf. E. Fleisher, "L'qadmoniyut ha-Qedushta," Hasifrut, 2.2. (5731), pp. 394-99.

[42] Cf. I. Davidson, Thesaurus of Mediaeval Hebrew Poetry, (New York, 1924-33), 4 vols. Alef, 7694 and 'Ayin 983. The third has not as yet been published. It is preserved in a manuscript in the Bodleian, Oxford 2710/8.

[43] Cf. L.J. Weinberger, "God as Matchmaker, A Rabbinic Legend Preserved in the Piyyut," Journal of the American Academy of Religion, XL, 2, (June, 1972), p. 239.

[44] Cf. Ibid. pp. 239-44 and E. Fleisher, pp. 398, n. 45

[45] See L.J. Weinberger,"Greek, Anatolian and Balkan Synagogue Poets" in the N.N. Glatzer Jubilee Volume, p. 111.

[46] As published in my "New Hebrew Poems from the Byzantine Period", 2, p. 296 the text reads:

באלפי שנאן ורכב רבותים

נגלית על לני שפתים

יראה ושקטה חוג וכל משפתים

מרום בפלשך תורות שתים

[47] *Ibid*:

שלוש מאות וששים וחמש מצות לא תעשה
מאתים וארבעים ושמנה בעשה
ושלש עשרה מדות בביאור מעשה
אסור והיתר קלין וחמורין להעשה

לוחות אבן ארבעים סאה משקלן
סתומות ופתוחות פרטן וכללן
ארבעים ותשעה שערי בינה להשכילן
פארת צירך במו סלה לנוחלן

[48] For the text of Simon b. Isaac's *meshulash* in his Qedushta on *mattan Torah* see A.M. Haberman, *Liturgical Poems of R. Simon b. Isaac*, (Berlin-Jerusalem, 1938), pp. 87-88.

[49] Joseph Tob-Elem's Qedushta on *mattan Torah* has not as yet been published. His *meshulash* from this Qedushta which follows is based on the manuscript versions in British Museum #1056 and Bibliotheque Nationale, Paris, #649, #651, and #659:

אמיצי שחק ופליאי חבל/ תופפים בעוגב וכלי נבל
בהורישו מצות לנחלת חבל/ שקד להפרישם מחוקות הבל

גיה מוסיפים חרס וסהר/ רעפו שחקים ונתמלא נהר
דהרו גיאיות ונמטו לגהר/ קנוייה כהשמיעו במחמד הר

האירו ברקיו אפסי ארקים/ צלח אור והלכו ברקים
ונוסד חביון מעוללים ויונקים/ פיענוח יקר לוית ענקים

זוהר כבודו כהופיעו מתימן/ עיר גבורים לשני הוזמן
חיוה מבטחה ביד נאמן/ סיתרי מדעים פירושן וטעמן

טוהר ידידות משכנות דודים/ ניזלי סמים בחשק אפודים
יחדיו מתעלסים ביתה יחידים/ מסולאים בפז וכלי מחמדים

כתבי תורתו ומשפטים ישירים/ כללן ופרטן בחידושי סופרים
לעמו הורישם אדיר אדירים/ ליום נחקק להקריב לך ביכורים

[50] Cf. B.Z. Dinur, Israel in Exile, (in Hebrew), vol. 1, book 2 pp. 348-53 for the texts of some of the Qaraite arguments.

[51] Ibid. p. 330:

"׳חבלים נפלו לי בנעימים׳,--שנים: תורה שבכתב ותורה שבעל פה"

(מדרש שוחר טוב, ווארשא,
תרל"ג, ט"ז,ו׳).

[52] Leading scholars in the 19th century like S.L. Rappaport, L. Zunz, H. Graetz, M. Steinschneider and J. Fürst were convinced that Tobias b. Eliezer hailed from Germany. A. Jellinek calls him "the exegete of Mainz". However S. Buber convincingly showed that Tobias' anti-Qaraite polemics presupposed both a knowledge of and contacts with the members of this sect and that this would hardly be possible if he lived in Germany where no Qaraites existed. See S. Buber in his introduction to Tobias' Leqach Tov on Genesis-Exodus, 34f. (17b-18a) where he lists some of Tobias' anti-Qaraite arguments. See also Ankori, pp. 33-34, notes 16-17.

[53] See Hebrew introduction.

[54] Cf. L.J. Weinberger, "New Hebrew Poems from the Byzantine Period," (in Hebrew), Part I, H.U.C.A., (1968), p. 27.

[55] Ibid. p. 54

[56] Cf. A. Sharf, op. cit. p. 179 where he states that the intrusion of the Greek language "did not extend to the service of the synagogue" and that the Maḥzor Roumania "had preserved no signs of such an intrusion." This statement is incorrect as a study of the manuscript versions of this maḥzor clearly shows.

[57] Cf. A. Papadopulos-Keramens, "Ein vulgargriechisches Klagelied griechischer Juden," Hakedem, 3, pp. 35-9. An announcement of the New Moon recited first in Aramaic then in Greek is found in Ms. Cod. Saraval 68, fol 94a of the Maḥzor Roumania, cf. M. Brann, M.G.W.J., LXII, (1918), pp. 276-7 and J. Starr, The Jews in the Byzantine Empire, (Athen, 1939), pp. 180, 212. A somewhat similar announcement of the New Moon is found in Maḥzor Roumania, Ms. Bibliotheque Nationale, Paris, #616, p. 100. The Greek version of the Book of Jonah from Crete is found in Maḥzor Roumania, Ms. Oxford, 1144 and is dated 1263 according to the recorded sale of the copy. In Maḥzor Korfu 2 poems in Hebrew are given with alternate Greek and Apulian translations, cf. Ms. Oxford 2500, pp. 139, 161. Also from Korfu is a collection of Qinot in Apulian and Greek as found in Ms. British Museum 691.

[58] Based on the prayer of R. Sheshet while fasting. Cf. Berachot 17a.

[59] Cf. C. Roth, The History of the Jews of Italy, (Philadelphia, 1946), p. 96 and J. Starr, Romania, (Paris, 1949), p. 60, n. 46.

[60] Maḥzor Roumania, Ms. Adler 4027 was used by the Jews of Feodosiya in the Crimea where Jewish communities prospered under the benign Genoese rule from 1260 to 1475. This maḥzor contains, among other things, the order of Qinot for the ninth day of Ab. It is not mentioned by D. Goldschmidt in his analysis of the Byzantine ritual and will now fill a lacuna in our knowledge of the order of service for that day since other versions of the maḥzor incomplete, cf. D. Goldschmidt, op. cit. p. 229.

[61] He was known as Jacob "the rabbi's son," cf. J. Starr, "Jewish LIfe in Crete under the Rule of Venice," P.A.A.J.R. (1942), p. 100 and cf. Taqqanot Candia, Chap. 50 line 8. This is the way in which he signs his name in the acrostic to his peticha, "'Asher Shiper" (D. Aleph 8346) as it appears in the Maḥzor Roumania Ms. British Museum 685, fol. 185b, Oxford 1082 fol. 80 and Montefiore 220 fol. 117.

[62] Cf. L.J. Weinberger, "New Hebrew Poems from the Byzantine Period," I, pp. 45-51.

[63] Cf. L. Zunz, Literaturgeschichte der synagogalen Poesie, (Berlin, 1865), pp. 625-7.

[64] Cf. B. Dinur, op. cit., p. 158, 17.2.

[65] Cf. I. Davidson, Thesaurus of Mediaeval Hebrew Poetry, (New York, 1924-33) Shin 317. See below poem #34. There is a double entendre in the use of the word 'isha which means both "woman" and "fire". Used in the former sense it is a polemic against the sexless love of the Platonist; in the latter sense it refers to the Rabbinic prohibition against making use of the light from the Chanukka candles.

[66] Quoted from his commentary on Ibn Ezra's Yesod Mora. Cf. Z. Ankori, Karaites in Byzantium, (New York, 1959), p. 152, n. 261.

[67] Cf. Davidson, Thesaurus, Aleph 8974. See below poem #54.

[68] Cf. L.J. Weinberger, "New Poems from the Byzantine Period," I, pp. 34-7.

[69] He is one of a number of poets that were hitherto unknown and are not mentioned by either Zunz or Davidson. The others are Caleb Nenni b. Shabtai, David Peppi and Mordecai of Nicaea.

[70] Maḥzor Roumania, Ms. Vatican, 320, p. 356. It is not listed in Davidson's Thesaurus. See below poem #26 aleph.

[71] Maḥzor Roumania, Ibid., p. 386. It is not listed in Davidson's Thesaurus. See below poem #4.

[72] Maḥzor Roumania, Ms. Paris 606, p. 33. Davidson, Thesaurus, Shim 640. See below poem #28.

[73] Maḥzor Roumania, Ms. Vatican, 320, p. 367. Davidson, Thesaurus, Aleph 3306. See below poem #13.

[74] See note 27 above.

[75] Maḥzor Roumania, Ms. Adler 4027, p. 44. It is not listed in Davidson's Thesaurus. See below poem #16.

[76] See Maḥzor Roumania, Ms. Paris 606, p. 33 and below poem #28.

[77] Maḥzor Kaffa, Ms. Jewish Theological Seminary, New York, 0717, p. 68. Davidson, Thesaurus, Aleph 4504. Poem #59, below.

[78] For the first selection from Mordecai of Nicaea see Maḥzor Roumania, Ms. Adler, 4027, p. 37 and for the following from Shmarya b. Aaron ha-Kohen, see Davidson, Thesaurus, Shin 1631. See poems #14 and #38, below.

אנתולוגיה של פיוטי יוון אנאטוליה והבלקנים

יוצאים לאור

על פי כתבי-יד ודפוסים

בצירוף מבוא

חילופי-נוסח וביאורים

בידי

יהודה ליב וינברגר

הוצאת היברו יוניון קולג' פרס/ סינסינטי, תשל"ו

בסיוע קרן
לואיס ומינה אפשטיין
של האקדמיה האמריקנית
לחכמת ישראל

הממכר הראשי:
ביהד"פ על שם אוניברסיטת אלבמה
ת.ד. 2877
אוניברסיטה, אלבמה 35486.

תוכן העיינים

מבוא

להלן מובאה אנתולוגיה פייטנית של משוררי יוון, אנאטוליה והבלקנים (יאו"ב) החל מהקדמונים כגון טוביה בן אליעזר ובנימין בר שמואל מקושטני מהמאה האחת עשרה עד תקופת "חכמי השיר" בשאלוניקי[1] בראשית המאה השש עשרה. שלמה בן מזל טוב, האחרון בקובץ זה, הוא איש המעבר בין הזמנים הנ"ל כיון שחיבר גם שירי חול ע"פ דוגמת משוררי ספרד דבר שלא מצאנו אצל קודמיו שכתבו על נושאים מסורתיים לצרכי בית-התפילה.

כידוע היגרו היהודים לממלכת ביזאנטיון מארצות תחת שילטונם של המוסלמים בסוף המאה העשירית ובראשית המאה האחת עשרה ובין גזירות תתנ"ו (1096) וק"ח/ק"ט (1348/9) גדלו קהילות ישראל ביאו"ב עד שנמנו אחד עשר יישובים גדולים וארבע עשר בינונים וקטנים.[2] בקהילות אלה התפללו בסידורים ובמחזורים נוסח רומניה, במחזור נוסח קורפו באי קורפו בחוף הים היווני ובמחזור נוסח כפא בערי הקרים מול הים השחור. בין קהילות ישראל בשני חצאי-האיים שבאירופה הדרומית, האפניני והבלקני, היו קשרים תרבותיים במידה מסוימת. ר' ישעיה מטראני באיטליה (?1180-?1250) בעל "תוספות רי"ד", השיב לשאלות מחכמי יוון והתכתב עם ר' יצחק מרומניה כפי שאנו למדים מדבריו: "ובמטותא מינה דמר אם אני כותב עכשיו מה שכתבתי כבר לכבודך, אל נא יחר לאדוני ואל יהיו דברי עליך לטורח כי שכחתי הדברים שכתבתי לכבודך בפעם הראשונה מפני שהעתקתי מן הטופס הכתוב אתי שהשבתי לכהנים ולרבנא יצחק ששאלוני על דבר זה מרומניה."[3]

פעם גם קרא ר' ישעיה תיגר על קהילות רומניה שהקילו בטבילת נדה וסמכו על ר' הלל בר אליקים מסילוורי (סמוך לקושטא) שכתב בפירושו על הספרא שהשאיבה היא מדרבנן. (הלא הוא ר' הלל מרומניה שצוין כפוסק ב"ספר העיטור".[4]) וסיפר ר' ישעיה ש"נשאתי ונתתי עמהם עד שהודו וידעו שהיא (השאיבה) היא מן התורה. ונתקבצו כולם בכנסת הגדולה וגם כל הנשים נתקבצו בחצר בית הכנסת וקיבלו עליהם חרם גדול האנשים והנשים שלא יוסיפו עוד לעשות כדבר הרע הזה."[5]

מספרד הושפעו פייטני יאו"ב במידה מכרעת הן במלאכת השירה והן בפילוסופיה. אנאטלי בן דויד קזאני שחי במאה השתים עשרה היה הראשון ביאו"ב שחיבר שירים שקולים ואחריו עקבו מיכאל בר כלב, דויד פפי ומרדכי מנקיאה מהמאה השלוש עשרה, יעקב בן אליעזר, לאון בר מיכאל הפרנס ושבתי בן יוסף בני המאה הארבע עשרה, אליהו הכהן צלבי מאנטוליה, שמריה בן אהרן הכהן, משה קילקי ומנחם בן אליה מקסטוריה מהמאה החמש עשרה ואליהו בן אליעזר פילוסוף מקנדיה ואליהו הלוי בר בנימין המאסף של מחזור רומניה בני המאה השש עשרה. הללו השתמשו במשקלים שונים כגון כמיל (השלם), ופר (המרובה), סריע (המהיר), רמל (הקלוע) והזג' (המרנין). זה הולם למה שכתב יהודה אלחריזי בשבח מיכאל בר כלב מעיר תבץ ש"הלך מנעוריו לספרד ולמד מהם".[6]

בפיוטיו של אנאטולי בן דויד הנ"ל ניכרים רמזים להשקפה הניאו-אפלטונית בעניין האצלת הנשמה מן השכל:

"נשמה ממקור שכל חצבתה/ בגו שמתה שמורה וערוכה"[7]

ועוד

"את מחצבך המקודש שחרי/ נתשי נות גומר אשר בגשמת"[8]

יתכן שבזה הושפע מ"כתר מלכות" לרשב"ג: "עשיתה [הנשמה] מלהבות אש השכל חצובה."[9] מאידך גיסא אנו קוראים בשלמה שרביט הזהב מעיר איפישו (מחציתה השנייה של המאה הארבע עשרה) דברי פולמוס ולעג נגד השיטה האפלטונית שמגנה ומבזה את האהבה הגשמית:

"אמר שבת לחנוכה: אני הגבר המשובח והמהולל/ ואת כאשה
העזה פניה ותשלולו שלל,
והרי אמרו חכמי היופי והמכלל/ אין משתמשין באשה כלל."[10]

נושאים פילוסופיים שימשו כרקע לפרי עבודתו של הפייטן הבולגרי שבתי חביב בן אבישי (מאה הארבע עשרה):

"בראת הנמצאים כלם לשני מינים
מהם שאינם גשם ולא בגשם מתוקנים

הם המלאכים המשבחים וערבים...

תקנת המין השני גשמים נפרדים
מהם פשוטים והם ארבע יסודים
ומהם מורכבים ומהם הווים ונפסדים."[11]

ב"גשמים...פשוטים והם ארבע יסודים" התכוון הפייטן לארבעה יסודות (στοιχεῖοι) כלומר אש, רוח, מים וארץ. הלא הם לפי דעת הראב"ח "גשמים פשוטים והם חלקים ראשונים לגוף האדם וזולתו."[12] ב"גשמים...מורכבים" רומז למתכות וצמחים וגשמי הבעלי חיים בלתי מדברים וגשם החי המדבר. "ומהם הווים ונפסדים" ר"ל שזה סימנם של דרי מטה "המין השני" שהם בעלי הויה והפסד (generatio et corruptio).

אליהו פילוסוף הנ"ל חיבר "הודאה", מעין "כתר מלכות" לרשב"ג שתחילתה היא: "אתה אחד בסוד רוממותיך, ומיוחד בפעולותיך, אשר מי יעשה כמעשיך וכגבורותיך, וכל נמצא זולתך, מעשה אצבעותיך."[13] בה הוא נותן שבח להקב"ה במסגרת עשר הקתגוריות של אריסטו: עצם, וכמה, ואיך, ומצטרף, ואנה, ומתי, ומצב, וקנין, ופועל ונפעל בזה הלשון:

"איננו <u>עצם</u> שישיגוהו המקרים והרשמים, ולא מקרה
ויקדימוהו העצמים.
אין לו <u>איכות</u> וילקח לו דמיון ותמונה, ולא <u>כמות</u>
וישיגוהו שעיר וחילוק ותכונה.
אין <u>הצטרפות</u> לו בעצמותו, כדי שילקח דבר במדרגתו,
ולא <u>אנה</u> ויקיף עליו זולתו.
אין <u>מתי</u> לו ויתחלפו עליו העתים, ולא <u>מצב</u> כי שם
מקרי <u>האנה</u> נחתים.
אין לו מאמר <u>הקנין</u> ויכללהו כולל, או יקיפהו מקיף,
ולא שיתפעל וישנהו <u>פועל</u>, ויחסר פעם ואחרת יעדיף
איננו <u>שיפעל</u> לפי המביאים, כדי שישתנה כשנוי הברואים."[14]

מספרות ההיכלות שאב הפייטן היווני יצחק בר יהודה בן המאה האחת עשרה. הנה רואים את המקבילות מ<u>היכלות רבתי</u> ומ<u>מסכת היכלות</u> ל"אופן" שלו "ידודון ידודון":[15]

"אופן" לשבת בראשית "ידודון ידודון", כ"י ואטיקאן 320, עמ' 551:
טור 5:"נושאי כסאו חיות ואופניו/ בששה קולות מקלסין לפניו."

היכלות רבתי, ע' י.ד. אייזענשטיין, אוצר מדרשים, חלק א':
ד'. א':"בששה קולות משוררים לפניו מדות נושאי כסא כבודו כרובים ואופנים וחיות הקדש."

טור 7:"חשמלים דומים לקלסתר פנים/ טסים ומעופפים..."

שם, ח'. ג':"קלסתר פניו של זה דומה לקלסתר פניו של זה."
שם, כ"ו, ה':"...עופפים כנשר טסים כנשר."

טורים 10–11:"הגלגל מגלגל כסא הכבוד לסובבה/ עומד לימין ומחזר שמאל לישבה."

שם, ח'. ג':"העומדים לימין חוזרים ועומדים לשמאל, והעומדים לשמאל חוזרים ועומדים לימין."

טורים 13–14:"ברואי בזק מזמרים זמירות/ומקול רינון וניגון כינורות/נהרי שמחה משתפכים כצינורות."

שם, ח'. ד':"נהרי שמחה נהרי ששון ...מקול ניגון כנורות חיותיו."

טור 14:"והקול מתגבר ויוצא ברעם גבורות."

שם: "מתגבר קול ויוצא ברעש גדול בקדושה."

טורים 19–20:"כסאו גבוה למעלה למעלה/ ומראית כבודו כעין החשמלה."

מסכת היכלות, שם, ז':"וכסא הכבוד גבוה למעלה באויר ומראה כבודו כעין החשמל."

טורים 23–26:"חיים מימינו ומות משמאלו...ואש וברד עטרת ראשו/ ושם מפורש במצחו מוכתר בפירושו/ ופרוכת פרוסה פני מרום קדשו."

שם, "ועטרת נוגה בראשו וכתר שם המפורש במצחו, חציו אש וחציו ברד, מימינו חיים ומשמאלו מות... ופרוכת פרוסה לפניו."

טור 27:"דמיונו אין בכל תופשי מלכות/ אין להשוותו בקושרי קשר נתיכות."

היכלות רבתי, שם, ד'.א':"מי כמלכנו בכל גיאות תופשי מלכות...מי כמוהו בקושרי קשרי כתרים."

ייתכן שבנימין בר שמואל רומז לרזי "שיעור קומה" ב"אופן" שלו "מה דודך" המיוסד על שה"ש ה׳ :ט׳- ו׳ :א׳ וז"ל:

"מה דודך בחורה מעלמות/ דודי נכבד ונורא לבש גאות ורוממות
ראשו ישעות כובע חיל ואימות/ עיניו מצפות מפענחות רזי תעלומות
לחייו יצרו כל דמיוני יקומות/ ידיו נטו שמים ותחתיותי תהומות
שוקיו פינות עולם בם מתקיימות/ חיכו וניבו מביעים חכמות
אנא יקר תפארת גדולותיו העצומות/ דודי טמון וחבוי מעין כל נפוחי נשמות
אני נוראותיו אשרש בברוך כאופני מרומות."[16]

פרופ. גרשם שלום העירני ש"צוריו [של ה"אופן" הנ"ל] כי הדוד שהוא הקב"ה נסתר מעיני כל בריה (אבל נגלה לבעלי שיעור קומה!) נמצא בסגנון הקרוב ללשון הפיוט גם בשיעור קומה." השווה ג. שלום, עמ׳ 364, הע׳ 80 שם מביא מאמר מ"היכלות זוטרתי", כה"י אוכספורד, 1531, עמ׳ 45ב: "האל...שהוא נעלם מעיני כל הבריות ונסתר ממלאכי השרת ונגלה לו לר׳ עקיבא במעשה מרכבה." כדי לציין שהרמב"ם קרא תיגר על "הדרשנים היונים" שהתעסקו בחיבורים על שיעור קומתו של הקב"ה וגמר אומר ש"בודאי עצם שיש לו קומה הוא אלהים אחרים."[17]

בקדושתא לבנימין בר שמואל "ארוכה מארץ מידה" שר המשורר בשבחה של התורה:

"עלי קנויית קדם והתנופפי בבית הדריך...
ימינית ושמאלית עדי עדויה"[18]

הלא הם קטעים משירת הפרות לשבח לוחות העדות בהובילו את ארון הברית (ע׳ ש"א, ו׳: י"ב) ע"פ מאמר ר׳ יצחק נפחא: "רוני רוני השיטה, התנופפי ברוב הדרך, המחושקת ברקמי זהב, המהוללה בדביר ארמון, המפוארה בעדי עדיים." (ע׳ ע"ז, כ"ד:). לפי דעת פרופ. שלום מסתבר שיש קשר בין שירי ההיכלות ושירת הפרות וכשם שמלאכי השרת משבחים ואומרים לפני הקב"ה כך הפרות אומרים שירה כנגד הארון.[19] ייתכן שב"קדושתא" הנ"ל הפייטן גם הוא רוצה להצטרף לפמליא של מלאכים ופרות בשירתו לשבח התורה בלשון המתאים והידוע.

ה"סליחה" "אהיה אשר אהיה" לטוביה בירבי אליעזר משקפת את המיתוס שבעל סוד (הוא הפייטן ואומר ב"סליחה": "זה אלי" ברומזו למאמר חז"ל על הפסוק "זה אלי ואנוהו" בשירת הים שמה שראתה שפחה על הים לא ראה יחזקאל וכל שאר הנביאים) מכתיר את הקב"ה בשמות הקדושים "טעצ"ש", "אכתריאל" ו"אדרירון" ומזכיר את "שם המפורש" שהוא מוביל את הכתרים אל המלך ברוך הוא שמקומו לא ידוע:

"ויבקשו וידרשו חוצב [להבות אש] = [הקב"ה]"[20]

בדומה ל"איה מקום כבודו" ב"קדושה." ומכח שם המפורש מגיעים הכתרים אל המלך ב"ה ובכך מקבל תפילתם של ישראל:

"טעצ"ש שם המפורש נורא ונשגב אכתריאל
ואתה קדוש יושב תהלות ישראל
ישראל שואל מחילה וסליחה בנעימת שפתימו
כביר לא ימאס שיח תחן אמרימו
למנצח בנגינות מפארים שים בשכל שיח פימו
ברוך כבוד ה' ממקומו
ממקומו אמרימו ישמע אל דל מעוז"[21]

2.

פייטני יאו"ב הגיבו לסביבה הכללית בארצות מגוריהם. אין כעת עדות שעקבו אחרי השירה היוונית של ימי הבינים כשם שפייטני אשכנז וצרפת לא שמו לב לשירה הגרמנית בזמנם, - בניגוד למשוררי ספרד ששאבו מפרוסודיה הערבית במידה מרובה.[22] יהודי יאו"ב ידעו את לשון המדינה ולפעמים חדרה היא גם לתוך בית הכנסת וסדר התפלות. כך קראו ספר יונה בתרגום יווני ביום הכפורים במחזור רומניה משנת 1263 (כה"י אוכספורד 1144) ובשבת ברכת החודש היו מכריזים את ראש חודש בלשון ארמית וכופלו ביוונית (כה"י פריס 616).[23]

פייטני יאו"ב השתמשו בשפה היוונית לצורך החרוז כמו אנטולי בן דויד קזאני ואברהם בר יעקב מקסטוריה[24] ובדרך כלל כמו שמריה מרביואנוא.[25] ממחברים עלומי-שם נשתמרו במחזור קורפו סליחות וקינות בלשון יוונית ואפולית (כה"י

אוכספורד 2500 ובריטיש מוזיאום 691) ובמחזור רומניה מפיאודוסיה בקרים (כה"י בית המדרש לרבנים, ניו-יורק, אדלר 4027, מאה הי"ג) נתקבלה קינה לת"ב ממחבר עלום-שם כתובה כולה יוונית כדלהלן:

מרולויין רומיקון פרפוניטיקון פולא

אקושטמי אפידיזמו. נאיפו מרולוייצין
וורייא ננשטינקשיטי מגלא נתליביטי
מגלה נשטריגיקשטי. קיפומוני אומיני
דיאנטין אוריאן פניוינון. אייאן ירושלים
אופו איטון בשיליבגושא. אישטאולא טריגטא
קתוש קיאיני גרפומינו. אישטלוייא טון פרופיטון
קיטורא אפוקשישאזודין. טוש איכי איפוכירוש
קטי קיקליי קתליביטי. קיטוטון טון לוגו לגי
אוי אימין טינטיכון. טין מיריו אונידיזמנין
איכשה טפושטמו. אופשיפיזמון אוקיכן
אלוש איפיין טושפתי. אלוש איפיין איפינא
אלוש איפגן טתרייא. קיאי פוטמופוריאה
טוש איכן טארניאה פורוימן. קיטתריאה פרודיפנון
טוש איפרימנין אי אויי. טוש איבלפין איניכטא
קיאימניש איפנויינש. איפגן טפדייטוש
אופוטאורניאה אידידשין. מיסון קיליימושינין
טבריפי ביזנימינא. איפגנדא אי פלקיש
קיאפומנונדש יירי. איני אישטין איקשוריאה
אולא טאתני דרנודוש. אולא פרפונוטוש
טאולא אונידיזוטוש. אונידיזמוש מיגלוש
איכתין איפנדוכי. טון תרושש טומיגן
אופוקירוש אברדיינין. קיקינוש טורי אוקילתין
קיאפיטונין אן תיליטי. נאידיטי מגלין שוטיטיאה
שטרפיטי מטנואישיטי. קיאשימשטי טואיגא
שטריפטי קילייטוש אי איאה ירושלים
מידי שטונושש טואיכיטי. מידי שטולויימושש
ינא מיפרקלישיטי. נרטו נאימי מיטשש

אוטי אושא קיאנברדיינין. אילתין קלבין מיכי
קתוש קיתרימני אימין. מטוש אייאוש פרופיטיש.[26]

כידוע הגיבו הרבנים לתנועת הקראים בביזנטיון ובין ראשי המדברים הרבניים היה טוביה בן אליעזר הנ"ל. בפולמוסו במדרש לקח טוב שלו הדגיש בין היתר את נכונות המסורת שקבלוה הרבנים מדורי דורות מפי משה רבינו ע"ה: "חכמי ישראל (ש)קבלו מאבותיהם ומרבניהם דור אחר דור חכם ששמע מרבו ורבו מרבו עד הנביאים חגי זכריה ומלאכי שקבלו מן הנביאים הראשונים שקבלו מן הזקנים שקבלו מיהושע בן נון שקבל מפי משה רבינו שקבל מהר סיני" (לקח טוב, ויקרא 126 (ב63)); ועוד ציין שיש צורך בתורה שבעל פה "שהרי כמה מצוות סתומות וכמה משפטים סתומים בתורה שגילום חכמי ישראל בקבלת דור אחר דור...הלכה למשה מסיני," (שם, שמות, 174 (א87)).

הד קולו של פולמוס זה ניכר גם ב"קדושתא" לשבועות לבנימין בר שמואל הנ"ל שם רמז לתורה שבכתב ותורה שבעל פה שנתנו למשה בסיני:

"באלפי שנאן ורכב רבותים
נגלית על לני שפתים
יראה ושקטה חוג וכל משפתים
מרום בפלשך תורות שתים"[27]

וגם הוא הדגיש שבסיני נגלו מצוות סתומות ופתוחות:

"שלש מאות וששים וחמש מצוות לא תעשה
מאתים וארבעים ושמונה בעשה
ושלש עשרה מדות בביאור מעשה
אסור והיתר קלין וחמורין להעשה

לוחות אבן ארבעים סאה משקלן
סתומות ופתוחות פרסן וכללן
ארבעים ותשעה שערי בינה להשכילן
פארת צירך (מרע"ה) במו סלה לנוחלן."[28]

("ארוכה מארץ מדה")

גם פולמוס נגד הנוצרים נשמע מתוך פיוטי בנימין בר שמואל:

"לא יהיה לך גיעול סמלים/ בתבנית איש עמולים
דרוש שם המחודש באראלים/ ולא תחללנו בפסילים"[29] (שם)

"עמולים" ר"ל "עשויים" מלשון עמל ופירושו: הפסילים עשויים בתבנית איש[30] ורומז לישו הנוצרי. אולי גם מזהיר הפייטן על גזירות השמד ב"ולא תחללנו בפסילים."

ועוד:

"פגר שנאת והריו השימות....." (שם)[31]

"פגר",--כנוי שגור לישו בפי הפייטנים. "הריו השימות" ר"ל אמו מרים ואולי מתכוון בזה במה שמדובר בסיפור הנפוץ בימי הבינים בשם "תולדות ישו."

ועוד:

"ובת קול יצאה ואמרה: ׳משה אין לך חיים בעולמים.׳
ונם (מרע"ה:) ׳החייבי הצור תמים.׳
ונם צור (הקב"ה) לציר (משה): ׳איני שומע לך איש תמים.
אם אותו שלא לא דבר עמי ולא דרך במרומים
עשו אותו אלוה יושבי הדומים
ואתה שיש לך כל אלה העינינים רב לך משלם ימים נעימים.׳"[32]

ב"אותו שלא דבר וכו׳" ש"עשו אותו אלוה" התכוון הפייטן לישו וכיון שראה צורך להזכיר ענין זה של עלית ישו השמימה ויחסו אל אלהים אז ייתכן שהתווכחו בדבר בזמנו.

פייטני יאו"ב היו ערים למצבה המסוכן של כנסת ישראל בגלות ביזאנטיון ומדי פעם באו להתאונן על גורלם המר. כך רומז משה חזן בן אברהם פייטן יווני פורה שחי במאה הי"ד על הרדיפות ופרעות בזמנו:

"בחירים גבורים בשמדו
בגזירות צורריהם אבדו
בפניהם לא עמדו
ואיך נעמוד אנחנו" ("אבירים נסחפו באברה")[33]

אין גבול למעשה רשע של אויבי ישראל לפי דברי יהודה הכהן אחד הפייטנים הקדמונים ביוון של המאה האחת עשרה:

"ולדי ידידך (אברהם אבינו) אל קמו להשחיתו
ויחשבוהו להם להכריתו מארץ בריתו
וישטמוהו וישנאו אותו
ולא יכלו דברו לשלום."
("יאתיוני פחדים")[34]

שבתי בן יוסף שחי במאה הי"ד מזכיר את גזירות השמד:

"יקבץ אפרוחיה/ זרים הפיצום ריחקום
ומסית ומדיחיה/ יערים סוד ואם יקום
על נפשה לא יקום/ וה' יסלח לה"
("שולחה ממעונה")[35]

ושמואל בן נתן מהמאה הט"ו רומז לאלה שלא עמדו בנסיון:

"זדים ובוגדים ונע ונד כקנה"
("חיים שאלתי ממך")[36]

אברהם חזן בר יצחק מהמאה השלוש עשרה שמר על זכרם של קדושי יוון שהשלימו את נפשם על קדוש השם:

"טירוף דמם ומיעוט חלבם תחשוב
כתכסים אימורי חלבים"
("אל אדיר השוכני")[37]

וגם אליהו בר אברהם העלוב מקסטוריה יליד המאה החמש עשרה:

"זובח דמו ונפשו תמור תודה ושלמים"
("אנא שוכן מעוני")[38]

על ענות עם ישראל בגולה תחת שלטונם של הנוצרים הצביע הפייטן בעל שעור-קומה משה חזן בר אברהם הנ"ל:

"ביד לבאים (נוצרים) לעבדים
כל ימינו אנחנו"[39]
("אבירים נסחפו בעברה")

וכלב נני בר שבתי מהמאה השלוש-עשרה תחת שליטי הישמעאלים:

"לפנינה (שרה) היו ילדים
ולשפחתה (הגר) הן לעבדים"
("כלו דמעות עינים")[40]

אין הבדל בין שניהם ביחסם האכזרי כלפי כנסת ישראל בהערתו של שבתי בן יוסף הנ"ל:

"כי היתה תוך לבאים (נוצרים)/ ואין מציל ואין רואה
יסובבוה כל פראים (ישמעאלים)/ והעורב שם ידאה"[41] (שם)

ובנימוקו של שמריה בר אלקנה שחי במחציתה הראשונה של המאה הארבע-עשרה שניהם:

"...מכחישים בדת אל ארץ ושמים יסד
חושבים בלבבם לאמר אין אמת ואין חסד
ואין דעת אלהים"
("אלהים אשא נפשי")[42]

מרדכי מנקיאה מהמאה השלוש-עשרה שופך את נפשו על הר ציון בידי הנכרים:

"משכני שת לשמה
שפר (בן אדום) וגם את בן האמה (ישמעאל)"
("מבצר עיר הומיה")[43]

וכיוצא בו שמריה בן אהרן הכהן שחי במחציתה הראשונה של המאה החמש-עשרה:

"זיוי מאד חשך ולא יהל
ציון ערבי ואדום יהל"
("שמם נתיב גלגל")[44]

ואליה הלוי בר בנימין מקושטא מראשית המאה השש-עשרה קונן על החוסר-און בישראל:

"ונתן יד/לכל ציד/ ואזלת יד/ לישראל"
("אלוה עוז")[45]

פייטני יאו"ב באו גם לנחם את עמם ולהקל עליהם את עול הגלות בתקוה על הגאולה ושיבת ציון. כך שר כלב בר שלמה מהמאה השלוש-עשרה שהקב"ה יבדיל בין הטמא והטהור ע"י מלך המשיח בעתיד לבוא:

"יסד העיר רוח מלך להבדיל טהור מגוי נגעל"
("איכה ראש הפסגה")[46]

ושהוא יעניש את הישמעאלים, כך מנחם בן אליה מקסטוריה יליד המאה החמש עשרה:

"...אתה טרוף הגרית"
("אתה אשיותי כוננת")[47]

ואת הנוצרים, בפיוטו של יהודה הכהן קילטי מאותו המאה:

"דרוך פורה לבדך
לאום עליזה בפידך
ויז נצחם בבגדיך"
("בנר חנוכה")[48]

לרבות רומא וביזאנטיון בלשונו של משה קפוצתו מהמאה הארבע עשרה:

"ובעם צוֹרִים הפלא כמאז צור למעני"
("אמרי הגיוני")[49]

3.

אלה שמות הפייטנים ביאו"ב החל מן המאה האחת-עשרה אז התחילו לזמר עם פריחת קהילות ישראל בחצי האי הבלקני. טוביה בירבי אליעזר, בעל פולמוס נגד הקראים בביזאנטיון וראש המדברים של הרבנים בקסטוריה ואחרי כן בסאלוניקי במאה האחת-עשרה קנה לו שם בעיקר מספרו מדרש לקח טוב המכונה פסיקתא זוטרתא על חמשה חומשי תורה וחמש מגילות.[50] ארבעה שירים ממנו הגיעו לידינו וכולם פורסמו ע"י ש. בובר במבוא למדרש לקח טוב, שם העיר "לשונו בספרו לקח טוב היא זכה, מליצתו נעימה, ומדברו נאוה וכנגד זה פיוטיו קשים." כנ"ל היה בקי בספרות ההיכלות בדומה לבני דורו מביזאנטיון בנימין בר שמואל ויצחק בר יהודה.
בנימין בירבי שמואל מקושטני חי גם הוא באותה מאה. מיחסים לו כשסה עשר-שבעה עשר פיוטים מהם "קרובות" "יוצרות" ו"מעריבים" שנתקבלו במחזורי אפ"ם (אסטי, פוסאנו ומונקלוו בפיימונטי), אשכנז, טורין, פולין, צרפת ובני רומא אבל רובם במחזור רומניה. אחרי חתימת שמו באקרוסטיכון ביוצר "אז בהעביר סוררים" (ד.א' 2099) נרמז גם הכנוי "פויטן" מהלשון היוונית (ποιητής) כמנהג ר' טוביה הנ"ל. הוקירוהו חכמי צרפת כמו רש"י וכינוהו ב"ספר הפרדס", "עיר וקדיש זקנינו", גם הובא כפוסק בתוספות (חגיגה י"ב., ד"ה "מסוף")

סמ"ג (עשה מ"ב, דף קי"ח) ומרדכי (ר"ה סי' תש"ך). גם היה בעל פולמוס נגד הקראים בביזאנטיון ונגד הנוצרים כנ"ל. פיוטיו מלאים וגדושים מדרשי הלכה ואגדה וגם ספרות ההיכלות ושעור קומה כנ"ל.[51]

יצחק בר יהודה[52] חי במזרח אירופה במחציתה השנייה של המאה האחת עשרה וכשנים עשר שלושה עשר פיוטים מסוג "יוצר", "אופן" ו"זולת" נשתמרו ממנו. כולם נתקבלו במחזורי רומניה מלבד ה"יוצר", "אותות ימי גאלה כגעו" (צונץ מיחסו מספק) שנשתמר במחזור צרפת. גם ה"אופן" שלו "ידודון ידודון" המתפרסם להלן נתקבל במחזור ויטרי מבית מדרשו של רש"י וייתכן שהוקירוהו חכמי צרפת בדומה לבנימין בר שמואל,--הלא ה"קרובה" שלו "אגן הסהר נוקשת שער" (ד.א' 447) גם כן נתקבלה במחזורי צרפת העתיקים. כנ"ל הצטיין ה"אופן" "ידודון ידודון" ברמזים לספרות ההיכלות במסכת היכלות ובהיכלות רבתי.

יהודה הכהן,[53] בעל חמשה פיוטים מסוג ה"קרובה" וה"סליחה." ה"קרובה" למנחה יוה"כ "אחר עצם היום" (ד.א' 2570) נתקבלה במחזורי רומניה וה"סליחה" "אויה ליך נפשי" (ד.א' 1791) נשתמרה בסידור הקראים. ה"סליחה" "יאתיוני פחדים" מכה"י מחזור רומניה (ואטיקאן, 320) משקפת את מצבם של קהילות ישראל תחת עול הנוצרים בזמן מסע הצלב הראשון בשנת התנ"ו והישמעאלים בתקופת גזרותיו ורדיפותיו של החליף אלחכים בסוף המאה העשירית ובראשית האחת-עשרה.[54] "סליחה" זו מתפרסמת כאן בפעם הראשונה. מסגנונו מותר להניח שהוא חי במחציתה השנייה של המאה האחת-עשרה במזרח אירופה.

יוסף בר יצחק[55] פייטן פורה ממזרח אירופה חי במחציתה השנייה של המאה האחת-עשרה ובמחציתה הראשונה של המאה השתים-עשרה. בעל חמשה עשר פיוטים מסוג "הקרובה" "יוצר" ו"קינה"; אחד עשר נתקבלו אצל הקראים, שנים במחזור רומניה, אחד במחזור בני רומא ואחד במחזור כפא.

פייטני מזרח אירופה במאה השתים-עשרה כוללים אנאטולי (זרחיה) בן דויד קזאני[56] מקנדיה, בעל ספר רוח חן והראשון באזור הנ"ל ליצור שירים שקולים, מהם הגיעו שלושה לזמננו, שנים בעברית ואחד בארמית. כנ"ל היה מושפע מחכמת הניאו-אפלטונים כנראה ע"י "כתר מלכות" לרשב"ג; מרדכי בר שבתי הארוך[57], פייטן בעל שיעור-קומה וסופר המכונה "רבנה", בעל מחבר ספר על הלוח ומחבר ששה עשר פיוטים מהם "סליחות" ו"פתיחה" ל"יוצר" לשבת בראשית המצטיינים בסגנונם הפשוט. פיוטיו נתקבלו במחזורי רומניה, אשכנז ואצל הקראים[58]; מיכאל בר כלב מעיר תבץ (Thebes), עליו אמר ר׳ יהודה אלחריזי בבקרתו על פייטני יוון בספר תחכמוני שלו ש"שיריו יש קצת נועם עליהם, בעבור כי הלך מנעוריו לספרד ולמד מהם."[59] רק "תחנון" שקול ליוה"כ במחזור רומניה המתפרסם כאן הגיע לידינו; משה בר חייא,[60] עוד פייטן יווני שזכה לשבח יהודה אלחריזי בבקרתו הנ"ל כיון שגם הוא למד מלאכת השירה מפייטני ספרד. בעל שבעה עשר פיוטים מסוג "מעריבים" ו"סליחות" שנתקבלו במחזורי רומניה, בני רומא ואצל הקראים; יוסף בן יעקב קלעי[61] המכונה כרפאן (χορυφαιος), חזן ופייטן פורה שחי בקלעא (Chufut-Kale), מרכז קראי הידוע בקרים. עשרים ושמונה פיוטים ממנו מסוגי "יוצרות", "מעריבים" "סליחות" קינות ושירי חתונה הגיעו לזמננו ונשתמרו במחזורי רומניה, בני רומא, טריפולי, כפא והקראים; שמריה מרביואנוא (Rabiyoanno)[62] המצטיין בשימושו בלשון היוונית ב"רשות לחתנים" לשמחת תורה במחזור רומניה שנשתמרה ממנו והמתפרסמת כאן והנה לדוגמה:

"שבח יקר וגדולה לחי עולמים
שליט באורנוס, פנדוקרטור בכל הדומים...
בורא קוזמון שנים שנים בחסד ורחמים...
בגלומי תכלת ובגנזי מרומים
בקתדראן מלכים יכסיאם ויגביהם עד מרומים."

הלל בר אליקים,[63] בעל פלוגתא של ר' ישעיה מטראני הנ"ל, מחבר פירוש על הספרא חי בסילוורי (Silivri) סמוך לקושטא במחציתה הראשונה של המאה השלוש-עשרה. בעל שלושה פיוטים "אקרא בשיר וזמרה" (ד.א' 7389) ו"הודו לאל דעות" (ד.ה' 279) שנתקבלו בסידורי הקראים וה"סליחה" לתענית אסתר "אתה אלוה ראשונים" שנשתמרה במחזורי טורין ורומניה המתפרסמת כאן. גם אברהם החזן בר יצחק בר משה [64] חי במאה השלוש עשרה במזרח אירופה. ממנו נשתמרו עשרה פיוטים מהם "סליחות" ו"שיר לחתונה". תשעה נתקבלו במחזורי רומניה ואחד במחזור צרפת. הוא מצטיין בנטייתו לדמיון קול ביצירותיו כמו ב"סליחה" שלו "אל אדיר השוכני" המתפרסמת כאן וז"ל:

"צבאות צרים צמת צובאי צבאות"

וגם ב"חטאנו" שלו "אזלו בכליון וחריץ" (ד.א' 2307) ו"חטאנו" "אכין קרב וסרעפים" (ד.א' 3258). כנ"ל רומז ב"סליחה" הנ"ל לקדושי ישראל שמתו על קידוש השם. עוד פייטני יוון מהמאה השלוש-עשרה כוללים מרדכי מנקיאה[65] (Nicaea), ממנו נשתמרה קינה אחת בכה"י מחזור רומניה (אדלר 4027) המתפרסמת כאן. כבר במאה התשיעית "כמה עברים ישבו בנקיאה" ע"פ עדות "חי הנזיר קונסטנטין" שפרסם י'. סטאר [66] ובמאה השלוש-עשרה הוטלה עליהם גזרת השמד ע"י המלך ג'ון השלישי דוקאס וואטאצס (1222-54)[67]; דויד פפי, בעל קינה אחת לתשעה באב שנשתמרה במחזור רומניה מפיאודוסיה בקרים[68],--ייתכן גם מוצאו של הפייטן; כלב נני בר שבתי[69], בעל קינה אחת לתשעה באב שנשתמרה במחזור הנ"ל בה הוא קונן על השעבוד בגלות ישמעאל ומסתבר שמתכוון בזה לגזרותיו ורדיפותיו של החליף אלחכים בשנות 1008-18 ועלילות על היהודים באירופה בקשר עם גזרותיו בשנת 1009[70]. כנוהו "רבנה" בכותרת לקינה הנ"ל במחזור רומניה המתפרסמת כאן [71] וכלב בר שלמה מחבר שלוש קינות שנתקבלו במחזור רומניה.

שמריה בן אליה בן יעקב[72] האיקריטי, פילוסוף, פייטן ומתרגם, נולד ברומא במחציתה השנייה של המאה השלוש-עשרה ועבר עם אביו לנגרופונטו (Negroponte) באי אוביא (Euboea) בים האגאי במאה הארבע-עשרה. הגיעו ממנו לזמננו ששה פיוטים בערך בעברית ובארמית. נשכר ע"י רוברט מאנז'ו (אניוב) מלך ניאפולי לתרגם מהלשון היוונית וגם חיבר פירוש על התורה בהיותו בחצר המלך. במסעיו הגיע גם לספרד ומת שם. שמריה ברבי אלקנה[73], המכונה "רבנה", ייתכן אביו של אלקנה בן שמריה הפרנס מקנדיה, בעל ה"סליחה" "אילי מרומים" המתפרסמת כאן. חי במחציתה הראשונה של המאה הארבע-עשרה וכנ"ל מזכיר את הנוצרים והישמעאלים ויחסם כלפי קהילות ישראל. נשתמרו ממנו במחזורי רומניה ארבעה פיוטים.

פייטני מזרח אירופה במאה הארבע-עשרה כוללים גם אלנתן הכהן[74] שנמנה עם פייטני יוון אצל צונץ. בעל שני פיוטים שנתקבלו במחזור רומניה; אלקנה בן שמריה[75] הפרנס מקנדיה ועזבונו ה"סליחה" היחידה הנ"ל; יונתן[76], בעל ה"סליחה" "ימות עולם" וה"תחנון" "יהיר אץ וינאץ" המתפרסמים כאן מכה"י מחזור רומניה (אוכספורד 1082) ומנחם בן אורי[77], בעל ה"סליחה" ליוה"כ "אלהים קדושים" שנשתמרה במחזור רומניה.

בין האישים בקהילות קנדיה במאה הארבע עשרה נודע בשם ר' יעקב "בן הרב" שנתמנה ע"י טובי העיר כחזן ושוחט ברטימו במאי 25 שנת 1362[78]. כידוע היו החזנים בדרך כלל גם הפייטנים בימי הביניים, ומותר להניח שה"פתיחה" לחוה"פ "אשר שיפר רקיעי רום" המתפרסמת כאן היא פרי עטו של ר' יעקב בן הרב הנ"ל. ה"פתיחה" נשתמרה בשני כה"י של מחזור רומניה (אוכספורד 1082 ומונטיפיורי 220) והשם הנרמז באקרוסטיכון הוא "יעקב בן הרב" ותו לא. ייתכן שבכוונה שמר על ייחוסו כ"בן הרב" מפני שבקנדיה היו אז מקפידים על החזנים, שצריכים להיות "יודעים ונבונים" ו"אנשי מעשה", כפי שאנו קוראים בתשובה מר' משה קפשאלי לחכמי קנדיה על אודות החזנים שם פסק שמותר לפטר חזן שדעת רוב הקהל לא נוחה הימנו[79]. גם מכה"י מחזור רומניה, ואטיקן 320, עמ' 43 אנו שומעים את

התלונה מהמהדיר בן המאה החמש-עשרה, שבימיו נתמנה החזן רק "בעבור נעימות קול" למרות ש"אינו מבין במה שמוציא ומבטא בשפתיו." גם אנו למדים מספר תקנות קנדיה, שר' יעקב בן אליעזר שרת כחזן בקנדיה בשנת 1369, ומהדירי הספר הנ"ל משערים, "אולי היה אז משרת כחזן בקנדיה, כשם ששירת קודם לכן ברטימו."[80] גם צונץ מיחס ה"פתיחה" הנ"ל לר' יעקב בן אליעזר,[81] ומסתבר שהוא ראה ספר תקנות קנדיה והגיע לאותה המסקנה של המהדירים הנ"ל.

בספר תקנות קנדיה אנו קוראים גם על מלכיאל הרופא בן מאיר אשכנזי שחי בקנדיה בשנת 1369.[82] ממנו הגיע לידינו "מי כמוך" לשבת חנוכה, פיוט על מעשה יהודית המתפרסם כאן ממחזור רומניה. כידוע היו נוהגים לאכול מאכלי חלב וגבינה בחנוכה זכר לנס שהאכילה יהודית את האויב חלב וגבינה והמיתה אותו (ע' כל בו, סי' מ"ד והר"ן מביאם הרמ"א או"ח, סי' תע"ד). גם היו קוראים בחנוכה את מעשה "יהודית" במדרש (ע' אייזענשטיין, אוצר מדרשים, א', עמ' 189 וכו') ובפיוט כגון "אודך כי אנפת" לר' יוסף בן שלמה מקרקשונה (ד.א' 1651) ו"אין מושיע" לר' מנחם בן מכיר (ד.א' 3058). "מי כמוך" למלכיאל בן מאיר הנ"ל שייך לאותו סוג של פיוטים. עדיין נשתמרה בו הפיסקה הידועה מספר יהודית ששואלים אותה השומרים, "מי את? אי מזה באת?"[83] אותה פיסקה נמצאת גם בספר "המעשיות" לר' נסים בן יעקב אבן שאהין מקירואן שחי במחציתה הראשונה של המאה האחת-עשרה אך כבר חסרה ב"מדרשים לחנוכה" הנ"ל ובפיוט "אודך כי אנפת" הנ"ל כיון שסיפור "יהודית" הלך ונתקצר במשך זמן.[84]

ממזרח אירופה במאה הארבע-עשרה נודעים גם הפייטנים משה חזן בן אברהם,[85] משורר פורה, בעל שלושים ושלוש "סליחות" מסוגים שונים שנשתמרו רק במחזורי רומניה; שבתי חביב בן אבישי, בעל שנים עשר פיוטים, מהם "סליחות" ו"מעריבים" שקולים שנתקבלו רובם במחזורי רומניה וגם במחזורי קורפו וכפא. מותר להניח שהיה מצאצאי משפחת אבישי מארץ זגורה בדרום בולגריה.[86]

כנ"ל יש לו ידיעות רחבות בפילוסופיה; שבתי בר יוסף[87], שלוש "סליחות" ממנו הגיעו לזמננו במחזורי רומניה. נרשם בין מחברי "סליחות" בכתב משנת 1400 בערך שם מדובר על גזרות ק"ט לאלף הששי (שנת 1349) וז"ל "הזכירה גידון הרופא (Guido de Chauliac) שהטלו על היהודים שזרקו סם המות בבארות להמית ערלים ועשו קדושות וכו.'"[88]

גם מאותה מאה: לאון בר מיכאל[89] הפרנס, בעל ששה פיוטים מהם שירים שקולים שנשתמרו במחזורי רומניה ובני רומא; שמואל קיר בר שבתי[90] הרופא, בעל חמש "סליחות" שנתקבלו במחזור רומניה; שבתי בר מרדכי,[91] מחבר "יוצר לחתן על אפן דו-שיח בין חתן וכלה" המתפרסם כאן ממחזור רומניה ו"סליחה" "שחרתיך דרשתיך" (ד.ש' 867) שם נרמז שמו באקרוסטיכון "שבתי האורג בן מרדכי", "אורג" מילה אחרת למשורר; יואב היווני[92] המכונה שעאע (شجاع) בעל ארבע עשרה "סליחות" שנשתמרו במחזורי חלף. ייתכן לזהותו כאבן שעאה בעל תרגום בעברית של בן קהלת לשמואל הנגיד לפי דעתו של ח. שירמן; ומזרחי,[93] בעל "תחנון" למעריב יוה"כ "למתודה על פשעיו" שנתקבל במחזורי רומניה וקורפו.

במחציתה השנייה של המאה הארבע-עשרה פרחו שלמה שרביט הזהב בן אליהו[94] בעיר איפישו (Ephesus). בעל ספר "חשק שלמה" על הדקדוק ו"ס' השם" לפירוש ראב"ע לתנ"ך. עוד ספר שלו נזכר אצל אליהו בשייצי הקראי בפולמוסו נגד אליהו מזרחי. ממנו הגיעו לזמננו עשרה פיוטים מסוגי ה"מעריבים", "יוצרות" ו"סליחות" שנתקבלו רובם במחזורי רומניה וגם בקורפו וכפא. כנ"ל התבטא בלעג נגד השיטה האפלטונית שמגנה ומבזה את האהבה הגשמית; ומשה קפוצתו היווני[95] בעל פירוש לתנ"ך שנרשם בספר אדרת אליהו לאליהו בשייצי בן משה הקראי הנ"ל. נשתמרה ממנו ה"פתיחה" לפסח "אמרי הגיוני" במחזור רומניה המתפרסמת כאן.

פייטני מזרח אירופה במחציתה הראשונה של המאה החמש-עשרה כוללים זכריה הכהן[96] אבי זקנו של מנחם תמר ורבו של שבתי כהן בעל הש"ך, הגן על ס' המצוות לרמב"ם נגד הרמב"ן וחיבר שלוש "סליחות" מהן שקולות שנשתמרו בכה"י מחזור

רומניה, בולוניה A 3574; דויד בן אליעזר[97] מקסטוריה המכונה "רבנא" וגם "אחיה" ו"אביהו". שלושה עשר פיוטים ממנו הגיעו לידינו מסוג ה"סליחה" ונתקבלו רובם במחזור רומניה (כה"י אוכספורד 1168) וגם בקורפו; ושמריה הכהן בן אהרן[98] מקנדיה, נודע לר' אליה הלוי בר בנימין המאסף מחזור רומניה שמזכירו בספר שו"ת שלו זקן אהרן. קינה אחת שקולה נשתמרה ממנו במחזור הנ"ל.

פרחו עוד במאה החמש-עשרה באזור שלנו הפייטנים שמואל בר נתן[99] הפרנס המכונה "רבנא", בעל שלוש "סליחות" במחזור רומניה; משה קלקי[100] שחי באי כיוס (Chios) בים האגאי תחת שלטון גינואה שמשל בשנות 1346-1566. "בקשה" שקולה נשתמרה ממנו במחזור רומניה המתפרסמת כאן; משה בן ממל הכהן[101] המכונה הוורדי, שתי "סליחות" ממנו נשתמרו במחזורי רומניה וקורפו; מנחם בן אליה[102] מקסטוריה בעל חמש "סליחות" שנשתמרו בכה"י מחזור רומניה, אוכספורד 1168 וואטיקן 320. נטייתו לדמיון קול בשיריו נכרת במיוחד ב"מלכי מקדם" שלו וז"ל:

"מלכי מקדם מהולל מכל מעשיך משמים ממזרים ממזלות ממחנות משרתיך וכו'";

אליה בר אברהם[103] מקסטוריה המכונה "העלוב" וגם "רבנה", בעל חמשה פיוטים מסוג ה"זולת" ו"סליחה" שנשתמרו במחזורי רומניה וקורפו; כלב בר משה,[104] בעל שלוש "סליחות", שתים על דוגמת ה"מסתג' אב" שנשתמרו במחזור רומניה; כלב בר אליקים,[105] בעל שתי "סליחות" שנתקבלו במחזור הנ"ל; חנניה בן שלחיה,[106] בעל שש "סליחות" שנשתמרו במחזורי רומניה וכפא ובנו שלחיה בן חנניה,[107] בעל "סליחה" ליוה"כ במחזור רומניה; מנחם בולגרי,[108] מחבר "אקחה בידי זכות אבות" במחזור הנ"ל; דויד מביזאנטיון[109] בעל חמשה פיוטים מסוג ה"סליחה" וה"אופן" שנשתמרו בכה"י מחזור רומניה, בריטיש מוזיאום, הארלי 5583, מהם מתפרסמת כאן הקינה "אוי כי פקד עון" (ד.א' 1725); משקויו,[110] מחבר "רשות" לברכו שקולה שנתקבלה במחזור רומניה. ייתכן שהוא ממשפחת מרדכי בכ"ר מושקו

הכהן שחי בשנת רפ"ט (1529) מי שהזמין כתיבתו של מחזור רומניה, כה"י פריס 616 ע"פ הרשימה בעמוד הראשון שם; יהודה הכהן קילטי,[111] כנראה ממשפחת הפייטן יהודה הלוי בן אהרן קילטי ויוסף קילטי שחי בשנת 1460 בעל שלושה פיוטים שנשתמרו במחזורי רומניה, קוצ׳ין ואצל הקראים; ואליקים,[112] מחבר "רשות" לחתן תורה שקולה שנשתמרה בכה"י מחזור רומניה (ואטיקן 320) מקנדיה.

במחציתה השנייה של המאה החמש-עשרה נודעים הפייטנים אליהו הכהן צלבי[113] מאנטוליה, נזכר ע"י מנחם תמר במבוא ל"אזהרות" שלו (כה"י ליידן 34) בעל חמשה פיוטים מהם "יוצרות" ו"אזהרות" ושירים שקולים שנתקבלו במחזורי רומניה לרבות "רשות" ל"ברכו" "אם לבבי בעצתו" (ד.א׳ 5382) המתפרסמת כאן; שלום בן יוסף ענבי,[114] מלומד בפילוסופיה, בחכמת החשבון ובתורת הכוכבים, מחבר פירוש ל"ספר על מדע הטבע" (פיסיקה) לאריסטו ומתרגם מערבית לעברית "ספר על תורת החשבון" (אריתמטיקה) לאבו-ל-חסאן קושג׳אר אבן לבהן. בעל שנים עשר פיוטים מסוגי ה"מעריבים", "אופנים" ו"פתיחות", רובם מלאים וגדושים ברמזים לתורת הכוכבים ולמטפיסיקה שנתקבלו במחזורי רומניה, קורפו וכפא; מרדכי כומטינו בן אליעזר[115] מקושטא, איש אשכולות בין חכמי יוון, תלמיד של ר׳ חנוך צפורטא מקטלוניא ורבו של ר׳ אליה מזרחי ושל קראים אחדים בדורו. פרשן מקיף על התנ"ך, הרמב"ם וראב"ע. היה נאלץ לעבור מקושטא ללכת "בשביה בארץ נכריה בעיר אדריאנופולי" (Adrianople) לפי דבריו בפירושו על "יסוד מורא" לראב"ע. נשתמרו ממנו ארבעה פיוטים שנתקבלו במחזורי רומניה ואצל הקראים; מנחם תמר בר משה,[116] פרשן לתנ"ך ולראב"ע על חמשה חומשי תורה. פייטן פורה, בעל עשרים וששה פיוטים מהם "אזהרות" ו"סליחות" המצטיין בכוחו המליצי כגון בטורים אלה מ"סליחה" שלו "אתפלל אחלה" במחזור רומניה שם נשתמרו רוב פיוטיו:

"דמות וצלם וצורה לא תשוה לו
העולם ומלואו פעם לא יכלכלו
ופעם ראש השערה תכילו
השמר מפניו ושמע בקולו"

אליהו בן אליעזר פילוסוף[117] מקנדיה, חמשה פיוטים ממנו, ובספק אחד בארמית, נשתמרו בכה"י מחזור רומניה (פרמא 997, וגם בכה"י פאריס 707). את ה"הודאה" שלו המתפרסמת כאן היו אומרים מיד לפני ה"כתר מלכות" לרשב"ג וכנ"ל היה ר' אליהו מושפע ממנו. מחבר ספר על תורת ההגיון ושירים שקולים מסוג ה"סליחה;" אברהם בן יעקב[118] מקסטוריה, בעל שבעה (שמונה בספק) פיוטים מסוג ה"מעריבים" ו"הסליחות" שנתקבלו במחזורי רומניה. הכניס מילה יוונית ב"מי כמוך" שלו לשבת הגדול המתפרסמת כאן:

"הים ראה וינס
מפחד אל מנוס
ומימיו עלו לאורנוס"

הפייטנים מיאו"ב שפרחו בסוף התקופה בנדון דידן במחציתה הראשונה של המאה השש-עשרה הלא הם משה בן אליהו דילמדגו[119] האיקריטי שחי בקנדיה. ממנו נשתמרה "רשות" לשבת הגדול מכה"י מחזור רומניה, אוקספורד 1082 ובכותרת שם נרשמה: "יוצר אחר חברו רבנ' משה האיקריטי אביו של רבנ' אליהו החסיד זצו"ל"; שבתי הרופא בר כלב,[120] בעל שלוש עשרה "סליחות" שנתקבלו במחזורי רומניה, כפא והקראים, חי בארטה (Arta), אמבדקיה הקדומה באלבניה התחתית; אליה בר בנימין הלוי,[121] תלמיד מובהק של ר' משה קפשאלי, מחבר ספרי שו"ת ודברי חכמה ומוסר, מאסף מחזור רומניה וגם ספרי שירים ובקשות. בעל ששה עשר פיוטים מסוגים שונים מהם שירים שקולים שנתקבלו במחזורי רומניה וכפא. כהן כרב בקושטא משנת 1526 ונפטר לפני שנת 1539. ה"תחנון" שלו "אלוה עוז" (ד.א' 4504) המתפרסם כאן בנוי על דוגמת ה"סליחה" לרי"ה "יצו האל" (ד.י' 3497); שלמה מבורך,[122] בעל שלושה עשר פיוטים מסוגים שונים שנשתמרו רובם במחזור קורפו (כה"י אוכספורד 1083 וכה"י ירושלים, הספריה הלאומית $3302,8^0$), מהם שיר תהילה לכבוד הסולטאן סלים השני (1566-1574). ה"בקשה" שלו "שחר אעירה" המתפרסמת כאן היו שרים בלחן זמר יווני, "האומפאנדו מינאסמו".

האחרון באנתולוגיה זו ובעל ששים ותשעה שירים מסוגים שונים הלא הוא שלמה בן בן מזל טוב,[123] הראשון בין הרבנים בקושטא ליצור שירי חול ע"פ דוגמת משוררי ספרד. ידועים גם שירי החול של בן דורו המשכיל כלב אפנדופולו הקראי (1525-1465) בקושטא ואולי היתה השפעת גומלין ביניהם. אחריו עקבו יהודה זרקו מרודוס, סעדיה לונגו, יצחק עונקינירה, מנחם די לונזאנו ויתר חברת "חכמי השיר" בשאלוניקי מייסדי תקופה חדשה בתולדות השירה העברית במזרח אירופה ובאנאטוליה בעיקר תחת השפעתם של גולי ספרד שהתגוררו באיזור בהמונם במאה השש-עשרה.[124]

בדרך כלל היו פייטני יאו"ב מוזנחים ע"י חוקרי השירה העברית בשתי המאות האחרונות ולא זכו עדיין לטיפול מיוחד. הודות לחומר חשוב של כה"י של מחזורי רומניה (ושלוש מהדורות בדפוס), קורפו וכפא שזכיתי לעיין בהם בספריית בית-המדרש לרבנים בניו-יורק, בספריית בראנדייס בואלטאם, מאסס., במכון שוקן בירושלים ובמכון לתצלומי כתבי-היד העבריים באוניברסיטה העברית בירושלים ניתן לראות כמה רב-גוניים היו המשוררים האלה. כנ"ל חברו שירים שקולים בחרוזים מחרוזים שונים ושירי-איזור בעלי מדריך וללא מדריך, מעין שירי איזור ובעוד צורות סטרופיות אחרות. נטו לתורות ניאו-אפלטוניות ולבטוי שאיפת הנשמה לכור מחצבתה. עיינו בספרות הנסתר ובחכמת אריסטו ובני סיעתו והביעו דברי פולמוס ולעג נגד יריבם. אמנם המוטיבים המסורתיים גברו ביצירות משוררנו כגון התלונות על שבר העם בגלות הארוכה וכמיהת לגואל ולשיבת ציון.

אין להעריך את פייטני יאו"ב בקנה-המידה של משוררי ספרד כיון שכל איזור יש לו צרכיו ותכונותיו המיוחדים למינו. משימת המבקר היא לברר אם משוררי האיזור ספקו את צרכי הקהילות לפי תכונותיהן. ולזה התכוון ש.ד. לוצאטו בבקרתו על משוררנו: "האנשים האלה גם כי לא היה כחם גדול במלאכת השיר כספרדים הקדמונים וגם רוב שיריהם אינם שקולים, עם כל זה שיריהם טובים ונכבדים מבחינת התכלית המכוונת בשירי הקדש אשר אין המכוון בהם יופי המלאכה אלא שיהיו דבריהם מובנים אל העם ויכנסו בלבם ויפיחו בקרבם רוח נכון ונאמן עם ה' ועם אנשים."[125]

הערות למבוא

1. ע' א.מ. הברמן, תולדות, א', עמ' 232.

2. ע' ב. דינור, ב,2, עמ' 159. מבנימין מטודילה ומסעותיו בשנות 1160-1173 אנו למדים שבקושטא ובתיבס ישבו אז כאלפיים יהודים. בקהילות הבינוניות הוא מונה מחמישים עד מאתים יהודים ובקטנות בעשרות, ע' שם, עמ' 167, הע' 3. מגניזה הקהירית אנו למדים שבמחציתה הראשונה של המאה השתים-עשרה עברו מספר ניכר של יהודים ממצרים הפאטימית לאנאטוליה הביזאנטינית, ע' גויטיין, I , עמ' 39.

3. ע' ש.ז. שכטר, J.Q.R., 4, 1891, עמ' 99.

4. ע' ספר העיטור, (ווארשא, תרמ"ג), עמ' 53.

5. ע' ש.ז. שכטר, שם. אין להסיק מזה שלא היו תלמידי חכמים אז ביוון כדעתו של א. שארף, ע' שארף, עמ' 175. מגניזה הקהירית אנו למדים שחכמי קושטא למדו בבית מדרשו של ר' האיי גאון (נפטר בשנת 1038) ועל מרכזי התורה ו"תלמידי חכמים הגונים" בתיבס ובשאלוניקי. ע' ש.ד. גויטיין, שם, עמ' 52, וע' ב. דינור, שם,ב,6,עמ' 61. כבר בנימין מטודילה שיבח את "חכמים גדולים במשנה ובתלמוד" בתיבס, ע' מסעות בנימין, עמ' י"א-י"ד. ביניהם נימנים במאה הי"ג ר' אברהם זוטרא מחבר פירוש על הספרא, על מסכת שבת ועל סדר טהרות, ע' ש.ז. שכטר,שם, עמ' 94, והפייטן ר' מיכאל בר כלב שזכה לתהילת ר' יהודה אלחריזי בבקורתו על פייטני יוון בספר תחכמוני שלו, עמ' 186.

6. ע' ספר תחכמוני, שם, וע' ב"תחנון" שקול שלו בצורת שיר-איזור המתפרסם להלן מס' 8. י. סטאר משער שאחרי מסע הצלב הרביעי וכיבושה של קושטא בשנת 1204 עלה עליה העיר תיבס כמרכז יהודי לתורה ולאומנות, ע' י. סטאר, רומניה, עמ' 16. לפי עדות בנימין מטודילה היו יהודי תיבס "האומנים הטובים לעשות בגדי משי וארגמן בארץ היוונים", ע' מסעות בנימין, עמ' 12.

7. ע' להלן שיר מס' 6א.

8. שם, שיר מס' 6.

9. ע' "כתר מלכות" לרשב"ג בח. שירמן, השירה א', עמ' 274.

10. ע' להלן שיר מס' 34.

11. שם, שיר מס' 27.

12. ע' ר' אברהם בר חייא, הגיון הנפש, (לייפציג, הכת"ר),ב'.

13. ע' להלן שיר מס' 55א.

14. שם.

15. שם שיר מס' 3.

16. ע' כה"י מחזור רומניה, פאריס 606,עמ' 104, וע' ש. ברנשטיין, עמ' 95.

17. ע' ש.ל. הילברג, נטעי נעמנים, (ברסלוו, 1847), עמ' ב17.

18. ע' להלן שיר מס' 2 שורות 218 ו256.

19. ע' ג. שלום, מרכבה, עמ' 25.

20. ע' להלן שיר מס' 1.

21. שם.

22. ע' א.מ. הברמן, עיונים, עמ' 8-237.

23. ע' שם כה"י מחזור רומניה, פאריס 616, עמ' 100 וע' במאמר מאת מ. בראן M.G.W.J., 62, (1918), עמ' 7-276 שם מביא נוסח אחר של הכרזת ראש חודש בשבת בלשון ארמית וכופלו ביוונית.

24. ע' להלן שיר מס' 56.

25. שם שיר מס' 11.

26. תרגום עברי:

"קינה ממעמקים ביוונית

הקשיבו אלי רבותי ואשא קינה
ותאנחו ותצטערו
ונשארו כמי שאין לו עוד כח לסבול
בעד היפה-נוף והנכבדה ירושלים עיר הקדש
שהמשילה על כל הממלכות
ככתוב בדברי הנביאים (מיכה ד' :ח').
וכעת הן מושלות בה (הממלכות) שהיו תחת פיקודה.
היא יושבת בבכי ובאבל והדברים האלה אומרת:
'אוי לי האומללה, נכלמה אלף פעם
צבאות אבדו, גבורי חיל שאיש לא זלזל.
אחדים מתו בחרב ואחרים ברעב
אחדים חיה רעה אכלתם ואחרים נשטפו בנהר.
פְּרָסִים אכלום בבקר וחיות בערב
ארבו להם בבוקר ובערב ראום.
אמהות עדינות אכלו בשר ילדיהן
והפרסים דנום לטרף או לחמלה;
עוללים נופצו בסלעים
וגיבורים משארית הפלטה הוגלו;
כל עמי הארץ היכום רידפום
חרפום בכלמה ובוש.'

נפלו הגבורים אזלו עושי חיל
הזמנים מתחלפים ועוד לא בא (הגואל).
אמנם אם רצונכם לראות בישועה גדולה
סורו מדרכיכם ושובו ונהיה לאגודה אחת.
אז פנתה אליהם ירושלים עיר הקדש באמרה:
'לא עלה בדעתכם
לבוא לבקשני להיות עמכם
ואף על פי שהתמהמה, הנה כבר בא והנני לו לשפחה
יען כי בטחתי בנביאי הקדושים.'"

27. ע' להלן שיר מס' 2, שו' 57 וכו'.

28. שם שו' 65 וכו'. דעתו של בנימין בר שמואל ב"פתיחה" שלו "כך גזרו אבותינו סנהדרין" (ע' ד.כ' 239 וע' גם בכה"י מחזור רומניה, פאריס 606, עמ' 66 ו128 ופאריס 616, עמ' 163) שמייחס את ההדחיות בענין חשבון העיבור לר' אליעזר "גדול שבכולם" יש לראות גם כפולמוס נגד הקראים בדומה לפולמוסו של טוביה בן אליעזר בענין זה, ע' אנקורי, עמ' 9-348 הע' 113, וע' ש. ליברמן, <u>שקיעין</u>, (ירושלים, תש"ל), עמ' 21, וע' בתמצית באנגלית להלן, עמ' 9-3.

29. שם שו' 90.

30. תודה לפרופ. א.מ. הברמן שהעירני על פירוש זה.

31. ע' שם שו' 223.

32. ע' הפיוט לפטירת משה "איך לפענח" לבנימין בר שמואל, ד.א. 3055 ובכה"י מחזור רומניה, ואטיקאן 320, עמ' 500.

33. ע' להלן שיר 26א.

34. שם שיר 4.

35. שם שיר 28.

36. שם שיר 39.

37. שם שיר 13.

38. שם שיר 43א.

39. שם שיר 26א.

40. שם שיר 16.

41. שם שיר 28.

42. שם שיר 19.

43. שם שיר 14.

44. שם שיר 38.

45. שם שיר 59.

46. שם שיר 17.

47. שם שיר 42ב.

48. שם שיר 49.

49. שם שיר 35.

50. ע' צבי אנקורי, עמ' 541-2.

51. ע' ח. שירמן, הגניזה, עמ' 421-2 וע' י.ל. וינברגר, 2, עמ' 307-8. פולמוסו של בנימין בר שמואל נגד הקראים כנ"ל מוכיח בוודאות שמוצאו היה מיוון ולא בקוטאנס שבנורמנדיה בצרפת כדעת ל. צונץ בל.ג., עמ' 115 והעוקבים אחריו, ע' א.מ. הברמן, תולדות, ב', עמ' 226-7, וע' בתמצית באנגלית להלן, עמ' 3-9.

52. ע' צונץ, ל.ג., 142-4, וע' ח. שירמן, שם, 421.

53. ע' צונץ, שם, עמ' 138, וע' שירמן,שם.

54. ע' לעיל, הע' 34, וע' צ. אנקורי, עמ' 167, הע' 307.

55. ע' צונץ, ל.ג., עמ' 171, וע' ש.ד. לוצאטו, מבוא למחזור בני רומא, הוצ' ד. גולדשמידט, (תל-אביב, תשכ"ו), עמ' 47, הע' 19.

56. ע' צונץ,שם, עמ' 466 וע' י.ל. וינברגר, א', עמ' כ"ז.

57. ע' צונץ,שם, עמ' 336-8. לפי דעת שד"ל רשום בר"ת בפיוטים שלו "מלאו מתני חלחלה" (ד.מ' 1463) ו"היום מלכי" (ד.ה' 489): "מרדכי בר שבתי הרפא" ע' שד"ל, לוח הפייטנים, עמ' 52.

58. צונץ היה מסופק אם מוצאו מדרום איטליה או מארץ יוון אבל ב. דינור העיר ש"העובדה שפיוטיו התקבלו אצל הקראים יש בה לסייע לדעה שהוא היה ביוון." ע' דינור,ב,3, עמ' 444 הע' 11. לפי דעתו ה"סליחה" למרדכי בר שבתי "מאנה הנחם" (ד.מ' 106) משקפת את הציפיה המשיחית ביוון בזמנו, ע' דינור,שם, עמ' 337-8.

59. מיכאל בר כלב היה ידוע רק מדברי אלחריזי ע' ח. שירמן, השירה, 3, עמ' 143, הע' 247-8 עד שזכיתי לגלות ה"תחנון" השקול שלו שפרסמתי בשנתון להיברו יוניון קולג', 39, (1968), עמ' נ"ב.

60. ע' צונץ, ל.ג., עמ' 338 וע' י.ל. וינברגר, א', עמ' מ"א.

61. ע' צונץ, שם, עמ' 339 וע' א.מ. הברמן, עתרת רננים, עמ' 227. וע' י.ל. וינברגר,שם, עמ' י"א.

62. ע' שד"ל, לוח הפייטנים, מס' 77 וע' י.ל. ויינברגר,שם,עמ' נ"ה. העיר רביואנוא אולי שם אחר לרובינקה הנמל בקצה הצפוני של האי אוביא שביקר בנימין מטודילה במסעיו שם התגוררו מאה יהודים בזמנו, ע' מסעות בנימין, י"א-י"ד.

63. ע' דינור, ב,2,עמ' 157.

64. ע' צונץ, ל.ג. עמ' 329.

65. ידוע רק משירו המתפרסם להלן מס' 14.

66. ע' י. סטאר, ביזאנטיון,עמ' 121-2.

67. ע' י. סטאר, רומניה, עמ' 20. כבר בשנת 1214 התחילו הגזירות נגד היהודים בנקיאה תחת המושל תאודור הראשון דוקאס אנגלוס (1214-30), ע' שם.

68. דויד פפי ידוע רק מקינה זו המתפרסמת להלן מס' 15. קהילות היהודים פרחו בקרים תחת שלטונה הסבלני של ממלכת גינואה משנות 1260-1475.

69. כלב נני ידוע רק מ"קינה" אחת המתפרסמת להלן מס' 16.

70. ע' ב. דינור, לוח זמנים לכרך א' הנ"ל, וע' צ. אנקורי, כנ"ל, כמ' 167, הע' 307.

71. ע' צונץ, ל.ג. עמ' 379.

72. שם, עמ' 366 וע' ח. שירמן, מבחר, עמ' קס"ח וע' C. Roth, History of the Jews in Italy, (Philadelphia, 1946),p.96.

73. ע' צונץ, ל.ג., עמ' 366.

74. שם, עמ' 385.

75. שם, עמ' 384.

76. שם, עמ' 691.

77. שם, עמ' 694.

78. ע' תקנות קנדיה, ס', מ"ח, 4-5.

79. שם, ס', מ"ה.

80. שם, ס', נ', 8.

81. ע' צונץ, ל.ג., עמ' 515.

82. ע' תקנות קנדיה, ס', נ', 20 ו58.

83. ע' להלן שיר מס' 25,שו' 33 וע' י.מ. גרינץ, ספר יהודית, (ירושלים, תשי"ד), ע' 206.

84. ע' י.מ. גרינץ, <u>שם</u>, על מלכיאל בן מאיר ע' צונץ, <u>ל.ג.</u>, עמ' 725 וע' גם י.ל. וינברגר, א', עמ' מ"ה, שם שערתי בטעות שהפייטן חי בראשית המאה האחת-עשרה.

85. ע' צונץ, <u>שם</u>, עמ' 7-374 ו691. לפעמים רשם את המילה "הממונה" אחרי שמו באקרוסטיכון, ע' צונץ, <u>שם</u>, עמ' 376 ו691 וייתכן שהיא מילה אחרת ל"פרנס".

86. ע' ר' יהודה משקוני, הקדמה לאבן העזר, על פירוש ראב"ע לתורה: <u>אוצר טוב</u> (ברלין, תרל"ז-תרל"ח), עמ' 6. וע' צונץ, <u>שם</u>, עמ' 382.

87. ע' צונץ, <u>שם</u>, עמ' 383.

88. <u>שם</u>, עמ' 626.

89. <u>שם</u>, עמ' 385.

90. <u>שם</u>, עמ' 371.

91. <u>שם</u>, עמ' 518 ו711.

92. <u>שם</u>, עמ' 517 וע' ח. שירמן ב **<u>Encyclopedia Judaica</u>** , (1972) 10, עמ' 108.

93. הפייטן מזרחי ידוע רק מ"תחנון" זה המתפרסם להלן מס' 33. ע' י.ל. וינברגר, א', עמ' ל"ח שם זהיתי הפייטן הנ"ל בטעות כר' אליה בן אברהם מזרחי (1455-1526) מקושטא וזה אי אפשר כיון שכה"י מחזור רומניה, אוכספורד, 2501, בו נשתמר ה"תחנון" שלו הנ"ל נכתב בשנת 1400 בערך.

94. ע' צונץ, <u>ל.ג.</u>, עמ' 3-371.

95. <u>שם</u>, עמ' 509.

96. <u>שם</u>, עמ' 378 ו650.

97. <u>שם</u>, עמ' 4-363 ו693.

98. <u>שם</u>, עמ' 598 ו729.

99. <u>שם</u>, עמ' 371.

100. <u>שם</u>, עמ' 377.

101. <u>שם</u>, עמ' 378 ו692.

102. <u>שם</u>, עמ' 386 ו694.

103. <u>שם</u>, עמ' 388 ו694 וע' ש. ברנשטיין, עמ' 105.

104. ע' צונץ, <u>ל.ג.</u>, עמ' 379.

105. ע' <u>שם</u>.

106. <u>שם</u>, עמ' 381.

107. שם, עמ' 385 ו694.

108. שם, עמ' 386.

109. שם, עמ' 546.

110. שם, עמ' 727.

111. שם, עמ' 519.

112. שם, עמ' 549-50.

113. שם, עמ' 519 ו711. על חכם קראי בשם צלבי בקרים ע' A. Neubauer,55,n.1

114. ע' צונץ, ל.ג., עמ' 526 ו713.

115. שם, עמ' 525 וע' צ. אנקורי, כנ"ל, עמ' 152, הע' 261.

116. ע' צונץ, ל.ג., עמ' 526.

177. צונץ כנוהו בצדק "פילוסוף" על שם משפחתו, ע' ל.ג., עמ' 518 ו711. בדוידזון "הפילוסוף" אחרי שם הפייטן אליהו בן אליעזר בא כתואר, ע' דוידזון, אוצר ד', עמ' 364. על משפחת פילוסוף ע' יצחק שמואל עמנואל, מצבות סאלוניקי, (ירושלים, תשכ"ג-כ"ח), עמ' 947.

118. ע' צונץ, ל.ג., עמ' 525.

119. משה בן אליהו דילמדגו ידוע רק מ"רשות" שלו לשבת הגדול המתפרסמת להלן מס' 57.

120. ע' צונץ, ל.ג., עמ' 381.

121. ע' ח. מיכל, אור החיים, (פראנקפורט א.מ., תרנ"א), עמ' 171-3. וע' צונץ, שם, עמ' 388-90.

122. ע' ח. שירמן, "תורקיה", עמ' 393 וע' י.ל. וינברגר, א', עמ' ס'. ש. ברנשטיין פרסם השירים "שוכן מרומים" ו"על מה כאלמן עמי" לשלמה מבורך ע' ש. ברנשטיין, עמ' 61-2. פיוטיו של משה מבורך נשתמרו במחזור כפא וח. שירמן משער ש"היה מבני משפחתו של שלמה." ע' ח. שירמן, שם, הע' 10.

123. ע' צונץ, ל.ג., עמ' 532-3, וע' א.מ. הברמן, תולדות, א', עמ' 231.

124. ע' א.מ. הברמן, שם, עמ' 231-5.

125. ע' כרם חמד, שנת ד', עמ' 38.

1. טוביה בירבי אליעזר

"סליחה" לשבת בראשית לה רומז הפיטן בטור ב׳: "מגיד מראשית לסדור" הקובע את נושא הפיוט ואת ייעודו. י"ד בתים בני ד׳ טורים מחריזים והרביעי הבאה מהמקרא. מספר מילים בלתי קבוע (6–4 ועוד). המקור: <u>מדרש לקח טוב</u>, מהדורת ש. בובר, מבוא, עמ׳ ל"ד, ע"א. החתימה: א׳–ב, טוביה בירבי אליעזר יחי לעד חזק ואמץ. (ד.א׳ 1423).

אֶהְיֶה אֲשֶׁר אֶהְיֶה פִּצְּתָה לַאֲבִי-גְדוֹר
בְּיָהּ שְׁמוֹ מַגִּיד מֵרֵאשִׁית לְסִדּוּר
גְּבִיר גִּזְעִי כֹּה יִהְיֶה בִּבְנְךָ לִגְדוֹר
זֶה-שְּׁמִי לְעוֹלָם וְזֶה זִכְרִי לְדוֹר דּוֹר.

דּוֹר דָּגוּל מִצּוֹעַן הִסְּעָתָה בְּיַד חוֹזֶה
הֲמוֹן צְבָאוֹת קוֹדֶשׁ סִגַּלְתָּ וְהִצְמַתָּ בּוֹזֶה
וָתִיק מִשְׁפָּט מֵלִיךְ קֶרֶב לַחוֹזֶה
אֲשֶׁר יֹאמַר כִּי הוּא זֶה.

זֶה אֵלִי חֶבְלִי וְגוֹרָלִי אִיתִּיאֵל
חֲסִין יָהּ צוּר מוֹשִׁיעַ וְגוֹאֵל
טעצ"ש שֵׁם הַמְּפוֹרָשׁ נוֹרָא וְנִשְׂגָּב אַכַּתְרִיאֵל
וְאַתָּה קָדוֹשׁ יוֹשֵׁב תְּהִלּוֹת יִשְׂרָאֵל.

יִשְׂרָאֵל שׁוֹאֵל מְחִילָה וּסְלִיחָה בִּנְעִימַת שְׂפָתֵימוֹ
כַּבִּיר לֹא יִמְאַס שִׂיחַ תַּחַן אִמְרֵימוֹ
לַמְנַצֵּחַ בִּנְגִינוֹת מְפָאֲרִים שִׂים בְּשֵׂכֶל שִׂיחַ פִּימוֹ
בָּרוּךְ כְּבוֹד ה׳ מִמְּקוֹמוֹ.

מִמְּקוֹמוֹ אִמְרֵימוֹ יִשְׁמַע אֱל-דַּל מָעוֹז
נָאָה יָאֲתָה לוֹ הַמְּלוּכָה יְמִינוֹ תָעוֹז
סוֹד יְשִׁיבֵי מַכְפֵּלָה יָעִיר וְיָעוֹז
הָבוּ לַה׳ כָּבוֹד וָעוֹז.

עוֹז עִזּוּז תְּמוֹךְ מְאַמְּצִים לְקָדוֹשׁ
פּוֹעֵל הַמּוּפְלָא מְפָרֵק הָרִים וְיָדוֹשׁ
צָבָא וְאוֹת מְשַׁלְּשִׁים חֲדָשִׁים לַבְּקָרִים קָדוֹשׁ
וְקָרָא זֶה אֶל זֶה וְאָמַר קָדוֹשׁ.

קָדוֹשׁ קוּמָה קַבֵּץ אֶל נָכוֹן
רָם פְּאֵרִים יִגְדַּל וּבְקִרְבָּם תִּשְׁכּוֹן
שַׁדַּי שַׁלֵּט וּפַלֵּט אַרְכָּן וְאַרְכוֹן
לָבֵשׁ עוֹז הִתְאַזָּר אַף תִּכּוֹן.

תִּכּוֹן תָּמִים תֵּל תַּלְפִּיּוֹת בְּהַדְרַת קֹדֶשׁ
טַפְסְרֵי אֶרְאֶלִּים עִמּוֹ טָסִים מֵרִבְבוֹת קוֹדֶשׁ
וִיבַקְשׁוּ וְיִדְרְשׁוּ חוֹצֵב וְיַחְדְּשׁוּ קוֹדֶשׁ
מִי כָמוֹךָ בָּאֵלִים ה׳ מִי כָּמוֹךָ נֶאְדָּר בַּקּוֹדֶשׁ.

בַּקּוֹדֶשׁ הֲלִיכוֹתֶיךָ מַלְכִּי תּוֹחַלְתִּי וְתִקְוָתִי
יָהּ דּוֹדִי תְקַבֵּל תְּחִנָּתִי וְתֹאמַר סָלַחְתִּי
הַמְקָרֶה בַמַּיִם עֲלִיּוֹתָיו מְכַפֵּר אַשְׁמָתִי
בֵּאלֹהִים אֲהַלֵּל דָּבָר בַּה׳ בָּטָחְתִּי.

בָּטַחְתִּי בְשִׁמְךָ אַדִּירוֹן תָּאַבְתִּי מְחִילָתֶךָ
יָחִיד מוֹשֵׁל בַּתֵּבֵל וּמְלֹאָהּ אֶפֶס בִּלְתֶּךָ
רוֹצֶה תְשׁוּבָה הֲשִׁיבֵנִי לַעֲבוֹדָתֶךָ
מָה אָהַבְתִּי מְעוֹן בֵּיתֶךָ.

בֵּיתְךָ בְרַחֲמִים בְּנֵה וְשַׁכְלֵל בֵּית מַאֲוַיֵּינוּ
יְקָר חַסְדְּךָ אֱלֹהִים מִשְׂגַּבֵּינוּ וּמָעוּזֵּינוּ
אֱמֶת וֶאֱמוּנָה דְבָרְךָ אֲשֶׁר נֶאֱמָרָה לְהוֹשִׁיעֵנוּ
אֱלֹהִים בְּאָזְנֵינוּ שָׁמַעְנוּ וַאֲבוֹתֵינוּ סִפְּרוּ

לָנוּ מַלְכֵּנוּ תּוֹשִׁיעַ לָמָּה תִהְיֶה כְּאוֹרֵחַ
יְהִי רָצוֹן מִלְּפָנֶיךָ אֲיוּמָּה כַּשּׁוֹשַׁנָּה לְהַפְרִיחַ
עוּרָה הַיְשֵׁנָה חִישׁ בָּא וְכַלְּבָנוֹן יָרִיחַ
וּבָא הַשֶּׁמֶשׁ וְזָרַח אֶל מְקוֹמוֹ שׁוֹאֵף זוֹרֵחַ.

זוֹרֵחַ וּמַבְהִיק לִמְחַכֵּי פִּדְיוֹם חֶזְיוֹנָי
רָאֹה יִרְאֶה בְּשׁוּב ה׳ אֶת שְׁבוּת בָּנָי
יְחִי לְבַבְכֶם לָעַד וְיֹאכַל פְּרִי מַעֲדַנָּי
חֲזַק וְיַאֲמֵץ לְבַבְכֶם כָּל הַמְיַחֲלִים לַה׳.

לַה׳ הַיְשׁוּעָה רָם עַל רָמִים
לַעֲדֵי עַד מֶמְשַׁלְתּוֹ לְעוֹלְמֵי עוֹלָמִים
הַפַּעַם עֲנֵנוּ וְלֹא נֵצֵא נִכְלָמִים
אֵל מֶלֶךְ יוֹשֵׁב עַל כִּסֵּא רַחֲמִים.

1. אהיה...אהיה,--כנוי להקב"ה ע"פ שמות ג׳: י"ד; אבי-גדור,--אחד השמות של מרע"ה ע׳ ויק"ר א׳ .ג׳. 2. ביה,--כלומר בשתי אותיות "יה" ברא הקב"ה את עולמו ע׳ ב"ר, י"ב. י׳; שמו,--כך בנוסח שמביא ש. בובר במבוא *למדרש לקח טוב*; מגיד מראשית,--ישעיה מ"ו: י׳. 3. גביר,--כנוי ליעקב אבינו׳ ע"פ בראשית כ"ז: כ"ט; גזעי,--רומז למלך המשיח כלומר ה"חוטר מגזע ישע" ע"פ ישעיה י"א: א׳; בבנינך,--הכונה למקדש; לגדור,--כלומר לגדור פרץ ע׳ שם נ"ח: י"ב וע׳ ויק"ר, שם, "הרבה גודרים עמדו לישראל וזה (מרע"ה) היה אביהם של כולם." 4. זה וכו׳,--שמות ג׳: ט"ו. 5. דגול,--שה"ש ה׳: י"א, מצוען,--ממצרים, ע׳ תהל׳ ע"ח: י"ב; הסעתה,--רומז למאמר ר"א, מכי׳ בשלח, ויסע א׳: "ויסע משה את ישראל שהסיען בעל כרחן במקל"; חוזה,--כנוי למשה הנביא ע׳ דברים ל"ד: י׳.6. צבאות,--שמות י"ב: מ"א; סגלת,--כלומר בחרת לסגולה; והצמת,--תהל׳ ע"ג: כ"ז; בוזה,--חוטא, ע׳ במדבר ט"ו: ל"א.7. ותיק,--כנוי להקב"ה ע׳ "יוצר" ליוה"כ "לאל עורך דין": "לותיק ועושה חסד ביום דין"; משפט מליך,--הכונה לתורה. 8. אשר וכו׳,--שמות כ"ב: ח׳.9. חבלי,--ארצי, ע׳ עמוס ז׳: י"ז, וגורלי,--כלומר שנפלה לי בגורלי; איתיאל,--משבט בנימין ע"פ נחמיה י"א: ז׳ ורומז לירושלים ע׳ שם י"א: ז׳. 10. חסין יה,--תהל׳ פ"ט: ט׳. 11. טעצ"ש,--סוד שם המפורש, ע׳ *היכלות רבתי* ב׳.ב׳ וז"ל: "טעצ"ש ה׳ אלקי ישראל" וע׳ ג. שלום, *מרכבה* עמ׳ 69, שם מדובר על עוד

שמות סודיים של הקב"ה כגון "אזבוגה" ו"צורטק" וע׳ "מעשה מרכבה", שם עמ׳ 115 על רשימת השמות "צורטק" ו"טעצש"; אכתריאל,--שמו של הקב"ה היושב נורא ונשגב על כסא הכבוד וכדברי ר׳ חננאל בפירושו לברכות ז׳, ע"א, "יש אומרים אכתריאל מלאך הוא ואנו לא קבלנו אלא הכבוד הוא." וע׳ ג. שלום, שם, עמ׳ 51-52. 12. **ואתה** קדוש וכו׳,--תהל׳ כ"ב: ד׳. 14. כביר..ימאס,--איוב ל"ו: ה׳; תחן,--תחינה, בלשון הפייטנים, ע׳ מ. זולאי, פיוטי ינאי, עמ׳ קל"ד; אמרימו,--תהל׳ י"ז: ו׳. 15. למנצח בנגינות,--שם ד׳: א׳, ורומז הפייטן לש"ץ; שים..פימו,--ע׳ נחמיה ח׳: ח׳. 16. ברוך וכו׳,--יחזקאל ג׳: י"ב. 17. אל דל מעוז,--כלומר אל שהוא מעוז לדל, ע׳ ישעיה כ"ה: ד׳. 18. נאה יאתה ,--ע׳ הגדה של פסח, "כי לו נאה, כי לו יאה" וע׳ ב"ר ו׳ .ב׳; ימינך תעוז ,--תהל׳ פ"ט: י"ד. 19. **סוד**,--מועצה; ישיבי מכפלה,--רומז לארבע זוגות שנקברו שם, אדם וחוה והאבות ע׳ ב"ר, נ"ח. ד׳. 20. הבו לה׳ וכו׳,--תהל׳ כ"ט: א׳. 21. עוז עזוז,--כנויים להקב"ה ע"פ משלי י"ח: י׳ ותהל׳ כ"ד: ח׳; מאמצים,--משלי כ"ד: ה׳. 22. פועל,--הקב"ה ע"פ תהל׳ ע"ד: י"ב; המופלא,--הנפלא; מפרק הרים,--מ"א, י"ט: י"א; וידוש,--ישעיה מ"א: ט"ו. 23 צבא ואות,--השמים ורומז הפייטן למלאכי השרת; משלשלים,--קדושה להקב"ה ע׳ "נקדישך"; חדשים לבקרים,--איכה ג׳: כ"ג. 24. וקרא וכו׳,--כך ע"פ השערתו של ש. בובר, עורך מדרש לקח טוב, וז"ל, "בלי ספק היה כתוב כאן הפסוק: "וקרא וכו׳" וחסר בכה"י וע׳ שם במבוא, עמ׳ ל"ד. 25. קדוש,--הקב"ה; קבץ,--נדחי ישראל; נכון,--רומז לציון ע"פ ישעיה ב׳: ב׳. 26. פארים,--הכונה ל"בגדי ישע", ע׳ שם, ס"א: י׳. 27. שלט,--מגן; ופלט,--ומושיע ע׳ ש"ב, כ"ב:ב׳; ארכן,--ר"ל מאריך אף; וארכון,--כך צ"ל מפני החרוז ולא "ארכין כבכה"י, ור"ל מושל ע׳ ירושלמי ברכות, פ"ה, ט׳, ע"א. 28. לבש וכו׳,--תהל׳ צ"ג: א׳. 29. תמים,--רומז לקרבן ע"פ ויקרא א׳: ג׳ ועבודת המקדש; תל תלפיות,--ע׳ שה"ש ד׳: ד׳ וכנוי לבית המקדש בלשון הפייטנים וע׳ משולם בר קלונימוס, "אפיק רנן" (ד.א׳ 7129): "תלפיות דביר היכל כבוד אומר כלו" בהדרת קדש,--תהל׳ כ"ט: ב׳. 30. טפסרי אראלים,--כלומר שירי אראלים, ע׳ מ. זולאי, "עיוני לשון", עמ׳ קצ"ו-ז׳;

מרבבות קודש,--ע׳ דברים ל״ג: ב׳. 31. חוצב,--כנוי להקב״ה ע״פ תהל׳ כ״ט: ג׳-ז׳, "ויבקשו וידרשו" ר״ל, "איה מקום כבודו" שמשרתיו של הקב״ה שואלים זה לזה, וע׳ קדושה," נעריצך"; ויחדשו קודש,--כלומר חדשים לבקרים בשירה ע׳ לעיל טור 24. 32. מי כמוך,--שמות ט״ו: י״א. 34. דודי,--כנוי להקב״ה ע״פ שה״ש א׳: י״ג. 35. המקרה...עליותיו,--תהל׳ ק״ד: ג׳. 36. באלהים וכו׳,--שם נ״ו: י״א, י״ב. 37. בשמך אדירירון,--אחד השמות הקדושים של הקב״ה, ע׳ <u>היכלות רבתי</u>, י״ד, וע׳ ג. שלום, "מעשה מרכבה", שם, עמ׳ 115. בשמות אלה היו משביעין כל יורדי מרכבה, ע׳ ג. שלום, שם, עמ׳ 69, הע׳ 15. 40. מה אהבתי וכו׳,--תהל׳ כ״ו: ח׳. 41. שכלל,--השלם; בית מאוויינו,--כנוי למקדש בלשון הפייטנים, ע״פ תהל׳ קל״ב: י״ג. 44. אלהים וכו׳,--שם מ״ד: ב׳. 45. תושיע...כאורח,--ירמיה י״ד: ח׳. 46. איומה כשושנה,--שה״ש ו׳: ב׳-ד׳. 47. הישנה,--שם ה׳: ב׳; חיש,--ישעיה ס׳: כ״ב; וכלבנון יריח,--שה״ש ד׳: י״א. 48. ובא השמש,--קהלת א׳: ה׳. 49. ומבהיק,--ע׳ סנהדרין ק׳, ע״א, "כל המשחיר פניו על דברי תורה בעולם הזה הקב״ה מבהיק זיוו לעולם הבא". 50. בשוב...שבות,--תהל׳ קכ״ו: א׳. 51. יחי...לעד,--שם כ״ב: כ״ז; ויאכל פרי,--שה״ש ד׳: ט״ז. 52. חזק וכו׳,--תהל׳ ל״א: כ״ה. 56. אל מלך וכו׳,--ע״פ משלי כ׳: ח׳ וע׳ ויקרא רבה כ״ט. כ״ד. הפיוט הוא "שרשור", היינו שכל מחרוזת מתחילה במילה המסיימת את המחרוזת שלפניה.

2. בנימין בירבי שמואל

"קדושתא" לשבועות בט׳ חלקים. סימן: א׳-ב׳, תשר״ק, בנימין בר שמואל
סאפרא ער.כה״י מ״ר, 1802 (א); ל, 685 (ב); מב״ר, 493 (ג); תרגום
לאטיני בכה״י בספריה הלאומית, פאריס, 16558, (ל), (ד.א׳ 7639).

א אֲרוּכָּה מֵאֶרֶץ מִדָּה וּמִפִּי יָם רְחָבָה
בְּבַאֲרָהּ רָזֶיהָ לְצִמְחֵי רְבָבָה
גֻּעֲשׁוּ מְעוֹנִים וְרָטְשָׁה חוֹרָבָה
דָּאֵי אֲגַפַּיִם יְדוּדוּן כְּאֵשׁ לֶהָבָה.

הִבְרַקְתָּ מְקַבְּלֶיהָ בְּצֵאתָם מִבֵּין עֲנָמִים
וְהִבַּטְתָּ בְּמוֹ רֶגֶל וְיָד קְטוּעִים וְגִדְּמִים
זַמּוֹתָ: "אֵיךְ אֶתְנַבָּה לְבַעֲלֵי מוּמִים";
חֲשַׁמַּלֶּיךָ שְׁלַחְתָּ לְהִתְעַלֵּם בַּהֲדוֹמִים.

טַסְתָּ לַחֲמִשִּׁים יוֹם בַּשְּׁלִישִׁי בְּשִׁשָּׁה
יִדַּעְתָּ לְכָל אוֹם שְׂכָרָהּ וְעוֹנְשָׁהּ
כְּלָלֶיהָ וּפְרָטֶיהָ בְּלֹא אָבוּ לְדָרְשָׁהּ
לְהַטְתָּם עַד כַּלֵּה בְּמַכָּה אֲנוּשָׁה.

מֵהַר פָּארָן לְעַמְּךָ הוֹפַעְתָּ
נְשִׂיָּה וּמְלוּאָה כַּעֲצֵי יַעַר הִבְעַרְתָּ
סִינַי כַּגְּגִית עֲלֵיהֶם הִרְקַעְתָּ
עָלִיתָ לַמָּרוֹם וְשָׁבִיתָ בּוֹ הֵצַעְתָּ.

פִּתְחֲךָ פֶּה לְבָאֵר חֲמוּרוֹת וְקַלּוֹת
צָגוּ לְהַסְפִּיתָן בְּרֶתֶת וְחַלְחָלוֹת
קוֹלְךָ הָרִאשׁוֹן נֶחֱלַק לְשִׁבְעָה קוֹלוֹת
רַב צָבָא מְבַשְּׂרוֹת אוֹתָם לַעֲלוֹת.

שַׁתָּה בִּינָה לְבֵינָם מֵלִיץ שְׁלִישִׁי
שׁוֹרֶשׁ הִשְׁרַשְׁתָּ לְמוֹלַד שְׁלִישִׁי
תַּתָּה בְּיֶרַח שְׁלִישִׁי לְעַם שְׁלִישִׁי
תּוֹרָה תְמִימָה בַּחֹדֶשׁ הַשְּׁלִישִׁי.

ככתוב בחדש השלישי לצאת בני ישראל מארץ מצרים ביום הזה באו מדבר סיני; (שמות י"ט:א')

ונאמר יי יתן אומר המבשרות צבא רב; (תהל' ס"ח:י"ב)

ונאמר עלית למרום שבית שבי לקחת מתנות באדם אף סוררים לשכון יה אלהים;

(תהל' ס"ח:י"ט)

ונאמר יי מסיני בא וזרח משעיר למו הופיע מהר פארן ואתא מרבבות קדש מימינו אש דת למו; (דברים ל"ג:ב')

ונאמר מלכי צבאות ידודון ונות בית תחלק שלל; (תהל' ס"ח:י"ג)

ונאמר ארוכה מארץ מדה ורחבה מני ים; (איוב י"א:ט')

יָם גָּדוֹל מִלָּא גְּבוּלוֹ
וְשֶׁמֶשׁ הוֹסִיף בְּנוֹגַהּ הִלּוֹ
עוֹז מִבְטֶחָהּ בְּהַנְחִילוֹ
לְסֶגֶל כָּסוּף הַגָּנוּן בְּצִלּוֹ.

מלך עוזר ומושיע ומגן. בא"י מגן אברהם. אתה גבור וכו'.

ב תְּשַׁע מֵאוֹת וְשִׁבְעִים וְאַרְבָּעָה הוֹרוֹת
שְׁעֲשַׁעְתָּ בְּאָמוֹן טֶרֶם כֹּל יְצִירוֹת
רְדַפְךָ לְתַתָּהּ לְאוֹם עוֹלֶה כְּתִמְרוֹת
קוֹלְךָ מִתּוֹךְ הָאֵשׁ הִשְׁמַעְתָּ בַּהֲדָרוֹת.

צִיר נֶאֱמָן לְשׁוֹלְחָיו כְּצִנַּת שֶׁלֶג בְּקָצִיר
פּוֹלְצוּ לִשְׁמַע רִגְשְׁךָ בּוֹרֵא כֹּל יְצִיר
׳עִמָּנוּ דַּבֵּר אַתָּה פֶּן נִתְעוֹלֵל כְּבַצִּיר׳
שָׁחוּ לְאוֹמֵן טַפְסַר וְצִיר.

נִרְתָּעִים לְאָחוֹר וְחוֹזְרִים לְפָנִים
מָאתַיִם וְאַרְבָּעִים מִיל נִמְצְאוּ הוֹלְכִים וּפוֹנִים
לְכָל דִּבּוּר וְדִבּוּר עֶשְׂרִים וְאַרְבָּעָה בְּמִנְיָנִים
כִּתֵּי אֵשׁ שָׁלַחְתָּ לְסַעֲדָם בְּמַשְׁעֵנִים.

יַחַד כִּוְּנוּ הֵיעַ עֵגֶת נֶגְדֶּךָ
טַעַם ׳נַעֲשֶׂה וְנִשְׁמַע׳ הֱשִׁיבוּ עָדֶיךָ
חֲגַרְתָּם כָּאֵזוֹר לְמָתְנֵי צִירֶיךָ
זֹאת הָיְתָה לָמוֹ פִּי נָצְרוּ פִּקּוּדֶיךָ.

וּבְהִגָּלוֹתְךָ בְּסִינַי כְּזָקֵן מָלֵא רַחֲמִים
הוֹדְךָ כִּסָּה שָׁמַיִם וּתְהִלָּתְךָ מָלְאוּ הֲדוֹמִים
דִּבַּרְתָּ: ׳מִי כָמוֹנִי יִקְרָא לְעוֹלָמִים׳
גּוֹדֶל מְאַמְּצָךְ לְשַׂגֵּב בַּעֲצוּמִים.

בְּקוֹלֵי קוֹלוֹת וְלַפִּידֵי לַפִּידִים
בַּעֲרָפֶלִים וַעֲנָנִים וְזִיקִים מִתְלַפְּדִים
אִזַּנְתָּ לְקָרֵב לְעַם נִפְדִּים
אֲשֶׁר לְמִדְבַּר סִין נָסְעוּ מֵרְפִידִים.

ככתוב ויסעו מרפידים ויבאו מדבר סיני וכו׳ (שמות י"ט:ב׳)
ונאמר אלוה מתימן יבוא וכו׳ (חבקוק ג׳:ג׳)
ונאמר כצנת שלג ביום קציר וכו׳ (משלי כ"ה:י"ג)
ונאמר ויהי קול השופר הולך וחזק מאד (שמות י"ט:י"ט)

בְּקוֹל כֹּחַ נִפְלָאוֹת הִרְעִים
יָצְאָה מִנְּדָבָה נִשְׁמַת רֵיעִים
וְהֵנִיף טַל תְּחִי וְחָיוּ רָשִׁים וְשׁוֹעִים
כֵּן יָשִׁיב רוּחַ חֲבוּאֵי סְלָעִים.
בא"י מחיה המתים

ג בְּאַלְפֵי שִׁנְאָן וְרֶכֶב רִבּוֹתַיִם
נִגְלֵיתָ עַל לָנֵי שְׁפָתַיִם
יָרְאָה וְשָׁקְטָה חוּג וְכֹל מִשְׁפְּתָיִם׳
מָרוֹם בְּפָלְשְׁךָ תּוֹרוֹת שְׁתַּיִם.

יִסַּדְתָּ עוּזְךָ מִפִּי עוֹלְלִים וְיוֹנְקִים

נְתָנוּ מֵרוֹעֶה אֶחָד לַמַּחֲזִיקִים
פַּעֲלִיל לָאָרֶץ שִׁבְעָתַיִם מְזוּקָקִים
רְסִיסֶיהָ וְחוֹבֶשׁ לַנִּזוֹקִים.

שְׁלוֹשׁ מֵאוֹת וְשִׁשִּׁים וְחָמֵשׁ מִצְוֹת לֹא תַעֲשֶׂה
מָאתַיִם וְאַרְבָּעִים וּשְׁמֹנֶה בַּעֲשֵׂה
וּשְׁלוֹשׁ עֶשְׂרֵה מִדּוֹת בְּבֵיאוּר מַעֲשֶׂה
אִסּוּר וְהֶיתֵּר קַלִּין וַחֲמוּרִין לְהֵעָשֶׂה.

לוּחוֹת אֶבֶן אַרְבָּעִים סְאָה מִשְׁקָלָן
סְתוּמוֹת וּפְתוּחוֹת פְּרָטָן וּכְלָלָן
אַרְבָּעִים וְתִשְׁעָה שַׁעֲרֵי בִינָה לְהַשְׂכִּילָן
פֵּאַרְתָּ צִירְךָ בָּמוֹ סֶלָה לְנוֹחֲלָן.

רוֹמְמוּתֶיךָ מִי יַעֲצוֹר כֹּחַ לְמַלְּלָה
אֲשֶׁר לְךָ עוֹז וּמֶמְשָׁלָה
עֵת חָפַצְתָּ לְהַנְחִיל מַתַּן כְּלוּלָה
בְּמַזְתָּ לְחָבֵר עֲלוֹת אֵלֶיךָ וְעָלָה.

ככתוב ומשה עלה אל האלהים וכו׳ (שמות י"ט:ג׳)
ונאמר אמרות יי אמרות טהורות וכו׳ (תהל׳ י"ב:ז׳)
ונאמר רכב אלהים רבותים אלפי שנאן וכו׳ (תהל׳ ס"ח:י"ח)
ונאמר ימלוך יי לעולם אלהיך ציון וכו׳ (תהל׳ קמ"ו:י׳)
ואתה קדוש יושב תהלות ישראל אל נא

ד אֳהוֹלִים וְקוּרְקְסֵיהֶם עַד לֹא רָקַעְתָּ/ וְקֹדֶם אַדְנֵי חֶלֶד עַד לֹא סְעָדָה הִקְבַּעְתָּ,
אַלְפַּיִם שָׁנָה בְּמִפְקָד עִמָּהּ שִׁעֲשַׁעְתָּ/ עַד לְאֶלֶף דּוֹרוֹת רָזֶיהָ הוֹדַעְתָּ.
וְהוּא הָעֵת גֵּיא וְאַפְסֶיהָ הִרְתַּעְתָּ/ וְכָל פֶּלֶךְ וּפֶלֶךְ כְּקָנֶה בַּמַּיִם הֵינַעְתָּ,
וּלְשִׁבְעִים עֲמָמִים תְּחִלָּה אוֹתָהּ שִׁמַּעְתָּ/ וְעַל כִּי מֵאֲנוּ לְקַבְּלָהּ אַפְּךָ בָם הִפְגַּעְתָּ.
וּמֵרִבְבוֹת קֹדֶשׁ לְזֶרַע אוֹהֲבֶיךָ הוֹפַעְתָּ/ וְשׁוֹעִים וְקַלִּים לְסִינַי הֵסַעְתָּ,
וְעַל גַּב הָהָר שָׁמֶיךָ הִצַּעְתָּ/ וּכְעֶשֶׁן הַכִּבְשָׁן עֲשָׁנוֹ הֶעֱלֵיתָ וְהִשְׁפַּלְתָּ.
וּבְקוֹלוֹת וְלַפִּידִים אֵשׁ דָּתְךָ הִשְׁמַעְתָּ/ וּפֵירוּשׁ עוֹנְשָׁהּ וּמַתַּן שְׂכָרָהּ יִדַּעְתָּ,
וְכַאֲשֶׁר חָפַצְתָּ כֵּן נִשְׁמַעְתָּ:/ ׳נַעֲשֶׂה וְנִשְׁמַע׳ הִקְשַׁבְתָּ וְשָׁמַעְתָּ.
וּשְׁנֵי כְּתָרִים בְּרֹאשׁ כֻּלָּם הִקְבַּעְתָּ/ וְשֵׁכֶן סְנַקְלִיטָהּ בְּקֶרֶב עֲדָתָם הֵטַעְתָּ,
וּמֵאָז לַכֹּל נִכַּרְתָּ וְנוֹדַעְתָּ/ וּפַחְדְּךָ וּמוֹרַאֲךָ לְבָאֵי עוֹלָם הִגְלַעְתָּ,
וְכֹל בֶּרֶךְ וְכֹל קוֹמָה הִכְרַעְתָּ/ וְגַם כֹּל לָשׁוֹן בְּשִׁמְךָ הִשְׁבַּעְתָּ/ וְתַעֲצוּמוֹת
עוּזְּךָ הֶאֱדַּרְתָּ וְהִסְלַעְתָּ.

ה׳ אָנֹכִי אֵל מָעוּזֶּךָ/ מְרַחֵם גּוֹזֶיךָ
בֵּין עִזִּים מְגִיזֶיךָ/ בְּצַוְּארֵי חֲרוּזֶיךָ.

לֹא יִהְיֶה לְךָ גִּיעוּל סְמָלִים/ בְּתַבְנִית אִישׁ עֲמוּלִים
דְּרוֹשׁ שֵׁם הַמְחוּדָּשׁ בָּאֶרְאֶלִּים/ וְלֹא תְחַלְלֶנּוּ בַּפְּסִילִים.
לֹא תִשָּׂא שֵׁם הַטּוֹב וְהַנָּעִים/ הַמְפוֹרָשׁ בְּשֵׁמוֹת שִׁבְעִים
וְאֵלָיו כָּל סְתָרִים יְדוּעִים/ וּשְׁכִינַת עוּזּוֹ בָּרְקִיעִים.
זָכוֹר יוֹם מַרְגּוֹעַ וְהַנָּחָה/ כִּי מְלֶאכֶת בְּרֵאשִׁית בּוֹ נָחָה
חֶפְצְךָ מִמְּצוֹא וּלְמַעֵט שִׂיחָה/ וְכָל מַעְגַּל דְּרָכֶיהָ צְלֵחָה.
כַּבֵּד טוֹעֲנֶיךָ עַל זְרוֹעוֹת/ וּמְחַסְּלֶיךָ בְּרוֹב יְגִיעוֹת
יַעַרְכוּ בִּגְלָלְךָ שַׁוְעוֹת/ אֶל אֵל לְמוֹשָׁעוֹת.
לֹא תִרְצָח כִּדְמוּת הוֹדִי/ רוֹדֶה בְּכָל מַעַשׂ יָדַי
לִבְבִתִּיו בְּחֶבְיוֹן עוֹז סוֹדִי/ לֹא תִרְצָחֶנּוּ מִלְּסַלְּדִי.
לֹא תִנְאָף מָרָה כַלַּעֲנָה חֵיכֵךְ מֵהִיוֹת מוּחְלָטִים/ ....
נְצוֹר עַצְמְךָ מֵאֵשׁ לוֹהֲטִים/ כִּי עֵינַי בְּכָל מְשׁוֹטְטִים.
לֹא תִגְנוֹב שׁוּמַת יַד הֵיעָךְ/ פֶּן יַעֲשׁוֹק יְגִיעֶיךָ
עֲסוֹק בְּדָתִי עִמְּךָ וּרְגָעֶיךָ/ וְהִיא תַּעֲשִׁירְךָ וְתַשְׁפִּיעֶךָ.
לֹא תַעֲנֶה פִּצְיוֹן שָׁוְא בְּפֶצַח/ כָּל [עֲבָרָיו] תְּכַחֵד נֶצַח
צָפֶה לְאָדוֹם וָצַח/ עִזּוּז גִּבּוֹר וּמְנַצֵּחַ.
לֹא תַחְמוֹד קִנְיָן וּמִקְנֶה/ רְשׁוּת קוֹנֶה וּמַקְנֶה
שֵׁם קָדְשִׁי תְּשַׂגֵּב בְּמַעֲנֶה/ וְתִקְרָא אָנֹכִי אֶעֱנֶה.

ו אֶרְאֶלִּים חֲמִישָּׁה עָמְדוּ עַל אֲבִיגְדוֹר
בַּעֲלוֹתוֹ אֱחוֹז מַתָּנָה לְאֶלֶף דוֹר
גָּעֲרוּ בּוֹ: "מַה לְּךָ בָּזֶה מָדוֹר?"

דָּמוּ לְשַׁלְהֲבוֹ בְּהֶבֶל פִּיּוֹת
וְהוּשַׂם לוֹ לְמוֹרַג בַּעַל פִּיפִיּוֹת
וְנֶאֱחַז בְּכֵס רַב הָעֲלִילִיּוֹת.

זֶה אֵלִי יוֹשֵׁב וְעָלֵז בְּכוֹחוֹ
חֲזוֹתוֹ טָלֶה נִלְחָם בְּחֵימָה רוּחוֹ
טוֹרֵף כֹּה וָכֹה כְּשׁוֹר מַקְרִין בְּנִגְחוֹ.

יַחַד עָלָיו יִתְמַלְאוּן לְרָגְזָה
כְּלֹא יָכְלוּ נְצוֹחַ בְּרוּחוֹ בְחִפָּזָה...

וְעַם יָדַע מֵאָז הוֹדוֹ וְשִׁבְחוֹ לְמוֹשִׁיעַ וְרַב
נָמוּ: "מָה אַדִּיר שִׁמְךָ הָרַב!"
שׁוֹרְרוּ לְצִירוֹ כְּתַלְמִיד לְרַב.

עָדָיו גִּלָּה אִישׁ וְאִישׁ עֲמָלוֹ
פוֹגְעֵךְ בְּחוֹלִי רַע בָּזֶה תְּחַלּוֹ
צֵרוּף שֵׁם וּשְׁבוּעָה וְכִנּוּי שֶׁלוֹ.

קָרֵב עוֹד בְּתֶשֶׁר מַלְאַךְ הַמָּוֶת
רְטִיָּיה הוֹדִיעוֹ כְּמַגֵּפָה וּמָוֶת
שִׁית קְטוֹרֶת בְּמַחְתָּה וַיֵּחָבֵל הַמָּוֶת.

שְׁתִיל אֻמָּת אֲשֶׁר הִשְׁתִּילָנוּ כְּעֵץ
יִתֵּן לָנוּ חַיִּים בְּדַת עֵץ
וּתְשׁוּעָה בְּרֹב יוֹעֵץ.

כְּהִגְבַּלְתָּנוּ סָבִיב הַר
לְעֵין כֹּל פְּצֹהַר
כֵּן תִּשְׁמַע לַמָּרוֹם אַגַּן הַסַּהַר/ מָרוֹם וְקָדוֹשׁ.

כְּהִשְׁמַעְתָּ דִבְּרוֹת עֶשֶׂר
לְעַם תְּרוֹמָם בְּמַעֲשֵׂר
כֵּן תַּשְׁמִיעַ רַגְלֵי מְבַשֵּׂר
יְשׁוּעוֹת וְנֶחָמוֹת לְבַשֵּׂר/ קָדוֹשׁ.

ז חי וקיים נורא מרום וקדוש. ובכן יי קנני ראשית דרכו קדם מפעליו מאז
אַדְנֵי רְגוּבָה עַד לֹא הוּטְבָּעוּ/ אֲוִירֵי גוֹבַהּ עַד לֹא נִרְקָעוּ
אַשְׁמַנֵּי בֹהוּ עַל לֹא בּוּלָעוּ/ אַגָּנֵי סַהַר עַד לֹא פּוּלָעוּ
אֲפִיקֵי תְהוֹמוֹת עַד לֹא נִבְקָעוּ/ אַרְתַּפֵּי תַרְשִׁישׁ עַד לֹא נִגְלָעוּ
אַרְבַּע רוּחוֹת עוֹלָם עַד לֹא רוּפָּעוּ/ אֵשׁ וּבָרָד וְשֶׁלֶג עַד לֹא נוֹדָעוּ
אָבִיב וְגִבְעוֹל עַד לֹא זוֹרָעוּ/ אֲמָרוֹת טְהוֹרוֹת אַלְפַּיִם שׁוּעֲשָׁעוּ.

בָּן מֵרֵאשִׁית מַה בְּאַחֲרִית לְעוֹרְרָה/ בְּיַלְדוּת צִבְאוֹתָיו סַנְסִינֵּי תְמָרָה
בַּעֲלֵי פְּרַט וּכְלַל בְּמִשְׁנָה וּגְמָרָה/ בְּקַל וָחוֹמֶר וְשָׁוָה גְזֵירָה
בְּשִׁבְעִים פָּנִים מְפַעְנְחִים רָזֵי יְקָרָה/ בַּחֲמִשִּׁים שַׁעֲרֵי בִינָה מִתְאַזְּרִים בִּגְבוּרָה
בִּשְׁתֵּי סַנְהֶדְרָאוֹת עֲגוּלָתָם מְפוֹאָרָה/ בְּשֶׁלָּם נְשָׂאוֹ לִבּוֹ לְשַׂכְלֵל הָרִים וְתִקְרָה
בְּקִנְיַן קֶדֶם הֵיעַ יָעַץ יָמִים בָּרָא/ בְּנִיַּן עוֹלָם אֶבְנֶה וּבְרִיּוֹת בּוֹ אֲצַיְּרָה.

גָּהְצָה נְוַת בַּיִת לְהָפִיק תְּבוּנָה/ גָּמַר אוֹמֶר פְּנֵי צוּר בְּמַעַן לְשׁוּבָהּ:
׳גְּבוּרוֹת מַעֲשֶׂיךָ מִי יִתְבּוֹנָן אֱלֹהֵי קֶדֶם מְעוֹנָה/גְּדוֹל הָעֵצָה וְרַב הָעֲלִילִיָּה וְהַבִּינָה
גַּלְּתִי בְּסוֹדֶיךָ וְשַׁעְשְׁתִּי בַּעֲצָתֶיךָ כִּי מָצָאתִי חֲנִינָה/ גָּאוֹן וְגוֹבַהּ עֲדֵי הוֹד וְהָדָר
תִּלְבַּשׁ הַדְּבָרְךָ לְאַמְּנָה
גַּבֵּי עֲלִיָּה מָתַח וְיָסַד תֵּבֵל עַל מְכוֹנָהּ/ גֶּלֶשׁ יְצִירוֹתֶיךָ אֲשֶׁר בּוֹ תְּנוּדָה תְּנוּמָה וְשֵׁינָה
גִּנְזַכֵּי לְבָאֵר הַמְשַׁחֲקִים לְפָנֶיךָ זֶה אַלְפַּיִם שָׁנָה/גֵּרוּס נֶפֶשׁ לְתַאֲוָה אֶל עֵדוֹתַי לְשַׁנְּנָה׳.

דָּבָר הִקְדִּימָה מְשׁוּלַּת עֵץ חַיִּים/ דִּגְלָה וְקָפְצָה לָשׂוּחַ פְּנֵי אֱלֹהִים חַיִּים:
׳דּוֹד שִׁמְךָ חַי וְקַיָּים וּבְיָדְךָ מָוֶת וְחַיִּים/ דַּת אֵשׁ יְמִינְךָ תֵּן לַמַּחֲזִיקִים בָּהּ חַיִּים
הִגְמַתְּךָ וְדוּגְמָתִי עֲשֵׂה כִּתֵי חַיִּים/עֲסוֹק בְּלֶקַח חַיִּים/הֲלוּלֵי מָוֶת וְלָעַד קַיָּמִים וְחַיִּים

רְעֵבִים בַּל תִּתְּנֵנִי שְׂבֵעֵי רוֹגֶז וְלֹא חַיִּים/ הוֹעֲכִים וּמִתְכַּבְּדִים כַּפִּשְׁתָּה בְּעוֹד הֱיוֹתָם בַּחַיִּים
דָּמָם מוּגָּר וּפִגְרָם מוּבַס כִּי אֵינָם חַיִּים/ דְּבָרַי יְקוּבַּל לְפָנֶיךָ תֵּת פְּנִינַי לְחַיִּים".

הֱשִׁיבָהּ אָיוֹם אֲמָרִים נְכוֹחִים:/ "הֵיךְ אַנְחִיל סוֹדְךָ לְלֹא לַמָּוֶת לְקוּחִים
הֲלֹא רוּבֵּי בִינָתְךָ עִסְקֵי בָשָׂר וָדָם מְפַעֲנְחִים/וְהַפְלָאַת דְּבַר מִשְׁפָּט חוֹבְלִים וּמְרַצְּחִים
הֵסֵט וְאָהֵל וּמַגַּע וַחֲלַל חֶרֶב וְחֵץ מְפוּלָּחִים/ הַטְמָאַת זָבִין וּבַעֲלֵי קְרָיִין חוּץ לַמַּחֲנֶה מְשׁוּלָּחִים
הַסְגֵּר וְהֶחְלֵט שְׂאֵת וְסַפַּחַת נִמְרָטִים וְנִגְבָּהִים/הֲגַם סְפִירַת שִׁבְעָה בְּהִטָּהֵם גּוֹלֵל מֵתֵי מַרְזִיחִים
הֵן מִזֶּה אַעֲמִיד אֵילֵי הַצֶּדֶק בְּאָהָלְךָ מִתְאָרְחִים/ הֵימִינִי וְהַשְׂמְאִלִי מַעֲשַׂיִךְ מוֹכִיחִים".

וְרָאֲתָה אָמוֹן דְּבָרִים הָעֲתִידִים / וְעָנְתָה פְּנֵי רוֹכֵב חֲזִיזֵי אֲדִים:
"וָלָד אֲשֶׁר תְּצַיֵּיר בְּצֶלֶם דְּמוּת תַּבְנִיתְךָ רֹאשׁ לַנּוֹלָדִים/וּמִסּוֹף וְעַד סוֹף תַּעְדִּיף יְקוּמוֹ בַּעֲצָמוֹת וְגִידִים
וּמְעַט תְּחַסְּרֵהוּ מִבְּנֵי אֱלֹהִים חַיָּלֵי יְקוֹדִים/ וְרֶגֶל גַּאֲוָה תְּבוֹאֶיהוּ לְהָנִיא פְּקוּדִים
וַיִּגְרוֹם גְּוִיעָה וַאֲסִיפָה לְכֹל הַיִּלוֹדִים/ וְלוּלֵי אֲשֶׁר פָּעַשׁ לוֹ לְפָנִים מְשׂוּרַת הַדִּין
בְּדָאִי בֶּן מָוֶת הוּא כְּאִישִׁים רֵקִים וּבוֹגְדִים/ וְאֵיךְ יֶהְגֶּה גְרוֹנוֹ בְּאַהַב לְשׁוֹן לְמוּדִים".

(הקב"ה)
"זָהוֹם אִם יִזְהוֹם אוֹרַח שְׁבִילוֹ/ זְדוֹן רָוָה וּצְמֵאָה אָחוּז בְּמִדַּת מִפְעָלוֹ
זִמַּנְתִּיו צֳרִי וְתַעַל לְהַרְטוֹת בָּם מַחְלוֹ/ זָרוּעַ לְפָנַי אוֹר תְּשׁוּבָה אֲשֶׁר הִקְדַּמְתִּי בְּשֶׁלוֹ
זוֹ כֹּחַ הַשָּׁב אֵין פַּרְגּוֹד נִנְעַל לְמוּלוֹ/ זֶה יִגְדּוֹר גָּדֵר וְיִפְרוֹץ פֶּרֶץ עוֹלָם בְּלִי לְחַבְּלוֹ
זוֹךְ יִזְכֶּה גֵּיווֹ בְּמֵימֵי גִיחוֹן הָעֶלְיוֹן עַד צַוָּאר לְהַטְבִּילוֹ/ זְמַן שִׁבְעָה שָׁבוּעִים יוֹם יְעַגֶּה נֶפֶשׁ עַל מַעְלוֹ
זָחוֹחֵי הַלֵּב וּמַעְמִקֵי מַסְלוּל יַמְצִיא אֶרֶךְ לְחִתּוּלוֹ/ זֹאת כְּהִסְכִּית אָז הוֹדִית לוֹ".

חֲצִי הַשֵּׁם שָׁלַף בְּרְאוֹת כֹּל פְּעוּלָּה/ חָלָל שְׁנֵי עוֹלָמִים בְּפִלּוּשׁ רָזֵי מִלָּה
חֲשָׁשִׁים יְקָרִים טָבַף שְׁמֵי מַעַל וּמִתָּחָם כַּשִּׂמְלָה/ חָבַר מָתְנֵי חוּג בְּקוּרְקְסֵי תְּלוּלֵיהֶם וְהֶאֱחָם בְּמִלָּה,
חָתַם קֶדֶם וְאָחוֹר וְיָמִין בְּשֵׁם מְאֹד בַּעֲלָה/ חֶדֶר הִשְׂרִיד בַּצָּפוֹן לְהַחְפִּיר וּלְבַיֵּישׁ פְּנֵי הוֹלְכֵי אֲפֵלָה,
חָצַב שְׁתֵּי אֲשׁוֹת וּקְרָאָם צַר וָאוֹר אֲפֵסִים לְהֵילָה/חָק וְהִמְשִׁיל אִתָּם כּוֹכָבִים וּמַזָּלוֹת מְרוּצָתָם בַּלַּיְלָה,
חַנְכַּ"ל שְׁצַ"ם הִשְׂטִיר הַמִּתְגַּלְגְּלִים וְחוֹזְרִים חֲלִילָה/ חֵשֶׁק אֲשֶׁר חָפֵץ גָּמַר וְכִלָּה.

טֶבַע רֹאשׁ עַפְרוֹת תֵּבֵל עָלָה בְּמַחְשַׁבְתּוֹ/ טָרַף דָּם וּמַיִם וְהִתְאִיר תַּבְנִיתוֹ,
טֶרֶם הִנְשִׁים בּוֹ גֶּשֶׁם גּוֹלֶם מוּטַל דְּמוּתוֹ/ טָרַח לְחַפֵּשׂ חֲדָרָיו בְּנֵר נִשְׁמָתוֹ
טְעָנוֹ שֵׂכֶל וּבִינָה לְכַלֵּל שֵׁמוֹת לְבְרִיָּתוֹ/ טָף וְהָעֲצִים יְקוּמוֹ עַד צֵאת עֲלִיָּיתוֹ
טִלּוּל מְסוּכִּים עֲשָׂרָה סִכֵּךְ חוּפָּתוֹ/ טַפְסְרֵי לַהַב הִרְקִיד לְפָנָיו כִּנְקֵבָה לְהַחֲדוּתוֹ
טִכְּסוֹ וְהִדְרוֹ מִסּוֹף וְעַד סוֹף בְּכֹל פְּעוּלָּתוֹ/ טוּבוֹ וְחַסְדּוֹ לְסַפֵּר וּלְשַׂגֵּב תְּהִלָּתוֹ.

יְקָרָה לְהַנְחִילוֹ צוּר עוֹלָמִים רָצָה/ יוֹשֶׁר אִמְרֵי אֱמֶת וָצֶדֶק לְפָנִים הִרְצָה:
"יְצִיר כַּף יָצַרְתִּי וְגוּפוֹ מִלֵּאתִי רוּחַ תְּבוּנָה וְעֵצָה/יָפְיוֹ וְתַעֲצוּמוֹ הִפְצַרְתִּי בִּגְלָלֶיךָ מִמַּעֲרָב וְעַד מוֹצָא

יָחִיד וְרִאשׁוֹן בַּשֵּׁנִי וְרֹאשׁ לְכֹל יְצִיר נִמְצָא/ יָדוֹ הִשְׁלִיט בְּבַהֲמוֹת שָׂדַי וְעָטוּי נוֹצָה
יִלָּחֵם בְּמִלְחַמְתְּךָ בְּרָזֵי חַיְּיוֹתֶיךָ לְפָרֵק וּלְתָרְצָה/ יָפִיג תְּנוּמָתוֹ לְשַׁנְּנָךְ בְּמוֹשָׁב וּבִמְרוּצָה
יַדְעִי לִי רְצוֹנֵךְ אִם אַתְּ רוֹצָה'.

כָּעֵת בִּצַּע אֶמְרָתוֹ וְהִיא הֱשִׁיבַתּוּ בְּאוֹמֶר:/ 'כִּסְאֲךָ נָכוֹן מֵאָז אֵל גּוֹזֵר וְאוֹמֵר
כְּלָלַי וּפְרָטַי אֵיךְ אַאֲזִין לְקָרוּץ מֵחוֹמֶר/ כִּמְעַט חִסַּרְתּוֹ מֵאֱלֹהִים עַל כֹּל לְהֵאָמֵר
כְּנַסְתּוֹ בְּעֵדֶן גַּן הֱיוֹת עוֹבֵד וְשׁוֹמֵר/ כִּמְיַסֵּר יִסַּרְתּוֹ פְּרִי בְּלִי לִלְעוֹט פֶּן יִתְגַּמֵּר
כָּסַף וְלָעַט וְנִמְשַׁל כַּבְּהֵמָה אֲשֶׁר אַחֲרֶיהָ מִתְחַמֵּר/ כָּלֹה בְּזַעְפְּךָ לוּלֵי הִזְהַרְתָּ כְּתָמִיו כַּצֶּמֶר
כּוּשִׁי הֲיַהֲפוֹךְ עוֹרוֹ וַחֲבַרְבּוּרוֹתָיו נָמֵר/ כֵּן לֹא הָיָה לוֹ דְּבָרֶיךָ לְהָמֵר'.

לְעֵת הַנּוֹלָדִים בָּדַק נַעֲרָץ בְּסוֹד קְדוֹשִׁים/ לָבוּר בָּר מִתּוֹךְ תֶּבֶן, נְחוּל מוֹרָשִׁים
לַעֲגֵי מָעוֹג פְּרוּ וּרְבוּ דוֹר פְּתַלְתּוֹלִים וְעִקְּשִׁים/ לְשׁוֹן שְׁנוּנִים כְּמוֹ פְּתָנִים וַחֲרָשִׁים
לְתַשְׁלוּם עֲשָׂרָה צָג מְנַחֵם אִישִׁים/ לְשֵׁם חֵן לְמַפְרְעוֹ נִקְרָא נֹחַ בְּעוֹד חַכְמֵי יְשִׁישִׁים
לִמֵּד תּוֹעֵי לֵב לְיַשֵּׁר מַעֲקָשִׁים/ לְהוֹצִיא יָקָר מִזּוֹלֵל שָׁנָה שְׁלֵימָה נָטַע עֲצֵי בְרוֹשִׁים
לִבְנַת בַּיִת שָׁח: 'זֶה יְשַׁעְשֵׁעַ בְּחֵקֵי מִדְרָשִׁים/ לָקוּט מִכָּל הַלִּים וְדוֹפִי וְעוֹנָשִׁים'.

'מַה לִּי וְלָזֶה', מְשַׂחֶקֶת הַשִּׁיבָה/ 'מְצוֹא לְפָנַי חֲנִינָה וְחִיבָּה
מְשַׁכְּתּוֹ וְהִגְבַּרְתּוֹ מִבֵּין נִשְׁטָפִים בַּעֲבוֹתוֹת אַהֲבָה/ מִפְּנֵי זַעַמְךָ וְקִצְפְּךָ הִכְמַסְתּוֹ בַּתֵּיבָה
מָחִיתָ כֹּל יְקוּם וְעָלָיו גּוֹנַנְתָּ וּבְמִסְתּוֹרְךָ נֶחְבָּא/ מְלָאוֹ לִבּוֹ אַחֲרֵי צֵאתוֹ שׂוֹרֵק לְהִתְנַיְּבָה
מֶסֶךְ יַיִן מִשְׁתָּיו לָגַם וְטָעַם נַפְשׁוֹ הֵסֵבָּה/ מְעוֹרוֹ נִתְגַּל וְנָמַל כְּרֹאשׁ שִׁבּוֹלֶת בְּלִי תִקְוָה
מְנָעוֹ מִלְּהוֹלִיד רְבִיעִי וְזֶה קִלְלוֹ בָּרְבִיעִי גְּמוּל לַהֲשִׁיבָה/ מֶשֶׁךְ חָכְמָתוֹ בַּל יִתְבַּהֵל לְהִתְלַבְּבָה
בּוֹרֵא עוֹלָם בְּמִלָּה/ נֶשֶׁף וְשַׁחַר מְפַתֶּה לָהּ
יְחַכֶּה מָתַי יְקַבְּלָהּ/ נֵצֶר מַטָּעָיו לְנוֹחֲלָה.
(הקב"ה:)

'נוֹגַהּ אֶזְרָחִי בָּא מֵעֵבֶר כְּצֵאת הַשֶּׁמֶשׁ זוֹהֲרוֹ לְהִתְגַּבֵּר/ נְקִי כַּפַּיִם וְחַף סַרְעַפִּים בְּזוֹךְ וְנֶבֶר
נָשׂ וְשָׁכַח הוֹרָיו וּבֵית מַשְׂכִּיּוֹתָיו נָתַץ וְשִׁבֵּר/ נָטָה לִבּוֹ וּמִלֵּא אַחֲרֵי מֵכִין מִצְעֲדֵי גֶבֶר
נִסָּהוּ בְּעֹשֶׁר וְעָמַד בְּכוּלָּן וְהִסְבִּיר לוֹ סֶבֶר/ נָטַע אֵשֶׁל לְהַאֲרִיחַ כֹּל שָׁב וְעוֹבֵר
נוֹעַם טוּבוֹ לְמִבְטֶחָה לוֹ לְהִתְחַבֵּר'; / נָם, 'הֲנִמְצָא כָזֶה בְּלִי פֶשַׁע בְּכָל אֶפֶס וְעֵבֶר
נוֹפֶת צוּפֶיךָ הַמְתִּיקִי לוֹ בְּסֵבֶר'.

שִׂיחַ לְהָשִׁיב חָכְמָה וְדֵיעַ כִּוְּנָה:/ שָׁב אֲשֶׁר תְּשַׁבֵּחַ לְהַמְצִיאוֹ חֲנִינָה
שָׂרִיג חֲנַנְתּוֹ כִּכְלוֹת כֹּחוֹ לְעֵת זִקְנָה/ סוֹף בְּגוֹזְרְךָ עָלָיו לְהִשָּׁחֵט לְפָנֶיךָ כְּאַיִל בֶּן שָׁנָה
סִדֵּר מַעֲרָכָה וְהִצִּית חֲרָיוֹת וְעִם אַכְזָרִים נִמְנָה/ סָמַךְ בְּצַוָּארֶיךָ וְהוֹשִׁיט יַד אֲחוֹז
מַאֲכֶלֶת שְׁטְבָה
שׂוּמוֹ חֶרֶב לְצַוָּאר הִשְׁמַעְתּוֹ, 'אַל תַּשְׁחֵת', מִשְּׁמֵי מְעוֹנָה/ סָרוֹב לֹא סָרַב אֲבָל הָיָה לוֹ עֲרוֹךְ
פְּגִיעָה וּתְחִנָּה
סָמַדַר חֲנַנְתָּנִי חֲנְנֵיהוּ וְגוֹמְלֵיהוּ אֱמוּנָה/ שַׂגִּיא כֹּחַ לוּלֵי רַחֲמֶיךָ שַׁחֲטוֹ בְּהַהִיא עוֹנָה'.
(הקב"ה:)

'עִקָּרוֹ כִּסָּה בַּד קֹדֶשׁ לְמֵאָה/ עֵץ חַיִּים פְּרִי צַדִּיק בְּהִוָּלְדוֹ נִרְאָה

עֶלֶם דּוֹמֶה לְאָב בְּתֹם וְיוֹשֶׁר וּמוֹאֵס גָּאוֹן וְגֵאָה/עַצְמוֹ מָסַר בֶּן שְׁלֹשִׁים וְשֶׁבַע חָרֵץ וְנִלְאָה
שָׂח וְעָץ הוֹרוֹ:
׳עֲקֹדֵנִי יָד וָרֶגֶל כַּשֶּׂה לַטֶּבַח מוּבָאָה/ עָדֶיךָ פֶּן אֲבָעֵט וַאֲחַלֵּל מִצְוַת כַּבֵּד בְּפֶשַׁע וְחַטָּאָה.
עֵדֶן גַּן קְלָטוֹ וְהוּצְפַּן שָׁלֹשׁ עַד סוֹכַנְתּוֹ בָּאָה;/עֲלֵי קְנוּיַּית קֶדֶם וְהִתְנוֹפְפִי בְּבֵית הֲדָרֵיךְ
וְהַרְאִי לוֹ מַרְאֶה
עָרֵב לִפְנֵי כְּרִיתַת נִיחוֹחַ מִכֹּל יְצִירָה וּבְרִיאָה/ עַל דִּבְרֵי חָרֵד וְגָאֹה לֹא גָאָה׳.

פִּיהָ פָּתְחָה בְּחָכְמָה כְּלַפֵּי קוֹנָהּ/ פְּלִילוּת עָשְׂתָה עִמּוֹ בְּשִׂיחַ מַעֲנֶה:
׳פִּלַּשְׁתָּ חֲסָדֶיךָ וְכִסִּיתָ פְּשָׁעָיו אֲשֶׁר בָּם מִתְגַּנֶּה/ פַּעַם זוֹכֶה וּפַעַם מְעַוֵּל אֵין אִתִּי לָנֶה
פָּעֳלוֹ אִם יִכְשַׁר מֵרֹאשׁ וְעַד עָקֵב בְּאָהֳלֵי יֶחֱנֶה/ פְּנֵי רָשָׁע נָשָׂא סֶמֶל הַקִּנְאָה הַמַּקְנֶה
פֶּגֶר שְׂנֵאתָ וְהָיָה הֱשִׁימוֹתָ הוּא הִדְבִּיקוֹ לְהַבָּנֶה/ פָּרַק מֵעָלָיו עוֹל סֶגֶל הַכָּסוּף בְּצִלְּךָ חוֹנֶה
פַּחֲזוּתוֹ גָּרְמָה לוֹ לְעַמֵּם מְאוֹרָתוֹ וְעוֹז פָּנָיו יְשׁוּנֶּה/ פָּחַד עַל רְצוֹנְךָ שׁוֹכְנִי סְנֶה׳.

(הקב"ה:)

צוֹרַבַת חוּט הַמְשׁוּלָּשׁ זָרְחָה כְּאִסְתַּהַר/ צָהֳרַיִם כִּי יָקוּם חֶלֶד דּוֹמֶה לְזוֹהַר
צֶלֶם דְּמוּתוֹ בְּחֹק וְנֶחְתַּם בְּכֵס שְׁמֵי טוֹהַר/ צָמְאָה נַפְשׁוֹ לְשַׁנֵּן אִמְרֵי דַת קֶדֶם תְּבוֹאַר בְּהַר
צוּרוֹ קְרָאוֹ לְיַיחֲסוֹ וּלְעַלּוֹתוֹ וְלֵב לֹא יָהַר/ צִפִּיָּתוֹ לַחֲזוֹת יָרְדוּ אַרְתַּכִּים טְבוּלֵי
רִגְיוֹן נָהָר
צַמַּרְתּוֹ שָׁלְחָה עֲנָפִים חֲסוֹנִים כְּתוֹרֶן הָר/ צַהֲלִי וָרוֹנִי בַּת מֶלֶךְ כִּי בַעֲבוּרֵךְ הוּמְהַר
צוֹרְבוּ קְדוּמָיו וְזֶה לֹא צָרִיךְ אַחֲרָיו לְהַרְהַר/ צָדַק מֵעוֹדוֹ וְצִבְיוֹנִי עָשׂוֹת מַהֵר׳.

קוֹל נָתְנָה אֵלָיו רְחָבָה וּנְסוּכָה/ קִטְרְגָה מוּל סְנֵגוֹרָיו זוֹכָיו לַהֲפִכָה:
׳קָפַץ לְמִכְלָאוֹת תָּפוּשׂ שְׁנֵי גְדָיִים שֶׁלֹּא כַּהֲלָכָה/ קְרָצָם בְּחוֹפֶז חֶלְקַת צַוָּאר וְיָד בְּעוֹרוֹתָם
לְכוֹרְכָה
קָרַב בְּתַרְמִית וְתוֹאֲנָה וְקִבֵּל בְּרָכָה/ קָמֵי חֲלָצָיו גַּם הֵם רִמּוּהוּ סְאָה בִּסְאָה כָּכָה
קָחוּ שְׂעִיר עִזִּים וּרְצָחוּהוּ בְּמַקֵּל כְּתוֹנֶת פַּסִּים לְכַלְכְּלָה/ קָשָׁה רוּחָם וְחִוּוּהוּ: מָצָאנוּ
כְּתוֹנֶת מוּשְׁלָכָה.
קְרִיעַת חִנָּם הִקְרִיעוּהוּ כְּאִלּוּ רָאָהוּ בִּכְלִיכָה/קוֹבֵץ רְמִיָּה צֵדוֹ לֹא יַחֲרוֹךְ בַּחֲרוּכָה׳.

רוּבֵּי עִתּוֹתַי קְצֵיהָ לְעֶשְׂרִים וְשִׁשָּׁה כְּנִשְׁתַּלָּם/ רוֹאֵי חֲתַן דָּמִים זָרַח בָּעוֹלָם
רָגְשָׁה תוֹרָה:׳הִנֵּה בָא קִצִּי וּזְמַנִּי נִשְׁלַם/רָשׁוּם שְׁמוֹ חֲבַר מְחַבֵּר חֲבֵרִים לְמַלְכָּם וְגוֹאֲלָם
רְאוֹתוֹ לוֹעֵז מַכֶּה אִישׁ עִבְרִי וְצִוָּארוֹ הֵילָם/רוֹעֶה נֶאֱמָן לְעַם לֹא אַלְמָן בְּדַרְכֵי יוֹשֶׁר הִסְלִילָם
רָץ לְתָפְשְׂךָ וְשָׂח: אֵינִי מַנִּיחֲךָ עַד שֶׁתִּסְלַח עוֹלָם/רְאוּיִים חֲזָקִים לְהִנָּתֵן עַל יָדָם לְפָרֵט כְּלָלָם
רְשֵׁהוּ לַעֲלוֹת עִיר גְּבוּרֶיךָ וַיִּשְׁלוֹל שְׁלָלָם/ רְאִיתִיו וּבְחַרְתִּיו מִשְּׁמֵי עַד עוֹלָם׳.
בְּטוּיָה כְּהִסְכִּיתוֹ נִתְקָרְרָה דַעְתּוֹ/ יוֹם מַתַּן תּוֹרָתוֹ/ נָם וְיִדַּע לְנֶאֱמַן בֵּיתוֹ.

שָׁרְשֵׁי הַר סִינַי תָּלַשׁ מִמְּסִבּוֹ/ שָׁמַיִם הָעֶלְיוֹנִים וְהַתַּחְתּוֹנִים הִרְכִּין עַל גַּבּוֹ
שָׁרְתָה עָלָיו שְׁכִינַת סַנְקְלִיטוֹ בְּהוֹד מֶרְכָּבוֹ/שְׁנַיִם וְעֶשְׂרִים אֶלֶף רְבָבוֹת לוֹהֲטִים סְבִיבוֹ
שִׁנְאַנִּים רוֹעֲשִׁים וְגַלְגַּלִּים מִתְגַּלְגְּלִים אֵלָיו בְּקִרְבּוֹ/ שׁוֹאֲלִים לָז לְלָז:׳מַה הַיּוֹם מִיָּמִים
מַרְעִישׁ עוֹלָם בּוֹ׳?

שׁוֹכֵן עַד וְקָדוֹשׁ שְׁמוֹ הֱשִׁיבָם וַיַּעַן בְּנוֹעַם טוּבוֹ:/ ׳שָׁם עַמִּי אַעֲלֶה וְתוֹרָתִי פַּעְנוּחֶיהָ לַהֲשִׁיבוֹ

שִׁבְעִים וְאַרְבָּעָה וּתְשַׁע מֵאוֹת הוֹרוֹת הִצְפַּנְתִּיהָ עֲקָבוֹ

שְׁעוּ וְחִדְלוּ לָכֶם/ וּבָנְתִי אֲלֵיכֶם/ וְתוֹרָתִי לְהַנְחִילְכֶם.׳

תְּרַצֵּדוּן מְקַבְּלֶיהָ וְקָרָא לְמָשׁוּי חֲמָסִים/תְּעוּדָה יִדְעוּ בְּקֶרֶב סַרְעַפָּיו בָּאוּרָה הָאֱסִים

תְּמִימִים חֲפָפוּהָ וְקֶדֶם שְׁמָעוּהָ חֻקּוֹתֶיהָ עוֹשִׂים/תַּלְתַּלֵּי קֶדֶם הוּעֲנְדוּ וְהוּעֲנָקוּ בְּתָגִים מְקוּלָּסִים

תָּאֳרָם הִצְהִיר וְהִלָּם הִזְהִיר כְּאוֹר פַּנָּסִים/תְּהִלָּה וְשֵׁם שָׂתָם וְהִנְּדָם הֱיוֹת בַּכֹּל מִתְנוֹסְסִים

תּוֹכֵן הָעוֹלָם מִתְבַּסֵּס עַל מְכוֹנוֹ בִּבְסוּסִים/תֵּבֵל נִתְיַשְּׁבָה וּלְהָשְׁקֵט הוּשָׁבָה בְּרִבּוּי אֲפָסִים

תְּגְבּוֹרֶת יַמִּים מָלְאוּ גְבוּלָם וְעַל גְּדוּדוֹתָם מִתְעַמְּסִים/ תַּחְתִּיִּים וְעֶלְיוֹנִים חָדִים וְשָׂשִׂים.

ח ובכן וירד משה מן ההר אל העם (שמות י"ט:י"ד)

וַיֵּרֶד אָגוּר בֵּין שְׁלוּלָה וּשְׁבוּיָה/ בִּזְוֹעוֹת וּבְרְעָמִים אֲמוּרָה וַהֲגוּיָה

גְּדוּרָה וּמְסוּיֶּגֶת וּכְאַגַּן תְּלוּיָה/ דוֹהֶרֶת וּמַגְהֶתֶת נֶפֶשׁ כְּהוּיָה

הֲלֹא בְּנִיַּן אָב בְּנוּיָה/ וְאִיִּלוֹ לָאֵל אֲגוּרָה וַאֲחוּיָה

זֶרֶם מוּגָּר בְּנָמוֹךְ דְּמוּיָה/ חֲקִים מְתוּחִים כְּשֶׁלַח תְּלוּיָה

טִבּוּר טוֹעֲנֶיהָ הִיא חֲבוּיָה/ יְמִינִית וּשְׂמָאלִית עֲדֵי עֲדוּיָה

כִּשְׁלֹשֶׁת אֲלָפִים וּמָאתַיִם מְצוּיָה/ לְמִדָּתָהּ בְּאַרְבַּע מִדּוֹת מְנוּיָה

מְנוּיָה עַד לֹא רוּם גְּבוֹהִים/ גִּלָּה לְעַם כְּמֵהִים/ וַיְדַבֵּר אֱלֹהִים.

מוֹסְדוֹת הַשָּׁמַיִם וְהָאָרֶץ רָגְזוּ לְקוֹלוֹ/ נִתְגָּעֲשָׁה וַתִּרְעַשׁ הֲדוֹם רַגְלוֹ

סָמַר בְּשַׂר יְצוּרֵי פָּעֳלוֹ/ עֶטֶף רְעָדָה אֲפָפָם מִן חִילוֹ

פּוֹרְחִים וְדָאִים אוֹפַנָּיו לְמוּלוֹ/ צִיר נֶאֱמָן לְגַבּוּתוֹ וּלְפַגְּלוֹ

קוֹבְלִים לָז לְלָז לְהַפִּילוֹ/ רֶטֶט אֲחָזוֹ וְרֶתֶת הִבְהִילוֹ

שַׁלִּיט וּמוֹשֵׁל עֻנָם בְּמִלּוּלוֹ:/׳שְׁלִיחַ קְדוֹשֵׁי הַוְּעוּדִים בִּגְלָלוֹ

תָּאַרְתִּיו מִקֶּדֶם תּוּשִׁיָּה לְהַנְחִילוֹ/ תָּשִׁית בַּלּוֹמְדִים כֹּחַ חֵילוֹ

חֵילוֹ הִגְבַּרְתָּ לְנָגְהֶיךָ/ וְהִקְרַבְתִּיו זִיו גֵּיהֶיךָ/ אָנֹכִי יְיָ אֱלֹהֶיךָ׳.

אֱלֹהֵי הָאֱלֹהִים וַאֲדוֹנֵי הָאֲדוֹנִים/ בּוֹחֵן וּמְפַעְנֵחַ רָזֵי מַצְפּוּנִים

גּוֹדֵר בְּחוּלוֹת יַמִּים הַזְּדוֹנִים/ דֶּלֶת דוֹפְקִים וְחֹק לֹא מְשַׁנִּים

הַנַּעֲרָץ בְּאֵילֵי עֶלְיוֹנִים/ וְנִקְדָּשׁ וְנִסְלָד בְּרִבְבוֹת תַּחְתּוֹנִים

זוֹקֵף שְׁפָלִים וּמַשְׁפִּיל גְּאוֹנִים/ חוֹקֵר מַה לְאָחוֹר וּמַה לְפָנִים

טוֹסֶה בְּכַנְפֵי נְשָׁרִים הַמְּמוּנִּים/ יוֹדֵעַ קִצֵּי כֹּל בְּרִיוֹנִים:

׳כִּסְאִי הִרְכַּבְתִּי עָדֶיךָ כְּתִקּוּנִים/ לֹא הִבַּטְתָּ שְׁבֵי דִמְיוֹנִים

דִּמְיוֹנִים לְצַיֵּיר חֲדַל לְךָ/ וְתָעֵב גִּלּוּלֶיךָ/ לֹא יִהְיֶה לְךָ׳.

מַעֲשֵׂה יְדֵי נַגָּרִים וַחֲרָשִׁים/ נִגְדָּעִים וְנִפְסָלִים מֵעֲצֵי בְרוֹשִׁים

סְבוּלִים עַל שִׁכְמוֹת אִישִׁים/ עַיִן בַּל פּוֹקְחִים וְיָד לֹא מְמַשִּׁים

פִּסְחִים וְגִדְּמִים וְאִלְּמִים וְחֵרְשִׁים/ צוּרָה כְסוּחִים וְכֹחַ קְלוּשִׁים

קוּרְקְסֵיהֶם כְּמוֹ הֵם נַעֲשִׂים/ רֵיחַ מְחַמְּרִים לְלֹא מַעֲשִׂירִים וּמוֹרִישִׁים
שׂוֹגִים אַחֲרֵיהֶם תּוֹעִים וּמְבַקְּשִׁים/ שִׁבְרָם וְכִלְיוֹנָם יַחַד חָשִׁים
תָּקְפָּם לְנְעוֹרֶת וּפוֹעֲלָם לַחֲשָׁשִׁים/ תָּשִׁיתוּ לְדַעְתִּי לִבְּכֶם קְדוֹשִׁים
קְדוֹשִׁים בְּנֵי אָב נוּסָה/ שֵׁם רָם וְנִשָּׂא/ לֹא תִשָּׂא.

תַּדְבִּיק לָשׁוֹן לְמַלְקוֹחַ בְּלִי לְזָכְרוֹ/ שֵׁם הַיְּרוּאִי וְהַמּוּפְלָא בְּרוֹב הֲדוּרוֹ
רָשׁוּם וּמְפוּרְסָם בְּשִׁבְעִים שֵׁמוֹת זִכְרוֹ/ קָבוּעַ שְׁלֹשֶׁת רוּחוֹת בְּחֹתָם בְּקִשּׁוּרוֹ
צָרוּר תְּהוֹם רַבָּה מוּטְבָּע עַל בֵּירוּרוֹ/ פּוֹרֵק הָרִים וּמְשַׁבֵּר סְלָעִים בְּהִתְעַבְּרוֹ
עַל הָאֵשׁ נִזְכַּר וְהִיא דוֹעֶכֶת לְבַעֲבוּרוֹ/ סוּף מְיַבֵּשׁ וּמַחֲרִיב בְּגַעְרוֹ
נִכְתָּבִים בְּיוֹד הֵא אוֹתִיּוֹת זִכְרוֹ/ נִקְרָאִים בְּאָלֶף דָּלֶת לְהַעֲלִימוֹ וּלְהַזְכִּירוֹ
מְקַלְּלוֹ וְנוֹקְבוֹ מֵעַל תֵּבֵל מְעַקְּרוֹ/ מַזְכִּירוֹ לַשָּׁוְא לֹא יְנַקֶּנּוּ יוֹצְרוֹ
יוֹצְרוֹ יִשְׁמָרְךָ כְּבָבַת/ עוֹנֶג אִם לֹא יוּשְׁבַּת/ זָכוֹר אֶת יוֹם הַשַּׁבָּת.

לִינַת נוֹפֶשׁ שִׁבְתוֹ נוֹרָא עֲלִילָה/ כְּגוֹמְרוֹ מְלַאכְתּוֹ בַּשִּׁשִּׁי תְּחִלָּה
יְחִידַת יְצִיר כַּף בּוֹ נוּצָּלָה/ טֶרֶם בֹּא שִׁמְשׁוֹ קִלְּסוֹ בִּתְהִלָּה
חוֹפֶשׁ מַמְצִיא לַאֲסִירֵי שְׁאוֹלָה/ זָכוֹר וְשָׁמוֹר מְדוּבָּר בְּשִׁנּוּי מִלָּה
וְחִיּוּב סְדוּרוֹ שְׁנֵי כְבָשֵׂי עוֹלָה/ הַמְחַלְּלוֹ בְּמֵזִיד נִדּוֹן בִּסְקִילָה
דִּגְנוֹ הוּכְפַּל בְּשִׁימוּן לְאוֹם נִדְגָּלָה/ גְּבוּל הוּשַׂם בֵּינְךָ לְאֵשׁ אוֹכְלָה
בַּעֲלַת אוֹב מֵת אֵינָהּ מַעֲלָה/ אֶהְדְּרֵהוּ בְּכִנּוּיֵיךְ וְתִתְאַדֵּר סֶלָה
סֶלָה אֲחַלֵּץ עֲצָמֶיךָ/ מוֹרָאַת הוֹרִים בְּקִיּוּמֶיךָ/ כַּבֵּד אֶת אָבִיךָ וְאֶת אִמֶּךָ.

תּוֹחֲבִים לְתוֹךְ פִּיךָ אוֹכָלִים וּמַשְׁקִים/ שָׁדַיִם מְחַלְּצִים לְךָ מְנִיקִים
רֶקַח עֲסִיסִים לְחִכְּךָ מַמְתִּקִים/ קְלִישַׁת זְרוֹעֶךָ מְעַבִּים וּמַחֲזִיקִים
צַעַד מַנְעִילִים וְלֹא מַבְצִיקִים/ פְּגִיעַת עֲדֶיךָ מְשַׁעְשְׁעִים וְנוֹאֲקִים
עֹצֶם אִם כּוֹאֶבְךָ לְבוֹתָם נִמְקִים/ שׂוּם קִילוֹר וְאִסְפְּלָנִית רוֹהֲטִים וּמַחֲלִיקִים
נְתִיב שְׁבִילְךָ מְסַקְּלִים וּמְעַזְּקִים/ נוֹעַם סוֹכֶנֶת לְצִדְּךָ מַדְבִּיקִים
מָוֶת בְּהִתְעַסְּפָם יְגִיעָם לְךָ מְחַלְּקִים/ מַשְׂכּוּרְתָּם שַׁלֵּם בְּעוֹדָם עָלֵי אֲרָקִים
אֲרָקִים תִּירַשׁ נִצְחֵי נֶצַח/ אִם תַּעְצוֹר יָד מֵרֶצַח/ לֹא תִרְצָח.

לַשְׁתִּי וּפִתַּכְתִּי דְמוּתוֹ בִּדְמוּתִי/ כַּבּוּיִים חֲמִשָּׁה לְנַפְשׁוֹ כּוּנַּתִי
יָדוֹ בְּכָל מַעַשׂ וּמִפְעַל הִשְׁלַטְתִּי/ ט... לְהַגְזִיעַ בַּפְּרוּ וּרְבוּ צִוִּיתִי
חוֹבֶשׁ לִרְטִיַּית מְרַצְּחוֹ לֹא שַׁתִּי/ זוֹעֵךְ מְאוֹרוֹ גִּזְעֵךְ בְּשֶׁצֶף חֲמָתִי
וְסַכָּל אֲשֶׁר פָּגַע בִּשְׁנֵי שָׂרֵי עֲדָתִי/ הַמַּחֲזִיק בְּקַרְנֵי מִזְבַּח עֶזְרָתִי
דִּין גָּמוּר עָלָיו הִקְנַסְתִּי/ גּוֹדֵעַ בְּמַצָּבוֹ לְיַדֶּעֲךָ נְקַמְתִּי
בְּיַד גּוֹאֵל הַדָּם רוֹצֵחַ מָסַרְתִּי/ בְּעַצְמִי עֵדוֹ אֲשֶׁר גּוֹלְמוֹ הִגְלַמְתִּי
הִגְלַמְתִּי אוֹרוֹ בַּל תְּשָׁאֵף/ פֶּן תְּכָחֵד בְּרוֹגֶז וְאַף/ לֹא תִנְאָף.

אֵשׁ הִיא עַד אֲבַדּוֹן מְאַכֶּלֶת/ בְּלַהַט רְשָׁפֶיהָ רַבִּים מְגַחֶלֶת
גּוֹרֶרֶת לְבָאֶיהָ מָוֶת וּמַשְׁכֶּלֶת/ דֶּרֶךְ חֲלַקְלַקּוֹת אוֹתָם מוֹבֶלֶת
הוֹלֵךְ אַחֲרֶיהָ כְּשׁוֹר לַטֶּבַח יוּבֶלֶת/ וּכְעֶכֶס לְמוּסַר בַּעַל אִוֶּלֶת

זְרוּזֵי חֶלֶץ מַחֲלֶשֶׁת וּמְעַצֶּלֶת/ חֵיךְ מַמְתֶּקֶת וְקֶרֶב מַרְעֶלֶת
טְלָפַיִם מְתַקֶּנֶת וְעַיִן מְכָחֶלֶת/ יָד מַעְגַּל עַצְמָהּ מַאֲצֶלֶת
כְּצִפּוֹר אֶל פַּח נֶפֶשׁ מַפֶּלֶת/ לַמְנָאֲפִים אֵין תִּקְוָה וְתוֹחֶלֶת
וְתוֹחֶלֶת תִּמְצָא בְּלִי לַעֲנוֹב/ אִם אַחֲרֶיהָ לֹא תִזְנוֹב/ לֹא תִגְנוֹב.

מֵאָדָם הָרִאשׁוֹן צֵא וּלְמַד/ נִצְטַוָּה שְׁמוֹר וַעֲבוֹד גַּן עֵדֶן נֶחְמַד
סָרַח וְגָנַב וְנֶהְדַּף מִמַּעֲמַד/ עוֹלָם לָקַח בַּעֲבוּרוֹ וּבַמָּוֶת הוּשְׁמַד
פְּרוּסָה נִבְהָה גָּנְבָה תְּרָפִים בְּמַחְמַד/ צַעֲדֵי אוֹרַח טָעוּתָם בְּלִי לִלְמַד
קִלְלַת לֹא יִחְיֶה שָׁכְבָה עָלֶיהָ וַתּוּצְמַד/ רוּחָהּ פָּרְחָה בַּדֶּרֶךְ וּבֵין מֵעֶיהָ נֶחְמַד
שׁוּב זַרְחִי חֶפְצֵי שָׁלָל חָמַד/ שְׁלֹשִׁים וְשִׁשָּׁה נָפְלוּ עָלָיו בְּאוֹמַד
תֵּל עוֹלָם הוּשַּׂם וְהוּעֲמַד/ תּוּמַּת וְנִכְרַת כַּאֲשֶׁר מָדַד הוּמַּד
הוּמַּד וְהוּתְלַשׁ כְּעֵקֶר/ דָּתוֹתַי תְּדַקְדֵּק וּתְחַקֵּר/ לֹא תַעֲנֶה בְרֵעֲךָ עֵד שָׁקֶר.

תַּחְסוֹם פִּיךָ נְבָלָה בְּלִי לְדַבֵּר/ שִׂית בָּרִיחַ לְפָנָיו וּבַאֲמִתְּךָ הִתְגַּבֵּר
רוֹעַ דִּבָּה תְּתָעֵב וּתְעַבֵּר/ קְנֵה אִמְרֵי יוֹשֶׁר וּבָם תִּתְחַבֵּר
צוֹר לְשׁוֹנְךָ מִכַּחֵשׁ וְחֵילְךָ אֲגַבֵּר/ פֶּן עָלֶיךָ אֶתְאַנַּף וְאֶתְעַבֵּר
עַד אַרְגִּיעַ לְשׁוֹן שְׁקָרִים דּוֹבֵר/ שְׂפַת אֱמֶת תִּכּוֹן וְתִבָּנֶה בְּנוֹבֵר
נוֹאֲלוּ שָׂרִים וְהוּבָאוּ עַד מַשְׁבֵּר/ נִתְבַּקֵּשׁ עֶלְבּוֹן אֶרֶץ פְּנֵי מֵישָׁרִים דּוֹבֵר
מָאתַיִם וְאַרְבָּעִים וּשְׁמֹנָה אֵבֶר/ מְלֵאִים תּוֹלָעִים בְּמַגֵּפָה וְדֶבֶר
דֶּבֶר מְצָאָם לִשְׁמוֹד/ הִשָּׁמֶר וּלְפָנַי תַּעֲמוֹד/ לֹא תַחְמוֹד.

לְכֹל רְכוּשׁ עֲמִיתְּךָ אַל תִּתְאַוֶּה/ כֶּרֶם וְגָדִישׁ וְקָמָה וּבֵית נָוֶה
יוֹם וְלַיְלָה אֵלַי קַוֵּה/ טוּב טַעְמֵי דְרוֹשׁ אֲשֶׁר עֲלֵיהֶם תְּצֻוֶּה
חֶשְׁרַת בִּרְכָּתִי תַעְשְׁרְךָ בִּלְתִּי דָוֶה/ זֶרַע חֲלָצֶיךָ אָשִׁית כְּגַן רָוֶה
וְחוֹמֵד דְּבַר רֵיעַ מַה אֵלָיו שָׁוֶה/ הֵיךְ מְבָרֶה סַר וְזָעֵף פֶּן יִתְכַּוֶּה
דָּמוֹ לָקְקוּ עַזֵּי נֶפֶשׁ לְהִתְרַוֶּה/ גּוּפְךָ שְׁמוֹר וּנְצוֹר פֶּן אֵלָיו תִּשְׁוֶה
בִּינָה אֲמָרַי וַאֲחַלֶּצְךָ מִמַּדְוֶה/ אֵלֶּה הַדִּבְּרוֹת הֲגֵה וְחַוֵּה
חַוֵּה גְבוּרוֹתַי בְּמוֹרָאִים/ כִּי אַלְפְּתִיךָ מִשְׁפָּטִים נָאִים/ וְכֹל הָעָם רוֹאִים.

ט ובכן לך תעלה קדושה כי אתהו קדוש ישראל ומושיע

בְּשִׁשָּׁה בַּחֹדֶשׁ נִתְּנוּ לְיִשְׂרָאֵל עֲשֶׂרֶת הַדִּבְּרוֹת/לְסוֹף תַּכְלִית וְתַשְׁלוּם אֶלֶף דּוֹרוֹת,
וּכְחָפֵץ לְפַלְּשָׁה מֵבִין נִסְתָּרוֹת/ זָרַח וְהוֹפִיעַ לְעֵשָׂו וּלְיִשְׁמָעֵאל וְעַמּוֹן לְהוֹרוֹת,
וְשָׁלַח מַלְאֲכֵי אֵשׁ לוֹהֵט לְכֹל הֲמוֹן יְצִירוֹת/ וּמֵאֲנוּ כוּלָּם לְהַסְכִּית וּלְקַבֵּל אֲמָרוֹת,
וְאָז נִגְלָה לְאַנְשֵׁי קֹדֶשׁ בַּהֲדָרוֹת/ וְעִמּוֹ רֶכֶב רִבּוֹתַיִם אַלְפֵי שִׁנְאָן אַבִּירֵי דְהָרוֹת,
עֶשְׂרִים וּשְׁנַיִם אֶלֶף מֶרְכָּבוֹת קֹדֶשׁ וְאֵשׁ מִתְלַקַּחַת מְבוֹעֲרוֹת/ וְכֹל מֶרְכָּבָה וּמֶרְכָּבָה,
שֶׁרָאָה יְחֶזְקֵאל בִּסְפִירוֹת,
וְיָרְדוּ לְהַחֲרִיב הָעוֹלָם כֻּלּוֹ אֲנִירוֹת/ וּבְתוֹךְ חֲלָלוֹ שֶׁל עוֹלָם טָסוֹת כַּחֲסִידָה בְּאֶבְרוֹת,
וְאֵין הָעוֹלָם מַחֲזִיקָן כִּי כֹל אֶחָד וְאֶחָד מַחֲזִיק שְׁלִישׁוֹ שֶׁל עוֹלָם לְשָׁרוֹת/ וּבְרִדְתּוֹ
עִמָּהֶם גָּעַשׁ כֹּל הַיְקוּם וְנִבְקְעוּ גְּבָעוֹת וְצוּרוֹת,

וְלָבְשׁוּ חֲרָדוֹת כָּל מַלְכֵי תֵבֵל וְכֹל מַלְכֵי דִירוֹת/וְנָשַׁמּוּ אַחֲרוֹנִים וְקַדְמוֹנִים אֲחָזוּם שְׂעָרוֹת,
וְנִתְקַבְּצוּ הַכֹּל אֵצֶל בִּלְעָם הָרָשָׁע מִכֹּל קְרִיּוֹת וּבִירוֹת/ וְשָׁאֲלוּ לוֹ: "שֶׁמָּא מַבּוּל מַיִם מֵבִיא לִשְׁטוֹף כֹּל בְּנֵי עֲפָרוֹת".
הֱשִׁיבָם: "כְּבָר נִשְׁבַּע מֵעֲבוֹר מֵי נֹחַ עוֹד בְּעֶבְרוֹת,"/ וְעָנוּ: "שֶׁמָּא מַבּוּל אֵשׁ מֵבִיא לְשַׁלְהֵב אוֹתָנוּ בְּחַרְחָרוֹת".
וְנָם: "לֹא מַבּוּל מַיִם וְלֹא מַבּוּל מְדוּרוֹת/ כִּי אִם יְיָ יִתֵּן אוֹמֶר לְעַמּוֹ בַּהֲדָרוֹת".
אִמְרוֹת יְיָ אֲמָרוֹת טְהוֹרוֹת.
אֲמָרוֹת טְהוֹרוֹת בְּתִתּוֹ לְעַם שׁוֹמֵר אֱמוּנִים/הִרְכִּין שָׁמַיִם הַתַּחְתּוֹנִים וּשְׁמֵי הַשָּׁמַיִם הָעֶלְיוֹנִים
וְהִצִּיעַ עַל גַּב סִינַי כְּאָדָם שֶׁמַּצִּיעַ כָּרִים וּסְדִינִים/ עַל גַּבֵּי מִטָּה מְתוּקָּנִים
וְנִתְלַשׁ הָהָר מִמְּקוֹמוֹ וְנִגְלָה עָלָיו אֲדוֹנֵי הָאֲדוֹנִים/ וּפָתַח אֶשְׁנָב בָּרָקִיעַ וְהִכְנִיס רֹאשׁ הָהָר בְּתוֹכוֹ בְּחֶבְיוֹנִים
וְחֹשֶׁךְ וַעֲרָפֶל כִּסָּה הַר סִינַי בְּאַשְׁמַנִּים/ וּמֶלֶךְ הַמְּלָכִים הָיָה יוֹשֵׁב עַל כִּסֵּא כָבוֹד מָרוֹם מֵרִאשׁוֹנִים
וְעַל הָעֲרָפֶל פַּעֲמֵי רַגְלָיו עוֹמְדִים וּשְׁעוּנִים/וּמֵעֶרֶב שַׁבָּת עָמְדוּ גּוֹי קָדוֹשׁ עֲרוּכִים וּמְתוּקָּנִים
אֲנָשִׁים לְבַד וְנָשִׁים לְבַד הֲמוֹנִים הֲמוֹנִים/וְכֻלָּם לֵב אֶחָד וּמַאֲמָר אֶחָד וְעֵצָה אַחַת חוֹנִים
כִּי מִיּוֹם צֵאתָם מִפֶּרֶךְ צוֹעֲנִים/ הָיוּ נוֹסְעִים וְחוֹנִים בְּמַחֲלוֹקֶת וּמְדָנִים
עַד בּוֹאָם לְסִינַי בְּהַר גַּבְנוּנִים.
גַּבְנוּנִים וּגְבָעוֹת רָקְדוּ כִּבְנֵי צֹאן אֵלִים/ וּבָא כַרְמֶל מֵאַסְפַּמְיָא וְתָבוֹר מִבֵּין אֵלִים
זֶה: "אֲנִי נִקְרֵאתִי" וְזֶה: "אֲנִי נִקְרֵאתִי", מְמַלְּלִים;/ וּבְשׁוֹמְעָם: "אָנֹכִי", מִמְּקוֹמָם פּוֹנִים וְגוֹלְלִים.
מִיַּד עָלָה מֹשֶׁה לְרוּם עַנְנֵי אֳהוּלִים/ רַגְלָיו עוֹמְדוֹת בָּהָר וְכֻלּוֹ בִשְׁמֵי זְבוּלִים
מְדַבֵּר פָּנִים אֶל פָּנִים לְאֵל אֵלִים.
אֵל אֵלִים שְׁלָחוֹ לְהָעֵד בָּעָם בִּפְרוּשִׁים/ בְּטוּמְאַת תַּשְׁמִישׁ הַמִּטָּה מִהְיוֹת מְשַׁמְּשִׁים
וּפָץ: "כֹּה תֹאמַר לְבֵית יַעֲקֹב", תְּחִלָּה לַנָּשִׁים/ שֶׁהַבְּעָלִים אַחַר נְשׁוֹתֵיהֶם חָשִׁים
וְאַחַר כָּךְ: "וְתַגֵּד לִבְנֵי יִשְׂרָאֵל", לָאֲנָשִׁים./ וְהָלַךְ וּמְצָאָם יְשֵׁנִים, צְעִירִים וִישִׁישִׁים
עַל שֶׁהַלַּיְלָה קְצָרָה וְהַיּוֹם אָרוֹךְ בְּאִישׁוֹנִים/ וְעָרְבָה שְׁנָתָם עַד שְׁתֵּי שָׁעוֹת בַּיּוֹם נְפוּשִׁים:
"עִמְדוּ וַעֲמוֹדוּ בָּא וְקוּמוּ וְהֵחָלְצוּ אִישִׁים/ כִּי רְצוֹן אַדִּיר לְהַנְחִילְכֶם דַּת מוֹרָשִׁים
לְגַלּוֹת לָכֶם בְּהוֹרָיוֹתֶיהָ אַזְהָרוֹת וְעוֹנָשִׁים/ הֱיוֹת לוֹ מַמְלֶכֶת כֹּהֲנִים וְגוֹי קְדוֹשִׁים".
גּוֹי קְדוֹשִׁים נִתְיַצְּבוּ בְּתַחְתִּית הָהָר מוּתְאָמִים/ בָּרִים וּמְזוּקָּקִים מִכֹּל כְּתָמִים
וְאֵין בָּהֶם לֹא חִגֵּר וְלֹא חֵרֵשׁ וְלֹא סוּמָא וּבַעֲלֵי מוּמִים/ וּמוֹשֵׁל עוֹלָם שָׂח לְנֶאֱמַן בַּיִת רֵד לְמַטָּה עַל עֲדַת שְׁלֵמִים
שֶׁאִם לֹא תֵרֵד יִהְיוּ סְבוּרִים וְנוֹאֲמִים:/ "מָצָא בֶּן עַמְרָם יוֹם הַמְעוּנָּן כְּיוֹם חוֹרֶף שֶׁבּוֹ זִיקִים וּרְעָמִים".
כְּשָׁמְעוֹ כֵּן יָרַד וְאֵשׁ מִן הָהָר בְּאִיּוּמִים/ וְנִכְנַס בְּתוֹךְ הֶעָנָן וְצָוַח: "אֱלֹהִים יְדַבֵּר עִמָּכֶם בְּנֵיאוּמִים".

יָצָא קוֹל הָרִאשׁוֹן: 'אָנֹכִי יְיָ אֱלֹהֶיךָ אֲשֶׁר הוֹצֵאתִיךָ מִסִּבְלוֹת עֲנָמִים': / בֶּחָלֵק הַקּוֹל
לְשִׁבְעָה קוֹלוֹת וּמִשִּׁבְעָה לְשִׁבְעִים לְשׁוֹנוֹת עַמִּים
וְאוֹתוֹ יוֹם לֹא נִעֲנַע אִילָן וְלֹא צִפְצֵף עוֹף וְלֹא גָעָה שׁוֹר כִּי כוּלָּם דְּמוּמִים / וְגָעֲשׁוּ
וְרָעֲשׁוּ וְהוּמְכוּ וּבָרְחוּ עֲמָקִים וּמְרוֹמִים
וּמָטוּ הַר וְגֶבַע וְכָרְעוּ כָּל אַרְזֵי לְבָנוֹן הַנִּשָּׂאִים וְהָרָמִים / וְהַמֵּתִים שֶׁבְּיִשְׂרָאֵל חַיִּים
וְהַחַיִּים מֵתוּ מֵרַעַשׁ רְעָמִים הַמּוּרְעָמִים
יָצָא קוֹל הַשֵּׁנִי וְעַל רַגְלֵיהֶם עָמְדוּ חַיִּים וְקַיָּימִים / שָׁחוּ לְאוֹמֶן: 'דַּבֵּר אַתָּה עִמָּנוּ
וְנִשְׁמָעָה בִּנְעִימִים';
וְהוּטַב שִׂיחָם פְּנֵי רָם עַל רָמִים / וְשָׁלַח מִיכָאֵל וְגַבְרִיאֵל שְׁנֵי שָׂרֵי צְבָאוֹת רְחוּמִים
וְאָחֲזוּ בִּשְׁתֵּי יָדָיו שֶׁל מָשׁוּי זְרָמִים / וְהִכְנִיסוּהוּ לִפְנִים מִשָּׁלֹשׁ מְחִיצוֹת חֹשֶׁךְ, עָנָן
וַעֲרָפֶל עֲמוּמִים
וְעַל פִּיו נִשְׁמְעוּ שְׁאָר עֲשֶׂרֶת הַדִּבְּרוֹת לַחֲתוּמֵי דָמִים.
לַחֲתוּמֵי דָמִים הִסְכִּיתָ הָאֵשׁ / אֵשׁ אוֹכֶלֶת אֵשׁ / וְיוֹם נְתִינָה הָיָה הַכֹּל אֵשׁ
הַתּוֹרָה עַצְמָהּ הָיְתָה שֶׁל אֵשׁ / וְעוֹרוֹתֶיהָ וּכְתִיבָתָהּ שֶׁל אֵשׁ / וּמֶלֶךְ רָם וְנִשָּׂא מִימִינוֹ דָּת אֵשׁ
וּצְבָאוֹ מְשָׁרְתִים לוֹהֲטִים כְּגַחֲלֵי אֵשׁ / וְאַף מֹשֶׁה נַעֲשָׂה פָּנָיו שֶׁל אֵשׁ / וְהָהָר עַד לֵב הַשָּׁמַיִם
בּוֹעֵר בָּאֵשׁ.
וְעֵת שֶׁהַדִּבּוּר מְבַקֵּשׁ לָצֵאת בָּאֵשׁ / הָיָה כָּרוֹז מַקְדִּים וְצוֹוֵחַ לִפְנֵי מְחִיצוֹת מַלְאֲכֵי אֵשׁ: /
'סַלְּקוּ עַצְמֵיכֶם מִפְּנֵי הַדִּבּוּר וְלֹא תִשְׂרוֹף אֶתְכֶם הָאֵשׁ';
וּמְסַלְּקִין עַצְמָן לְצַד אֶחָד מֶחֶרְדַּת אֵשׁ / וְיוֹצֵא הַדִּבּוּר כְּבָזָק לְבֵית יַעֲקֹב אֵשׁ / וּמִתְעַגֵּל עַל
אָזְנֵיהֶם וּמַשְׁמִיעִים: 'תְּקַבְּלוּ דַּת אֵשׁ
מִצְוַת עֲשֵׂה וּמִצְוַת לֹא תַעֲשֶׂה חֲקוּקִים בָּם מִלְּהַתְיָאֵשׁ' / מְשִׁיבִין: 'נַעֲשֶׂה וְנִשְׁמַע כֹּל אֲשֶׁר דִּבֵּר
רָם וְנִשָּׂא נִשְׁפָּט בָּאֵשׁ', / וּבָא הַדִּבּוּר מֵעַצְמוֹ וְנוֹשְׁקָם עַל פִּיהֶם בִּנְשִׁיקוֹת אֵשׁ;
וְאִם תִּתְמַהּ הֵיאַךְ יְכוֹלִים לְקַבֵּל אֵשׁ מִתּוֹךְ הָאֵשׁ / רְאֵה מַה כָּתוּב: 'וּדְבָרָיו שָׁמַעְתָּ מִתּוֹךְ
הָאֵשׁ', / כִּי הוּא הַנּוֹתֵן לְךָ חַיִל לִסְבּוֹל שַׁלְהֶבֶת אֵשׁ.

אֵשׁ דָּתוֹ קִבְּלוּ בְּאַהֲבָה וּבְחִבָּה / וַעֲלֵיהֶם הִשְׁמַעְתָּ קוֹל דָּגוּל מֵרְבָבָה:
'זָכוּ הֱיוֹת כַּחֲצוּבֵי אֵשׁ לֶהָבָה', / וְנוֹתֵן לָהֶם כְּלֵי זַיִן לְהִשְׂתַּגְּבָה.
חָקוּק עָלָיו שֵׁם הַמְּפוֹרָשׁ בִּכְתִיבָה / כָּל יָמִים שֶׁהָיָה בְּיַד שְׁחוֹרָה וְנָאוָה
לֹא הָיָה יָכוֹל מַלְאַךְ הַמָּוֶת בִּגְוִיּוֹתֵיהֶם לְהִתְקָרְבָה / לֹא מָשְׁלָה טִפַּת קֶרִי בָם לְתַעֲבָה
וּבַחֲלִיפָתָם לֹא שָׁלְטָה בָם רִמָּה לְקָרְבָה / אַשְׁרֵיהֶם וְאַשְׁרֵי גוֹרָלָם לָזֶה וְלַבָּא
וְסִלְּדוּ וְהִסְלִידוּ לְנַעֲרָץ בְּסוֹד קְדוֹשִׁים רַבָּה / הַנֶּאְדָּר וְהַנִּסְלָד בְּרִבְבוֹת צָבָא
כְּסוֹד שִׂיחַ שַׂרְפֵי קֹדֶשׁ לֶהָבָה עֲרֵיבָה / הַחֲתוּמִים בְּעֶשְׂרִים וּשְׁנַיִם אוֹתִיּוֹת חֲתִימָה מְשׁוּלְהָבָה
וּמִתְחַדְּשִׁים לַבְּקָרִים גְּדֵלוּ לְנוֹבְבָה / וְעוֹמְדִים מִמַּעַל לוֹ וּמִמַּטָּה לְהִתְיַצְּבָה
וּמִשְּׁנֵי צְדָדִים מְעוֹפְפִים לְכֵס הַמֶּרְכָּבָה / וּבְטִיסָתָם שׁוֹאֲחִים: 'שְׁמַע יִשְׂרָאֵל' בְּרוּחַ נְדִיבָה
וְאַחַר שָׁלוֹשׁ תֵּיבוֹת מַזְכִּירִין הַשֵּׁם בְּרֶתֶת וּבִזְוָעָה / וְאֵין בֵּינֵיהֶם לֹא קְטָטָה וְלֹא מְרִיבָה
כִּי כֻּלָּם אִישׁ אִישׁ עַל דִּגְלוֹ מְמוּנִים אַלְפֵי רְבָבָה / וּמַאֲמִירִים וּמַעֲרִיצִים שֵׁם מֵבִין כָּל
מַחֲשָׁבָה / וְשִׁלּוּשׁ קְדוּשָּׁתוֹ מְשַׁלְּשִׁים לְקוּשְׁבָה.

א, כה"י (א), (ב), (ג),

1 ארוכה...רחבה,--איוב י"א:ט' והכונה לתורה. 2 רזיה,--כלומר רזי תורה ע' שבת פ"ח,ע"א; צמחי רבבה,--כנוי לישראל ע"פ יחזקאל ט"ז:ז'. 3 מעונים...חורבה ,--שמים וארץ וע' מכילתה דבחודש ה' וע' פר"א,מ"א,וז"ל,"והשמים והארץ רעשו... והגבעות נתמוטטו". 4 דאי אגפים,--כלומר טסי כנפים והכונה למלאכי ה' שהשתתפו במתן תורה ע' פסיקתא דר"כ,דבחודש השלישי ובמקבילות: "זה שאמר הכתוב, 'רכב אלהים ריבותיים אלפי שנאן'...שירד עם הקב"ה לסיני עשרים ושנים אלף של מלאכי השרת"; ידודון,--תהל' ס"ח:י"ג וע' שבת פ"ח: "היו מלאכי השרת מדדין (מסייעים) אותם (בני ישראל)".5 הברקת,--שמות י"ט:ט"ז; ענמים,--מצרים ע' בראש י':י"ג. 8-6 והבטחת...בהדומים,--ע' במ"ר ז.א, וע' תנחומא יתרו,ח':"בשעת מתן תורה היו בהם (בישראל) בעלי מומים מעבודת הפרך שהיו עושים בטיט ובלבנים אמר הקב"ה, "אינו דין שאתן את תורתי לבעלי מומים רמז למלאכי השרת וירדו ורפאו אותם"; חשמליך,--מלה"ש; להתעילם,--לרפא אותם; בהדומים,--יושבי ארץ, ע' ישעיה ס"ו:א'. 9 טסת,--ממעונים; לחמישים יום,--אחרי צאתם מארץ מצרים, ע' מכילתא, שם, א' וע' ר"ה ב:; בשלישי,--בחודש השלישי, ע' שמות י"ט:א'; בששה,--יום בו, ע' מכילתא,שם ג':"'והיו נכונים ליום השלישי' זה יום ששי שבו נתנה תורה". 11-10 ידעת...לדרשה,--ע' ע"ז ב':"החזירה הקב"ה על כל אומה ולשון ולא קיבלוה (את התורה)". 12 להטתם...אנושה,--ע' שם: "כפה הקב"ה הר כגיגית על ישראל ואמר להם אם אתם מקבלין את התורה מוטב ואם לאו שם תהא קבורתכם"; מכה אנושה ,--מיכה א':ט'. 13 מהר...הופעת,--דברים ל"ג:ב'. 14 נשייה,--ארץ,בלשון פייטנים; הבערת,--דברים ד':י"א. 15 סיני הרקעת,--ע' ע"ז,שם ובמקבילות. 16 עלית...ושבית ,--תהל' ס"ח:י"ט וע' שבת פ"ט.; בו היצעת,--מוסב על 'סיני' ור"ל שהקב"ה הציע שמים התחתונים והעליונים על גבי הר סיני "כאדם שהוא מציע את הכר על גבי המטה". ע' מכילתא,שם ד'. 17 חמורות וקלות,--הכונה לענייני טומאה וטהרה ע' בקרובה המקבילה בע. פליישר,"לקדמוניות הקדושתא", עמ' 402,ד,טור 19. 18 צגו ,--התיצבו; להסכיתן,--דברים כ"ז:ט'; ברתת וחלחלות,--התורה נתנה ב"אימה ברתת ובזיע",ע' יומא, ד:. 19 קולך...קולות,--כדרבי יוחנן בשמ"ר,כ"ח.ו'. 20 רב... מבשרות,--תהל' ס"ח:י"ב; אותם לעלות,--מוסב על "קולות" במבואר בשמ"ר,שם. 21 בינך לבינם,--דברים ה':ה'; מליץ שלישי,--כלומר מרע"ה וע' בתנחומא, יתרו ח' וע' פדר"כ,שם: "ומשה שלישי ביניהם". 22 שורש,--כנוי לתורה; מולד שלישי ,--רומז למרע"ה ש"היה הוא ואחיו ואחותו שלשה" ע' מדרש עשרת הדברות באוצר מדרשים, ב',עמ' 452. 23 ירח שלישי,--שמות י"ט:א'; לעם שלישי,--כלומר "ישראל משולשים, כהנים, לויים וישראלים", ע' פדר"כ, שם ובמקבילות וע' י.ל. וינברגר, ב',עמ' 307 בקרובה המקבילה, קליר א', וז"ל: "טהר צוץ שלישי/...כתב שלישים שלשי/לעת געה בחודש השלישי." 24 תורה תמימה,--תהל' י"ט:ח'. 25 ים...גבולו

,--ע׳ פר"א,מ"א: "יצא קול א׳...והימים והנהרות ברחו". 26 הילו,--הופעת אורו.
27 עוז מבטחה,--רומז לתורה ע"פ משלי כ"א:כ"ב. 28 סגל,--ר"ל ישראל עם סגולה;
הגנון בצלו,--וע׳ ב"אלהים אל דמי לך כקול מים רבים", (ד.א׳ 4632) לקלירי וז"ל:
"בצלם היות גנונים".

ב,כה"י (א),(ב),(ג),(ל).

29 תשע...דורות,--ע׳ שבת פ"ח: ובמקבילות. 30 שעשעת,--ע׳ ב"ר,א׳.א׳ וע׳ י.ל.
וינברגר,שם, באגדה על דו-שיח בין הקב"ה לתורה, מוטיב א׳; אמון,--כנוי לתורה
ע"פ משלי ח׳:ל׳ וע׳ ב"ר,שם; טרם...יצירות,--ע׳ ב"ר,שם ובאגדה על דו-שיח הנ"ל.
31 עולה כתמרות,--רומז לישראל ע"פ שה"ש ג׳:ו׳. 32 קולך...השמעת,--דברים ד׳:
ל"ג. 33 ציר...בקציר,--משלי כ"ה:י"ג והכונה למרע"ה. 34 פולצו,--כלומר הזדעזעו
ישראל; לשמע רגשך,--כששמעו קולו של הקב"ה וע׳ שבת פ"ח: "כל דיבור ודבור שיצא
מפי הקב"ה יצאה נשמתן של ישראל",וע׳ פר"א מ"א; בורא...יציר,--רומז להקב"ה.
35 עמנו...אתה,--ע"פ פר"א,שם: "ויאמרו (ישראל) אל משה,׳דבר אתנו עמנו ונשמעה׳";
נתעולל כבציר,--מיכה ז׳:א׳. 36 לאומן...וציד,--כנויים למרע"ה. 37-39 נרתעים
...במניינים,--ע׳ תוספתא ערכין א׳.י׳: "ישראל עומדים לפני הר סיני נמשכין
לאחוריהן י"ב מיל באין לפניהן י"ב מיל על כל דבור ודבור ארבעה ועשרים מיל".
40 כתי אש...במשענים,--ע׳ שבת פ"ח: "והיו מלה"ש מדדין אותן (אחר שחזרו ישראל
לאחוריהן)". 41 יחד...נגדך,--כלומר כאיש אחד ובלב אחד חנו ישראל נגד הר סיני
וע׳ מכילתא דבחודש סוף פרשה א׳. 42 נעשה ונשמע,--שמות כ"ד:ז׳. 43 חגרתם כאזור
,--כלומר זיינות ועטרות שחגרו ועטרו מלה"ש את ישראל בשעה שהקדימו נעשה לנשמע
ע׳ פר"א,מ"ז ובמקבילות; צירך,--הכונה לישראל. 44 זאת...פקודיך,--כלומר "לא
משל בהם מלאך המות ולא היו יוצאים לנקביהם כבני אדם, כיון שעשו אתו המעשה
(מעשה העגל)...׳אכן כאדם תמותון׳",ע׳ שם. 45 ובהגלותך...רחמים,--ר"ל שבהר
סיני נגלה הקב"ה כזקן מלא רחמים ובים כגבור מלחמה, ע׳ מכילתא,שם ה׳ ותנחומא
יתרו,ט"ז. 46 הודך...הדומים,--חבקוק ג׳:ג׳ 47 מי כמוני,--ע׳ שמ"ר כ"ח,ה׳
וע׳ מדרש עשרת הדברות,שם,: "אתם עדי שאין כמוני". 48 בעצומים,--כלומר בעצומו
של יום השבת נתנה התורה לישראל ו׳בעצם היום הזה׳ (שמות י"ב:י"ז) הוציאם ממצרים
ע׳ שבת פ"ו:. 49 בקולי...לפידים,--שמות כ׳:ט"ו. 50 בערפלים,--שם י"ח. 51
לקחך,--משלי ד׳:ב׳; עם נפדים,--רומז לישראל ע"פ דבה"א י"ז:כ"א. 52 אשר...
מרפידים,--שמות י"ט:כ׳. 53 בקול...הרעים,--איוב ל"ז:ה׳. 54 יצאה...נשמת,--
כדברי ריב"ל ע׳ שבת פ"ח: וע׳ לעיל טור 34; מנדנה,--מגוף ע׳ סנהדרין ק"ח.,וכן
משמע גם מתרגום לאטיני (ל): exierunt de forulis (corporibus) כלומר,
׳יצאו מנרתיקים (מגופים)׳; ריעים,--כמשמעו ור"ל ש"השוו כלם לב אחד" ע׳ מכילתא
דבחודש,סוף פרשה א׳ ובמקבילות. 55 טל תחי,--ע׳ שבת,שם,:"הוריד טל שעתיד להחיות
בו מתים והחיה אותם"; רשים ושועים,--כלומר עניים ועשירים. 56 ישוב רוח,--
לעתיד לבוא; חבואי סלעים,--רומז לישראל ע"פ שה"ש ב׳:י"ד.

ג, כה"י (א),(ב),(ג),(ל).

58-57 באלפי...נגלית,--תהל' ס"ח:י"ח ורומז לעשרים ושנים אלף של מלה"ש שירדו עם הקב"ה לסיני,ע' ספרי במדבר פ"ד ובמקבילות; לני שפתים,--כנוי לישראל בלשון הפייטנים ע' ב"ארשה ארוש רחשון" (ד.א' 7709) לקלירי: "להפגיע בעד לני שפתים" ומיוסד ע"פ שמות ט"ו:כ"ג,כ"ד. 59 שקתה...משפתים,--כדברי ר' אבהו בשם ר' יוחנן: "כשנתן הקב"ה את התורה...העולם שותק ומחריש ויצא הקול,'אנכי וכו'",ע' שמ"ר כ"ט.ט'; חוג,--כנוי לשמים ע"פ איוב כ"ב:י"ד; משפתים,--ארץ ע' בראש' מ"ט: י"ד וגם בלשון הפייטנים ע' ב"ארשה ארוש רחשון" לקלירי,שם. 60 מרום,--כנוי להקב"ה; בפלשך,--כלומר עשאה מפולשת כדד נובע חלב וע' מדרש זוטא, שה"ש א':ד', 'מישרים אהבוך':"מה הדד הזה נובע חלב כך עמד ר' עקיבא ופלש את התורה", ור"ל חדר הקב"ה את התורה בישראל; תורות שתים,--כלומר שבכתב ושבעל פה. 61 יסדת... וירנקים,--תהל' ח':ג'; עוזך,--רומז לתורה ע"פ משלי כ"א:כ"ב. 62 רועה אחד,-- מרע"ה וע' יחזקאל ל"ד:כ"ג; למחזיקים,--ישראל ע"פ משלי ג':י"ח. 63 בעליל... מזוקקים,--תהל' י"ב:ז'. 64 רטייה וחובש,--רפואה ע' משלי ג':ח'. 65-66 שלש ...בעשה,--ע' במאמר ר' שמלאי, מכות כ"ג:. 67 ושלש עשרה מדות,--שהתורה נדרשת בהן ע"פ הברייתא של ר' ישמעאל בראש תורת כהנים. 68 קלין וחמורין,--כלומר אם להקל או להחמיר ע' מדות ט' וי' בברייתא שם. 69 לוחות...משקלן,--ע' ירושלמי תענית ד'.ה': "הלוחות היו משאוי ארבעים סאה והכתב היה סובלן" וע' בתרגום הלאטיני שנעשתה ע"י הכנסייה הנוצרית בצרפת בשנת 1248 בערך כדי להאשימה את כנסת ישראל באמונות טפלות, (ל): "tabule lapidee habebant pondus quadraginta sextariorum"
וזה מופיע בעיני עורך התרגום הנ"ל כ"שטות" וסיוע לפולמוסה של הכנסייה, וע' ח. מרחביה,"מפיוטי ר' בנימין בר שמואל בתרגום לאטיני", ספר חיים שירמן, (ירושלים, תש"ל) עמ' 199-212. 70 סתומות ופתוחות,--כלומר ענייני נסתר שעומדים בגדר אין דורשים וענייני נגלה, שניהם נתנו למרע"ה כמבואר להלן טור 72. 71 ארבעים...בינה,--ע"פ ר"ה,כ"א: "נ'שערי בינה נבראו בעולם וכולן נתנו למשה חסר אחד שנא' 'ותחסרהו מעט מאלהים'". 72 צירך,--כנוי למרע"ה ע"פ משלי כ"ה: י"ג,וע' ערוגת הבושם א',עמ' 174; סלה,--כלומר לעולם וע' בתפילה "אהבה רבה": "וקרבתנו לשמך הגדול סלה באמת". 73 יעצור כח,--ע' דבה"ב ב':ה'. 75 מתן כלולה ,--הכונה לתורה ע' ברכות ה':. 76 חבר,--שם ניתן למרע"ה ש"חיבר את ישראל לאביהן שבשמים",ע' מגילה י"ג.; עלות אליך,--שמות כ"ד:י"ב.

ד, כה"י (א),(ב),(ג).

77 אהולים...רקעת,--ע' פר"א,ג': "קורקסי שמים במימי אוקיינוס הם אחוזים וקצות השמים על מימי אוקיינוס הם פרושים תוכן של שמים עילה למעלה השמים קצתם למטה ותוכן למעלה כאוהל"; אהולים,--ע' תוספתא, כלאים ה'.כ"ו; קורקסיהם,--קרסיהם; אדני,--איוב ל"ח:ו'; חלד,--תבל ע' תהל' מ"ט:ב'; סערה הקבעת,--

כלומר בסערה הקבעת אדני חלד וכן משמע מ"עבודה" ליוסי בן יוסי, "אזכיר גבורות אלוה" (ד.א' 2230): "ברר (חיזק) על מים עמודי חלד/ ושנס (אזר) מתניה ברוח ובסערה". 78 אלפים...שעשעת,--ב"ר א'.א' וח'.ב' וע' ב"זכרונות" ליוסי בן יוסי "אפחד במעשי" (ד.א' 7117):"קחתה דור מאלף/אמריך הנחלתם" ור"ל את הדור האלף לקח ולו נתן את התורה וע' <u>ערוגת הבושם</u>, שם,עמ' 175. 79 העת,--כלומר בזמן מתן תורה; גיא,--ארץ; אפסיה,--ירכתיה; הרתעת, --ע' לעיל טור 37 וע' מכילתא,שם, ה'; פלך,--כלומר כדור מכדורי שמים. 80 ולשבעים...שמעת,--ע' לעיל טור 10 וע' מכילתא, שם ובמקבילות; אפך בם,--רומז בזה למאמר ר' אבהו: "למה נקרא הר חורב? שירדה חורבה לעכו"ם עליו" ע' שבת פ"ט; הפגעת,--הטלת ע' ישעיה נ"ג:ו'. 81 ומרבבות...הפעת,--דברים ל"ג:ב'; זרע אוהביך,--כנוי לישראל ע"פ ישעיה מ"א:ח'; ושועים...וקלים,--עשירים ועניים בלשון הפייטנים ע' ב"קרובה" לקלירי "אז מאז זמות" (ד.א' 2149): "קבוצה היא זאת לשועים ולקלים/ קצינים ורשים יחד בה שקולים". 82 ועל...הצעת,--ע' לעיל טור 16; וכעשן...העלית,--שמות י"ט:י"ח. 83 ובקולות ולפידים,--שם כ':י"ח; אש דתך,--כנוי לתורה ע"פ דברים ל"ג:ב'; ופירוש ...ידעת,--ע"פ מאמר רבי: "בתחילה פירש עונשה...ולבסוף פירש מתן שכרה", ע' שבת,פ"ז. 84 חפצת,--תהל' קל"ה:ו'; נשמעת,--'נעשה ונשמע' ע' שמות כ"ד:ז' וע' פר"א,מ"א. 85 שני כתרים,--כלומר "אחד כנגד 'נעשה' ואחד כנגד 'נשמע'", ע' שבת, פ"ח.; בראש כלם,--כלומר קשרו המלאכים הכתרים בראש כל אחד ואחד מישראל, ע' שם; סנקליתך,--יועצך והכונה לתורה שנמלך בה הקב"ה טרם ברא העולם,ע' באגדה על דו-שיח הנ"ל,שם, מוטיב ג' וע' פר"א,ג' וע' א.א.אורבך, "פירוש לסילוק הקלירי לפרשת שקלים 'אז ראית וספרת'",<u>ספר חיים שירמן</u>, סוף עמ' 2 והע' 8. 86 ופחדך ומוראך,--דברים י"א:כ"ה; הגלעת,--כלומר העירות. 87 ברך...השבעת,--ישעיה מ"ה: כ"ג; ותעצומות עוזרך,--תהל' ס"ח:ל"ו; והסלעת,--החזקת.

ה, כה"י (ג).

88 אנכי,--שמות כ':ב'; אל מעוזך,--ש"ב,כ"ב:ל"ג; מרחם גוזיך,--תהל' ע"א:ו'. 89 עזים,--כלומר נותן הקב"ה במים עזים נתיבה ע"פ ישעיה מ"ג:ט"ז והכונה לקריעת ים סוף; מגיזיך,--מעבירך ע' נחום א':י"ב ורש"י שם; בצוארי חרוזיך,--שה"ש א':י' ור"ל ברכוש גדול ע"פ בראש' ט"ו:י"ד. 90 גיעול,--מאוס; עמולים,--עשויים, מלשון "עמל", היינו: הפסלים (="סמלים") עשויים בתבנית איש, ותודתי בזה נתונה לפרופ. א.מ.הברמן שהעירני על זה. מסתבר ש"בתבנית איש" הפייטן רומז לישו הנוצרי בדומה ל"תבנית אנוש" בפזמון "אזור נקמות" (ד.א' 2198) לאפרים בר יצחק מרעגענשבורג, ע' צונץ, <u>ס.פ.</u>, עמ' 470. 91 חמחודש,--ע' ב"ר, ע"ח.א': "בכל יום הקב"ה בורא כת מלאכים חדשים ואומרים שירה חדשה והולכים להם". 92 המפורש...שבעים,--ע' במד"ר י"ד.י"ב וע' בפירוש "בעל הטורים" לבמדבר י"א:ט"ז. 93 סתרים,--דברים כ"ט:כ"ח; ושכינת עוזו,--ע"פ "עלינו לשבח" 94 מרגוע,--ירמיה ו':ט"ז; מלאכת...בו,--בראש' ב':ב',ג'. 95 חפצך ממצוא,--ישעיה

נ"ח:י"ג; ולמעט שיחה,--הכונה לשיחת חולין ור"ל שלא יתנהג בו מנהג קלות ראש וע' תנחומא, בראש' ב'; מעגל דרכיה,--משלי ד':י"א; צלחה,--ירמיה י"ב:א'. 96 טועניך על זרועות,--כלומר אב ואם; ומחסיליך,--ומשלימיך. 97 שועות,--תפלות ע' תהל' ה':ג'; אל...למושעות,--שם ס"ח:כ"א. 98 דמות,--בראש' ה':א' ורומז לאדם; הודי,--ע' דרך ארץ זוטא,י': הדר אלהים בני אדם"; רודה,--בראש' א': כ"ח; מעש ידי,--שם. 99 לבבתיו,--אמצתיו, ע' שה"ש ד':ט' וע' חנוך ילון, פרקי לשון, (ירושלים,1971),עמ'5-84; בחבירן עוז,--חבקוק ג':ד'; מלסלדי,--מלשבחי ע' "אנקת מסלדיך תעל לפני כסא כבודך" בתפלת נעילה ליוה"כ. 100 מרה כלענה ,--משלי ה':ד'; מוחלטים,--נגמרים. 101 מאש,--שם ו':כ"ז; כי...משוטטים,-- זכריה ד':י'.102 שומת יד,--ויקרא ה':כ"א; יעשוק,--שם י"ט:י"ג; יגיעיך,-- עמליך. 103 ורגעיך,--ירמיה ל"א:א'. 104 פצירן,--עדות; בפצח,--בדבור פה; [עברין] ,--מן הסברה למלא את החסר כאן בטעות סופר בכה"י; תכחד נצח,--תשמד, שמות ט':ט"ו. 105 צפה,--חכה, ע' תהל' ה':ד'; אדום וצח,--כנוי להקב"ה ע"פ שה"ש ה':י'; עזוז גבור,--תהל' כ"ד:ח'. 106 קנין ומקנה,--יחזקאל ל"ח:י"ב ורמז לאשה שנקנית בשלשה דרכים ע' קידושין,א'.א'; קונה ומקנה,--כלומר בעל האשה. 107 במענה,--בתפלה; ותקרא...אענה,--איוב י"ג:כ"ב.

ו, כה"י (ג),(ל).

108 אראלים חמשה,--מלה"ש היו מתווכחים עם מרע"ה בדבר קנין התורה, ע' שבת פ"ח: ובמקבילות וע' מחזור ויטרי, עמ' 325: "כשעלה משה למרום (לקבל את התורה) עמדו עליו חמשה מלאכים ואמרו לו, 'היאך נתגאית לעלות לכאן?'"; אביגדור, אחד השמות של מרע"ה, ע' מגילה י"ג. וע' ויק"ר,א'.ג'. 109 מתנה,--התורה; לאלף דור,-- כלומר לדור האלף ע"פ תהל' ק"ה:ח' וע' לעיל טור 78. 110 מה לך,--ע"פ מאמר ר' יהושע בן לוי,"אמרו מלה"ש לפני הקב"ה: 'רבש"ע מה לילוד אשה בינינו?'", ע' שבת,שם; מדור,--דירה. 111 לשלהיבו,--לשרפו; בהבל פיות,--ע' שבת,שם ובמחזור ויטרי,שם.112 והושם...פיפיות,--ישעיה מ"א:ט"ו. 113 נאחז בכס,--ע' שבת,שם: "אמר משה לפניו,'רבש"ע מתירא אני שמא ישרפוני בהבל שבפיהם'. אמר לו,'אחוז בכסא כבודי'"; רב העליליות,--כנוי להקב"ה ע"פ ירמיה ל"ב:י"ט. 114 זה אלי,-- שמות ט"ו:ב'. 115 טלה,--הכונה למרע"ה; נלחם,--נגד המלאכים, ע' ספר מעין חכמה, באוצר מדרשים,שם,ב',עמ' 7-306. 116 שור מקרין,--תהל' ס"ט:ל"ב. 117 יחד לרגזה ,--איוב ט"ו:י'. 118 בחפזה...,--כנראה נאבד הטור המתחיל באות ל'. 119 למושיע ,--של מרע"ה והכונה להקב"ה ש"פירש עליו זיו כבודו" כדי להצילו מידי המלאכים, ע' ספר מעין חכמה, שם. 120 נמו...הרב,--אחרי שהצליח מרע"ה לשכנע את המלאכים שאין להם צורך לתורה "מיד חזרו כל מלה"ש והודו לדבריו של הקב"ה ואמרו:'ה' אדונינו מה אדיר שמך בכל הארץ וכו''",ע' ספר מעין חכמה,שם,עמ' 307. 121 שוררו לצירו,--של הקב"ה, ור"ל שאז "כל מלה"ש נעשו אוהביו" של מרע"ה, ע' שם.

122 איש איש,--ממלה"ש. 123 פוגעך...תחתלו,--כלומר למדו לו מלה"ש את חכמת

הרפואה, ע׳ שם: "כל אחד ואחד מסר לו (למשה) דבר רפואה". 124 צרוף שם...שלו ,--ע׳ שם: "(המלאכים מסרו לו) סוד שמות שהן יוצאין מכל פרשה ופרשה וכל שמושיהן". 125 תשר,--תשורה; מלאך המות,--ע׳ שם. 4-123 רטייה...המות,--ע׳ שם: "אף מלאך המות מסר לו דבר שכן כתיב,׳ויתן את הקטורת ויכפר על העם׳ (במדבר י"ז:י"ב), ור"ל שמלאך המות הודיעו איך לכפר על עם ישראל אחרי המגפה במעשה קרח, ע׳ במדבר, שם. 128 שתיל אמת,--רומז לתורה; כעץ,--ירמיה י"ז:ח׳. 129 חיים,--משלי ג׳:י"ח. 130 יועץ,--כנוי לתורה יועצו של הקב"ה,ע׳ לעיל טור 85. 131 כהגבלתנו...הר,--שמות י"ט:י"ב. 132 לעין כל,--כלומר אפילו הנשמות העתידות להבראות אף הן שמעו את הדבור בהר סיני, ע׳ שמ"ר,כ"ח.ו׳. 133 כן תשמע ,--כמו ששמעו בני ישראל במתן תורה כן תשמע במרום את תפלותיהם; אגן הסהר,-- כנוי לישראל אצל הפייטנים, ע׳ שה"ש ז׳:ג׳ וע׳ <u>גנזי שעכטער</u>,ג׳ עמ׳ 168 ור׳ אחא בר חנינא דרש הפסוק הנ"ל על הסנהדרין, ע׳ סנהדרין ל"ז. 134 כהשמעת,-- תהל׳ ע"ו:ט׳; דברות עשר,--שמות ל"ד:כ"ח. 135 תרומם במעשר,--כלומר "הזהיר הקב"ה את ישראל שאם יעשרו תבואתם יברכם בעושר", ע׳ במד"ר י"ב.י"ג. 7-136 תשמיע...ישועות,--ישעיה נ"ב:ז׳; מבשר,--רומז לאליהו הנביא מבשר הגאולה, ע׳ במד"ר ב׳.י׳.

ז, כה"י (א),(ב),(ג),(ל),

138 אדני...הוטבעו,--איוב ל"ח:ו׳; רגובה,--רומז לארץ העשויה רגבים ע"פ,שם, ל"ח:ל"ח; על לא...עד לא,--ע׳ משלי ח׳:כ"ו וע׳ באגדה על דו-שיח הנ"ל, מוטיב א׳; אוירי...נרקעו,--כלומר טרם חיזק הקב"ה את השמים, ע׳ איוב ל"ז:י"ח, "אוירי גובה" ר"ל השמים בדומה לאוירי ערץ בלשון הפייטנים ע׳ ש. ברנשטיין, <u>תרביץ</u>, י׳, (תרצ"ט),עמ׳ 21. 139 אשמני בהו,--כלומר החשך והתהו ובהו ע׳ בראש׳ א׳:ב׳; אבני סהר,--שה"ש ז׳:ג׳ ורומז לשמש וירח; כולעו,--הושלמו, ע׳ בראש׳ ב׳:א׳. 140 אפיקי תהומות,--יואל א׳:כ׳; נבקעו,--משלי ג׳:כ׳; ארתכי תרשיש,--מרכבות של הקב"ה מלאות מלאכים, ע׳ תרגום אונקלוס לתהל׳ ס"ח:י"ח: "ארתיכין דאלהה", וע׳ בקרובה המקבילה, קליר א׳,שם: "וקדם הכין בהם רכב ארתכו"; נגלעו,--נתלהבו. 141 ארבע...עולם,--ע׳ במד"ר,ב׳.י׳; אש...ושלג,--תהל׳ קמ"ח:ח׳. 142 אביב וגבעול,--שמות ט׳:ל"א; אמרות טהורות,--כנוי לתורה ע"פ תהל׳ י"ב:ז׳; אלפים שעשעו,--התורה היתה שעשועו של הקב"ה אלפים שנה לפני בריאת העולם, ע׳ משלי ח׳:ל׳ וע׳ ב"ר,ח׳.ב׳. 143 בן,--חשב ור"ל שעלה במחשבתו של הקב"ה לברא את העולם, ע׳ באגדה על דו-שיח הנ"ל מוטיב ב׳; בילדות...תמרה,--כלומר בשחר טל ילדותם של צבאות ישראל, ע׳ סנהדרין צ"ג.: "מה דכתיב ׳אמרתי אעלה בתמר אוחזה בסנסיניו׳ (שה"ש ז׳:ט׳)...אלו ישראל". 144 בעלי...גזירה,--ע׳ בברייתא ר׳ ישמעאל בראש תורת כהנים,ומוסב על ישראל. 145 בשבעים פנים,--כלומר היה מפרש התורה בשבעים לשונות כדי שישמעו כל האומות, ע׳ שמ"ר,ה׳.ט׳ וע׳ ב"יוצר" לר׳ שמעון בר יצחק, "אהוביך" (ד.א׳ 1387): "כללני בעוז מדרשות/ בשבעים פנים נדרשות"; בחמשים...בינה,--ע׳ ר"ה. וע׳ לעיל טור 71; מתאזרים בגבורה,--תהל׳

ס"ה:ז'. 146 בשתי סנהדראות,--כלומר של ע"א וכ"ג עגולתם מפוארה,--כלומר כחצי
גורן עגולה, ע' סנהדרין ל"ו:; בשלם,--בשבילם וע' בקרובה המקבילה לר' שמעון
בר יצחק,"אורח חיים" (ד.א' 2010): "בשלם יסדת על ארץ אגדה"; נשאו...ותקוה,--
כלומר העולם כולו וע' רש"י לעמוס ט':ו': "קבוצת הצדיקים היא היתה יסוד הארץ
לתקרת השמים שבשבילם הכל קיים". 147 קנין קדם,--כנוי לתורה ע"פ משלי ח':כ"ב;
דיע יעץ,--ע' לעיל טורים 85 ו130 ובאגדה על דו-שיח הנ"ל, מוטיב ג'; ימים ברא
,--כלומר אם לברא את היום ואת הלילה; בריות,--הכונה לשש בריות בהן העולם
מתנהג: רוח,חכמה,אש,אור,חשך ומים, ע' שמ"ר, ט"ו.כ"ב. 148 גהצה,--ששה; נות
בית,--כנוי לתורה, נות ביתו של הקב"ה,ע' תהל' ס"ח:י"ג; להפיק תבונה,--לחלק
שללה, ע' שם; גמר אומר,--שם,ע"ז:ט'; צור,--הקב"ה; במען לשונה,--משלי ט"ז:
א'. 149 גבורות...יתבונן,--איוב כ"ו:י"ד; אלהי...מעונה,--דברים ל"ג:כ"ז;
גדול...העליליה,--ירמיה ל"ב:י"ט. 150 חנינה,--רחמים; גאון...תלבש,--איוב
מ':י'. 151 גגי עליה,--השמים ע"פ תהל' ק"ד:ג'; מתח,--ישעיה מ':כ"ב; ויוסד
...מכונה,--תהל' ק"ד:ה'; גלש,--צבור; תנודה,--כלומר שנוי וחלוף וע' י.קלצקין,
אוצר המונחים הפלוסופיים, מילים,"תנודה" ו"תנועה"; תנומה ושינה,--משלי ו':ד'.
152 גנזכי,--רומז לתורה הגנוזה אצל הקב"ה אלפים שנה, ע' לעיל טורים 30 ו78
וע' דבה"א,כ"ח:י"א; המשחקים...שנה,--ע' באגדה על דו-שיח הנ"ל, מוטיב א';
גרוס...אל,--תהל' קי"ט:כ'. 153 עץ חיים,--התורה ע"פ משלי ג':י"ח; לשוח,--
להתחנן. 154 דוד שמך,--שמך האהוב; דצ אש ימינך,--דברים ל"ג:ב'; למחזיקים,--
משלי,עם. 156 דוגמתך...חיים,--התורה מציע להקב"ה לעשות 'כתי חיים' כ'דוגמתך
ודוגמתי', היינו מלאכים שהם 'לעד קימים וחיים' ע' באגדה על דו-שיח הנ"ל,
מוטיב ה'; לקח חיים,--רומז לתורה, ע"פ משלי ד':ב'; דלילי,--חסירי בלשון
הפייטנים. 156 רעבים בל תתנני,--כלומר לבני אדם, היתה בדעתה של התורה להנתן
רק למלאכים ולא לבני אדם, ע' באגדה על דו-שיח הנ"ל,מוטיב ה'; שבעי רוגז,--
הכונה לבני אדם,ע' איוב י"ד:א'; דועכים...כפשתה,--ישעיה מ"ג:י"ז. 157 מוגר
,--הושלח בזעם, ע' תהל' פ"ט:מ"ו; ופגרם מובס,--ישעיה י"ד:י"ט; פניני,--משלי
ח':י"א; לחיים,--כלומר למלאכי ה'. 158 איום,--הקב"ה; ללא...לקוחים,--למלאכים.
159 הפלאת,--עשית; חובלים,--ע' בבא קמא,ח'.א'. 160 הסט,--כלומר נדנוד בטמאים
במשא, ע' טהרות י'.א'; ואהל,--ע' כלים א'.ד'; מגע,--זבחים ז'.ו'; חלל חרב,--
במדבר י"ט:ט"ז; חץ מפולחים,--משלי ז':כ"ג; הטמאת זבין,--ויקרא ט"ו:י"א וע'
תוספתא יוה"כ,ה'.ה'; בעלי קריין,--ויקרא שם,ט"ו וע' מקואות ח'.א'; חוץ...
משולחים,--במדבר ה':ב'. 161,--הסגר,--ויקרא י"ג:ג'; והחלט,--נגעים ג'.א';
שאת וספחת,--ויקרא,שם,ב'; נמרטים ונגבהים,--שם מ'-מ"ב; ספירת שבעה,--במדבר
י"ט:י"א; הסתם גולל,--אהלות ב'.א' וע' אונקלוס לאיוב י"ד:כ"ב; מרזיחים,--
מתאבלים,ע' ירמיה ט"ז:ה'. 162 מזה,--משמים; אילי הצדק,--ישעיה ס"א:ג' והכונה
למלאכי ה',ע' תדבא"ר ב': "אין אלים אלא מלאכי השרת"; באהלך מתארחים,--רומז
להר סיני וע' פדר"כ, שם: "ירד הקב"ה בסיני בעשרים ושנים אלף כתות של מלה"ש";

הימיני והשמאלי,--משלי ג׳:ט"ז והכונה לתורה. 163 אמון,--התורה ע"פ משלי ח׳:
ל׳; רוכב,--הקב"ה ע"פ ישעיה י"ט:א׳; חזיזי אדים,--עננים, ע׳ ב"ר י"ג.י"ב.
164 ולד,--הכונה לאדם הראשון; צלם תבניתך,--בראש׳ א׳:כ"ו,כ"ז; ראש לנולדים
,--רומז לאדה"ר, ע"פ משלי ח׳:כ"ו; ומסוף...יקומו,--ע׳ חגיגה י"ב.: "אדה"ר
מסוף העולם עד סופו היה"; עצמות וגידים,--איוב י׳:י"א. 165 ומעט...אלהים,--
תהל׳ ח׳:ו׳; חיילי יקודים,--כלומר מלאכי ה׳ וע׳ ב"ר, ח׳.י׳: "טעו בו (באדה"ר)
מלה"ש ובקשו לומר לפניו קדוש"; רגל...תבואיהו,--תהל׳ ל"ו: י"ב וע׳ במד"ר
י"ג.ג׳: "גאות אדם תשפילנו זה אדה"ר"; פקודים,--לפי דעת ר׳ יודה בר׳ סימון
נצטווה אדה"ר על שש מצוות ע׳ ב"ר,כ"ד.ה׳ ובמקבילות וע׳ באגדה על דו-שיח הנ"ל,
מוטיב ח׳. 166 ויגרום...הילודים,--ע׳ תנחומא, בראש׳ כ"ט. 7-166 ולולי...
ובוגדים,--ע׳ ב"ר, י"ט.ח׳ ובפירוש י. תיאודור,שם: "ובמידת רחמים כיצד שיתף
עם מידת הדין (פסיק"ר פ"מ) שלא פירש לו אם יום משלו ואם יום של הקב"ה שהוא
אלף שנים"; יהגה גרונו,--תהל׳ קט"ו:ז׳; באהב,--באהבת; לשון למודים,--ישעיה
נ׳:ד׳ והכונה לתורה. 168 זהום...יזהום,--כלומר אם יחטא וע׳ בקינה לקלירי
"איכה אשפתו" (ד.א׳ 2281): "חטא חזה כי בעון נכתמנו/ תמור כי בצחיון נזהמנו";
רוה וצמאה,--כלומר שוגג ומזיד ע׳ דברים כ"ט:י"ח ואונקלוס שם. 169 צרי,--
תשובה; מחלו,--זדונו; תשובה...הקדמתי,--תשובה קדמה לבריית העולם, ע׳ פסחים
נ"ד. 170 אין...ננעל,--כלומר נתקבלו תפלותיו של בעל תשובה ע׳ ב"מ, נ"ט.;
זה,--אדה"ר; יגדור...פרץ,--ישעיה ה׳:ה׳ וקהל׳ י׳:ח׳ וע׳ בפיוט "מלך אלהים"
לר׳ הלל בן יעקב (ד.מ׳ 1541): "בראו (אדה"ר) ממקום כפרה וסרח פני קוני/ גדר
פרץ וצרח כנטרד מעדן גני". 171 במימי...להטבילו,--ע׳ פר"א,כ׳: "באחד בשבת
נכנס אדם במי גיחון העליון עד שהגיע המים עד צוארו"; שבעה...נפש,--ע׳ שם:
"ונתענה (אדה"ר) שבעה שבתות עד שנעשה גופו כמין כברה". 172 זחוחי לב,--ר"ל
גאים והכונה לאדה"ר ע׳ לעיל טור 165 וע׳ סוטה מ"ז., ובפירוש רש"י ד"ה
"זחוחי הלב"; ומעמקי מסלול,--כלומר מי שקורא אל ה׳ ממעמקים, ע׳ תהל׳ ק"ל:א׳;
ימציא ארך,--כאה"ר ע׳ פר"א,שם, שהקב"ה קיבל את תשובתו; זאת,--כלומר תפלתו של
אדה"ר; אז הודית לו,--ונתקבלה תשובתו. חצי השם,--כלומר הקב"ה ברא שני עולמות
אחד ביו"ד ואחד בה"י,ע׳ ישעיה כ"ו:ד׳ וע׳ מנחות כ"ט:; שני עולמים,--העולם הזה
ועולם הבא, ע׳ שם; רזי מלה,--במאמר ע׳ אבות ה׳.א׳. 174 חששים,--אבנים; טרף,--
כלומר טרף הקב"ה אש ומים ועשה מהם הרקיע, ע׳ חגיגה י"ב.; כשמלה,--ע׳ פר"א,ג׳:
"שמים...נבראו מאור לבושו של הקב"ה...לקח ממנו ופרש כשמלה"; חגר...תלוליהם
,--ע׳ שם וע׳ מדרש כונן, <u>באוצר מדרשים</u>,שם,א׳,עמ׳ 257: "כיפת ז׳ רקיעים אחוזים
בקורקסיהו ככפית קערה שהיא כפויה על גבי השלחן"; במלה,--במאמר,ע׳ פר"א,שם.
175 חתם...בשם,--ע׳ ספר יצירה,י"ג: "ברר ג׳ אותיות וקבעם בשמו הגדול וחתם
בהם שש קצוות חמש חתם רום ופנה למעלה...שש חתם תחת ופנה למטה...תשע חתם דרום
ופנה לימינו..."; קדם ואחור,--תהל׳ קל"ט:ה׳, ׳אחור׳ ר"ל מעריב ו׳קדם׳ רומז

למזרח ע' פר"א, י"א, 'ימין' כונתו לדרום, ע' ספר יצירה, שם, וב'צפון' השריד
חדר כדלהלן; חדר,--רומז לגיהנם שבצפון, ע'.מדרש כונן, שם; 176 שתי אשות,--
שמש וירח; צר ואור,--ישעיה ה':ל'; אפסים,--אפסי ארץ; להילה,--לההל; חק,--
איוב כ"ו:י'. 177 חנכ"ל שצ"ם,--שבעה כוכבי לכת: חמה,נוגה,כוכב,לבנה,שבתאי,
צדק ומאדים; וחוזרים חלילה,--כלומר חוזרים לתקופות,וע' רש"י לאיוב, א':ה':
"בכל שבעת הימים שחזרו ימי חלילתם" וע' שבת קב"ט: ורש"י,שם,ד"ה "דקיימא לן
מאדים בזווי"; חשק,--לברא את העולם; וכלה,--בראש' ב':א'. 178 ראש...תבל,--
רומז לאה"ר ע"פ משלי ח':כ"ו וע' רש"י,שם וע' פר"א,י"א: "התחיל לקבץ את עפרו
של אדה"ר מארבע פנות הארץ" וע' סנהדרין ל"ח.: "אדה"ר מכל העולם כולו הוצבר
עפרו"; דם ומים,--ע' ויק"ר ט"ו.ב': "אדם משקלו חציו מים וחציו דם". 179 טרם
...דמותו,--בראש' ב':ז'; גולם מוטל,--ע' ב"ר ח'.א': "גולם בראו והיה מוטל
מסוף העולם ועד סופו"; טרח...נשמתו,--ע' משלי כ':כ"ג,: "נר ה' נשמת אדם"
והפייטן ר"ל שאור הנשמה מתחבא בחשך של חדרי הגוף וע' ב"עבודה" ליוסי בן יוסי,
"אתה כוננת עולם" (ד.א' 8815): "זהר נשמה בגויו (של אדה"ר) ערכת/ כי היא
תחפש חשכי חדריו"; רעיון זה מופיע כ"טעות" בעיני עורך התרגום הלאטיני (ל),
הנ"ל. 180 טענו,--העמיס עליו; שמות לבריתו,--בראש' ב':כ' וע' במד"ר י"ט.ג';
טף,--כלומר הטיף ור"ל שהוכיח אותו הקב"ה לא לאכול מעץ הדעת; יקומו,--של
אדה"ר; עד...עליתו,--כלומר עד השמים, ע' לעיל טור 151 וע' חגיגה י"ב.:
"אדה"ר מן הארץ עד לרקיע". 181 טלול,--סכוך, שסככם בסכך מעצי גן עדן וע'
ב"קרובה" לקלירי "תשורת שי", (ד.ת'560): "יושב בסוכה תמור נוה אהלו/ טלול
עצי עדן יאהילו"; מסוכים עשרה,--כלומר עשר סוכות עשה הקב"ה לאדה"ר בגן עדן,
ע' ב"ב,ע"ה. וע' פר"א,י"ב; טפסרי להב,--מלאכי ה' בלשון הפייטנים,ע' צונץ,
ל.ג.,עמ' 4-633; הרקיד...כנקבה,--ע' פר"א,שם: "והיו מלאכים מתופפים בתופים
ומרקדים כנקבות". 182 טכסו,--ע' ב"עבודה" למשלם בירבי קלונימס "אשוחח
נפלאותיך" (ד.א'7844): "טכס תבניתו (של אדה"ר) הכנת בחותמך" ור"ל שברא את
האדם בצלם אלהים ע"פ בראש' א':כ"ז; מסוף...מסוף,--אדה"ר מסוף העולם עד סופו
היה, ע' חגיגה,שם. 183 יקרה,--התורה ע"פ משלי ג':ט"ו; לפנים,--תהל' ק"ב:
כ"ו. 184 יציר כף,--אדה"ר ע' בראש' ב':ז'; יפיו,--ע' ב"ב,נ"ח.; הפרצתי,--
הרביתי; בגלליך,--מוסב על 'יקרה'-תורה,לעיל; ממערב...מוצא,--תהל' ע"ה:ז'.
185 יחיד,--ע' סנהדרין ל"ח.: "ת"ר אדם יחידי נברא" וע' פר"א,שם; בשני,--
כלומר בארץ שנברא שני אחרי השמים; וראש,--ע' לעיל טור 178; ידו השליט,--
פר"א,י"א; עטוי נוצה,--הכונה לעופות ע' ויקרא א':ט"ז, ור"ל שאדה"ר היה מושל
בבהמות ועופות. 186 ילחם במלחמתך,--ע' מגילה ט"ו: "'משיבי מלחמה' (ישעיה
כ"ח:ו'),--אלו שנושאין ונותנין במלחמתה של תורה"; יפיג תנומתו,--ולא תפוג
תורתו,ע"פ חבקוק א':ד'; לשננך...ובמרוצה,--דברים ו':ז'. 187 אם את רוצה,--
להנתן לאדה"ר,ע' באגדה על דו-שיח הנ"ל, מוטיב ז'. 188 בצע אמרתו,--איכה ב':
י"ז והכונה להקב"ה; והיא,--התורה; כסאך,--תהל' צ"ג:ג'. 189 קרוץ מחומר

,--אדה"ר ע"פ איוב ל"ג:ו'; חסרתו מאלהים,--תהל' ח':ו'. 190 כנסתו...שומר,--
בראש' ב':ט"ו; פרי,--שם ג':ג'; ללעוס,--שם כ"ה:ל'. 191 ונמשל כבהמה,--תהל'
מ"ט:י"ג; מתחמר,--שם מ"ו:ג'; הצחרת,--הלבנת,ע' יחזקאל כ"ז:י"ח; כתמיו,--
עווניו; כצמר,--יחזק',שם;וע' פר"א כ': "הקב"ה...העביר את חטאתו (של אדה"ר)
מעליו וקבל את תשובתו". 192 כושי...נמר,--ירמיה י"ג:כ"ג. 193 נערץ...קדושים
,--כנוי להקב"ה; לבור...תבן,--כלומר למצוא איש צדיק וראוי לקבל את התורה,
ע' באגדה על דו-שיח, מוטיב ז'; נחול מורשים,--כנוי לתורה. 194 לעגי מעוג
,--תהל' ל"ה:ט"ו; פרו ורבו,--כלומר כי החל האדם לרב ע"פ בראש' ו':א'; דור
,--המבול; פתלתולים ועקשים,--דברים ל"ב:ה'; לשון שנונים,--תהל' ק"מ:ד';
פתנים וחרשים,--שם נ"ח:ה'. 195 לתשלום עשרה,--דורות מאדם ועד נח (ע' אבות
ה'.ב') סוף סוף מצא איש צדיק שראוי היה שתנתן התורה על ידו; צג,--התיצב
בלשון הפייטנים; מנחם אישים,--רומז לנח ע"פ בראש' ה':כ"ט; לשם חן,--כיון
שמצא חן, ע' שם ו':ח'; למפרעו,--ע' סנהדרין ק"ח.: "אף על נח נחתך גזר דין
אלא שמצא חן בעיני ה'". 196 למד...מעקשים,--ע' שם: "היה נח הצדיק מוכיח
בהם ואומר להם עשו תשובה ואם לאו הקב"ה מביא עליכם את המבול" וע' פר"א,
כ"ג; להוציא...מזולל,--להחזירך בתשובה,ע' ירמיה ט"ו:י"ט; שנה...ברושים,--
מהם עשה התיבה וע' סנהדרין שם, ע"ב וע' פר"א,שם: "נ"ב שנה עשה נח בתיבה
כדי שישובו בתשובה". 197 לנות בית,--ע' לעיל טור 148; שח,--הקב"ה; זה,--
נח; דלים...ועונשים,--כלומר מדור המבול. 198 משחקת,--כנוי לתורה וע' לעיל
טור 152. 199 משכתו...אהבה,--הושע י"א:ד'; נשטפים,--במבול מים; הכמסתו,--
טמנתו ע' דבר' ל"ב:ל"ד. 200 מחית...יקום,--בראש' ז':ד'; ובמסתורך נחבא,--
ירמיה מ"ט:י'; צאתו,--מן התיבה; שורק,--ענבים; להתניבה,--בנוי מן 'תנובה'.
201 מסך,--תהל' ע"ה:ט'; משתיו...הסבה,--ע' תוספתא דמאי, ג'.ז': "חבר שהיה
מסב במשתה"; נתגל,--בראש' ט':כ"א; ונמל,--אחרי שנשתכר נח "אירע לו פסול שנסתרס"
ע' במד"ר י'.ג' וע' פר"א,שם; כראש שבולת,--איוב כ"ד: כ"ד. 202 מנעו...
להשיבה,--ע' ב"ר,ל"ו.ז': "(נח:)'אתה מנעתני מלהעמיד בן רביעי לפיכך אני
מארר בן רביעי שלך'",וע' בראש' ט':כ"ה,כ"ו; משך חכמתו,--של נח וע' איוב
כ"ח:י"ח; בל יתבהל,--לא זרז; להתלבבה,--למשוך את לבה של התורה אחריו,ע'
באגדה על דו-שיח הנ"ל,מוטיב ח'. 203 נשף ושחר,--ערב ובקר; מפתה לה,--התורה.
204 נצר מטעיו,--רומז לתורה ע"פ ישעיה ס':כ"א. 205 אזרחי,--כנוי לאברהם
אבינו,ע' ויק"ר ט'.א'; מעבר,--יהושע כ"ד:ב'; כצאת...זוהרו,--כלומר ממזרח,
ע' ישעיה מ"א:ב' ורש"י,שם; להתגבר,--ע' ב"קרובה" המקבילה לר' שמעון בן יצחק
"אורח חיים" (ד.א'2010) ברומזו לְאברהם אבינו: "וגבר כצאת השמש מן המזרח";
סרעפים,--מחשבות; בזוך ונבר,--ע' שם: "זך היה (יעקב) ונבר...וראוי להשתעשע
במתן צפונה (תורה)",נבר, ר"ל בר לבב. 206 נש,--נשה,שכח; הוריו,--תרח שהיה
עובד ע"ז; בית משכיותיו,--מקום של ע"ז,ע' במדבר ל"ג:נ"ב; נתץ ושבר,--ב"ר,
ל"ח.י"ג; ומלא אחרי,--מ"א,י"א:ו'; מכין...גבר,--רומז להקב"ה ע"פ ברכות השחר.

207 נסהו...בכולן,--כלומר הקב"ה בעשר נסיונות ע' אבות, ה' ג'; סבר,--פנים יפות; נטע...ועבר,--ע' בראש' כ"א:ל"ג, ב"ר,נ"ד.ו' וסוטה י'. 208 למבטחה,--לתורה ע"פ משלי כ"א:כ"ב; לו,--לאברהם; נם,--הקב"ה לתורה; בכל...ועבר,--כלומר בכל אפסי ארץ ועברי ימים. 209 נופת צופיך,--תהל' י"ט:י"א; בסבר,--ע' לעיל טור 207. 210 כונה,--התורה בתשובתה; שב,--זקן ורומז לאברהם ע"פ בראש' כ"ד:א'. 211 שריג,--ענף של גפן והכונה ליצחק; חננתו...כחו,--ע' ב"קרובה" המקבילה קליר ב' הנ"ל: "עלם (יצחק) אשר חננתו בכלות כחו"; לעת זקנה,--בראש' כ"א:ב'; להשחט,--שם כ"ב:י'. 212 מערכה,--שם ט'; חריות,--ענפי דקל; אכזרים,--ע' איכ"ר, פתיחתא,כ"ד: "פתח אברהם לפני הקב"ה...'אמרת לי העלהו עולה לפני ונעשתי עליו כאכזרי'" וע' ב"ר,נ"ו.ד': "למה אבי אבי ב' פעמים כדי שיתמלא עליו רחמים",וע' באגדה על דו-שיח הנ"ל, מוטיב ח'; סמך בצווייך,--ע' ב"קרובה" המקבילה לר' יוחנן הכהן בירבי יהושע, "ארקא הרעיש" (ד.א' 7707): "שלח יד כאכזר לשפוך דמים/ וכל כך לעשות רצונך בלב תמים/ ובטוח כי אתה אל ומלא רחמים"; מאכלת,--בראש' כ"ב:י'. 213 אל תשחת,--שם י"ב; אבל היה...ותחינה,--ע' ב"קרובה" המקבילה לר' יוחנן הנ"ל: "אבל היה לו להתחנן לפניך ולבקש רחמים/ ולחשוך יחידו כאש פחמים". 214 סמדר,--שה"ש ז':י"ג והכונה ליצחק; חננתני חוננתיהו,--רומז לאברהם ע"פ סנהדרין פ"ט: "זקן זה (אברהם) חננתו למאה שנה פרי בטן"; שגיא כח,--הקב"ה ע"פ איוב ל"ג:כ'; לולי רחמיך,--ע' ב"קרובה" המקבילה לר' יוחנן הנ"ל: "הוא לא ריחם לולי רחמתה בעל הרחמים". 215 עקרו,--גזעו והכונה ליצחק; כסה,--כלומר הלבישו בבגדי קדש ורומז לעקדה; בד קדש,--כנוי ליצחק; למאה,--בן מאה היה בהולד לו את יצחק,ע' בראש' כ"א:ה'. 216 עלם דומה...ויושר,--ע' שמ"ר,א'.א': "היה דומה לאביו בכל דבר בנוי, בחכמה,בעושר,ובמעשים טובים"; עצמו...ושבע,--שם,: "שלושים ושבע היה כשעקדו אביו"; חרץ ונלאה,--כלומר החליט בדעתו ונלאה לשוב,ע' פסיקתא רבתי, פ' בחדש השביעי (ק"ע,ב'): "כשם זה היה שמח לקרב כך זה היה שמח ליקרב". 217 עץ,--יעץ; עקדני...וחטאה,--ביקש יצחק מאביו לקשרו היטב פן יבעט בו ויעבור על מצות כיבוד אב,וע' פר"א,ל"א: "אמר יצחק לאברהם...'קשרני...בשביל פשיעותא ואמצא מחלל כבד את אביך'", וע' ש.שפיגל, "מאגדות העקדה", <u>ספר היובל לכבוד א. מארכס</u>, (ניו-יורק, 1949) עמ' תקמ"ב. 218 עדן...שלש,--ע' מדרש הגדול,כ"ב.י"ט: "ויצחק היכן הוא? אלא שהכניסו הקב"ה לגן עדן וישב שם שלוש שנים"; עד סוכנתו באה,--הכונה לרבקה ע' ש.שפיגל, "מאגדות העקדה",שם,עמ' תע"ב,הע' 14; קנויית קדם,--כנוי לתורה ע"פ משלי ח':כ"ב; והתנופפי...הדריך,--התנופפי, ר"ל התרוממי וע' במאמר ר' יצחק נפחא,ע"ז,כ"ד: "התנופפי ברוב הדריך" וע' ב"ר,נ"ד.ד', וע' להלן טור 256; לו,--ליצחק. 219 ערב...ניחוח,--ע' פר"א,ל"א: "עלה ריח ניחוח של איל לפני כסא הכבוד וערב לו כריח ניחוח של יצחק"; דברי חרד,--ישעיה ס"ו:ה'. 220 פיה פתחה,--התורה ע' משלי ל"א:כ"ו; קונה,--הקב"ה ע' שם,ח':כ"ב; פלילות,--משפט. 221 פלשת,--גלית; מתגנה,--מתבזה. 222 רשע,--הכונה לעשו וע'

באגדה על דו-שיח הנ"ל, שם; המקנה,--כלומר קנאה הנמסרת לדורות. 223 פגר,--
רומז לישו הנוצרי,ע' צונץ,ס.פ.,עמ' 469; הריו,--הכונה למרים אמו; הוא,--
יצחק; פרק,--עשו בנו; עול סגל,--עול ישראל עם סגולה; הכסוף...חונה,--כלומר
עם כמהים. 224 פחזותו,--כלומר קלות דעת של יצחק שנשא פני עשו הרשע; גרמה
...ישונה,--כלומר "ותכהינה עיניו מראות",ע' בראש' כ"ז:א' וע' ב"ר, ס"ה.ה':
"יצחק על ידי שהצדיק את הרשע עיניו כהות" ובלשון הפייטנים ע' "שבתי וראה
תחת השמש" לר' שמעון בר יצחק (ד.ש' 348): "ולשיבה כהה מאורו להשע/ עבור
שאתו פני הרשע"; שוכני סנה,--דברים ל"ג:ט"ז; 225 חוט המשולש,--קהלת ד':
י"ב והכונה ליעקב; כאסתהר,--ככוכב נוגה,וע' ב"ר,פ"ב.ג': "'ויעל דרכיך נגה
אור' (איוב כ"ב:כ"ח)...זה יעקב"; צהרים...חלד,--איוב י"א:י"ז ורומז ליעקב;
לזוהר,--ע' פר"א,ל"ה. 226 צלם...טוהר,--ע' ב"ר,פ"ב.ב': "יעקב...איקונין שלו
חקוקה בכסאי"; צמאה...בהר,--ע' תנחומא, וישלח ט': "אין לך אדם שהיה יגע
בתורה כיעקב אבינו". 227 צורו,--הקב"ה; ליחסו ולעלותו,--ע' ב"ר,ס"ח.י"ב:
"תרונוס שלג' רגלים הראה לו (הקב"ה בחלומו ואמר:)'...את (יעקב) הוא רגל
שלישית" וע' פר"א ל"ה; יהר,--התגאה; צפייתו,--כלומר דמותו של יעקב; ארתכים
,--מרכבות של הקב"ה שהן מלאות מלאכים,ע' לעיל טור 140; רגיון נהר,--נהר
של אש שבשמים שטובלים בו מלאכי ה' ע' פסיקתא רבתי,מתן תורה,צ"ג. 228 צמרתו
,--של יעקב; ענפים,--רומז לי"ב שבטים; חסובים,--עמוס ב':ט'; כתורן הר,--
ישעיה ל':י"ז; בת מלך,--כנוי לתורה ע"פ תהל' מ"ה:י"ד. 229 צורבו קדומיו,--
כלומר נפסלו אברהם ויצחק כמבאר לעיל ולא היו ראויים שתנתן התורה על ידם;
וזה,--יעקב; וצביוני,--רצוני. 230 רחבה ונסוכה,--כנויים לתורה, ע"פ תהל'
קי"ט:צ"ו ומשלי ח':כ"ג. 231 למכלאות,--תהל' ע"ח:ע'; גדיים,--בראש' כ"ז:ט';
קרצם,--חותכם; בחופז,--בחפזון; חלקת צואר...בעורותם,--שם ט"ז. 232 מטעמים
,--שם י"ז; בתרמית,--במרמה ע' ירמיה ח':ה'; תואנה,--שופטים י"ד:ד'; ברכה
,--בראש' שם,כ"ג. 3-232 קמי...מושלכה,--שם ל"ז:ל"א,ל"ב; סאה בסאה,--כלומר
מדה כנגד מדה. 234 קריעת חנם הקריעוהו,--ע' ב"ר,פ"ד.כ': "שבטים גרמו לאביהם
לקרוע"; ראוהו,--את יוסף; בכליבה,--בקבורה; קובץ...בחרוכה,--משלי י"ב:כ"ז
ור"ל שלא יועיל לו ביום עברה, וע' באגדה על דו-שיח הנ"ל,שם. 235 לעשרים
וששה,--כלומר כ"ו דורות אחרי בריאת העולם נתנה התורה לבני ישראל ע' פסחים
קי"ח.; חתן דמים,--כנוי למרע"ה ע"פ שמות ד':כ"ה. 236 חבר,--אחד השמות של
משה שחיבר את הבנים לאביהם שבשמים,ע' מגילה,י"ג. וע' ויקר"ר א'.ג'. 237
לועז,--מצרי ע"פ תהל' קי"ד:א': מכה...עברי,--שמות ב':י"א; וצוארו,--של המצרי;
הילם,--שופטים ה':כ"ו; רועה נאמן,--מרע"ה ע"פ במדבר י"ב:ז'; לא אלמן,--
ירמיה נ"א:ה'. 238 שתסלח,--במדבר י"ד:י"ט; חזקים,--כנוי לתורה; על ידם,--
של משה. 239 לעלות...גבוריך,--לקבל את התורה ע' משלי כ"א:כ"ב ורש"י שם;
שללם,--של יושבי מרום ע' תהל' ס"ח:י"ט ושבת פ"ח: והכונה לתורה. 240 נתקררה
דעתו,--כלומר נחה דעתו של הקב"ה כאשר מצא חתן לתורה; יום...תורתו,--הנה בא;

וידע,--הקב"ה, לנאמן ביתו,--למרע"ה. 241 הר...תלש,--ע' מכילתא דבחודש ג':
"בתחתית ההר', מלמד שנתלש ההר ממקומו" וע' פר"א,מ"א; שמים...הרכין,--ע'
מכילתא,שם,ד': "הרכין הקב"ה שמים התחתונים ושמי שמים העליונים על ראש ההר",
וע' פר"א,שם; על גבו,--על ראש ההר. 242 סנקליטו,--יועצו של הקב"ה ורומז
לתורה ע' לעיל טור 85; שתים...סביבו,--ע' פסדר"כ,שם: "ירד עם הקב"ה לסיני
עשרים ושנים של מלה"ש", וע' תנחומא,יתרו,י"ד. 243 שנאנים,--מלאכים,ע' תנחומא,
שם; גלגלים,--כלומר גלגלי מרכבה ע' יחזקאל א':ט"ז; שואלים,--המלאכים; מרעיש
עולם בו,--ע' ספרי שמ"ג: "כשנגלה הקב"ה ליתן את התורה הרעיש כל העולם על
יושביו". 244 אעלה,--ארכה לו ע"פ ירמיה ל':י"ז; להשיבו,--ובתרגום לאטיני:
detegere legem meam et exaltare populum meum כלומר: מבקשני לגלות
את תורתי ולרומם את עמי. 245 שבעים...דורות,--ע' זבחים קט"ז.; עקבו,--בשבילו
ומוסב על 'עמי'. 246 שעו וחדלו,--איוב י"ד:ו'. 247 תרצדון מקבליה,--כלומר
בזמן מתן תורה היו ההרים רצים ומדיינים אלו עם אלו, זה אמר עלי התורה ניתנה
וזה אמר עלי התורה ניתנה,ע' תהל' ס"ח:י"ז וע' ב"ר,צ"ט.א' ובמקבילות; וקרא,--
הקב"ה; למשוי,--רומז למרע"ה ע"פ שמות ב':ה'-י'; חמסים,--כנוי למצרים; תעודה
,--התורה ע"פ ישעיה ח':ט"ז; בקרב סרעפיו,--תהל' צ"ד:י"ט; באורה האסים,--באש
גנז, וע' ירושלמי שקלים ו'.ט': "התורה שנתן לו הקב"ה למשה נתנה לו אש לבנה
חרותה באש שחורה,מוכללת מאש,חצובה באש ותנונה באש, הה"ד 'מימינו אש דת למו'".
248 תמימים,--ישראל; חפפוה,--הקיפוהו את הר סיני; וקדם...עושים,--כלומר ישראל
הקדימו נעשה לנשמע ע' שמות כ"ד:ז' וע' שבת פ"ח.; תלתלי קדם,--רומז לתורה וע'
ב"קרובה" המקבילה לר' שמעון בן יצחק הנ"ל: "במפקד אחד לא עמד (אדה"ר) לקימהו/
ובקצות תלתלי איך יעמוד הוא"; הוענדו,--משלי ו':כ"א; הוענקו,--שם א':ט'; בתגים
,--כלומר הקוים בראש אותיות בספרי המקרא וע' ר"י ברצלוני, פירוש יצירה,225:
"וכך הראהו אותו עת כאלו קושר כתרים לאותן אותיות וכו' האותיות בתגיהן",ורומז
ר"י ברצלוני למאמר ריב"ל: "בשעה שעלה משה למרום מצאו להקב"ה שהיה קושר קשרים
לאותיות",ע' שבת פ"ט.,ורש"י,שם,ד"ה "קושר קשרים". 249 תארם...פנסים,--קרן אור
פניהם של ישראל בזמן מתן תורה ואחרי חטא העגל קרן רק אור פניו של משה ע' פסק"ר,
כ'; תהלה ושם,--דברים כ"ו:י"ט; בכל מתנוססים,--כלומר העליון על כל הגוים,ע'
שם וע' זכריה ט':ט"ז. 250 העולם...מכונן,--משקבלו ישראל את התורה עשו לו לעולם
רגל שלישי ו"נתבסס ועמד" ע' במד"ר י"ב.י"ב; תבל...הושבה,--לפני מתן תורה
לישראל היה העולם 'רותת',ז"א רועד ונוטה ליפול,ע' שם; אפסים,--אפסי ארץ. 251
ימים...גבולם,--ירמיה ה':כ"ב; תחתיים ועליים,--יושבי ארץ ושמים; חדים וששים
,--היו שמחים שישראל קבלו את התורה ולכן לא החזירם הקב"ה לתוהו ובוהו,ע' ע"ז,
ג'.

ח, כה"י (א),(ב),(ג).

252 אגור,--רומז למרע"ה ע' משלי ל':א' וע"פ רוב המפרשים מתכון הכתוב שם לשלמה
המלך וע' ע.א.סימון,"'אגור בן יקה',אגדה יהודית של הוגו פון הופמנסתאל",

<u>במחקרים בקבלה ובתולדות הדתות מוגשים לגרשם שלום</u>,(ירושלים,תשכ"ח),עמ' 1-250;
בין,--ע' משלי שם, ופה ר"ל "מבין"; שלולה ושבויה,--כנויים לתורה ע"פ תהל'
קי"ט:קס"ב וס"ח:י"ט; בזועות וברעמים,--שמות י"ט:ט"ז. 253 גדורה ומסוייגת,--
שם י"ב; וכאגן,--כקערה; תלויה,--הר סיני שנתלש ממקומו כפה הקב"ה עליהם כגיגית,
ע' מכילתא, שם ג' ושבת פ"ח.; דוהרת ומגהתת,--כלומר במרוצה שלחה התורה אורה.
254 בנין אב בנויה,--כלומר התורה נדרשת בי"ג מדות מהן 'בנין אב',ע' ספרא,
פתיחה; ואילו לאל,--כלומר התורה,סנקליטו של הקב"ה חזקו בהחלטתו לברא את
העולם,ע' לעיל באגדה על דו-שיח,הנ"ל,מוטיב ג'; אגורה,--כלומר שמורה ורומז
לתורה ע' לעיל טור 152. 255 זרם,--של מים והכונה לתורה; מוגר,--נשפך, ע' מיכה
א':ד'; נמוך,--רומז להר סיני וע' מדרש תהלים ס"ח.ט': "אין רצוני אלא בסיני
שהוא שפל מכולם" כלומר מכל ההרים וע' לעיל טור 247; חוקים מתוחים,--כלומר
חוקים מן השמים שהמתיחם כאהל, ע' ישעיה מ':כ"ב; כשלח,--שזרם מים דלעיל נוזלים
דרך שם; תלויה,--מוסב על 'נמוך-סיני וע' לעיל טור 243. 256 טבור,--בתוך;
טועניה,--מלאכי ה' ששאלו: 'מה לילוד אשה (מרע"ה) בינינו',ע' שבת פ"ח: וע' ספר
מעין חכמה,שם; היא,--התורה; חבויה,--גנוזה אלפים שנה,ע' לעיל 153; עדי עדויה
,--ע' בשיר הארוך שמביא ר' יצחק נפחא, ע"ז,כ"ד: "המהוללה (ארון הקדש שספר
תורת משה בתוכו, ע' רש"י,ד"ה "המהוללה",שם) בדביר ארמון/ ומפוארה בעדי עדיים"
וע' לעיל טור 218 וע' גרשם שלום,-<u>מרכבה</u>, עמ' 25. 257 כשלשת...מצויה,--ע'
עירובין כ"א. וע' א.א.אורבך, "פירוש לסילוק הקלירי וכו'" עמ' 3-20, שם מדובר
על מדתה של התורה: "כל העולם כולו אחד מג' אלפים זרתות ומאתים זרתות שיש בו
כשיעור התורה",ותודה לפרופ. אורבך שהעירני על זה; בארבע מדות,--שם: "כנגד ד'
זרתות (מדות) שבאמה". 258 עד לא רום,--ע' שם ור"ל שאע"פ ש'מדתה של התורה
גדולה מכל האולם'...ו'היא בכל מעולה,מכל חשבון היא גדולה'...מ"מ 'למדתה יש
שיעור', כלומר לא הגיעה מדתה להקב"ה שהוא 'למעלה מהם שהוא רם ונשא'; עם כמהים
,--כנוי לישראל המשתוקקים לה',וע' תהל' ס"ג:ב'. 259 מוסדות...רגזו,--ש"ב,
כ"ב:ח'; לקולו,--ע' פר"א,מ"א; "השמים והארץ רעשו ממנו (מקול ה')"; הדום רגלו
,--כנוי לתבל ע"פ ישעיה ס"ו:א'. 260 סמר בשר,--איוב ד':ט"ו; יצורי פועלו
,--הכונה לישראל שנפלו מתים מקול ה',ע' פר"א,שם; אפפם,--הקיפום את ישראל;
מן חילו,--מפני חיל מלאכי השרת שירדו עם הקב"ה להר סיני ע' פסיקתא דר"כ,שם
וע' לעיל טור 4. 261 דאים,--עפים; אופניר למולו,--רומז לוויכוח בין מרע"ה
ומלה"ש כשהוא עלה למרום ע' לעיל טור 256; ציר נאמן,--מרע"ה; לגנותו ולפלגו
,--להשמידו,ע' שבת פ"ח:,ושמ"ר כ"ח.א' וע' ספר מעין חכמה,שם. 262 להפילו,--
ע' שמ"ר,שם: "בקשו מלה"ש לפגוע במשה"; רטט...הבהילו,--משה היה מתיירא שמא
ישרפו אותו 'בהבל שבפיהם', ע' שבת שם ובמקבילות. 263 שליט ומושל,--הקב"ה;
שליח קדושי,--מרע"ה; הועודים בגללו,--כלומר שהזמין את בני ישראל למתן תורה.
264 תאותיו מקדם,--כלומר עוד לפני בריאת העולם היה רצוני להנתן התורה על ידו;
תושיה,--התורה ע"פ משלי ח':י"ד; תשית...חילו,--כלומר משה זכה וזכה את הרבים,

ע' אבות ה' .כ"א. 265 חילו,--של משה; הגברת,--הפייטן פונה להקב"ה; לנגהיך,--
כנוי למלה"ש וע' ספר מעין חכמה,שם וע' תהל' ס"ח:י"ט; והקרנתיו,--שמות ל"ד:
כ"ט-ל"ה; זיו גיהיך,--כלומר מניצוצות שיצאו מפי השכינה נטל משה קרני ההוד,
ע' תנחומא,כי תשא,ל"ז; אנכי...אלהיך,--שמות כ':ב'. 267 בחולות,--ירמיה ה':
כ"ב; דלת,--כלומר על גבול של חול; דופקים,--הימים הנ"ל; וחק...משנים,--כלומר
חק עולם הוא,ע' שם. 268 הנערץ,--הקב"ה ע"פ תהל' פ"ט:ח'; אילי עליונים,--מלה"ש
ע' לעיל טור 162; ברבבות תחתונים,--בבני אדם. 269 זוקף...גאונים,--יחזקאל כ"א:
ל"א; מה לאחור...לפנים,--חגיגה י"א:. 270 טוסה,--טס הקב"ה; נשרים,--כנוי
למלה"ש; הממונים,--על אותה מלאכה; בריונים,--בריה. 271 כסאי הרכנתי,--כלומר
הרכין הקב"ה שמים התחתונים ושמי השמים העליונים על ראש ההר וירד (כסא) הכבוד
והציען על גב סיני ע' מכילתא, שם,ד'; שני דמיונים,--ר"ל שהקב"ה ישב על כסאו
ורגליו עומדות על הערפל שלא יאמרו שתי רשויות הן,ע' פר"א,מ"א. 272 לא...לך
,--שמות כ':ג'; 273 מעשה...חרשים,--הושע י"ג:ב'. 274 סבולים...אישים,--הכונה
כנראה לתהלוכה של כומרי ע"ז, ובכה"י (ב) הנוסח: "כתפות אישים" וע' ב"קרובה"
המקבילה קליר א' הנ"ל בבית "לא יהיה לך": "עצבי עובדי האמללים...נשאים על כתף
ונסבלים"; עין...ממשים,--תהל' קט"ו:ה'-ז'. 275 צורה...וכח,--של אדם ור"ל שע"ז
מעבירה את האדם מן העולם. 276 קורקסיהם,--כלומר בעלי פטפוטים;ריח,--קרבנות ע"ז.
278 לנעורת...לחששים,--לאש ולהבה; תשיתו...קדושים,--משלי כ"ב:י"ז. 279 קדושים
,--ישראל; בני אב נוסה,--כלומר בני אברהם שנתנסה בעשרה נסיונות; לא תשא,--שמות,
שם ז'. 280 תדביק...למלקוח,--תהל' כ"ב:ט"ז; שם הירואי,--ע' ברכות ל"ג:. בשבעים
שמות,--שבעים שמות יש להקב"ה ע' במד"ר י"ד. י"ב וע' ב"קרובה" המקבילה לר' שמעון
בר יצחק הנ"ל בבית "לא תשא": "לא תשא את שם אמיתי שמו המפורש בשבעים"; שלשת
רוחות,--ע' במאמר ר' הונא בב"ר כ"ד.ד' וע' ב"קרובה" המקבילה לר' שמעון הנ"ל:
"בגולות ארץ ורוחות מרבעים (כלומר ד' רוחות העולם)/ דבקו בחותמו היות נקבעים";
נחתם,--הקב"ה בורא את עולמו בחותמו ע' לעיל טור 175 וע' מדרש כונן,שם,עמ' 254.
282 צרור...מוטבע,--ע' משה גסטר, <u>ספר המעשיות</u>,113: (ליפסיאה, תרפ"ד) "ברא
הקב"ה צרור וחקק עליה שם המפורש...נטל את הצרור והניחו על פי תהום וכיוון
שהמים רוצים להתגבר ולעלות כשהיו מגיעים לאותו הצרור מיד מתפזרים וחוזרים לאחור-
יהם"; פורק...סלעים,--מ"א,י"ט:י"א וע' ב"קרובה" המקבילה קליר א' הנ"ל בבית
"לא תשא": "שם...המרעיש ארץ ומרגיז הרים", וייתכן שהפייטן מתכון למרע"ה שעשה
את המופתים בשם המפורש שהיה חרוט על מטהו,ע' מדרש תהלים קי"ט,9 וע' ב"קרובה"
המקבילה בע. פליישר, "לקדמוניות הקדושתא",<u>שם</u>,עמ' 405,"לא תשא",י',טור 15. 283
על האש...לבעבורו,--ע' קליר א' הנ"ל: "את שם...גחלי אש ממנו בוערים"; סוף...
בגערו,--הפייטן רומז לקריעת ים סוף ע"י שם המפורש ע' ב"קרובה" המקבילה לר'
שמעון הנ"ל: "שמו המפרש...הזכר על הים ונעשה בקיעים". 284 נכתבים...נקראים,--
כלומר נכתב בשם 'הויה' ונקרא 'אדוני' ע' פסחים ג'.; 285 מקללו...מעקרו,--שמות
כ"ב:כ"ז; לשוא,--דברים ה':י"א. 286 כבבת,--עינו; ענוג,--ישעיה נ"ח:י"ג; זכור

...שבת,--שמות כ׳:ח׳. 287 לינת...שבתו,--כלומר וישבת ביום השביעי בערב; נורא
עלילה,--הקב"ה; מלאכתו,--בראש׳ ב׳:ב׳; תחילה,--לפני בא השמש. 268 יחידת...
כף,--רומז לאדה"ר; בו נוצלה,--בזכות יום השבת ניצל אדה"ר מדינה של גיהנם ע׳
פר"א,י"ט; קלסו,--אדה"ר ע׳ שם: "אמר להם לא לחנם ברא הקב"ה את השבת וקדש
אותו, התחיל משורר ומזמר ליום השבת". 289 חופש..שאולה,--כלומר אפילו אסירי
גיהנם ינוחו ביום השבת, ע׳ מדרש עשרת הדברות,שם, עמ׳ 455; זכור...מלה,--
כלומר בדבור אחד,ע׳ שבועות כ׳:. 290 שני...עולה,--במדבר כ"ח:ט׳,י׳; המחללו
...בסקילה,--ע׳ סנהדרין ז׳. ד׳. 291 דגנו הוכפל,--שמות ט"ז:כ"ב; בשימון,--
במדבר; לאום נדגלה,--לישראל ע"פ קהלת כ׳:ו׳; גבול,--שמות י"ט:י"ב,כ"ג; אש
אוכלה,--כלומר הר סיני שירד ה׳ עליו באש, ע׳ שם י"ח. 292 בעלת אוב,--ויקרא
כ׳:כ"ז; אינה מעלה,--ר"ל לא יועיל; בכנוייך,--כלומר בשבעים כנויים של הקב"ה
הנזכרים בתורה ע׳ בעל הטורים,במדבר י"א: ט"ז; סלה,--לעולם. 293 אחלץ עצמיך
,--ישעיה נ"ח:י"א; מוראת הורים,--ויקרא י"ט: ג׳; כבד וכו׳,--שמות כ׳:י"ב.
295 רקח עסיסים,--שה"ש ח׳:ב׳. 296 מבציקים,--דברים ח׳:ד׳; פגיעה עדיך,--
כלומר מתפללים בעדך, פגיעה היא אחת הלשונות של תפלה,ע׳ דב"ר ב׳.א׳. 297 שום
,--לשום; קילור,--משחה שנותנים על העין; אספלנית,--תחבושת; רוהטים,--אצים
בזריזות. 298 מסקלים ומעזקים,--ישעיה ה׳:ב׳; סוכנת,--אשה ע׳ מ"א, א׳:ב׳. 299
בהתעטפם,--איכה ב׳:י"ב; מחלקים,--ירושה; משכורתם שלם,--מעם הקב"ה ע׳ רות ב׳:
י"ב. 300 ארקים תירש,--כלומר עולם הבא; לא תרצח,--שמות שם י"ג. 301 דמותו,--
של אדם; בדמותי,--בראש׳ ה׳:א׳; כנויים חמשה,--הכונה לחמשה כתרים שקבל אדה"ר
ע׳ דרשות על התורה, לר׳ יהושע בן שועיב,(קושטנטינא,רפ"ג), כי תשא,עמ׳ ל"ט.
302 ידו...השלטתי,--בראש׳ א׳:כ"ח; בפרו ורבו,--שם. 303 חובש...לא שתי,--כלומר
אין כפרה ע׳ לעיל טור 169; מרצחו,--של אדם; זועך,--כלומר דועך ע׳ איוב י"ז:
א׳; גזעך,--רומז לקין וע׳ פר"א כ"א: "אמר קין,׳גדול עוני מנשוא שאין בו כפרה׳".
304 וסכל,--רומז לפרעה מלך מצרים, ע׳ מדרש ויושע,אוצר מדרשים, א׳, עמ׳ 154:
"(פרעה:) ׳שוטים שבעולם מפני מה לא למדתם ממני דעת׳"; שני...עדתי,--משה ואהרן;
קרני מזבח,--רומז לאחרונים. 305 גודע במצבו,--כלומר המליכוהו על נינוה, ע׳
שם; לידעך נקמתי,--כדי שיכיר נפלאותיו של הקב"ה,ע׳ שם. 306 גואל הדם,--במדבר
ל"ה:כ"ז; גולמו,--של אדם. 307 אורו,--אשתו של אדם; בל תשאף,--לא תחמוד; לא
תנאף,--שמות כ׳:י"ד. 308 אש...מאכלת,--איוב ל"א:י"ב; מגחלת,--משלי ו׳:כ"ח.
309 מות,--שם ו׳:כ"ז; חלקלקות,--שם כ"א. 310 הולך...אולת,--שם כ"ב. 311 זרוזי
חלץ,--כלומר הולך אחריה פתאום ע׳ שם; חיק,--שם ה׳:כ׳. 312 יד מעגל,--תהל׳
ק"מ: ו׳. 313 כצפור...מפלת,--משלי ז׳:כ"ג. 314 בלי לענוב,--בלי קשר של חבלי
מוקש ע׳ ב"יוצר" המקביל ליום ב׳ שבועות לר׳ ליאונטי בר׳ אברהם "אלהים בהנחילך",
(ד.א׳4679): "צודי נפשות לענוב/ עמלים מידם לקנוב/ עמם לא תגנוב"; לא תגנוב
,--שמות כ׳:ט"ו. 315 שמור ועבוד,--בראש׳ ב׳:ט"ו. 316 וגנב,--אדה"ר נצטווה על
׳לא תגנוב׳ ע׳ אורבך,"פירוש לסילוק הקלירי",עמ׳ 4,הע׳ 30 וע׳ באגדה על דו-שיח

הנ"ל, מוטיב ח' וע' ב"קרובה" המקבילה בפליישר "לקדמוניות הקדושתא", עמ' 409, כ"א, טורים 6-4; ממעמד,--מגן עדן; עולם..בעבורו,--כלומר ארורה האדמה בעבורו, ע' בראש' ג':י"ז; ובמות הושמד,--שם ב':י"ח. 317 פרוסה נדה,--רומז לרחל ע' שם, ל"א: ל"ה; תרפים,--שם ל"ד; טעותם,--של אדם וחוה שעברו על לא תגנוב. 318 קללת ...יחיה,--ע' ב"ר, ע"ד.ט': "עם אשר תמצא את אלהיך לא יחיה"; בדרך,--בראש' מ"ח: ז'; נחמד,--בנימין וע' בפליישר,שם, טורים 15-13. 319 זרחי,--רומז לעכן ע' יהושע ז':א'; שלושים וששה,--שם ה'; באומד,--בהשערה. 320 תל עולם,--דברים י"ג:י"ג וע' יהושע, שם כ"ו; תומת,--שם; כאשר...הומד,--כלומר נדן עכן מדה כנגד מדה כיון שעל ידו מתו ל"ו צדיקים הוא עצמו הומת וע' פר"א ל"ח, גם רחל נדונה מדה כנגד מדה ע' פליישר, שם: "למד מגונבת תרפים (רחל)...נינה (יוסף) גם,'כי גנב גנבתי' (בראש' מ':ט')," וגם יעקב שעבר על גניבת דעת אביו נדן ככה ע' לעיל טור 232, ועל מעשה עכן ע' גם ב"קרובה" המקבילה בפליישר,שם, כ"א,עמ' 401, טורים 20-17. 321 כעקר ,--כשורש; לא תענה...שקר,--שמות כ':ט"ז. 322 לפניו,--מוסב על 'פיך'. 323 ותעבר ,--בנוי מן עברה,ור"ל שיש לקצוף על בעלי רוע דיבה; אמרי יושר,--איוב ו':כ"ה. 324 צור,--נצור; לשונך,--תהל' ל"ד:י"ד; וחילך אגבר,--קהלת י':י'; אתאנף ואתעבר ,--דברים א':ל"ז וג':כ"ו. 325 עד...תכון,--משלי י"ב:י"ט; נובר,--בר לבב בלשון הפייטנים. 326 נואלו שרים,--ישעיה י"ט:י"ג; והובאו...משבר,--שם ל"ז:ג'; נתבקש ארץ,--רומז להקב"ה; מישרים דובר,--שם ל"ג:ט"ו. 327 מאתים...ודבר,--כלומר כעונש על מי שעובר על לא תענה ע' במדבר י"ד:ל"ז ורש"י שם. 328 לא תחמוד,--שמות,שם י"ז. 329 כרם...וקמה,--שם כ"ב:ד',ה'. 330 טוב טעמי...תצוה,--כלומר תורתי ע' תהל' קי"ט:ס"ו. 331 דוה,--יגון; זרע חלציך,--יוצאי חלציך; כגן רוה,--ישעיה נ"ח: י"א. 332 וחומד...רע,--רומז לאחאב שחמד את כרם נבות,ע' מ"א,כ"א:ב' וע' ב"קרובה" המקבילה שמביא פליישר, שם בבית לא תחמוד,עמ' 411,כ"ה,טור 17; שוה,--חשוב ע' אסתר ה':י"ג; היך..יתכוה,--לא הוברר; סר וזעף,--מ"א,כ"א:ד'. 333 דמו לקקו,-- שם כ"א:י"ט וכ"ב: ל"ח. 334 ואחלצך,--תהל' נ':ט"ו. 335 וכל...רואים,--שמות שם י"ח.

ט,כה"י (א),(ב),(ג),(ל).

336 בששה בחדש,--ע' שבת פ"ו; אלף דורות,-- ע' ב"ר,כ"ח.ד' ובמקבילות. 337 לפלשה,--ע' לעיל טור 60; מבין נסתרות,--כנוי להקב"ה; זרח והופיע,--דברים ל"ג:ב', כלומר נגלה הקב"ה על כל האומות ואמר: "מקבלים אתם עליכם את התורה" ע' מכילתא דבחודש ה' ובמקבילות; עשו...להורות,--שם. 338 ומאנו...אמרות,--שם. 339 אנשי קדש,--בני ישראל; רכב...שנאן,--תהל' ס"ה:י"ט וע' פר"א מ"א ובמקבילות; אבירי דהרות,--שופטים ה':כ"ב. 340 עשרים...מרכבות,--בשעה שירד הקב"ה על הר סיני ירדו עמו כ"ב אלף מרכבות וכל מרכבה ומרכבה כמרכבה שראה יחזקאל בן בוזי, ע' פסיקתא רבתי, כ"א ופסיקתא דר"כ,שם,כ"ב ובמקבילות; בספירות,--כלומר בשמים המספרים כבוד אל. 341 להחריב,--כלומר לכלות שונאיהם של ישראל,ע' פסיקתא דר"כ,שם; אוירות,--

כלומר העולם שתלוי באויר; טסות,--מוסב על'מרכבות קדש' שהן מלאות מלאכי ה'.
342 לשרות,--לשכון; גבעות,--ע' מכילתא,שם: "היו ההרים מתרעשים והגבעות
מתמוטטות (בזמן מתן תורה)". 343 ולבשו...תבל,--ע' מכילתא,שם: "נתכנסו כל
מלכי אומות העולם...(ו)אמרו...'שמא המקום מחריב עולמו'" וע' זבחים קט"ז.;
מלכי דירות,--כלומר בעלי בתים פשוטים, ואולי צ"ל 'וכל דורות' וכן מובן
מתרגום הלאטיני: et omnes generaciones ; ונשמו...שערות,--איוב י"ח:כ'.
344 ונתקבצו,--כל מלכי אומות העולם, ע' מכילתא,שם; בלעם הרשע,--ע' שם; מבול
מים,--ע' שם וע' זבחים,שם: "אמרו לו...'שמא מבול בא לעולם'"; בני עפרות,--
בני אדם. 345 השיבם...בעברות,--ע' מכילתא,שם ובמקבילות; מבול אש,--שם; לשלהב
,--לשרוף בשלהבת; בחרחרות,--בהדלקה. 346 ונם...בהדרות,--ע' שם; מדורות,--
אש; יי יתן אומר,--תהל' ס"ח:י"ב והכונה לתורה. 347 אמרות...טהורות,--שם י"ב:
ז'. עם...אמונים,--ישעיה כ"ו:ב' ורומז לישראל. 348-9 הרכין...מתוקנים,--ע'
מכילתא,שם,ד' ופר"א,מ"א וע' לעיל טור 241. 350 ונחלש...ממקומו,--ע' מכילתא,
שם ופר"א שם ולעיל שם. 350-52 ופתח...עומדים,--ע' פר"א,שם; בחביונים,--בשמים;
באשמנים,--באפלה; ושעונים,--ונשענים; ומערב שבת...ומתוקנים,--כדברי ר' פנחס
שם. 353 אנשים...לבד,--שם. 353-5 וכלם...גבנונים,--ע' מכילתא,שם,א',ופר"א,שם,
ופסיקתא דר"כ,שם י"ד ובמקבילות; לב אחד,--אומר הכתוב:'ויחן שם ישראל נגד ההר'
(שמות י"ט:ב') השוו כלם לב אחד, ע' מכילתא,שם; מפרך צוענים,--כלומר משעבוד
מצרים, ע' שמות א':י"ג ובמדבר י"ג:כ"ב; לסין,--לסיני; גבנונים,--תהל' ס"ח:ט"ז.
356 רקדו...אלים,--שם קי"ד:ד'; כרמל...ותבור,--מכילתא,שם,ה'; מבין אלים,--
ונוסח במכילתא, שם: 'מבית אלים' ובתרגום הלאטיני הנ"ל: inter montes
כלומר, בין הרים. 357 זה...ממללים,--מכילתא,שם; ובשמעם,--שם; פונים וגוללים
,--ובכה"י (ג): 'פונים וגולים' ובתרגום הלאטיני: conversi sunt et fugerunt
אבל ע' במכילתא,שם: 'כיון ששמעו ...עמד כל אחד ואחד במקומו ואמרו לא עסק אלא עם
מי שהוציא ממצרים'. 358 משוי,--רומז למרע"ה ע"פ שמות י"ט:ג'; לרום...אהולים,--
לשמים; רגליו...זבולים,--ע"פ ר"י בן קרחה ע' פר"א,שם: "משה רגליו עומדות בהר
וכולו בשמים". 359 מדבר...אלים,--שם וע' שמות ל"ג:י"א. 360 שלחו,--מוסב על 'משוי'
והכונה למרע"ה; להעד,--שמות י"ט: כ"א; בפרושים,--באופן גלוי ומובן; תשמיש המטה
,--שם י"ט וע' פר"א,שם. 361 ופץ...חשים,--פר"א,שם וע' שמ"ר,כ"ח.ב'. 362 ואחר
כך...לאנשים,--פר"א,שם. 362-5 והלך...קדושים,--שם; באישונים,--כלומר בשעות של
חשך; החלצו אישים,--במדבר ל"א:ג'; ממלכת...קדושים,--שמות י"ט:ו'. 366 נתיצבו
...ההר,--שם י"ז; מותאמים,--כלומר בריאים ושלימים וע' פסיקתא דר"כ,שם ובמקבילות;
ברים,--זכים. 367 ואין...מומים,--ע' תנחומא, יתרו ובמקבילות; מושל עולם...לנאמן
בית,--הקב"ה למרע"ה; עדת שלימים,--רומז לישראל. 368 שאם לא תרד,--משה; יהיו,--
בני ישראל; מצא...ורעמים,--כלומר חשש הקב"ה שמא יהיו אומרים שמשה היה מדבר עמנו
מתוך הענן ולא הקב"ה בכבודו ובעצמו ע' פר"א, שם. 369 ואש,--עם אש ור"ל אש דת
ע"פ דברים ל"ג:ב' והכונה לתורה; ונכנס...בניאומים,--וע' פר"א,שם. 370 יצא...

הראשון,--ע' שם ובמקבילות; מסבלות ענמים,--משעבוד מצרים ע' בראש' י':י"ג; נחלק ...עמים,--כדי שישמעו כל האומות וכדברי ר' יוחנן, ע' שמ"ר ה'.ט'. 371 ואותו יום...דמדומים,--כדברי ר' אבהו בשם ר' יוחנן ע' שם, כ"ט.ט'; וגעשו...ומרומים,--ע' מכילתא,שם,ה' ופר"א,שם; והומכו,--ובכה"י (ב): והוממו, וכן נראה מתרגום הלאטיני: et commota sunt ab illo ; עמקים ומרומים,--עמק והר. 372 ומטו,--נתמוטטו, ע' מכילתא שם, ופר"א,שם; והמתים...המורעמים,--פר"א שם. 373 יצא...וקימים,--שם; לאומן,--למרע"ה; דבר אתה...בנעימים,--שם. 374 והוטב שיחם,--כלומר "שמע הקב"ה קולן של ישראל וערב לו" ע' שם; פני...רמים,--הקב"ה; ושלח...וגבריאל,--שם; שרי...רחומים,--כלומר שרי צבאות, ע' אותיות דר' עקיבא,<u>אוצר מדרשים</u>, אות ש': "כיון שבא משיח לישראל יורדים עמו מיכאל וגבריאל שרי צבאות ושרי קדושים ואדירים ועושים מלחמה עם רשעים". 375 ואחזו...ידיו,--פר"א,שם; משוי זרמים,--מרע"ה ע"פ שמות ב':י'; והכניסוהו,--ובפר"א,שם: "ואחזו (מיכאל וגבריאל) בידו של משה שלא כרצונו והגישוהו אל הערפל שנא' (שמות כ':כ"א) 'ומשה נגש אל הערפל', נגש אין כתיב אלא נגש"; לפנים...מחיצות,--אין בפר"א ואולי חידוש הפייטן, שלוש מחיצות הן חשך, ענן וערפל, חשך מבחוץ, ענן מבפנים וערפל מלפני ולפנים וע' ב"סלוק" ל"קרובה" המקבילה לר' שמעון בן יצחק הנ"ל: "וענו (מרע"ה) נכנס לפנים משלוש מחיצות/ חשך ענן וערפל נחוצות/ ענן לפנים וערפל לפני ולפנים וחשך בחוצות". 376 ועל פיו,--של מרע"ה מפני שאמרו ישראל אל משה,'דבר אתה עמנו ונשמעה',פר"א,שם; לחתומי דמים,--כלומר דם ברית מילה ודם קרבן פסח שהתעסקו בהם ישראל ולכן נגאלו ממצרים, ע' מכילתא מסכתא דפסחא,ה'. 377 האש,--כלומר אש דת ע"פ דברים ל"ג:ב' והכונה לתורה; אש אוכלת אש,--שמות כ"ד:י"ד; הכל אש,--שם י"ט:י"ח; התורה...דת אש,--ע' ירושלמי שקלים,ו'.א': "התורה שנתן לו הקב"ה למשה נתונה לו אש לבנה חרותה באש שחורה,מובללת מאש (בלולה באש, ע' קרבן העדה,שם), חצובה באש ונתונה באש הה"ד 'מימינו אש דת למו'",וע' תנחומא יתרו,ט"ז. 379 וצבאו...אש,--ע' תנחומא,שם: "המלכים שירדו עמו של אש"; משה...אש,--ע' תנחומא,כי תשא,ל"ז: "מניין זכה משה לקרני ההוד...מניצוצות שיצאו מפי השכינה"; וההר...באש,--שמות י"ט:י"ח. 380 היה...מחרדת אש,--המקור לאגדה זו לא זכיתי למצוא. 381 ומתעגל...אזניהם,--ע' ספרי, וזאת הברכה,שמ"ג ושמ"ר,ה'.ב' ומדרש עשרת הדברות,שם,עמ' 453: "והיו רואים בכבודו את הקול שהיה הולך ומתעגל על אזניהם"; תקבלו,--שם. 382 נעשה ונשמע,--שמות י"ט: ח'; ונושקם,--מדרש ע"ה,שם: "וחוזר הדבור מן האוזן ונושקו על פיו,שנא' (שה"ש א': ב') 'ישקני מנשיקות פיהו'", וע' מדרש חזית,שם וע' ב"קרובה" המקבילה, קליר א' הנ"ל: "אלה העדות והחקים/ אשר נתנו לעם חשוקים/...בנשיקה מפי שוכן שחקים" ועשרת הדברות וכל התורה כולה נתנו בנשיקה,ע' מדרש חזית,שם. 383 ודבריו...האש,--דברים ד':ל"ו. 384 דגול מרבבה,--שה"ש ה':י' ורומז לישראל. 385 זכו...להבה,--כלומר בזמן מתן תורה היו ישראל טובים לפני הקב"ה ממלה"ש ע' פר"א,מ"ז; כלי זין,--הכונה לזיינות ועטרות שעטרו מלה"ש את ישראל,ע' שם; להשתגבה,--להתרוממה. 386 שם המפורש

,--ע׳ שם; כל...ונאוה,--ע׳ שם: "כל אותן הימים עד שלא עשו אותו המעשה (מעשה העגל)" היו בידם הזיינות והעטרות הנ"ל; שחורה ונאוה,--כנוי לישראל ע"פ שה"ש א׳:ה׳ וע׳ שה"ש רבה שם. 387 לא...לתעבה,--פר"א,שם; טפת קרי,--ובפר"א,שם: "ולא היו יוצאים לנקביהם כבני אדם". 388 ובחליפתם,--ובבגדיהם; לא...רמה,--המקור לאגדה זו לא זכיתי למצוא; ולבא,--לדורות הבאים. 389 לנערץ...רבה,--הקב"ה ע"פ תהל׳ פ"ט:ח׳; והנסלד,--איוב ו׳:י׳. 390 החתומים...אותיות,--ע׳ ספר יצירה,א׳, י"ב-י"ד באוצר מדרשים,שם; משולהבה,--וע׳ ב"קרובה" המקבילה שמביא פליישר,שם, עמ׳ 413,כ"ז,טור 33 שם נקראים מלה"ש: ״יקודי אש יצורי שלהבת״. 391 ומתחדשים לבקרים,--איכה ג׳:כ"ג; לנובבה,--לדבר,מן נבב ובלשון הקלירי: "נצבתי לחלותך בעני/ נבבי להעריש במעני". 393 שלוש תיבות,--כלומר קק"ק ע"פ ישעיה ו׳:ג׳. 394 שם...מחשבה,--כנוי להקב"ה.

3. יצחק בר יהודה

"אופן" לשבת בראשית. סימן: יצחק בר יהודה. כה"י 320, עמ׳ 551,; מחזור ויטרי, קונטרס הפיוטים, ל׳ (=מו.) (ד.י׳324). בתים בני ד׳ טורים, 4-5 מלים בטור, האחרון מסתיים ב"קק"ק יי צבאות."

יְדוּדוּן יְדוּדוּן כָּל חַיָּלֵי קִירְטוֹן/ לִגְיוֹנֵי גִיסְטְרָא וְכָל צְבָא רִיהֲטוֹן
מִשְּׂאתוֹ יָגוּרוּ גָּדוֹל וְקָטֹן/ בַּאֲשֶׁר דְּבַר-מֶלֶךְ שִׁלְטוֹן
קק"ק יְיָ צְבָאוֹת.
צְבָאוֹת שְׁמֵי מַעַל רוֹעֲשִׁים מִפָּנָיו/ סְבִיבָיו נִסְעֲרָה בְּמַלְאֲכֵי מְעוֹנָיו
נוֹשְׂאֵי כִסְאוֹ חַיּוֹת וְאוֹפַנָּיו/ בְּשִׁשָּׁה קוֹלוֹת מְקַלְּסִין לְפָנָיו
קק"ק יְיָ צְבָאוֹת.
חַשְׁמַלִּים דּוֹמִים לְקַלַסְתֵּר פָּנִים/ טָסִים וּמְעוֹפְפִים שׁוּב לֹא שׁוֹנִים
קָדְמוּ שָׁרִים אַחַר נוֹגְנִים/ בְּקוֹל רַעַשׁ גָּדוֹל עוֹנִים
קק"ק יְיָ צְבָאוֹת.
קַלִּים הַנִּצָּבִים גַּלְגַּלֵּי מֶרְכָּבָה/ הַגַּלְגַּל מְגַלְגֵּל כִּסֵּא הַכָּבוֹד לְסוֹבְבָה
עוֹמֵד לִימִין וּמְחַזֵּר שְׂמֹאל לְיַשְּׁבָה/ לְהַדֵּר לְאַדֵּר בְּשָׂפָה עֲרֵיבָה
קק"ק יְיָ צְבָאוֹת.
בְּרוּאֵי בָזָק מְזַמְּרִים זְמִירוֹת/ וּמִקּוֹל רִינּוּן וְנִיגּוּן פִּיּוּרוֹת
נַהֲרֵי שִׂמְחָה מִשְׁתַּפְּכִים כְּצִינּוֹרוֹת/ וְהַקּוֹל מִתְגַּבֵּר וְיוֹצֵא בְּרַעַם גְּבוּרוֹת
קק"ק יְיָ צְבָאוֹת.
רוֹמְמוֹתָיו בְּפִיהֶם מְרוֹמְמִים בְּקוֹל מַעֲנֶה/ וְאֵשׁ מִתְלַקַּחַת סְבִיבוֹת הַמַּחֲנֶה
עוֹמְדִים וּמוֹדִים זֶה לָזֶה יְכַנֶּה/ זֶה קוֹרֵא וְזֶה עוֹנֶה
קק"ק יְיָ צְבָאוֹת.

יוֹשֵׁב עַל כִּסֵּא נִשָּׂא וְנַעֲלֶה/ כִּסְאוֹ גָּבוֹהַּ לְמַעְלָה לְמַעְלָה
וּמַרְאִית כְּבוֹדוֹ כְּעֵין הַחַשְׁמַלָּה/ שְׁמוֹ מְקַלְּסִין בְּקוֹל הֲמוּלָּה
קק"ק יְיָ צְבָאוֹת.
הוֹדוֹ מְהוּדָּר וְכֵן נָאֶה לוֹ/ אַרְבַּע כִּיתּוֹת מַקִּיפוֹת כֵּס גָּדְלוֹ
חַיִּים מִימִינוֹ וּמָוֶת מִשְּׂמֹאלוֹ/ אוּרִיאֵל לְפָנָיו וְאַחֲרָיו רְפָאֵל לְהַלְּלוֹ
קק"ק יְיָ צְבָאוֹת.
וְאֵשׁ וּבָרָד עֲטֶרֶת רֹאשׁוֹ/ וְשֵׁם מְפוֹרָשׁ בְּמִצְחוֹ מוּכְתָּר בְּפֵירוּשׁוֹ
וּפָרֹכֶת פְּרוּסָה פְּנֵי מְרוֹם קָדְשׁוֹ/ וּמִיכָאֵל וְגַבְרִיאֵל לְהַעֲרִיצוֹ וּלְהַקְדִּישׁוֹ
קק"ק יְיָ צְבָאוֹת.
דִּמְיוֹנוֹ אֵין בְּכָל תּוֹפְשֵׂי מַלְכוּת/ אֵין לְהַשְׁווֹתוֹ בְּקוֹשְׁרֵי קֶשֶׁר נְסִיכוּת
מִתְגָּאֶה עַל גֵּאִים וְאוֹהֵב נְמִיכוּת/ מֶלֶךְ גָּדוֹל מְחַפֵּשׂ בִּזְכוּת
קק"ק יְיָ צְבָאוֹת.
הוּא קָדוֹשׁ וּמְשָׁרְתָיו קְדוֹשִׁים/ רוֹעֲשִׁים וּמַרְעִישִׁים מִפַּחְדּוֹ מִתְגָּעֲשִׁים
עִירִין וְקַדִּישִׁין בְּמוֹרָא מַקְדִּישִׁים/ אֵל נַעֲרָץ בְּסוֹד קְדוֹשִׁים
קק"ק יְיָ צְבָאוֹת.

4 במלאכי|מו. כמלאכי|| 7 שוב|מו. ושוב|| 10 הכבוד|מו. כבוד|| 11 עומד|ו. עומדים; לימין|מו. ימין; ומחזר|מו. מחזר; לאדר|מו. להדר|| 13 בזק|מו. ברק; ומקול|מו. ומכל|| 14 כצינורות|מו. בצנורות|| 16 סביבות|מו. סביב|| 17 עומדים |מו. שרפים עומדים|| 20 ומראית|מו. ומראות; המולה|מו. המולה גדולה|| 23 אוריאל לפניו|מו. לפניו אוריאל || 26 ופרכת...קדשו|ו. ולפנים מוכנים מאש להקדישו; ומיכאל|ו. מיכאל|| 28 בקושרי|מו. לקושרי; קשר|ו. כתר|| 31 רועשים ...מתגעשים|מו. מפחדו מתגעשים רועשים ומקדישים.

1 ידודון ידודון,--ע' תהל' ס"ח:י"ג; קירטון...ריהטון,--כלומר גדוד ומסלול ע' ברכות ל"ב:ע"ב :"כל רהטון ורהטון בראתי לו שלשים קרטון"; גיסטרא,--מחנה ורומז למלאכי ה'. 2 משאתו יגורו,--איוב מ"א:י"ז כלומר משאתו של הקב"ה יגורו מלה"ש; באשר...שלטון,--קהלת ח':ד', 3 קק"ק...צבאות,--ישעיה ו':ג'. 4 צבאות...מעל,--כנוי למלה"ש; רועשים,--יחזקאל ג':י"ב,י"ג; סביביו,--כלומר סביב כסא הכבוד, ע' תהל' צ"ז:ב'; נסערה,--ע' הוספ' ותקונ' לסד' רע"ג 24:"יודוך ה' אלהינו צבאות קדושים...שרפים וחיות וכל הנסערים מהוד זיוך" וע' מסכת היכלות <u>אוצר מדרשים</u>,א',עמ' 108,ג' וז"ל,"לפיכך הקיף הקב"ה ענן וערפל סביביו שנא' ישת חשך סתרו סביבותיו סוכתו' כדי שלא יזונו מלאכי השרת מזיו השכינה ומזיו כסאו"; מעוניו,--כנוי לשמים ע' דברים כ"ו:ט"ו. 5 נושאי...בששה קולות מקלסין לפניו,--ע' היכלות רבתי, <u>אוצר מדרשים</u>,שם, ד'.א':"בששה קולות משוררים לפניו מדות נושאי

כסא כבודו כרובים והאופנים וחיות הקדש." 7 חשמלים דומים לקלסתר פנים,--ע"פ היכלות רבתי,שם, ח'.ג': "קלסתר פניו של זה דומה לקלסתר פניו של זה"; טסים ומעופפים,--ע' שם, כ"ו.ה': "עופפין כנשר טסין כנשר"; שוב לא שונים,--כלומר שוב לא מקלסים ושונים וע' ב"ר,מ"ב.ע"ח: "לעולם אין כת של מעלה מקלסת ושונה אלא בכל יום בורא הקב"ה כת של מלאכים חדשים." 8 קדמו וכו',--תהל' ס"ח:כ"ו, כלומר אחר הנוגנים בכלי נגינה שרו שירי תהלה וכן משמע מהיכלות רבתי,שם, ז'. ב': "בכל יום בקול רינה וברעש זמרה והמון שירה" וע',שם, ח'.ד': "מקול ניגון כנורות חיותיו, מקול רינת תופי אופניו ומקול צלצלי כרוביו, מתגבר קול ויוצא ברעש גדול בקדושה"; בקול...עונים,--יחזקאל ג': י"ג וע' היכלות רבתי,שם: "ויוצא ברעש גדול בקדושה בשעה שישראל אומרים לפניו קק"ק." 10 קלין,--כלומר "משרתים קלין" ע' שם, ח'.ג'; הנצבים...מרכבה,--ע' שם: "הנצבים על גלגל המרכבה שמחטיף אותם"; הגלגל...לסובבה,--לא נמצא בהיכלות רבתי, והפייטן רומז לגלגלי המרכבה (ע' יחזקאל י':ב',ו' ועוד) שמסבבים את כסא הכבוד. 11 עומד... שמאל,--ע"פ היכלות רבתי,שם: "העומדים לימין חוזרים ועומדים לשמאל, והעומדים לשמאל חוזרים ועומדים לימין, והעומדים לפנים חוזרים ועומדים לאחור והעומדים לאחור חוזרין ועומדין לפנים"; להדר לאדר,--ובלשון היכלות רבתי, ע' שם כ"ו. ו': "תתאדר תתהדר תתרומם תתנשא"; בשפה עריבה,--וע' היכלות רבתי,שם ח'.ד': "ומתגברין והולכין בשערי נתיבות ערבות רקיע." 13 ברואי בזק,--יחזקאל א': י"ד ור"ל מלאכים שנבראו מבזק של אש, והמ"ו גורס 'ברואי ברק' כלומר מלאכים שהעשו מברקי אש וע' תנחומא וישלח, כ"ב עמ' פ"ד ב' (בובר): "פעמים שהמלאך נעשה רוח...פעמים שהוא נעשה ברק"; ומקול...כינורות,--ע"פ היכלות רבתי, שם, ח'.ד': "נהרי שמחה נהרי ששון...מקול ניגון כנורות חיותיו." 14 נהרי שמחה ,--ע"פ היכלות רבתי ע' לעיל טור 13; כצינורות,--תהל' מ"ב:ח': "תהום אל תהום קורא לקול צנוריך"; והקול...ויוצא,--ע' היכלות רבתי,שם ח'.ד': "מתגבר קול ויוצא ברעש גדול בקדושה"; והקול...ברעם,--ע' תהל' ע"ז:י"ט: "קול רעמך בגלגל" וע' ר"א קליר "וחיות אשר הנה מרבעות כסא" (ד.ו'189): "ואז יתרעם הגלגל (כלומר הכרובים ואופנים ע' ד. גולדשמידט, <u>מחזור לימים נוראים</u>,ר"ה, עמ' 217,טור 14 ד"ה,"ואז יתרעם וכו'") ויתרעש הכסא." 16 בקול מענה,--ע' מסכת היכלות,שם,ז': "בת קול אחת...אומרת:'שאו שערים ראשיכם וכו' והם (כלומר גלגלי מרכבה) משיבים ואמרים:'מי זה מלך הכבוד'"; ואש...המחנה ,--ע' מסכת היכלות,שם,ו': "ובין מחנה ומחנה (של מלאכי השרת) נהרי אש עוברין ביניהן שהן נמשכים ויוצאין מתחת כסא הכבוד." 17 עומדים ומודים,--מלה"ש "נופלים על פניהם" כשאומרים "התר התר יוצר בראשית, סלח סלח אביר יעקב" ע' היכלות רבתי,שם, י"ב. א': וכן משמע מדברי הפייטן בעל "אמיצי שחקים" (ד.א' 5708): "ידודון הולכים כורעים ובוכרים"; זה לזה יכנה,--כנראה רומז לשרף אחד שמתחיל באמירת הקדושה וע' בפיוט "אילי מרום אומרים הלולו" (ד.א'2944): "שרף מכנה אחד קדוש/סלוד אומר לברוך וקדוש"; קורא...עונה,--ע"פ הקדושה ור"ל

שאחרי שהשרף האחד מתחיל ומשתתפים שאר השרפים אז "מתנשאים לעמת שרפים" עוד מלאכי צבאות ועונים: ׳ברוך כבוד ה׳ ממקומו׳. 19 יושב...נשא,--ישעיה ו׳: א׳; כסאו...למעלה,--ע׳ מסכת היכלות,שם ז׳:"וכסא הכבוד גבוה למעלה". 20 ומראית...החשמלה,--ע׳ שם וז"ל,"ומראית כבודו כעין החשמל" וע׳ שם ג׳: "וכסא הכבוד הוא כסא רם ונשא ומראהו כעין החשמל מתוך האש"; מקלסין,-- ע׳ שם ו׳: "ד׳ כתות של מלאכי השרת מקלסין לפני הקב"ה"; בקול המולה,-- יחזקאל א׳:כ"ד. 22 הודו מהודר,--רומז לז׳ הידורים זה לפנים מזה וזה לפנים מזה ע׳ מסכת היכלות ד׳; ארבע כתות...גדלו,--כלומר שכינת אל באמצע והוא יושב על כסא רם ונשא ומחנה מיכאל מימין השכינה, מחנה גבריאל משמאל, מחנה אוריאל פני השכינה ומחנה רפאל אחורי השכינה ע׳ שם ו׳ וכן בפר"א ד׳ אבל בבמדבר רבה ב׳.י׳ ובפסיקתא רבתי,מ"ו,אוריאל משמאלו וגבריאל מלפניו ובמדרש כונן, <u>אוצר מדרשים</u>, שם, עמ׳ 260 גבריאל מימינו, אוריאל משמאלו, מיכאל מלפניו ורפאל מאחריו. 23 חיים...ומות,--ע׳ מסכת היכלות,שם,ז׳: "וכסא הכבוד...מימינו חיים ומשמאלו מות" וכן בפר"א ד׳; אוריאל...רפאל,--ע"פ פר"א,שם ומסכת היכלות, ו׳. 25 ואש וברד עטרת ראשו,--כלומר "עטרת נוגה בראשו...חציו אש וחציו ברד" ע׳ מסכת היכלות,שם,וכן במקבילה בפר"א ד׳; ושם...מוכתר,--וע׳ מסכת היכלות, שם: "וכתר שם המפורש במצחו" וכן בפר"א, שם. 26 ופרכת...קדשו,--ע׳ מסכת היכלות,שם: "ושרביט של אש בידו ופרוכת פרוסה לפניו" וכן בפר"א,שם; ומיכאל וגבריאל,--כלומר ממונים הם להעריצו ולהקדישו וע׳ מסכת היכלות,שם,ו׳: "ד׳ כתות של מלה"ש מקלסין לפני הקב"ה...מיכאל...גבריאל" וע׳ במקבילה בפר"א,ד׳. 27 דמיונו...תופשי מלכות...קושרי קשר,--ע"פ היכלות רבתי ד׳.א׳: "מי כמלכנו בכל גיאות תופשי מלכות...מי כמוהו בקושרי קשרי כתרים." 29 מתגאה על גאים ,--רומז לד׳ מיני גאים שנבראו בעולם כגון בבריות אדם,בעופות נשר,בבהמות שור ובחיות ארי והקב"ה מתגאה על כולם ע׳ שמות רבה כ"ג.י"ג; נמיכות...מחפש בזכות,--ע׳ תהל׳ ל"ד:י"ט וע׳ ר"א קליר,"אנסיכה מלכי" (ד.א׳6823): "דכאי רוח נמיכות/מחפשי ביום דין זכות." 31 הוא קדוש,--ע׳ מסכת היכלות א׳: "הקב"ה נקרא קדוש שנאמר: קק"ק ה׳ צבאות וכו׳"; ומשרתיו,--כלומר מלה"ש; רועשים ומרעישים...מתגעשים,--יש סיוע לנוסח זה שבכה"י ואטיקאן הנ"ל מפיוט "אמרו לאלהים אמת ויושר פעלו" (ד.א׳5861): "עושים ורועשים...עולם מרעישים...גדודים גועשים" וע׳ בנוסח במ"ו הנ"ל; רועשים,--ע׳ יחזקאל ג׳:י"ג; מתגעשים,--כלומר מתרופפים. 32 עירין וקדישין,--הכונה למלה"ש ע"פ דניאל ד׳:י׳; אל...קדושים ,--תהל׳ פ"ט:ח׳.

4. יהודה הכהן

"סליחה" מסדר לוידוי ליום הכפורים. סימן: יהודה הכהן. כה"י, 320, עמ' 386. (אין בד.) בתים בני ד' טורים ששלשה מהם מחריזים וברביעי הבאה מהמקרא המסתיימת "שלום". מספר מלים רופף (2-6).

יְאֱתָיוּנִי פְּחָדִים וְיִרְבּוּ שְׁאוֹנָי
יְבוֹאוּנִי מְאֵרוֹת וַיְכַלּוּ שְׂשׂוֹנָי
יָדַעְתִּי לֹא אֶעֱלוֹז עַד יָשׁוּב יְיָ
יְבָרֵךְ אֶת עַמּוֹ יִשְׂרָאֵל בַּשָּׁלוֹם.

הִתְמַהְמַהְתִּי לְחַכּוֹת מְקַבֵּץ נְפוּצוֹתַי
הִשְׁתּוֹמַמְתִּי לְיַחֵל מְאַסֵּף גָּלוּתִי
הַגֶּבֶר שַׂחְתָּ בַּעֲדוֹ בְּרִיתִי
הָיְתָה אִתּוֹ הַחַיִּים וְהַשָּׁלוֹם.

וַלְדֵי יְדִידְךָ אֵל קָמוּ לְהַשְׁחִיתוֹ
וַיַּחְשְׁבוּהוּ לָהֶם לְהַכְרִיתוֹ מֵאֶרֶץ בְּרִיתוֹ
וַיִּשְׂטְמוּהוּ וַיִּשְׂנְאוּ אוֹתוֹ
וְלֹא יָכְלוּ דַּבְּרוֹ לְשָׁלוֹם.

דְּבִיר הָרֵם וּתְשׁוּבַת מִנְחָה וּנְסָכֶיהָ
דִּגְלֵי שׁוּלַמִּית הוּגְלוּ וּנְסִיכֶיהָ
דַּת אֱלֹהִים כַּעֲזוּבָה אֲשֶׁר דְּרָכֶיהָ
דַּרְכֵי נֹעַם וְכָל נְתִיבוֹתֶיהָ שָׁלוֹם.

הָלַכְתִּי גְדוֹלוֹת וְעַתָּה נָדַדְתִּי וְאֵשְׁבָה
הָיִיתִי נֵר דָּלוּק וְאֶדְעַךְ וְאֶכְבֶּה
הוּשְׁפַּלְתִּי מֵאֵין שַׂר וְאוֹחִיל לְמַרְבֵּה
הַמִּשְׂרָה וּלְשָׁלוֹם.

הַלְעוֹלָמִים נְטַשְׁתַּנִי שׁוֹכֵן מְרוֹמִי
הִזְנַחְתִּי מִשָּׁלוֹם נַפְשִׁי וְרַבּוּ יְגוֹנִי
הֲלֹא אַתָּה יִיחַלְתַּנִי בְּאִמְרָתֶךָ יְיָ
הִנְנִי נוֹטֶה אֵלֶיהָ כְּנָהָר שָׁלוֹם.

´כִּרְאוֹת אֱוִילִים שַׁאֲנָנוּ בְּדַרְכֵּיהֶם
כִּלִּיתִי רַגְלִי מֵהֲלוֹךְ שְׁבִילֵיהֶם
כִּי אָמַרְתִּי הַדֶּרֶךְ בָּחֲרוּ לָהֶם
פָּל דּוֹרֵךְ בָּהּ לֹא יָדַע שָׁלוֹם.

´הַבִּיטָה עֲנֵנִי אֱלֹהָי מִשְּׁמֵי מַעַל
הַאֲזִינָה תְּחִנָּתִי וְכַפֵּר מַעַל
הַרְאֵנִי חַסְדֶּךָ וְנֶחֱזֶה עַל
הֶהָרִים רַגְלֵי מְבַשֵּׂר מַשְׁמִיעַ שָׁלוֹם.

´נְוַת בַּיִת מָתַי לְחַלֵּק הִיא נוֹאֶמֶת
בִּין יִשַׁי לִרְאוֹת פֶּן אֱהִי שׁוֹמֵמֶת
נְרַנֵּן אָז בַּחֲזוֹתוֹ חֶסֶד וֶאֱמֶת
נִפְגָּשׁוּ צֶדֶק וְשָׁלוֹם.

1 יאתיוני פחדים,--איוב ג׳:כ״ה. 2 מארות,--דברים כ״ח:כ׳. 3 יי וכו׳,--תהל׳ כ״ט: י״א. 5 התמהמהתי לחכות,--חבקוק ב׳:ג׳; מקבץ נפוצותי,--ישעיה י״א:י״ב. 6 השתוממתי,--דניאל ח׳:כ״ז; ליחל,--תהל׳ ק״ל:ז׳. 7 הגבר,--דניאל ח׳:ט״ו; שחת בעדו,--שם; בריתי וכו׳,--מלאכי ב׳:ה׳. 9 ולדי,--רומז לזרע ישמעאל ועשו; ידידך,--כנוי לאברהם ע׳ ירושלמי ברכות ט׳.י״ד; להשחיתו,--את ישראל. 10 ארץ בריתו,--בראש׳ ט״ו:י״ח. 11 וישטמוהו,--שם כ״ז:מ״א; וישנאו וכו׳,--שם ל״ז:ד׳. 13 דביר,--תהל׳ כ״ח:ב׳; מנחה ונסכיה,--במדבר כ״ט: ל״א. 14 שולמית,--רומז לירושלים ע״פ שה״ש ז׳:א׳ ואבן עזרא שם. 15 דרכיה וכו׳,--משלי ג׳:י״ז. 17 הלכתי גדולות,--ע״פ תהל׳ קל״א: א׳. 18 נר,--ש״ב,כ״א: י״ז; ואדעך,--שמות ל״ג:י״ז. 19 למרבה וכו׳,--ישעיה ט׳:ו׳. 22 הזנחתי,--תהל׳ ע״ז:ח׳. 24 הנני וכו׳,--ישעיה ס״ו:י״ב. 28 כל דורך וכו׳,--שם נ״ט:ח׳. 32 ההרים וכו׳,--שם נ״ב: ז׳. 33 נות בית,--כנסת ישראל ע״פ תהל׳ ס״ח:י״ג ורש״י,שם; לחלק,--שלל,ע׳שם. 35 חסד וכו׳,--תהל׳ פ״ה:י״א

5. יוסף בר יצחק

"יוצר" לשבת בראשית. סימן: א׳–ב, יוסף בר יצחק. רא. ח"ב,ב׳ (119); רב. רנ"ה; רג. עמ׳ תל"ז. (ד.ב׳1367). בתים בני ג׳ טורים המתחילים ומסתיימים בפיסקה הראשונה מפרשת השבוע עם פזמון בן ג׳ טורים אחרי כל בית שלישי. מספר מילים רופף (2–9).

בְּרֵאשִׁית אֶרֶק וְדוֹק וְעָשׁ מָנוֹחַ
אָז בֵּאֵר צוּר אֲבִי זָנוֹחַ
וְאֵלֶּה תּוֹלְדוֹת נֹחַ נֹחַ.

וַיֹּאמֶר יְיָ אֶל אַבְרָם בְּחִירִי תִקְרָא
בְּהַשְׁמִיעוֹ כְּחוֹם הַיּוֹם קוֹל קוֹרֵא
וַיֵּרָא אֵלָיו יְיָ בְּאֵלוֹנֵי מַמְרֵא.

וַיִּהְיוּ חַיֵּי שָׂרָה גְּבֶרֶת הַבָּאָה מִמֶּרְחָק
גֶּזַע הוֹלִידָה וּשְׁמוֹ הוּחָק
אֵלֶּה תּוֹלְדוֹת יִצְחָק.

יְדִידִים וְדוֹדִים הַמּוּצָּלִים מֵעוֹל קָשֶׁה
סוֹדְרִים פָּרָשִׁיּוֹת בְּלִי לְהִנָּשֵׂא
תּוֹרָה צִוָּה-לָנוּ מֹשֶׁה.

וַיֵּצֵא יַעֲקֹב דֶּרֶךְ לָרוּץ מִפְּנֵי מַשְׂטִינָיו
דָּגוּל לִוָּהוּ בְּאֶרְאֶלָּיו וְאוֹפַנָּיו
וַיִּשְׁלַח יַעֲקֹב מַלְאָכִים לְפָנָיו.

וַיֵּשֶׁב הַיּוֹשֵׁב בְּאָהֳלֵי תְמִימִים
הִנֵּה נְהִי נִהְיָה עַל בַּעַל הַחֲלוֹמוֹת הַנֶּחְלָמִים
וַיְהִי מִקֵּץ שְׁנָתַיִם יָמִים.

וַיִּגַּשׁ וַיְדַבֵּר אֲרִי בְּשׁוּר בִּתְחִנָּה
וַיִּכָּמְרוּ רַחֲמָיו עַל הוֹרוֹ וַיְבִיאֵהוּ גּוֹשְׁנָה
וַיְחִי יַעֲקֹב בְּאֶרֶץ מִצְרַיִם שְׁבַע עֶשְׂרֵה שָׁנָה. ידידים

וְאֵלֶּה שְׁמוֹת זֶרַע יְדִידָי
זַךְ דָּבָר רוֹגֵי דוֹבְרָי
וָאֵרָא אֶל אַבְרָהָם אֶל יִצְחָק וְאֶל יַעֲקֹב בְּאֵל שַׁדָּי.

בֹּא אֶל פַּרְעֹה חֶרְפָּתוֹ וְחֶרְפַּת עֲבָדָיו הוֹדִיעָם
חֲצוֹת לַיְלָה כֻּלָּם פָּצוּ וַוי בְּמַדָּעָם
וַיְהִי בְּשַׁלַּח פַּרְעֹה אֶת הָעָם.

וַיִּשְׁמַע יִתְרוֹ טֶכֶס אֲמָרִים מְקוּשָּׁטִים
טְבִיעַת יַם סוּף וְדִבּוּר סִינַי כְּלָלִים וּפְרָטִים
וְאֵלֶּה הַמִּשְׁפָּטִים. ידידים

וְיִקְחוּ לִי תְּרוּמָה יְדִידֵי יִשְׂרֵי אֵל
יַעֲשׂוּ מִשְׁכָּן מְנוֹרָה יַדְלִיקוּ בְּבוֹאֵל
וְאַתָּה תְּצַוֶּה אֶל בְּנֵי יִשְׂרָאֵל.

כִּי תִשָּׂא אֶת רֹאשׁ כֻּלָּהֶם
כְּלַל שַׁבָּת כְּלַל לָהֶם
וַיַּקְהֵל מֹשֶׁה אֶת כָּל עֲדַת בְּנֵי יִשְׂרָאֵל וַיֹּאמֶר אֲלֵיהֶם.

אֵלֶּה פְקוּדֵי לוּלָאוֹת וּקְרָסִים אֹהֶל לְחַבֵּר
לַהֲקִימוֹ בְּמַאֲמַר אִמְרֵי דוֹבֵר
וַיִּקְרָא אֶל מֹשֶׁה וַיְדַבֵּר. ידידים

צַו אֶת אַהֲרֹן מוֹקְדָה לְהַתְמִיד בְּרוֹן
מַלֵּא יָדָיו וְיַד בָּנָיו בְּכִשְׁרוֹן
וַיְהִי בַּיּוֹם הַשְּׁמִינִי קָרָא מֹשֶׁה לְאַהֲרֹן.

אִשָּׁה כִּי תַזְרִיעַ נִדָּתָהּ לְדַם לֹא תִזְרַע
נֶגַע צָרוּעַ בְּמִסְפַּר יָמִים נִצְטָרַע
זֹאת תִּהְיֶה תּוֹרַת הַמְּצוֹרָע.

אַחֲרֵי מוֹת שְׁנֵי סְגָנִים מְקוּדָּשִׁים
סַח לְצִיר בְּפֵירוּשִׁים
דַּבֵּר אֶל כָּל עֲדַת בְּנֵי יִשְׂרָאֵל וְאָמַרְתָּ אֲלֵיהֶם קְדוֹשִׁים. ידידים

אֱמֹר אֶל הַכֹּהֲנִים עוֹבְדֵי דוּכָנָי
עַל נֶפֶשׁ מֵת לֹא יָבֹאוּ וְלֹא יְטַמְּאוּ אֶת מִשְׁכָּנָי
וַיְדַבֵּר יְיָ אֶל מֹשֶׁה בְּהַר סִינָי.

אִם בְּחֻקּוֹתַי תֵּלֵכוּ פָּץ יוֹדֵעַ וָעֵד
פְּרוּ וּרְבוּ אַרְבָּעָה דְּגָלִים לְהִיוָּעֵד
וַיְדַבֵּר יְיָ אֶל מֹשֶׁה בְּמִדְבַּר סִינַי בְּאֹהֶל מוֹעֵד.

נָשֹׂא אֶת רֹאשׁ צוֹרְחֵי שִׁירוֹת
צוּר צִוָּה אֶת צִיר לְהוֹרוֹת
בְּהַעֲלוֹתְךָ אֶת הַנֵּרוֹת.   ידידים

שְׁלַח לְךָ אֲנָשִׁים קַלִּים לָרוּץ אוֹרַח
קָלוֹן וְרוֹב טוֹרַח
וַיִּקַּח קֹרַח.

זֹאת חֻקַּת רָם וְנִשָּׂא
רוֹדְפֵי עַמּוֹ הֶאֱבִיד וְשָׂמָם לִמְשִׁסָּה
וַיַּרְא בָּלָק בֶּן צִפּוֹר אֶת כָּל אֲשֶׁר עָשָׂה.

פִּנְחָס שַׂר זִימָּה וְקִנֵּא לָאֵל עֵינָיו מְשׁוֹטְטוֹת
שָׁלוֹם יְהִי לוֹ אוֹת מִלְּבְנוֹת
וַיְדַבֵּר מֹשֶׁה אֶל רָאשֵׁי הַמַּטּוֹת.   ידידים

אֵלֶּה מַסְעֵי תְּמִימִים יְשָׁרִים
תַּחְתִּיּוֹת סִינַי עָמְדוּ וְקָשְׁבוּ מִפִּי אַדִּיר אַדִּירִים
אֵלֶּה הַדְּבָרִים.

וָאֶתְחַנַּן אֶל יְיָ עוֹשֵׂה פֶלֶא
יְמֵיכֶם וּשְׁנוֹתֵיכֶם בַּטּוֹב לְבַלֵּה
וְהָיָה עֵקֶב תִּשְׁמְעוּן אֶת הַמִּשְׁפָּטִים הָאֵלֶּה.

רְאֵה אָנֹכִי פּוֹעֶלְךָ וְיוֹצֶרְךָ
פְּקוּדֵי אֵל נְצוֹר וְאֶאֱצוֹרֶךָ
שׁוֹפְטִים וְשׁוֹטְרִים תִּתֵּן לְךָ בְּכָל שְׁעָרֶיךָ.   ידידים

כִּי תֵצֵא לַמִּלְחָמָה תְּבַטֵּא בְּדָר עֶרֶץ
תְּרוּמַת יָדְךָ תָּרִים בְּמֶרֶץ
וְהָיָה כִּי תָבֹא אֶל הָאָרֶץ.

אַתֶּם נִצָּבִים הַיּוֹם חֲיָילִים לְגַבְּרָה
חֹק אֲמָרִים לִשְׁמוֹר מִלְּהַסְתִּירָה
הַאֲזִינוּ הַשָּׁמַיִם וַאֲדַבֵּרָה.

וְזֹאת הַבְּרָכָה זִימֵּן יְקוּתִיאֵל
כְּתָבָהּ בְּדִבְרֵי אֵל
וּלְכֹל הַיָּד הַחֲזָקָה וּלְכֹל הַמּוֹרָה הַגָּדוֹל אֲשֶׁר עָשָׂה
מֹשֶׁה לְעֵינֵי כָּל יִשְׂרָאֵל.

ידידים

1. ארק,--ארץ; ודוק,--שמים,ע"פ ישעיה מ׳:כ"ב; ועש,--איוב ט׳:ט׳; מנוח,--מקום לנוח,ע׳ מראשית ח׳:ט׳. צור,--הקב"ה; אבי זנוח,--אחד השמות של מרע"ה ע׳ ויק"ר א׳.ג׳. 3. ואלה...נח,--בראש׳ ו׳:ט׳. 4. ויאמר...אברם,--שם י"ב:א׳; בחירי,--ע׳ ויק"ר א׳.ד׳: "׳הרימותי בחור מעם׳ (תהל׳ פ"ט:כ׳) זה אברהם". 5. כחום היום,--בראש׳ י"ח:א׳; קול קורא,--רומז לנבואה על לידת יצחק ומהפכת סדום וע׳ רש"י, שם, י"ח:ב׳ וע׳ ישעיה ס׳:ג׳. 6. וירא וכו׳,--בראש׳ י"ח:א׳. ויהיו... שרה,--שם כ"ג:א׳; ממרחק,--מאור כשדים וע׳ ירמיה ה׳:ט"ו; ושמו הוחק,--ע"פ ב"ר,נ"ג.ד׳: "יצחק, יֹצא חוֹק לעולם, ניתן דורייה (מתנה) לעולם", ודורש יצחק נוטריקון, ע׳ שם מהדורת י. טהעאדאר, ע׳ 562. 9. אלה וכו׳,--בראש׳ כ"ה: י"ט. 10. ידידים,--כנוי לישראל וע׳ מכילתא,בשלח ב׳.ה׳: "אמר המקום למשה, ׳ידידי טובעים בים...ואתה עומד ומרבה בתפלה׳." וע׳ מנחות נ"ג,ע"ב; ידידים ודודים,--ישעיה ה׳:א׳; המוצלים,--זכריה ג׳:ב׳; עול קשה,--שעבוד מצרים,ע"פ ויקרא כ"ו:י"ג. 11. פרשיות,--פרשיות התורה ונושא הפייטן ב"יוצר" שלנו; להנשא,--ישעיה י"ט:י"ג. 13. ויצא יעקב,--בראש׳ כ"ח:י׳; לרוץ... משטיניו,--שם,כ"ז: מ"א:מ"ג. 14. דגול,--הקב"ה ע"פ שה"ש ה׳:י׳; באראליו ואופניו,--רומז לכתי מלאכים שליוו יעקב אבינו בא"י ובחוץ לארץ וע׳ ב"ר ס"ח.י"ב. 15. וישלח וכו׳,--בראש׳ ל"ב:ד׳. 16. וישב ,--שם ל"ז:א׳; היושב...תמימים,--כלומר "יעקב איש תם יושב אוהלים",

שם כ"ה:כ"ז. 17. נהי נהיה,--מיכה ב׳:ד׳; בעל החלומות,--רומז ליוסף ע"פ בראש׳
ל"ז:י"ט; החלומות הנחלמים,--ירמיה כ"ט:ח׳. 18. ויהי מקץ וכו׳,--בראש׳ מ"א:א׳.
19. ויגש וידבר,--שם מ"ד:י"ח; ארי,--כנוי ליהודה, ע׳ שם מ"ט:ט׳; בשור,--
רומז ליוסף,ע׳ שם מ"ט:כ"ב. 20 ויכמרו רחמיו,--שם מ"ג: ל׳; הורו,--יעקב אבינו;
גושנה,--שם מ"ו:כ"ח. 21. ויחי וכו׳,--שם מ"ז:כ"ח. 22. ואלה שמות,--שמות א׳:א׳;
ידידי,--רומז לאבות. 23. רוני דוברי,--ר"ל צעקת בני ישראל מן העבודה בשעבוד
מצרים ע"פ שמות ב׳:כ"ג: "ותעל שועתם אל אלהים." 24. וארא וכו׳,--שם ו׳:ג׳.
25. בא...פרעה,--שם י׳:א׳; חרפתו...עבדיו,--יהושע ה׳:ט׳. 26. חצות לילה,--
שמות י"ב:כ"ט; במדעם,--על מכת הבכורות, וע׳ דבהי"ב א׳:י"א. 27. ויהי בשלח וכו׳
,--שמות י"ג:י"ז. 28. וישמע יתרו,--שם י"ח:א׳; טכס,--כלומר יפי; אמרים מקושטים
,--רומז לסיפור יציאת מצרים, וע׳ מאיר ב"ר יצחק ש"ץ, "ליל שמורים טכס פלאיך
משירי הודאות נתיחדת" (ד.ל׳724). 29. טביעת...טרף,--שמות ט"ו:ד׳; ודבור סיני
,--שם כ׳:א׳; כללים ופרטים,--ייתכן שבזה הביע פולמוסו נגד הקראים בביזנטיון
בדומה לטוביה בן אליעזר ובנימין בר שמואל שהדגישו שבמעמד הר סיני נתנה גם
התורה שבעל פה ומצוות "סתומות ופתוחות פרטן וכללן" וע׳ במבוא. 30. ואלה המשפטים
,--שמות כ"א:א׳. 31. ויקחו...תרומה,--שם כ"ה:ב׳. 32. משכן,--שם כ"ה:ט׳; מנורה
,--שם כ"ה:ל"א; בבואל,--שם כ"ח: כ"ט,ל"ה. 33. ואתה וכו׳,--שם כ"ז:כ׳. 34. כי
תשא וכו׳,--שם ל׳:י"ב; כלהם,--ש"ב,כ"ג:ו׳. 35. שבת,--שמות ל"א:י"ד. 36. ויקהל
וכו׳,--שם ל"ה:א׳. 37. אלה פקודי,--שם ל"ח:כ"א; לולאות...לחבר,--שם כ"ו:י"א.
38. במאמר,--הקב"ה; דובר,--מרע"ה. 39. ויקרא וכו׳,--ויקרא א׳:א׳. 40. צו...
אהרן,--שם ו׳:א׳; מוקדה להתמיד,--שם ו׳:א׳-ו׳. 41. מלא ידיו,--שמות כ"ח:מ"א;
בכשרון,--קהלת ב׳:כ"א. 42. ויהי וכו׳,--ויקרא ט׳:א׳. 43. אשה...נדתה,--שם
י"ב:א׳; לא תזרע,--כלומר "וטמאה שבעת ימים כמי נדת דותה תטמא" ע׳ שם. 44.
נגע צרוע,--שם י"ג:ב׳; ימים,--שם י"ג:ד׳; בצטרע,--ע׳ סנהדרין ק"ז,ע"א. 45.
זאת וכו׳,--שם י"ד:ב׳. 46. אחרי מות שני,--שם ט"ז:א׳. 47. ציר,--מרע"ה. 48.
דבר וכו׳,--שם י"ט:א׳. 49. אמר...הכהנים,--שם כ"א:א׳; דוכני,--המקום במקדש
שם עמדו הכהנים לברך את העם וע׳ "קינה" לת"ב,"איכה תפארתי" (ד.א׳2923):
"טבעו נכסי רובדי דוכני, בגיא חמת כנקטל מכהני." 50. על נפש...יטמאו,--ע׳
ויקרא כ"א:א׳. 51. וידבר וכו׳,--שם כ"ה:א׳. 52. אם...תלכו,--שם כ"ו:ג׳;
יודע ועד,--ע׳ ב"סלוק" "ונתנה תוקף" (ד.ו׳451): "אמת כי הוא דין ומוכיח
ויודע ועד. 53. פרו ורבו,--כלומר בני ישראל בהמונם וע׳ שמות א׳:ז׳; ארבעה
דגלים,--כלומר דגלי מחנות יהודה, ראובן, אפרים ודן ע׳ במדבר ב׳:ג׳,י׳,י"ח,
וכ"ה. 54. וידבר וכו׳,--במדבר א׳:א׳. 55. נשא...ראש,--שם ד׳:כ"ב; צורחי שירות

,--כלומר הלווים למשפחותם, ע' שם,ד':מ"ו. 56. צור,--הקב"ה; ציר,--מרע"ה. 57. בהעלותך וכו',--שם ח':ב'. 58. שלח לך,--שם י"ג:ב'; לרוץ אורח,--תהל' י"ט:ו'. 59. טורח,--ע' דברים א':י"ב. 60. ויקח קרח,--במדבר ט"ז:א'. 61. זאת חקת,--שם י"ט:ב'. 62. רודפי...למשסה,--רומז לנצחון על מלכי האמרי והבשן, ע' שם,כ"א:כ"א. 63. וירא וכו',--שם כ"ב:ב'. 64. פנחס...וקנא,--שם כ"ה:י"א; משוטטות,--דיה"ב,ט"ז:ט'. 65. שלום...לו,--במדבר כ"ה:י"ב, פנחס "שם שלום בין השבטים" ע' זבחים ק"א,ע"ב; אות,--הברית; מלנטות,--מוסב על "וקנא" ורומז למאמר חז"ל: "ראה (פנחס) מעשה ונזכר הלכה א"ל:אחי אבי אבא (מרע"ה), לא כך לימדתני ברדתך מהר סיני, הבועל את הארמית קנאין פוגעין בו'?", ע' סנהדרין פ"ב,ע"א. 66. וידבר וכו',--במדבר ל':ב'. 67. אלה מסעי,--שם ל"ג:א'. 68. תחתיות סיני,--שמות י"ט:י"ז; אדיר,--תהל' צ"ג:ד'. 69. אלה הדברים,--דברים א':א'. 70. ואתחנן...יי,--שם ג':כ"ג; עושה פלא,--שמות ט"ו:א'. 71. ימיכם... לבלה,--איוב כ"א:י"ג. 72. והיה וכו',--דברים ז':י"ב. 73. ראה אנכי,--שם י"א: כ"ו. 75. שופטים וכו',--שם ט"ז:י"ח. 76. כי תצא למלחמה,--שם כ"א:י'; תבטא,--כלומר תתפלל בשם "דר ערץ", הקב"ה היושב במרום. 77. תרומת ידך,--שם כ"ו:ב'. 78. והיה וכו',--שם כ"ו:א'. 79. אתם נצבים,--שם כ"ט:ט'; חיילים לגבורה,--קהלת י':י'. 81. האזינו השמים,--דברים ל"ב:א', על זה שלא כלל הפייטן פרשת וילך, ע' צונץ,ריטוס, עמ' 179. 82. וזאת הברכה,--דברים ל"ג:א'; יקותיאל,--מרע"ה, ע' ויקרא רבה א':ג'. 83. כתבה,--ישעיה ל':ח'. 84. ולכל וכו',--דברים ל"ד:י"ב.

6. אנאטולי (זרחיה) בן דויד קזאני

"תוכחה" לראש השנה. סימן: אנאטולי קזאני חזק ואמץ. כה"י מ"ר, ו, 320,עמ' 137. (ד.א' 5926). חרוז מבריח. המשקל: השלם.

--ט-/--ט-/--ט-//--ט-/--ט-/--ט-/---

אִמְרִי יְחִידָתִי הֲלָנֶצַח תְּהִי/ גָּרָה בְּבֵית גּוֹמֶר וְאַתְּ נִרְדֶּמֶת,
בָּמָּה שְׁנָתֵךְ לָךְ וְקִצֵּךְ מֵחָקוּר/ הִנָּךְ כְּשׁוֹמֶמֶת וְכַנִּדְהֶמֶת.
אִזְרִי עֲדֵי גָאוֹן וְאוֹן חִגְרִי בְּמַ/דַּע תַּכְלִיתֵךְ אַל תְּהִי נִכְלֶמֶת;
טַהֲרִי וְהִזַּכִּי וְרוּעַ מַעֲלַ/לַיִךְ הֱיִי בָּמוֹ מְאֹד נוֹהֶמֶת.
וּכְבוֹד אֱלֹהָיִךְ אֲשֶׁר מְלֹא בְּרָ/אֵךְ אַתְּ חֲסָדָיו יוֹם לְיוֹם נוֹאֶמֶת;
לִרְאוֹת אֱלֹהוּתוֹ הָאִירֵךְ אֶל שְׁפָ/לִים אַתְּ מְאוֹרֵךְ אַל תְּהִי עוֹמֶמֶת.
יַגֵּהּ שְׁבִיב זָהֳרֵךְ בְּחָקְרֵךְ אֶת פְּלִ/אוֹתָיו וּמַעְבָּדָיו הֱיוֹת זוֹמֶמֶת;

קִרְאִי עֲצָרָה לָךְ וּפִקְדִי אֶת פְּשָׁ/עַיִךְ וְאֶל חֶטְאֵךְ תְּהִי זוֹעֶמֶת.
זִכְרוֹן תְּרוּעָה רוֹעֲעִי בוֹ רַעֲשִׁי/ רִגְזִי וְחִילִי גַם הֱיִי עוֹגֶמֶת,
אָמְנָה וְהָא יוֹם יַעֲמִיד אוֹתָךְ בְּמִשְׁ/פָּט עַל גְּלוּיָה לָךְ וְעַל נֶעֱלֶמֶת.
נוֹרָא וְקָדוֹשׁ בּוֹ בְּמַאְזַן יַעֲלֶה/ מִפְעַל וּבוֹ כָּל בְּרִיָּה נִשְׁלֶמֶת;
יָרִים מְרוֹם שַׁחַק אֲשֶׁר נִצְטַדְּקָה/ חוֹטֵאת בְּמִרְדָּה תִּהְיֶה נֶהֱלֶמֶת.
חִרְדִי לְבַעֲבוּר זֹאת יְחִידָתִי וְנַפְ/שֵׁךְ מַלְּטִי מִלְּהִיוֹת גּוֹלֶמֶת;
זִבְחִי תְּשׁוּקוֹת הַבְּהֵמִיּוֹת עַד הֱיוֹ/תָם לָךְ כְּדִמְיוֹן הַחֲלוֹם חוֹלֶמֶת.
קִרְבִי וְגוֹשִׁי אֶל אֲדוֹנַיִךְ וּמִ/שִּׁפְעוֹ תְּהִי עֵרָה וְלֹא נִפְעֶמֶת.
דְּמִי לְאַיָּלָה אֲשֶׁר מֵרָעָה יְתוּר/ הָרִים וְלֹא תִירָא הֱיוֹת נִלְחֶמֶת.
אַתְּ מַחֲצָבֵךְ הַמְּקֻדָּשׁ שַׁחֲרִי/ נִטְּשִׁי נְוַת גּוֹמֶר אֲשֶׁר נִגְשֶׁמֶת;
מָאז הֱיוֹתֵךְ אַתְּ פְּשׁוּטָה מִבְּלִי/ עוֹרֶק וְעֶצֶם גַּם בְּעוֹר נִקְרֶמֶת;
צַהֲלִי יְחִידָתִי וְשׁוּבִי לָךְ בְּבֵית/ אָבִיךְ וּמִלַּחְמוֹ הֱיִי לוֹחֶמֶת.

1 יחידתי,--רומז לנשמה ע"פ ב"ר, י"ד.ט׳: "נשמה נקראת חיה יחידה",וע׳ תהל׳ כ"ב: כ"א; תהי גרה,--מתגוררת, הנשמה נתונה בגוף לזמן מה; בבית גומר,--הכונה לגוף,ע׳ להלן טור 17. 2 במה שנתך,--תהל׳ ע"ו:ח׳; וקצך מחקור,--כלומר אין את דואגת על ההתעוררות משנתך. 3 אזרי...גאון,--איוב מ׳: ז׳,י׳. 4 טהרי...מעלליך,--ישעיה א׳: ט"ז; נוהמת,--תהל׳ ל"ח:ט׳. 5 מלא,--ר"ל מן לא, מאין; יום ליום,--תהל׳ י"ט:ג׳. האירך...שפלים,--יחזקאל מ"ג:ב׳. 7 יגה שביב,--איוב י"ח:ה׳; בחקרך...פליאותיו,--שם ט׳:י׳; מכבדיו,--שם ל"ד:כ"ה. 8 קראי עצרה,--יואל א׳: י"ד; ופקדי...פשעיך,--עמוס ג׳:י"ד. 9 זכרון תרועה,--ויקרא כ"ג:כ"ד; רגזי וחילי,--דברים ב׳:כ"ה; עוגמת,--איוב ל׳:כ"ה. 10 אמנה,--יהושע ז׳:כ׳; יום,--הכסא; יעמיד...במשפט,--משלי כ"ט: ד׳; נעלמת,--קהלת י"ב:י"ד. 11 נורא וקדוש,--תהל׳ קי"א:ט׳; בו,--ביום הכסא; במאזן יעלה,--תהל׳ ס"ב:י׳. 12 ירים,--שם ע"ה:ח׳; חוטאת,--כלומר אבל החוטאת וכו׳; במרדה,--דניאל ט׳:ה׳. 13 לבעבור,--שמות כ׳:כ׳; חרדי...ונפשך,--יחזקאל ל"ב:י׳; נפשך מלטי,--מ"א,א׳:י"ב. 14 זבחי,--כלומר שימי לאל; תשוקות הבהמיות,--כלומר תאוות הגשמיות וע׳ רי"ה, כוזרי,ג׳.ה׳. 15 קרבי וגושי,--ישעיה ס"ה:ה׳; ומשפעו,--רומז לאצילות רוחנית הנאצלת מאת הקב"ה ומתפשטת על הנבראים, וע׳ רי"ה,שם, ה׳. י"ד; נפעמת,--תהל׳ ע"ז:ה׳. 16 מרעה...הרים,--איוב ל"ט:ח׳. 17 את,--כלומר הנשמה; מחצבך,--יצירת ורומז לשיטה הניאו-אפלטונית בענין האצלת הנשמה מאת הבורא או מאת השכלים הנפרדים, וע׳ רשב"ג, "כתר מלכות", טור 283: "עשיתה (הנשמה) מלהבות

אש השכל חצובה"; נות גומר,--רומז לגוף, ע' לעיל טור 1. 18 עורק ועצם,--איוב ל':י"ז; בעור נקרמת,--כלומר רק בשעת יציאת הוולד נקרמה הנשמה בעובר בעל בשר גידים ועצמות וע' סנהדרין צ"א: "א"ל אנטונינוס לרבי, נשמה, מאימתי ניתנה באדם...משעת יציאה", וע' רש"י, שם, ד"ה "משעת יצירה". 19 לוחמת,--משלי ד':י"ז.

6א. אנאטולי קזאני

"פתיחה" ל"יוצר" לפסח. סימן: לאנטולי בן דויד קזאני חזק ואמץ. כה"י מ"ר, א, 1082, עמ' 61. (ד.ל' 1389). חרוז מבריח. המשקל: המרובה.

ᴗ--- /ᴗ--- /ᴗ-- //ᴗ--- /ᴗ--- /ᴗ--

לְבַגֵּן חַסְדְּךָ תַּעֲרוֹג אֱלֹהִים/ יְחִידָתִי שְׁמֵךְ נוֹרָא לְבָרְכָה;
אֲבָל תִּקְצַר לְשׁוֹנִי מִלְּמַלֵּל/ גְּדוּלָּתְךָ הֲכִי רָחְבָּה וְאָרְכָּה.
נְשָׁמָה מִמְּקוֹר שֵׂכֶל חֲצַבְתָּהּ/ בְּגוּ שַׂמְתָּהּ שְׁמוּרָה וַעֲרוּכָה;
טְהוֹרָה מִבְּלִי טֶנֶף וּמִסִּיג/ תְּאוֹרוּן לַעֲרוֹךְ מֵאַיִן מְבוּכָה.
וְסִפֵּר מִפְּלְאוֹתֶיךָ פְּעַלְתָּם/ לְאִישׁ שַׂמְתּוֹ בְּתוֹךְ אֶרֶץ בְּרָכָה;
לְאָב אֵיתָן הֲקִימוֹתוֹ כְּהַכִּיר/ אֱלוֹהוּתָךְ וּמֶמְשַׁלְתָּךְ נְסוּכָה.
יְקַר הוֹדְךָ סְעָדָהוּ בְּיֶשַׁע/ וְגַם חַסְדְּךָ עֲלֵי רֹאשׁוֹ מְשׁוּכָה;
בְּחַנְתֵּהוּ בְּעֶשֶׂר וּמְצָאתוֹ/ הֱיוֹת נַפְשׁוֹ בְּךָ נֶצַח תְּמוּכָה.
נְטַע בְּעָמָן חֲנַנְתּוֹ עֵת זְקוּנִים/ וְהִמְלִיטָה גְּבִירָה הַנְּסִיכָה,
רְצוֹנְךָ לִבְחוֹן אוֹתוֹ עֲנַשְׁתּוֹ/ הֱיוֹת נִינָיו בְּאֶרֶץ נוֹף לְחֵלְכָה.
כְּבַד הַפֶּרַע אֲשֶׁר רִבְצוֹ יְאוֹרָיו/ כְּמוֹ תַנִּים וְגַם בִּכְרָה שְׂרוּכָה;
יְרוּדִים לִהְיוֹת תַּחְתָּיו עֲדֵי תוֹם/ שְׁנוֹת שִׁעְבּוּד מְלָאכָה הַפְּרוּכָה.
דְּרַשְׁתֵּמוֹ פְּצוֹתָם מִכְּבָלִים/ בְּרַגְלָם שָׁם וְהוֹלִיךְ עַל שְׂבָכָה,
וְעֵת לֹא נִכְנַע רָעַד וְכִחֵשׁ/ בְּשֵׁם קָדְשְׁךָ כְּמוֹ חֵמָה שְׁפוּכָה.
יְמִין עוּזָךְ הֲרִימוֹתָ בְּעֶשֶׂר/ פְּלָאִים הַרְאוֹת שָׁעָה צְרִיכָה;
דְּגַת הַיְאוֹר בְּעֵת נֶהְפַּךְ לְדָמִים/ אֲזַי בָּאַשׁ וְשָׁפְלָה הָאֲבִיכָה.
קְרָבָיו פָּם צְפַרְדֵּעַ מְקַרְקֵר/ עֲפַר אַרְצוֹ לְמוֹ כִּנִּם נְמוּכָה;
זְחִילַת הֶעָרוֹב דּוּבִּים נְמֵרִים/ וְאַף דֶּבֶר בְּחוּם רוּחַ חֲרוּכָה.
אֲבַעְבּוּעוֹת שְׁחִין פָּרַח בְּשָׂרוֹ/ בְּרִידַת הֶחָנָמַל פּוֹ זְעוּכָה;

נְשָׁמָה שָׁת נְאוֹת אַרְצוֹ בְּחָסִיל/ וְהִשְׁכִּינוֹ בְּאוֹפֶל וַחֲשֵׁיכָה.
יְדִידָיו הַחֲשׁוּקִים הַבְּכוֹרִים/ פְּגָרִים נִמְצְאוּ מֵאֵין אֲרוּכָה;
חֲמַת תַּנִּין בְּכָל אֵלֶּה חֲזָקָה/ וְלֵב הִקְשָׁה וְעוֹד קַשְׁתּוֹ דְּרוּכָה.
חֲלָצָיו הֶחֱזִיק לִמְאֹד וְאָזַר/ הֲדוֹף אוּמָּה מְקַנָּה בָךְ וְחוֹכָה;
זְרוֹעַ קָדְשְׁךָ נִעֵר הֲמוֹנוֹ/ בְּלֵב יַמִּים כְּמוֹ עוּגָה הֲפוּכָה.
קְבָל אֵל שַׁוְעָה שִׁירֵי רְנָנִים/ עֲנִיָּה סוֹעֲרָה רָשָׁה תְּדָכָה,
וְכָעֵת הָאֱלֹהִים חַי וְיָכוֹל/ זְכוֹר עֵדָה בְּיַד זָרִים הֲדוּכָה.
אֲמוּלָה וּרְמוּסָה לִמְשִׁסָּה/ וּמְאוֹרָה עֲמוּמָה גַּם דְּעוּכָה;
מְלֹא רוֹעִים יְחַתּוּהָ בְּקוֹלָם/ עֲצוּרָה הִיא לְמֶמְשַׁלְתָּם חֲשׁוּכָה.
צְהַל צֵאָה תְּנָה לָהּ יָד לְתָמְכָה/ וּבִימִינְךָ תְּשַׁוֶּה תַהֲלוּכָה;
אֲזַי תִּגְדַּל וְתִתְקַדַּשׁ בְּפִי כֹל/ וְהָיְתָה לְךָ יְיָ הַמְּלוּכָה.

1. תערוג,--תהלים מ"ב:ב׳; יחידתי,--הכונה לנשמה ע׳ בראשית רבה י"ד.ט׳, וז"ל, "נשמה נקראת חיה יחידה וכו׳",וע׳ תהלים שם.3. נשמה...חצבתם,--המשורר הולך אחרי הדעה הניאו-אפלטונית שלפיה נאצלה הנשמה מן השכל וע׳ רשב"ג, "כתר מלכות" שו׳ 284, וז"ל, "עשיתה (הנשמה) מלהבות אש השכל חצובה; בגו,--בפנים.4. מסיג,--מפסלת; תאורון,--(Θεωρῶν), כלומר באמרו (הקב"ה) בלבו; לערוך,--הנשמה; מאין,--מבלי.5. לאיש,--הכונה לאדם הראשון; ארץ ברכה,--כנוי לגן עדן.6. אב איתן,--הכונהלאברהם אבינו; נסוכה,--ישעיה כ"ה:ז׳.8. בעשר,--הכונה לעשרה נסיונות בם נתנסה אברהם, ע׳ אבות ה׳.ד׳. 9. נטע נעמן,--כנוי ליצחק; עת זקונים,--בראשית כ"א:ב׳; והמליצה,--ישעיה ס"ו:ז׳; גבירה הנסיכה,--הכונה לשרה.10. ענשתו... נוף,--ע׳ נדרים ל"ב,ע"א, וז"ל,"מפני מה נענש אברהם אבינו ונשתעבדו בניו למצרים רפ"ו שנים וכו׳"; ארץ נוף,--כנוי למצרים; לחלכה,--תהלים י׳:ח׳. 11. ביד,--חזקה ובזרוע הנטויה של הקב"ה;רבצו...תנים,--יחזקאל כ"ט:ג׳ והכונה לפרעה מלך מצרים; בכרה שרוכה,--ירמיה ב׳:כ"ב.12. ירודים,--הכונה לבני ישראל ע׳ דברים י׳:כ"ב; הפרוכה,--שמות א׳:י"ג.13. פצותם,--להצילם ע׳ תהלים קמ"ד:י"א; מכבלים...שם,--שם ק"ה:י"ח; והוליך...שבכה,--איוב י"ח:ח׳.14. לא נכנע,--פרעה ;וכחש...עוזך,--תהלים ס"ו:ג׳.15. עשר,--מכות.16. דגת...דמים,--שמות ז׳:י"ז,י"ח; האביכה,--הגאה והכונה לנילוס ע׳ ישעיה ט׳:י"ז וראב"ע ורד"ק שם.17. קרביו,--כלומר קרוב לדם ; בם,--במצרים; מקרקר,--ישעיה כ"ב:ה׳; עפר...כנם,--שמות ח׳:י"ב.19. אבעבועות

...פרח,--שם ט׳: י׳; החנמל,--תהלים ע"ח:מ"ז; זעוכה,--דעוכה ע׳ איוב י"ז:א׳ 20. בחסיל,--תהלים ע"ח:מ"ו; השכינו,--כלומר הושיבו ולא קמו איש מתחתיו ע׳ שמות י׳:כ"ג ; אופל,--שם.22. חמת תנין,--דברים ל"ב:ל"ג והכונה לפרעה ע"פ יחזקאל כ"ט:ג׳; חזקה,--שמות י"ד:ד׳.23. הדוף,--כלומר כך אמר פרעה לחילו,"הדוף אומה זו וכו׳ ע׳ מכילתא, 2-1, ב27-א27. 24. המונו,--יחזקאל ל"א:ב׳; עוגה הפוכה,--הושע ז׳:ח׳.25. קבל,--נגד ע׳ מ"ב,ט"ו:י׳; עניה סוערה,--ישעיה נ"ד:י"א; תככה,--עשוקה. 26. הדוכה ,--דרוכה.27. אמולה,--העבר כח .28. רועים,--שברים ע׳ תהלים ב׳:ט׳.29. צאה,--כלומר, צאתה מגלות וע׳ ר"א קליר, "שבת סורו מני" (דוידזון ש׳ 337) וז"ל, "שישי שמע לגוי צאני; ובימינך...תהלוכה,--נחמיה י"ב:ל"א. 30. והיתה...המלוכה,--עובדיה כ"א.

7. מרדכי בר שבתי הארוך

"סליחה" לליל יוה"כ. המקורות: כה"י מ"ר,ו. 320,עמ׳ 262; רא. ח"ב,ב׳ 44; רב. עמ׳ של"ד; רג. עמ׳ קע"ג. החריזה: אאא,/ב//גגג,/ב//וכו׳. החתימה: מרדכי ארוך. שמונה בתים המתחילים ומסתימים במילת "לילה" בני ארבע טורים ששלושה מהם מחריזים והרביעי הבאה מהמקרא. מספר מילים בלתי קבוע (6-4 ועוד). (ד.ל׳ 735).

לַיְלָה מְּמְעוֹן קָדְשְׁךָ מִן הַשָּׁמַיִם הַשְׁקִיפָה בַּהֲמוֹנָי
וּסְלַח חַטָּאתִי פְּשָׁעַי וּזְדוֹנָי
אֵלֶיךָ אֶקְרָא צוּרִי כָּל הַיּוֹם וְנֶגְדְּךָ יְיָ
אֱלֹהֵי תְשׁוּעָתִי יוֹם צָעַקְתִּי בַּלָּיְלָה.

לַיְלָה רַחֲמֶיךָ יְקַדְּמוּנִי נוֹרָא עֲלִילָה
וְאַל תַּט בְּאַף לְשַׁלֵּם כְּפִי הַגְּמוּלָה
רְצֵה בָא תְּפִלָּתִי כְּאָז רָצִיתָ רֵיחַ נִיחֹחַ הָעוֹלָה
עַל מוֹקְדָה עַל הַמִּזְבֵּחַ כָּל הַלַּיְלָה.

לַיְלָה דְּרַשְׁתִּיךָ עוֹבֵר עַל פֶּשַׁע וּלְפָנֶיךָ נִצַּבְתִּי
יָדַי אֵלֶיךָ פֵּרַשְׂתִּי וּסְלִיחָה בִקַּשְׁתִּי
לְחַלּוֹתְךָ בְּלֵיל עָשׂוֹר הַזֶּה קִדַּמְתִּי
בְּנֶשֶׁף בְּעֶרֶב יוֹם בְּאִישׁוֹן לַיְלָה.

לַיְלָה ׳כּוֹנֵן עַמְּךָ לְבוֹ לִקְרָאתְךָ לְהַמְצִיאוֹ רְוָחָה
קִדְּמוּ עֵינָיו אַשְׁמוּרוֹת לִשְׁפּוֹךְ שִׂיחָה
וְהִתְוַדָּה עֲוֹנוֹ וּפִשְׁעוֹ בְּתַעֲבוֹר הַמִּנְחָה
עַל פָּנָיו וְהוּא לָן בַּלַּיְלָה.

לַיְלָה ׳יֶשְׁעֲךָ קִוִּיתִי אֵל נוֹרָא וְאָיוֹם
רוֹעַ גְּזַר דִּין לִמְחוֹק וּלְהַמְצִיא פִּדְיוֹם
הַעֲבֵר זְדוֹנוֹתַי מִלְּפָנֶיךָ כְּיוֹם
אֶתְמוֹל כִּי יַעֲבֹר וְאַשְׁמוּרָה בַלַּיְלָה.

לַיְלָה ׳אֱזוֹן רִנָּתִי וּבִסְלִחוֹתֶיךָ עַתָּה אֲרוֹמֵם
׳רְפָא מְשׁוּבוֹתַי וּמַסְטִינַי יְדוֹמֵם
צוּרִי אִם אֵין בִּי מְעַט טוֹב יוֹמָם
יְצַוֶּה יְיָ חַסְדּוֹ וּבַלַּיְלָה.

לַיְלָה ׳וְיוֹמָם אַל יֶחֱשׁוּ הַמַּזְכִּירִים לְפָנֶיךָ מֶלֶךְ רַב
׳כּוֹפֶר אֶמְצָא וְשִׂיחִי עָלֶיךָ יֶעֱרַב
דֶּרֶךְ רֶשַׁע עָזַב כָּל אִישׁ וְלֹא קָרַב
זֶה אֶל זֶה כָּל הַלַּיְלָה.

לַיְלָה קְרִיאָתֵנוּ הַקְשִׁיבָה וְהַמְצֵא לָנוּ עֶזְרָה בְּצָרָה
וְיֵרָאֶה אֶל עֲבָדֶיךָ פָּעֳלֶךָ לִשְׁמוֹעַ עֲתִירָה
וּזְכוֹר צִדְקַת נֶעֱקַד כְּיוֹם וַיֵּרָא
אֵלָיו יְיָ בַּלַּיְלָה.

1 ממעון...השקיפה,--דברים כ"ו:ט"ו; בהמוני,--הפייטן היה גם הש"ץ והתפלל בעד הקהל ע׳ צונץ,ס.פ.,עמ׳ 296. 3 אליך אקרא,--תהל׳ פ"ח:ב׳. 5 נורא עלילה,--שם ס"ו: ד׳. 6 ואל...באף,--שם כ"ז:ט׳; הגמולה,--ש"ב, י"ט:ל"ז. 7 כאז,--בזמן שבית המקדש היה קיים; רצית...ניחח,--יחזקאל כ׳:מ"א; העולה וכו׳,--ויקרא ו׳:ב׳. 9 עובר...פשע,--מיכה ז׳:י"ח; פרשתי,--איוב י"א:י"ג. 11 בליל עשור,--ביוה"כ וקובע בזה את ייעודו של הפיוט; קדמתי בנשף,--תהל׳ קי"ט:קמ"ז. 12 בערב...

לילה,--משלי ז׳:ט׳. 14 קדמו...שיחה,--תהל׳ שם, קמ"ח. 15 ותעבור וכו׳,--בראש׳ ל"ב:כ"ב. 17 ישעך קויתי,--שם מ"ט: י"ח; נורא ואיום,--חבקוק א׳:ז׳. 18 פדיום ,--ע׳ ב"קרובה" לקלירי "אפד מאז" (ד.א׳7106): "בחון מעשה כל יום/ גישת יקומים פני איום/ דינם בו לפלס לפדיום" וע׳ דויד אבן בקודה,"יי דאבה רוחי" (ד.א׳790): "עד אן אקוה פדיום/ אל נורא ואיום". 19 כיום וכו׳,--תהל׳ צ׳:ד׳. 22 רפה משובותי,--ירמיה ג׳:כ"ג. 23 יומם וכו׳,--תהל׳מ"ב: ט׳. 25 לילה... המזכירים,--ישעיה ס"ב:ו׳. 26 שיחי...יערב,--תהל׳ ק"ד:ל"ד. 27 דרך...עזב,-- ישעיה נ"ה:ז׳; ולא וכו׳,--שמות י"ד:כ׳. 29 קריאתנו,--תפלתינו וע׳ דב"ר ב׳. א׳: "י׳ לשונות נקראת תפילה ואלו הן...קריאה וכו׳"; והמצא...בצרה,--תהל׳ מ"ו: ב׳. 30 ויראה...פעלך,--שם צ׳:ט"ז. 31 נעקד,--רומז ליצחק; וירא וכו׳,--בראש׳ כ"ו: כ"ד.

7א. מרדכי בר שבתי

"סליחה" לנעילה ליוה"כ. סימן: מרדכי בן שבתי הסופר יחי. כה"י מ"ר, ו, 320, עמ׳ 356. (אין בד.) בתים בני ד׳ טורים המתחילים ומסתיימים במילת "חסד". שלושה מהם מחריזים וברביעי הבאה מהמקרא. טור 34 מורה על ייעודו של הפיוט. מספר מילים רופף (2-7).

[חֶסֶד] מֵאָז כּוֹנַנְתָּ שָׁמַיִם מֵעוֹלָם אָתָּה
בַּחֲמֶיךָ הִקְדַּמְתָּ וּבָהֶם אוֹתוֹ הֶעֱמַדְתָּ
רוֹמַמְתָּ כִּסֵּא מַמְלָכָה וּבִשְׂפָתַיִם עָרַכְתָּ
בְּמִשְׁפָּט אֱמֶת וְהוּכַן בְּחֶסֶד.

חֶסֶד רָצִיתָ וְלֹא זֶבַח וְדַעַת לָדַעַת אוֹתְךָ מַלְכִּי
וּמֵאָז הִקְדַּמְתָּ תְשׁוּבָה לְיַשֵּׁר דַּרְכִּי
כִּי גָדוֹל עַד שָׁמַיִם חַסְדֶּךָ וְיִבָּנֶה כִּי
אָמַרְתִּי עוֹלָם חֶסֶד.

חֶסֶד דָּרַשְׁתָּ לְצַדִּיק תָּמִים בְּדוֹרוֹתָיו הַנִּמְצָאִים
נֵהַלְתָּ בְעָזְךָ וּבְרַחֲמִים לְכָל הַבָּאִים
עֵת פָּתַחְתָּ אֲרוּבּוֹת שָׁמֶיךָ אֲשֶׁר קְבַעְתָּם אִם
לְשֵׁבֶט אִם לְאַרְצוֹ אִם לְחֶסֶד.

חֶסֶד כּוֹנַנְתָּ לְאַב הֲמוֹן וְהוֹצֵאתוֹ מֵחוּר פֶּתֶן
וְנִשְׁבַּעְתָּ לוֹ לְזַרְעֲךָ אֶת כָּל הָאָרֶץ אֶתֵּן
וַתָּקֶם אֶת דְּבָרֶיךָ וּלְבָנָיו אַחֲרָיו תִּתֵּן
אֱמֶת לְיַעֲקֹב חֶסֶד.

חֶסֶד יִדַּעְתָּ שְׁבָטֶיךָ בְּשִׁבְעִים כְּנוֹדְעוּ
הִרְבִּיתָם כְּכֹכְבֵי הַשָּׁמַיִם וְלֹא נִכְנְעוּ
רְבָבָה כְּצֶמַח הַשָּׂדֶה וַתֹּאמֶר לָהֶם זִרְעוּ
לָכֶם לִצְדָקָה קִצְרוּ לְפִי חֶסֶד.

חֶסֶד בָּחַרְתָּ לִגְאוּלֶיךָ בְּאֶרֶץ עֲרָבָה וְשׁוּחָה
וְשָׁמַיִם נָטִיתָ וְדִבַּרְתָּ עִמָּהֶם בְּשִׂמְחָה
וְהִגְדַּלְתָּ תוֹרָה וְהֶאֱדַרְתָּ וּפִיהָ פָּתְחָה
בְּתוֹרַת חֶסֶד.

חֶסֶד נָחִיתָ כַּצֹּאן עַמְּךָ וְהִגְדַּלְתָּ יְשׁוּעוֹת מַלְכּוֹ
חִזַּקְתָּ יָדוֹ עַל אוֹיְבָיו וּתְאַמֵּץ בִּרְכּוֹ
לֶכְתֵּךְ אַחֲרַי בַּמִּדְבָּר קָרָאתָ לוֹ
כֹּה אָמַר יְיָ זָכַרְתִּי לָךְ חֶסֶד.

חֶסֶד שְׁמוֹר וּבְרִית אָבוֹת וַעֲשֵׂה עִמָּנוּ לְמַעַן
בְּרִיתְךָ אֲשֶׁר כָּרַתָּה עִמָּהֶם וְהַיּוֹם שֶׁיְּחָנּוּ תַעַן
תְּיַפֵּן אֵלֵינוּ בְטוּבְךָ וּמַשְׂטִין גְּעַר בּוֹ יַעַן
אֲשֶׁר לֹא זָכַר עֲשׂוֹת חֶסֶד.

חֶסֶד הֶרְאֵה וְיֶשַׁע תִּתֵּן לְעַם פָּדִיתָ בְּיָד חֲזָקָה
סְפָרִים הַיּוֹם בְּחָתְמְךָ חָתְמֵהוּ לְחַיִּים לְפוּרְקָה
גּוֹאֵל וּמוֹשִׁיעַ אִם חַיָּיב כַּלֵּה צְדָקָה
תְּרוֹמֵם גּוֹי חֶסֶד.

חֶסֶד וֶאֱמֶת יְקַדְּמוּ פָנֶיךָ שׁוֹכֵן מְעוֹנָי
פְּדֵנִי הַיּוֹם וְכַפֵּר שְׁגָגוֹתַי וּזְדוֹנָי
רַחוּם אֵת גָּדוֹל עֲוֹנִי מִנְּשׂוֹא הִנֵּה אַתָּה יְיָ
אֵל רַחוּם וְחַנּוּן אֶרֶךְ אַפַּיִם וְרַב חָסֶד.

[חֶסֶד] יְהִי נָא עָלַי כַּאֲשֶׁר יִחַלְתִּיךָ אֵל אֱמוּנָה
חֵן וָחֶסֶד אֶמְצָא לְפָנֶיךָ וּסְלִיחָה וַחֲנִינָה
יוֹשֵׁב כְּרוּבִים הוֹפִיעַ וּלְעֶזְרָתִי הַקְרֵה נָא
לְפָנַי הַיּוֹם וַעֲשֵׂה חֶסֶד.

1 מאז...אתה,--תהל׳ צ"ג:ב׳; כוננת שמים,--משלי ג׳:י"ט. 2 רחמיך הקדמת,--
ע׳ ב"ר, י"ב.ט"ו: "כך אמר הקב"ה, ׳אם בורא אני את העולם במידת הרחמים הוי
חטייה סגיאין, במידת הדין האיך העולם יכול לעמוד אלא הרי אני בורא אותו
במידת הדין ובמידת הרחמים והלואי יעמוד"; ובהם...העמדת,--כלומר בדין וברחמים
ע׳ שם. 3–4 כסא...בחסד,--ישעיה ט"ז:ה׳. 5 חסד...אותך,--הושע ו׳:ו׳. 6 ומאז
...תשובה,--ע׳ פסחים,נ"ד.,: "ז׳ דברים נבראו קודם שנברא העולם ואלו הן תורה
ותשובה וכו׳" וע׳ ב"ר,א׳.ד׳; לישר דרכי,--משלי ג׳:ו׳. 7 כי...חסדך,--תהל׳
נ"ז:י"א; ויבנה...חסד,--שם פ"ט:ג׳. 9 חסד דרשת וכו׳,--כלומר זכרת את נח בתיבה
ע"פ בראש׳ ח׳:א׳; צדיק...בדורותיו,--רומז לנח, ע׳ שם; הנמצאים,--בדור המבול.
10 נהלת בעזך,--שמות ט"ו:י"ג; הבאים,--אל התיבה ע׳ בראש׳ ז׳:ט"ז. 11 פתחת...
שמיך,--שם,י"א; אם...לחסד,--איוב ל"ז:י"ג. 13 אב המון,--רומז לאברהם ע"פ בראש׳
י"ז:ד׳; חור פתן,--ישעיה י"א:ח׳ ומתכוון לאור כשדים משם הוציאו הקב"ה ע׳ בראש׳
ט"ו:ז׳. 14 ונשבעת...אתן,--שם י"ב:ז׳. 15 ותקם...דבריך,--נחמיה ט׳: ח׳; בניו
אחריו,--שמות כ"ט:כ"ט; תתן וכו׳,--מיכה ז׳:כ׳. 17 שבטיך בשבעים,--שמות א׳:ה׳.
18 הרביתם...נכנעו,--נחמיה ט׳:כ"ג,כ"ד. 19 רבבה...השדה,--יחזקאל ט"ז:ז׳;
זרעו וכו׳,--הושע י׳:י"ב. 21 גאוליך,--כנוי לישראל ע"פ ישעיה; בארץ...ושוחה
,--ירמיה ב׳:ו׳. 22 ושמים נטית,--ישעיה נ"א:ט"ז; דברת עמהם,--דברים א׳:ו׳.
23 והגדלת...והאדרת,--ישעיה מ"ב:כ"א; ופיה וכו׳,--משלי ל"א:כ"ו. 25 נחית...
עמך,--תהל׳ ע"ז:כ"א; והגדלת...מלכו,--שם י"ח:נ"א. 26 ותאמץ ברכו,--איוב ד׳:ד׳.
27 לכתך וכו׳,--ירמיה ב׳:ב׳. 29 חסד שמור,--דברים ז׳:ט׳; למען בריתך,--ע"פ
"הושענא", "למען אמתך", (ד.ל׳1151). 30 שיחנו,--תפלתינו ע׳ תהל׳ קמ"ב:ג׳. 31
ומשטין גער בו,--ע׳ זכריה ג׳:ב׳: "יגער יי בך השטן"; יען וכו׳,--תהל׳ ק"ט:ט"ז.

33 חסד...תתן,--שם פ"ה:ח׳; פדית...חזקה,--נחמיה א׳:י׳. 34 ספרים...חתמהו בחיים,--ע"פ התפילה לנעילה ליום הכפורים: "זכרנו לחיים מלך חפץ בחיים וחתמנו בספר החיים וכו׳" ובזה קובע הפייטן ייעודה של ה"סליחה" שלנו. 35 צדקה וכו׳,--הפייטן רומז לעם ישראל ע"פ בבא בתרא, י׳: "׳צדקה תרומם גוי׳ (משלי י"ד:ל"ד) אלו ישראל" ור"ל שהקב"ה "גואל ומושיע" את ישראל אע"פ שהוא "חייב כלה". 37 חסד...פניך,--תהלים פ"ט:ט"ו. 38 שגגותי וזדוני,--ע"פ לשון התלמוד ע׳ יומא ל"ו. וע׳ "אוא"א סלח-נא אשמות" (ד.א׳4832): "סלח-נא זדונות ושגגות לבוראי לשמך". 39 גדול...מנשוא,--בראשית ד׳:י"ג; יי אל וכו׳,--שמות ל"ד:ו׳. 41 יהי...יחלתיך,--תהלים ל"ג:כ"ב; אל אמונה,--דברים ל"ב: ד׳. 42 וחנינה,--ירמיה ט"ז:י"ג. 43 יושב...הופיע,--תהלים פ׳:ב׳; הקרה נא לפני וכו׳,--בראשית כ"ד:י"ב.

7ב. מרדכי בר שבתי

"תחנון" למוסף יוה"כ מעין שיר איזור בעל מדריך בן ארבע טורים וארבע סטרופות בני שלושה טורים ומעין טור איזור המסתיים בהבאה מהמקרא ובמילת "יי". בכל טור שתי צלעיות חורזות. מספר מילים 2–4 בכל צלעית. המקור: כה"י מ"ר,ו. 320, עמ׳ 338. החתימה: מרדכי. החריזה: אאאאאאאא//בבבבבב,/אא//וכו׳. (אין בד.)

מְרוֹמִים אֶשָּׂא עֵינַי/ וְאֶתְחַנַּן אֶל יְיָ
זְכוֹר בְּרִית אֵיתָנַי/ וּשְׁמַע שַׁוְעַת הֲמוֹנַי
וְאִם רַבּוּ זְדוֹנַי/ חַנּוּן וְרַחוּם יְיָ
אָהַבְתִּי כִּי יִשְׁמַע יְיָ/ אֶת קוֹלִי תַּחֲנוּנָי.

רְאֵה עָנְיִי וּבִכְיִי/ וְשָׂא פִּשְׁעִי וְחוֹבִי
וְאַל תִּפְנֶה לְקָשְׁיִי/ אַתָּה מַלְכִּי וְאָבִי
דְּלֵנִי מִשִּׁבְיִי/ חֲבוֹשׁ שִׁבְרִי וּכְאֵבִי
וְאִם גָּדְלוּ עֲוֹנַי/ עֲשֵׂה לְמַעַנְךָ יְיָ.

דְּלָתֶיךָ דוֹפֶקֶת / עֲדַת נִין אַב הֲמוֹנִים
וְעָלֶיךָ מִתְרַפֶּקֶת/ בִּבְכִי וּבְתַחֲנוּנִים
וְלִבָּהּ כְּאֵשׁ דוֹלֶקֶת/ עַד תַּשְׁקִיף מִמְּרוֹמִים
אַתֶּם עַמִּי וּבָנַי/ שׁוּבוּ עָדַי נְאֻם יְיָ.

כַּבִּיר מַשְׁפִּיל רָמִים/ וְדַל מֵעָפָר מְקִימִי
בְּנֵה מִקְדַּשׁ הֲדוֹמִים/ וּמִזְבְּחַי וְאוּלָמִי
וְתַעֲבִיר הַיּוֹם אֲשָׁמִים/ וּמִשַּׁעֲרֵי שְׁאוֹל תְּרוֹמְמִי
וְתַאֲזִין חִנּוּנַי/ וְתָאִיר נֵרִי יְיָ.

יֵרָא יְיָ/ וְיָרִיב רִיבִי וְדִינִי
וְיִשְׁלַח לְבָנַי/ עַל חֲמוֹר וְרוֹכֵב עָנִי
וּמִתַּחַת יַד מְעַנַּי/ יוֹצִיאֵנִי יְגָאֲלֵנִי
וְלִזְבוּל אַרְמוֹנַי/ יָשׁוּב יְשִׁיבֵנִי יְיָ.

1 מרומים...עיני,--ישעיה מ׳:כ"ו; ואתחנן וכו׳,--דברים ג׳:כ"ג. 2 איתני,--רומז לאבות ובפרט לאברהם הנקרא איתן האזרחי ע"פ תהל׳ פ"ט:א׳ ודרשת חז"ל, ב"ב,ט"ו. 2 המוני,--ע׳ פיוט מס. 7 טור 1 לעיל. 3 רבו,--עזרא ט׳:ו׳; חנון וכו׳,--תהל׳ קי"א: ד׳. 4 אהבתי וכו׳,--שם קט"ז:א׳. 5 ראה...ושא,--שם כ"ה: י"ח. 6 לקשיי,--דברים ט׳: כ"ז. 7 דלני,--תהל׳ ל׳:ב׳; חבוש שברי,--ישעיה ל׳: כ"ו. 8 גדלו עוני,--בראש׳ ד׳: י"ג; עשה למענך,--דניאל ט׳:י"ט. 9 דלתיך דופקת,--על תמונת דלתי תשובה שהקב"ה פותח לחוטאים ע׳ ב"ר כ"א.ו׳,ל"ח.ט ומ"ט.ו׳ וע׳ ב"האוחז ביד מדת משפט" (ד.ה׳19) המיוחס לינאי, פיוטי ינאי, עמ׳ של"ו: "הפותח לדופקי פיתחו בתשובה"; עדת...המונים,--בני אברהם, אב המון גוים,ע"פ בראש׳ י"ז:ה׳. 10 מתרפקת,--שה"ש ח׳:ה׳; בבכי ובתחנונים,--ירמיה ג׳:כ"א. 11 ולבה,--של כנסת ישראל; תשקיף ממרומים,--תהל׳ ק"ב:כ׳. 12 שובו עדי,--יואל ב׳:י"ב. 13 כביר,--הקב"ה ע"פ איוב ל"ו:ה׳; משפיל רמים,--ישעיה ב׳:י"ז; ודל וכו׳,--תהל׳ קי"ג:ז׳. 14 הדומים,--כלומר ביהמ"ק של מטה וע׳ ישעיה ס"ו:א׳; ומזבחי ואולמי,--יחזקאל ח׳:ט"ז. 15 ותעביר,--איוב ז׳:כ"א; היום אשמים,--קובע ייעודת התחנון. 16 חנוני,--תפלותי ע׳ ספרי ואתחנן,כ"ו: "י׳ לשוננות נקראת תפילה...חנון"; תאיר נרי,--תהל׳ י"ח:כ"ט. 17 ירא יי,--שמות ה׳:כ"א; ויריב ריבי,--ישעיה מ"ט:כ"ה. 18 לבני,--בכורי ישראל ע׳ שמות ד׳:כ"ב; על... עני,--רומז למלך המשיח ע"פ זכריה ט׳:ט׳ וע׳ רש"י שם. 19 ומתחת יד,--שמות י"ח:י׳; מעני,--שם ג׳:י"ז; יוציאני יגאלני,--שם ו׳:ו׳. 20 זבול,--מ"א,ח׳: י"ג; ארמוני,--רומז למקדש ע"פ ירמיה ל׳:י"ח וע׳ רש"י שם; ישוב וכו׳,--ש"ב, ט"ו:ח׳.

8. מיכאל בר כלב מתבץ

"תחנון" ליוה"כ בצורת שיר-אזור בעל מדריך בן ארבעה טורים וארבע מחרוזות בנות ג' טורי סטרופה וב' טורי איזור. הטור האחרון במדריך חוזר כפזמון בסוף כל מחרוזת. החריזה: אאא,// בבב,/אא// וכו'. המקור: כה"י מ"ר,ו, 320, עמ' 338. החתימה: מיכאל. המשקל: השלם --ᴗ-/--ᴗ-/--- (מקוצר). (אין בד.)

´מִשְׁמַרְתְּךָ יוֹם תַּעֲמוֹד לָשׂוּחַ
דַּלְתֵי חֲסָדֵי אֶפְתְּחָה פָּתוּחַ
מִדּוֹת שְׁלוֹשׁ עֶשְׂרֵה בְּרוֹן לִפְצוֹחַ
חַטֹּאת נְעוּרֶיךָ אֲנִי סוֹלֵחַ.

´יוֹם זֶה פְּקַדְתִּיךָ בְּצָרוֹת עֶזְרָה
לִמְצוֹא הֱיוֹתְךָ לִי בְּצָרוֹת סִתְרָה
אִם רַב עֲוֹנִי מִלְּהִתְכַּפְּרָה
הֵן אַתְּ נְשׂוֹא עָוֹן וְאַמִּיץ כֹּחַ.
חטאת וכו'

´כָּשְׁלוּ בְּצוֹם בִּרְכַּי מְאֹד עוּנֵּיתִי
הַיּוֹם מְרִי שִׂיחִי וְלֹא נַעֲנֵתִי
כִּי בֶגְדְּךָ פִּשְׁעִי לְזֹאת נַעֲנֵיתִי
לָכֵן אֲשַׁחֶרְךָ בְּשֶׁבֶר רוּחַ.
חטאת וכו'

´אָנָּא לְמַעַנְךָ אֵל בְּקוֹל עַמֶּךָ
הַקְשֵׁב כְּאָז תַּנְחֵם כְּצֹאן עַמֶּךָ
כִּי נוֹעֲדוּ נוֹסְדוּ בְּאוּלָמֶךָ
יַחַד קְרוֹא בְּשִׁמְךָ וּמַלְאוּ כֹחַ.
חטאת וכו'

´לָכֵן בְּכוֹר תִּזְכּוֹר חֲסָדֶיךָ אֵל
לָעַד עֲוֹנוֹתָיו אֲשֶׁר בָּם נִגְאַל
הוֹדוֹ וּבֶן דּוֹדוֹ שְׁלַח לוֹ וּגְאַל
הָאֵל גְּדוֹל חֶסֶד וְרַב לִסְלוֹחַ.
חטאת וכו'

שיר זה הוא בצורת דו-שיח בין הקב"ה וישראל. הקב"ה מדבר במדריך ובטורי איזור וישראל בטורי סטרופה. 1 משמרתך...תעמוד,--ישעיה כ"א:ח׳; לשוח,--להתפלל ע"פ בראש׳ כ"ד:ס"ג וברכות כ"ו:. 3 מדות שלוש עשרה,--ע"פ דרשת חז"ל בר"ה, י"ז: וע׳ <u>מחזור לימים נוראים</u>, מהד׳ ד. גולדשמידט, ב, עמ׳19; ברון לפצוח,--תהל׳ צ"ח:ד׳. 4 חטאת נעוריך,--שם כ"ה:ז׳. 5 פקדתיך,--כלומר באתי לבקשך ע"פ ש"א כ׳:ו׳; בצרות...למצוא,--תהל׳ מ"ו:ב׳. 6 סתרה,--מחסה ע׳ דברים ל"ב:ל"ח. 7 רב עוני וכו׳ ,--טורי 7 ו10 קובעים ייעודו של ה"תחנון". 8 נשוא עון,--שמות ל"ד:ז׳; ואמיץ כח,--איוב ט׳:ד׳. 10 כשלו...ברכי,--תהל׳ ק"ט:כ"ד; עוניתי,--שם קי"ט:ע"א. 11 היום...שיחי,--איוב כ"ג:ב׳. 12 נגדך פשעי,--ישעיה נ"ט:י"ב; לזאת נעניתי,-- כלומר לכן הנני נכנע לפניך וע׳ ברכות כ"ח,:" נעניתי לך מחול לי". 13 בשבר רוח ,--משלי ט"ו:ד׳. 16 כאז...עמך,--כלומר כבימי משה ואהרן ע׳ תהל׳ ע"ז:כ"א. 17 נוסדו,--תהל׳ ב׳:ב׳. 18 יחד קרוא,--משקף את נוסח הקדושה במחזור רומניה: "יחד כולם קדושה לך ישלשו וכו׳" וע׳ ד. גולדשמידט,"רומניה", עמ׳ רכ"א; ומלאו כח ,--מיכה ג׳:ח׳. 20 לבן בכור,--רומז לישראל ע"פ שמות ד׳:כ"ד; ואל לעד עונותיו ,--מוסב על "תזכור" ע׳ ישעיה ס"ד:ח׳. 21 נגאל,--שם נ"ט:ג׳. 22 דודו...שלח,-- ע׳ ויקרא כ"ה:מ"ט ורומז לגאולה ולמלך המשיח.

9. משה בר חייה

"סליחה" ליוה"כ. סימן: משה ברבי חייה חזק ואמץ לעד אמן ואמן. כה"י מ"ר,ו, 320, עמ׳ 354. "סליחה" מעין שיר-אזור בעלת שמונה מחרוזות בנות ארבע שורות במחרוזה הראשונה וחמש בנותרות ובטור איזור הבאה מהמקרא המסתיימת "אמן". מספר מילים רופף. (אין בד.)

מֵאֵין כָּמוֹךָ יְיָ בּוֹרֵא כֹּל בְּמַאֲמָר
שָׁקַדְתִּי וְאֶתְיַצְּבָה עַל מִשְׁמָר
הָגִיתִי בְּפָעֳלֶיךָ וַאֲבָרֵךְ בְּשִׁמְךָ הַנֶּאֱמָר
וְאָמַר כָּל הָעָם אָמֵן.

בְּקָרְאִי עֲנֵנִי הַנּוֹטֶה שְׁמֵי עֶרֶץ
רְפָא מְשׁוּבוֹתַי כָּל תְּפָרְצֵנִי פֶּרֶץ
כִּי יְיָ חִלְּצֵנִי וּפְדֵנִי בְּתֶרֶץ
הַמִּתְבָּרֵךְ בָּאָרֶץ
יִתְבָּרֵךְ בֵּאלֹהֵי אָמֵן.

חִלִּיתִי אֶל פָּנֶיךָ בְּשִׁכְבָה וְאָרוּץ בְּמֶרֶץ
יָרִיתִי הַשֶּׁרֶץ וּפֵירַשְׁתִּי מִטּוּמְאַת הַשּׁוֹרֵץ
יָהּ צַוֵּה חֲסָדֶיךָ בְּמָשִׁיחַ בֶּן פֶּרֶץ
וְהַנִּשְׁבָּע בָּאָרֶץ
יִשָּׁבַע בֵּאלֹהֵי אָמֵן.

חֶטְאִי תִּשָּׂא וּפָנַי תִּשָּׂא כִּי לְךָ אֲבַקְּשָׁה
זְדוֹן בָּדוֹן אָדוֹן הָפֵר וּמִפְלָט לִי הָחִישָׁה
קְנָיִין אֲרוּסָתְךָ קַיֵּם וּבָרֲכֶיהָ אִישָׁהּ
וְאָמְרָה הָאִשָּׁה
אָמֵן אָמֵן.

וּפְתַח שְׁעָרֶיךָ לְעַמְּךָ וְעוֹרֵר יִשְׁעָם
אַמֵּץ כִּשְׁלוֹנָם וְשָׂא רִשְׁעָם וּפִשְׁעָם
מִצַּר תְּצָרֵנִי וַאֲבָרֶכְךָ בְּשִׁיר נוֹעַם
וְעָנוּ כָל הָעָם
וְאָמְרוּ אָמֵן.

לָקֶטוּ רְבָבִים וְהִטּוּ שְׁכֶם אֶחָד לְעָבְדוֹ
עֶדְרוֹ יִגְאַל וְלֹא יוֹחֵר מִן הַמּוֹעֵד אֲשֶׁר יְעָדוֹ
דָּפְקוּ בְּדַלְתוֹ כִּי כִסָּה שָׁמַיִם הוֹדוֹ
וְיִמָּלֵא כְבוֹדוֹ
אֶת כָּל הָאָרֶץ אָמֵן.

אֵתָיו יְדִידֶיךָ עָדֶיךָ וְהַקְשֵׁב קוֹלָם
מַגֵּר רִשְׁעָם וְשָׂא פִּשְׁעָם וּמָעֲלָם
וְיִתְּנוּ עוֹז לְשִׁמְךָ בְּמַהֲלָלָם
בָּרוּךְ יְיָ לְעוֹלָם
אָמֵן וְאָמֵן.

אֲשָׁמִים הַלְבֵּן וְהָבֵן פִּלּוּלָם
מִקְדָּשׁ יְחוּדַּשׁ וְאַרְמְנוֹת עַל תִּלָּם
נֶצַח יְבָרֲכוּךָ וְיוֹדוּךָ עַמִּים כֻּלָּם
בָּרוּךְ יְיָ אֱלֹהֵי יִשְׂרָאֵל מִן הָעוֹלָם וְעַד הָעוֹלָם
וְאָמַר כָּל הָעָם אָמֵן.

1 מאין כמוך,--ירמיה י׳:ו׳; בורא...במאמר,--אבות ה׳.א׳. 2 ואתיצבה...משמר,-- חבקוק ב׳:א׳. 3 הגיתי בפעליך,--תהל׳ ע"ז:י"ג; בשמך,--שם ס"ג:ה׳. 4 ואמר...אמן ,--שם ק"ו:מ"ח. 5 הנוטה,--ישעיה מ׳:כ"ב; שמי ערץ,--שם מליצי לשמים בלשון הפייטנים ע׳ תפלת גשם לקלירי "יפתח ארץ לישע" (ד.י׳3466): "כי ארבות שמי ערץ/ עד אביב יפתחו בלי פרץ". 6 רפה משובותי,--הושע י"ד:ה׳; תפרצני פרץ,--איוב ט"ז: י"ד. 7 בתרץ,--במישרים ע׳ קטע מזמן הגאונים,סעדינה,מהד׳ ש. שכטר, (קיימבריג׳, 1903) 74: "ישרי נפשי תהלתו בתרץ/ כי גבה חסדו עליך עד שמי ערץ". 8 המתברך וכו׳ ,--ישעיה ס"ה:ט"ז. 10 חליתי...פניך,--תהל׳ קי"ט: נ"ח; בשכנך,--דברים י"ב:ה׳; במרץ,--בזריזות. 11 יריתי השרץ,--השרץ סמל לטומאת החטא ור"ל חזרתי בתשובה וע׳ ירוש׳ תענית ב׳: "השרץ בידו של אדם אפילו טובל במי השלוח או במי בראשית אין לו טהרה עולמית"; השורץ,--ייתכן שבזה מתכוון הפייטן לכנסיה הנוצרית המסיונרית ולגזרות השמד. בשתי "סליחות" אנונימיות שנשתמרו במחזורי רומניה "אמנם מקדם אתה" (ד.א׳5769) ו"תשובי עשה אלי" (ד.ת׳551) רומז הפייטן לכנסיה הנוצרית בכנוי "אוכלי שרץ" ע׳ צונץ, ס.פ.,עמ׳ 465. 12 צוה חסדיך,--תהל׳ מ"ב:ט׳; במשיח בן פרץ ,--ע׳ ב"ר מהד׳ י. טהעאדאר, פ"ה.כ"ט: "זה (פרץ) רבה. גדול על כל הפרצים המשיח ממך יעמוד וכו׳". 13 והנשבע בארץ וכו׳,--ישעיה שם. 15 חטאי,--שמות ל"ב:ל"ב; פני,--איוב י"א:ט"ו. 16 נדון,--כלומר שדנים עליו ביוה"כ, שמוש זה במילים המסתיימות באותיות דומות הוא מסגנונו של הפייטן; ומפלט...החישה,--תהל׳ נ"ה:ט׳. 17 קניין...קים,--הושע ב׳:כ"א. 18 ואמרה וכו׳,--במדבר ה׳:כ"ב. 20 ופתח שעריך ,--ע׳ לעיל פיוט 7ב טור 9; ועורר ישעם,--תהל׳ פ׳:ג׳ וע׳ גנזי שכטר,ג׳ מהד׳ דוידזון, 23: "סיבר טוב עם הנשמעה/ עורר בעבור התשועה". 21 אמץ כשלונם,--ישעיה ל"ה:ג׳. 22 מצר תצרני,--תהל׳ ל"ב:ז׳. 24 וענו וכו׳,--דברים כ"ז:ט"ו. 25 לקטו רננים,--תמונה מזמן הקציר בארץ האבות; שכם...לעבדו,--צפניה ג׳:ט׳. 26 עדרו,-- רומז לישראל ע"פ ירמיה י"ג:י"ז; ולא יוחר וכו׳,--ש"ב,כ׳:ה׳. 27 דפקו בדלתו,-- ע׳ לעיל טור 20; כסה...הודו,--חבקוק ג׳:ג׳. 28 וימלא וכו׳,--תהל׳ ע"ב:י"ט. 30 ידידיך,--רומז לישראל וע׳ מכילתא, בשלח ב׳.ה׳. 31 מגר,--השמד, ע׳ תהל׳ פ"ט: מ"ה. 32 במהללם,--משלי כ"ז: כ"א. 33 ברוך וכו׳,--תהל׳ פ"ט:נ"ג. 35 הלבן,-- ישעיה א׳:י"ח; והבן,--תהל׳ ה׳:ב׳; פלולם,--תפלתם, ע׳ שם ק"ו:ל׳. 37 וידודו וכו׳ ,--שם ס"ז:ד׳. 38 ברוך וכו׳,--דבה"א, ט"ז:ל"ו.

10. יוסף בן יעקב קלעי

"סליחה" לתענית אסתר. י' בתים בני ד' טורים מחריזים והרביעי הבאה מהמקרא. המקור: כה"י מ"ר, א, 1082, עמ' 38. החתימה: א'-ב', יוסף קלעי חזק. מספר מילים רופף (3-5) ועוד). (ד.א'403).

אגגי בעם בך כאזור דבקים/ בקש להתגרות ולכרות אפיקים
גזעו שרשת ותשרש עשוקים/ כי יודע יי דרך צדיקים.

הרך קשתו ורשתו זרויה/ היתה ללכוד בשמך חסויה
ויפל בה ונתן הודיה/ כי שמת מעיר לגל קריה.

זכרו אבד וכבד עלו/ חשב להשחית עם יי וחבלו
טאטו והשיב עמלו/ כי פועל אדם ישלם לו.

ירה חצו להעביר גבריו/ כלהו ויטה מדרך אשוריו
לוחץ לחץ והפיל עדריו/ כי דם עבדיו יקום ונקם ישיב לצריו.

משמן בשרו כחש ונרזה/ נלכדה רגלו ברשתו ונאחזה
שמח צדיק כי נקם חזה/ כי שומע אל אביונים יי ואת אסיריו לא בזה.

עזו שכל וסכל עצתו/ פניו לא הסתיר מבני בריתו
שועתם שמע ופנה בחמלתו/ כי חלק יי עמו יעקב חבל נחלתו.

יעצו סריסי המלך באמונה/ וישמע ימיני לשונם ויגד לשושנה
סם המות בשקנו והבין וענה/ כי יי יתן חכמה מפיו דעת ותבונה.

פנה מסגוד לרשע ונבדל בדול/ קונו עזרו וצורו לדול
לוחם ראה נמנע ויחדל חדול/ כי האיש מרדכי הולך וגדול.

עיני האיר משמי מעונו/ ידע בצרות נפשו טמונו
חמל וגמל על פליטת צאנו/ כי רגע באפו חיים ברצונו.

זרע עמלק למחות ולשסה/ מתחת שמי אל, עם מתנשא
קולכם יקשיב ופשעכם יכסה/ אל מלך יושב על כסא.

1 אגגי,--רומז להמן ע' אסתר ג':א'; בעם,--ישראל; בך...דבקים,--מוסב על "עם" וע' ירמיה י"ג:י"א; בקש,--מוסב על "אגגי"; אפיקים,--כנוי לישראל ע"פ שה"ש ה':י"ב ומד"ר, שם: "...הם (ישראל) אפיקים (מחוזקים) על מימיה של תורה.
2 גזעו,--של המן; שרשת,--השמדת, ע' תהל' נ"ב:ז'; ותשרש,--כלומר גרמת שיתאזרח ע' שם, פ':י'; הנה משתמש הפייטן בשתי מילים "שרשת" ו"ותשרש" משורש אחד שהן הפוכות במובנן; עשוקים,--רומז לישראל ע"פ ירמיה נ':ל"ג; כי יודע וכו',--תהל' א':ו'. 3 דרך קשתו,--איכה ג':י"ב ומוסב על "אגגי"; ורשתו זרויה היתה ללכוד ,--כלומר רשת המן נפרשה ללכוד את כנסת ישראל ש"בשמך חסויה."4 ויפל פה,--המן ברשת ע' שם כ"ו:כ"ז; ונתן הודיה,--התודה המן על החטא; כי שמת וכו',--ישעיה כ"ה:ב'. 5 זכרו אבד,--איוב י"ח:י"ז ומכוון להמן; עם יי וכו',--דברים ל"ב:ט'.
6 טאטו,--השמדת אותו ע' ישע' י"ד:כ"ג; והשיב עמלו,--תהל' ז':י"ז; כי פועל וכו',--איוב ל"ד:י"א. 7 ירה...להעביר,--ש"א,כ':ל"ו; נבריו,--ברי לבב ורומז לישראל ור"ל שהמן בא על ישראל בעלילה להתעותם וגרם שיאכלו מסעודת המלך אחשורוש באיסור, ע' אסתר רבה ז'.י"ג; כלהו,--כלומר השמיד הקב"ה את המן מי ש"ירה חצו וכו'"; ויטה...אשוריו,--איוב ל"א:ז'. 8 לוחץ,--מתכוון להמן; לחץ,--הקב"ה; עדריו,--רומז לבני סיעתו של המן שנהרגו גם הם, ע' אסתר ט':א' וכו'; כי דם וכו',--דברים ל"ב:מ"ג. 9 משמן...ונרזה,--ישעיה י"ז:ד' ורומז בזה לייעודה של ה"מליחה" לתענית אסתר; נלכדה...ברשתו,--תהל' ט':ט"ז. 10 שמח...חזה,--שם נ"ח: י"א; כי שומע וכו',--שם ס"ט:ל"ד. 11 עזו,--של המן; שכל,--כלומר החליף לחולשה ע' בראש' מ"ח:י"ד; וסכל עצתו,--של המן ע' ש"ב,ט"ו:ל"א. 12 כי חלק וכו',-- דברים ל"ב:ט'. 13 סריסי המלך,--בגתן ותרש ע' אסתר ב':כ"א; באמונה,--בהתמדה, ע' שמות י"ז:י"ב; ימיני,--רומז למרדכי ע' אסתר ב': ה'; וישמע...לשונם,-- כלומר הבין מרדכי לשון טרסיים שלהם, ע' מגילה י"ג; שושנה,--רומז לאסתר. 14 'סם...נשקנו',--כלומר כך אמרו בגתן ותרש שבקשו לשלוח יד במלך אחשורוש ולהמיתו בארס, וע' מגילה שם: "בא ונטיל ארס בספל כדי שימות"; והבין וענה,--הבין מרדכי את לשונם כי היה מיושבי לשכת הגזית והיה יודע בשבעים לשון ע' שם; כי יי וכו',--משלי ב':ו'. 15 פנה,--כלומר מרדכי הסב את פניו וסרב לסגוד להמן, ע' אסתר ג':ב'; ונבדל בדול,--כלומר בזה היה מרדכי שונה מאחרים שכן כרעו והשתחוו להמן, ע' שם; קונו,--הקב"ה; וצורו לדול,--מוסב על "עזרו" ור"ל צורו (הקב"ה) של מרדכי הדל עזרו. 16 לוחם,--הקב"ה ע"פ שמות ט"ו:ג'; נמנע,--רומז למרדכי שסרב לסגוד להמן וע' אסתר רבה ז'.א' "המן עשה לו צלם מרוקם על בגדיו ועל לבו וכל מי שהיה משתחוה להמן היה משתחוה לעבודת כוכבים"; ויחדל חדול,--בהקבלה ל"נמנע"; כי האיש וכו',--אסתר ט':ד'. 17 עיני,--הפייטן מתכוון לעצמו; האיר ,--הקב"ה; ידע וכו',--תהל' ל"א:ח'; טמונו,--רומז לאנוש שאחרי מותו נטמן בעפר.
18 פליטת צונו,--מתכוון לישראל שנצלו מרעת המן; כי רגע וכו',--שם ל':ו'.
19 זרע...למחות,--דבר' כ"ה:י"ט; לשסה,--לשסות; עם,--ישראל מתנשא,--"למחות ולשסה" ע"פ מצות הכתוב בדברים שם. 20 אל מלך וכו',--ע"פ משלי כ':ח': "מלך

יושב על כסא דין" ובזה קובע ייעודה של ה"סליחה" וע׳ במאמר ר׳ יהודה ברבי נחמן בויק"ר כ"ט.ג׳.

11. שמריה מרביואנו

"רשות" לחתנים לשמחת תורה. החתימה: ש[מ]ריה מרביואנו. כה"י מ"ר,ו, 320,עמ׳ 510;ל. 685,עמ׳336. בתים בני ב׳ טורים בחרוז אחיד. הפזמון בן ב׳ טורים "נודה ונשבח וכו׳" עומד בראש השיר וקובע את נושאו (בדומה לשיר לחתנים "אקלס מלכא" לשמריה בן אליהו האיקריטי ע"פ פזמונו "נודה ונשבח", ע׳ צונץ, ל.ג., עמ׳ 367) וחוזר בסוף כל מחרוזת. מספר מילים רופף (3–6). (ד.ש׳217).

נוֹדֶה וּנְשַׁבַּח לְעַתִּיק יוֹמִין
שַׂגִּיא לְשֶׁזָבָא יִתְבָּרַךְ לְעָלְמִין.

שְׁבַח יְקָר וּגְדוּלָּה לְחַי עוֹלָמִים
שַׁלִּיט בְּאוֹרַנוֹס,פַּנְדוֹקְרַטוֹר בְּכָל הֲדוֹמִים.   נודה וכו׳

[מְ.....
מ.....   נודה וכו׳]

רוֹפְפִים עַמּוּדֵי שָׁמַיִם מֵאֵימָתוֹ וּמִגַּעֲרָתוֹ מִתְמוֹגְגִים
רְקוּעָה מַרְגִיז מִמְּקוֹמָהּ וְעַמּוּדֶיהָ מִשְׁתּוֹמְמִים.   נודה וכו׳

יְבַקַּע עֲמָקִים בְּאַפּוֹ וְהַצּוּרִים מִתְפּוֹצְצִים וְנֶחֱרָמִים
יִגַּע בֶּהָרִים וְיֶעֱשָׁנוּ הֶהָרִים הָרָמִים.   נודה וכו׳

הוּא מְרוֹמִים יִשְׁכּוֹן וְצוֹפֶה תַּעֲלוּמִים
הַשּׁוֹמְרִים מִצְוֹתָיו וּפוֹקֵד עֲוֹן עֲלוּמִים.   נודה וכו׳

מֵקִים מֵעָפָר וּמֵאַשְׁפּוֹת מֵרִים עֲגוּמִים וַעֲרוּמִּים
בּוֹרֵא קוֹזְמוֹן שְׁבַיִם בְּחֶסֶד וּבְרַחֲמִים.   נודה וכו׳

רָשִׁים מַעֲשִׁיר וּבוֹנֶה בָּתֵּי אֲרָזִים וְשִׁקְמִים
רִקְמַת צְבָעִים יַלְבִּישֵׁם שֵׁשׁ וָמֶשִׁי מְרוּקָּמִים.   נודה וכו׳

בִּגְלוֹמֵי תְּכֵלֶת וּבְגַנְזֵי בְּרוֹמִים
בְּקַתֶּדְרָאוֹן מְלָכִים יַכְסִיאֵם וְיַגְבִּיהֵם עַד מְרוֹמִים.   נודה וכו׳

יָצַר שְׁחָקִים וַאֲרָקִים וּצְבָאָם בְּנוֹעַם הִתְמִים
יַעַמְדוּ יַחְדָּיו, וְהִנָּם קַיָּמִים.   נודה וכו׳

וְיִזְכּוּ לָצֵאת מֵחֲלָצֶיךָ בָּנִים הֲגוּנִים וַחֲכָמִים
כְּרַבָּן יוֹחָנָן בֶּן זַכַּאי מְחוּכָּמִים.   נודה וכו׳

אָדוֹן יַשְׁקִיף מִמְּרוֹמִים
הוּא יַצִּילְךָ מֵאַף וְחָרוֹן וּמֵעֶבְרָה וּזְעָמִים.   נודה וכו׳

נָעִים וְטוֹב יַשְׂבִּיעֲךָ אוֹרֶךְ יָמִים
וּתְבַלֶּה יָמֶיךָ בַּטּוֹב וּשְׁנוֹתֶיךָ בַּנְּעִימִים. נודה וכו׳

וְיִבְנֶה מִקְדָּשׁוֹ בְּיָמֵינוּ בָּנוּי כְּמוֹ רָמִים
וְתִתְבָּרֵךְ בַּכֹּל כְּאַבְרָהָם זָקֵן בָּא בַּיָּמִים. נודה וכו׳

1 נודה ונשבח,--ע׳ תרגום יונתן, שמות ט"ו:א׳; עתיק יומין,--כנוי להקב"ה ע"פ דניאל ז׳:ט׳ וע׳ ראב"ע שם. 2 לשזבה,--להציל, ע׳ אונקלוס, דבר׳ כ"ה:י"א. 3 שבח וכו׳,--ע"פ ה"יוצר" לשבת (חלק ג׳) "לאל אשר שבת" (ד.ל׳186): "שבח יקר וגדולה יתנו לאל". 4 אורנוס,--, (οὐρανός) שמים, זו אחת המילים היווניות שהשתמש בהן הפייטן בדומה לאברהם בר יעקב מקסטוריה ע׳ צונץ, <u>ל.ג.</u>, עמ׳ 525; פנדוקרטור,--, παντοκράτωρ, מצוי בתרגום השבעים ובספרי המכבים ב׳ וג׳ כתרגום למילה שדי וצבאות ור"ל שהקב"ה הוא הכל-יכול בכל הדומים, כלומר בכל הארץ, ע׳ ישעיה ס"ו:א׳. 7 רופפים...ומגערתו,--איוב כ"ו:י"א. 8 רקועה,--רומז לארץ ע"פ ישעיה מ"ד:כ"ד; מרגיז ממקומה,--איוב ט׳:ו׳; ועמודיה,--שם. 9 יבקע עמקים,--מיכה א׳:ד׳; והצורים,--תהל׳ ע"ח:ט"ו. 10 יגע...ויעשנו,--שם ק"ד: ל"ב. 11 הוא...ישכון,--ישעיה ל"ג:ט"ז; צופה תעלומים,--נסתרים וכינוי להקב"ה ע׳ תהל׳ מ"ד:כ"ב: "יודע תעלמות לב" וע׳ בספרו של מ. ולנשטין, **<u>Unpublished Piyyutim from the Geniza</u>**, עמ׳ 82: "טעונה (רבקה) את שניים (התאומים בבטנה) ידעה חוקר תעלומים". 12 השומרים,--כלומר הקב"ה בוחן תעלומות לב לראות: "השומרים וכו׳"; עלומים,--תהל׳ צ׳:ח׳. 13 מקים...מרים,--שם קי"ג:ז׳; עגומים,--עצובים. 14 קוזמון,-- (κόσμον) מתכוון לעולם החי; שנים שנים,--בזוגות מזכר ונקבה, ע׳ בראש׳ ז׳:ט׳. 15 רשים,--עניים; ובונה,--לרשים; ארזים ושקמים,--ישעיה ט׳:ט׳ ומתכוון למקדש ולירושלים הבנויה, ב"רשים" הפייטן רומז לישראל. 16 רקמת וכו׳,--יחזקאל ט"ז:י׳, י"ג. 17 בגלומי וכו׳,--שם כ"ז:כ"ד. 18 קתדראן (καθέδριον) מלכים,--כסא שיש לו סמוכין ע׳ ירוש׳ יומא פ"ד,מ"א ע"ג: "כמלך שהוא יושב על קתדרין שלו"; יכסיאם,--פעל בנוי מן השם "כסא" ור"ל יושיבם ומוסב על "רשים"= ישראל. 19 יצר,--הקב"ה; שחקים וארקים,--שמים וארץ; התמים,--השלים. 20 יעמדו יחדיו,--כלומר כך קרא הקב"ה לשמים וארץ ע"פ ישעיה מ"ח:י"ג. 21 ויזכו וכו׳,--מוסב לחתן התורה; לצאת מחלציך,--בראש׳ ל"ה:י"א. 21 יוחנן בן זכאי,--תנא בזמן חורבן בית שני. 23 ישקיף ממרומים,--תהל׳ ק"ב:כ׳. 24 מאף וכו׳,--שם ע"ח:מ"ט. 25 נעים וטוב,--שם קל"ג:א׳; ישביעך וכו׳,--שם צ"א:ט"ז. 26 ותבלה וכו׳,--איוב כ"א:י"ג ול"ו: י"א. 27 ויבנה וכו׳,--תהל׳ ע"ח:ס"ט. 28 ותתברך וכו׳,--בראש׳ כ"ד:א׳.

12. הלל בר אליקים

"סליחה" לתענית אסתר. החתימה: הלל חזק. כה"י מ"ר,א, 1082,עמ' 40; מחזור טורין 101: (166). י"ג בתים בני ד' טורים מחריזים. מספר מילים רופף (3–6 ועוד). (ד.א'8767).

אַתָּה אֱלוֹהַּ רִאשׁוֹנִים/ מַפְלִיא פֶּלֶא בְּכָל רִגְעֵי זְמַנִּים
בַּעֲמוֹד צוֹרֵר לְהַשְׁמִיד זֶרַע אֱמוּנִים/ אֲנָשִׁים וְנָשִׁים טַף וּזְקֵנִים.

גָּבַר עֲלֵיהֶם בַּעֲלִילָה גְּדוֹלָה/ עַל אָכְלָם זִבְחֵי מֶלֶךְ וְקִלְקְלוּ קַלְקָלָה
דָּגוּל חָרָה לַחֲרוֹת אַף וְכָלָה/ וְשָׂטָן שָׂמַח וְהָלַךְ לְהָבִיא מְגִילָה.

הֵן דָּת יָצְאָה בְּבִגְדֵי אֵבֶל וִילָלָה/ וְכָל צְבָא רוּם בָּכוּ לְמֶרֶד קוֹלָהּ
וְתִשְׁבִּי זוֹרֵז וְהָלַךְ בְּבֶהָלָה/ לְהוֹדִיעַ לְנֶאֱמָן וִישֵׁנֵי מַכְפֵּלָה.

זוֹרְזוּ מִיַּד וְעָמְדוּ בְּבֶהָלָה/ וְהָיוּ בּוֹכִים לְקוֹל יְלָלָה
הָלַךְ וְרָץ לִימִינִי גּוֹלָה/ לַעֲמוֹד אַף הוּא מִצִּדּוֹ בִּתְפִלָּה.

טִכֵּס תַּעֲנִית וְקִבֵּץ קְהִלּוֹת/ לְהִתְעַנּוֹת שְׁלֹשָׁה יָמִים וְלֵילוֹת
יוֹמָם וָלַיְלָה לִשְׁפּוֹךְ תְּפִלּוֹת/ אוּלַי יַעֲשֶׂה רַב עֲלִילוֹת.

כִּנֵּס תִּינוֹקוֹת בְּבֵית סֵפֶר וְיָשַׁב עִמָּהֶם/ וְהָיוּ בּוֹכִים הִיא וָהֵם
לְקוֹלָם צָר נִכְנַס עֲלֵיהֶם/ וּמְצָאָם יוֹשְׁבִים וּמָרְדְּכַי רַבָּם עִמָּהֶם.

מִיַּד צִוָּה עֲלֵיהֶם וּסְפָרָם/ וְנָתַן שַׁלְשְׁלָאוֹת וַחֲבָלִים בְּצַוָּארָם
בָּם בֹּקֶר לַהֲרִיגָה אֲמָסְרָם/ וְאַחַר כַּךְ אֶתְלֶה אֶת מָרְדְּכַי סוֹפְרָם.

סוֹעֲרוֹת וְגוֹעוֹת כְּפָרוֹת אִמּוֹתֵיהֶם/ וּמוֹלִיכוֹת מַיִם וּמָזוֹן לָהֶם
עוֹנִים בְּמֶרֶר מַאֲכָל לֹא יִכָּנֵס בְּפִיהֶם/ כִּי לַנִּשְׁחָטִים מָה צוֹרֶךְ אוֹכֶל לָהֶם.

פּוֹעוֹת וְגוֹעוֹת עֲלֵיהֶם אִמּוֹתָם/ מְחַבְּקוֹת וּמְנַשְּׁקוֹת אוֹתָם
צוֹעֲקִים כֻּלָּם בְּמֶרֶר בִּכְיוֹתָם/ וּמַלְאָכִים דָּמְעוּ לְקוֹל צַעֲקָתָם.

קוֹלָם נִשְׁמַע בִּשְׁתֵּי שָׁעוֹת בַּלַּיְלָה/ וְעָנוּ נֶאֱמָן וְאָבוֹת הָעוֹלָם עוֹמְדִים בִּתְפִלָּה
רָם פָּץ לִצְבָא מַעְלָה/ קוֹל קְטַנִּים כִּגְדָיִים עוֹלֶה לְמַעְלָה.

שָׁמְעוּ לְפָנֶיךָ אָבוֹת וּמַלְאָכִים בֵּינֵיהֶם/ רַחוּם וְחַנּוּן לֹא קוֹל גְּדָיִים וְלֹא קוֹל כְּבָשִׂים הֵם

תִּינוֹקוֹת עַמְּךָ הָאֲסוּרִים בְּצַוְּארֵיהֶם/ וּמָחָר בִּשְׁחָטִים כּוּלָּהֶם.

הֵן זוֹכֵר הַבְּרִית מִיַּד רַחֲמִים נִתְמַלָּא/ זְמַן לִקְרוֹעַ אִגְּרוֹת הַחֲרוּתוֹת לְכָלָה
לְצַד דָּחַף וּמַחֲשַׁבְתּוֹ נִתְקַלְקְלָה/ לָכֵן הוּא וּבָנָיו עַל עֵצוֹ נִתְּלָה.

חֲבִיבִים שָׂמְחוּ בֵּאלֹהֵיהֶם/ זָכַרְתָּ לָהֶם בְּרִית אֲבוֹתֵיהֶם
קוֹלֵנוּ תִשְׁמַע כְּשָׁמַעְתָּ תְּפִלּוֹתֵיהֶם/ עֲשֵׂה עִמָּנוּ כְּשֵׁם שֶׁעָשִׂיתָ עִמָּהֶם.

2. צורר,--כנוי להמן ע"פ אסתר ג׳:י׳; זרע אמונים,--הכונה לישראל. 3. גבר,--המן; בעלילה גדולה,--כדברי ר׳ יצחק נפחה אסתר רבה ז׳. י"ג; על... קלקלה,--שם. 4. דגול,--שה"ש ה׳:י׳ והכונה להקב"ה; לחרות... וכלה,--אסתר רבה, שם; ושטן ... מגילה,--שם. דת,--הכונה לתורה, ע׳ שם; צבא רום,--כלומר מלאכי השרת וחמה ולבנה ע׳ שם. 6. תשבי,--אליהו הנביא ע׳ שם; נאמן,--כנוי למרע"ה ע׳ שם; וישני מכפלה,--הכונה לאבות ע׳ שם. 8. חרד,--מוסב על, "תשבי"; ימיני,--כנוי למרדכי ע"פ אסתר ב׳:ה׳ וע׳ אסתר רבה, שם; גלה,--בגילה ע׳ תהלים ב׳:י"א; בתפלה,--אסתר רבה, שם. 9. שלשה... ולילות,--אסתר ד׳:ט"ז. 10. רב עלילות,--כנוי להקב"ה ע׳ ש"א, ב׳:ג׳. 11. כנס... והם,--אסתר רבה ח׳. ז׳. 12. צר,--המן; ומצאם... עמהם,--שם ט׳. ג׳. 13. טפרם,--כלומר מנה אותם ע׳ שם: 13–14. שלשלאות... מרדכי,--שם. 14–15. סוערות ... להם,--תשובת התינוקות לאמותיהם שונה קצת באסתר רבה, שם, ממה שבפיוט שלנו וז"ל, "לא נאכל ולא נשתה אלא מתוך תעניתנו נמות." 16. במרר,--אסתר רבה ז׳. י"ג. 19. שתי שעות,--שם ט׳. ג׳; ענו,--מרע"ה. 20. רם,--כנוי להקב"ה; כגדיים,--שם. 21. שמע וכו׳,--שם. 22. כולהם,--ש"ב, כ"ג:ו׳. 24. ומחשבתו,--של המן. 25. חביבים,--כנוי לישראל.

13. אברהם חזן בר יצחק בר משה

"סליחה" לנעילה ליוה"כ. סימן: א׳–ב׳, אברהם ברב יצחק חזק. המקורות: רא. ח"ב, א׳ 19; רב. עמ׳ רמ"ח; כה"י מ"ר, ו, 320, עמ׳ 367. י"ג בתים בני ד׳ טורים ששלושה מהם מחריזים וברביעי הבאה מהמקרא המסתיימת "קדש". חרוז פנימי בטור ג׳ של הבית האחרון. מספר מילים רופף (2–6 ועוד). (ד.א׳3306).

אֵל אַדִּיר הַשּׁוֹכְנִי בִּמְרוֹם זְבוּלוֹ
בּוֹ מִבְטַח עַם דַּל וְהוּא עוֹז מִגְדָּלוֹ
גַּאֲוָה בַל יִבְזֶה עֱנוּתוֹ וּפִלּוּלוֹ
וְנִשְׁמַע קוֹל בְּבֹאוֹ אֶל הַקֹּדֶשׁ.

דְּרוֹשׁ נָא עֵדָה נְדוּדָה בְּאַרְבַּע הַפִּיאוֹת
הָעוֹמֶסֶת מָאתַיִם וְאַרְבָּעִים וּשְׁמֹנֶה מִצְוֹת מוּפְלָאוֹת
וּפוֹרֶשֶׁת מִשִּׁשִּׁים וַחֲמִשָּׁה לָאוֵי חַטָּאוֹת וּשְׁלֹשׁ מֵאוֹת
וְנִצְדַּק קֹדֶשׁ.

זְדוֹנוֹת אִם הִרְבּוּ וְסָטוּ אֶל רְהָבִים
חַסְדְּךָ יוּגְבַּר בַּהֲמוֹן רַחֲמֶיךָ הָרַבִּים
טֵירוּף דָּמָם וּמִיעוּט חֶלְבָּם תַּחְשׁוֹב כְּתַכְסִיס אֵימוּרֵי חֲלָבִים
הֵם מַקְרִיבִים וְהָיוּ קֹדֶשׁ.

יְגוֹנוֹת מֵפִיג וּמַכְאוֹב לֵב חוֹבֵשׁ
כַּבִּירִים מַכְנִיעַ וּבִגְדֵי בָקָם לוֹבֵשׁ
לְבָאִים תַּפִּיל וְגֵאִים תַּשְׁפִּיל וְתִכְבֹּשׁ
לַכֶּבֶשׂ הָאֶחָד בַּקֹּדֶשׁ.

מָרוֹם הַשָּׂם עָבִים רְכוּבוֹ
בְּאֶדֶר נִכְתָּר נֶהְדָּר עַל כַּנְפֵי כְרוּבוֹ
סִילּוֹן מַמְאִיר מַבְעִיר עִם קְרוֹבוֹ
וְאַל יָבֹא בְכָל עֵת אֶל הַקֹּדֶשׁ.

עוּרָה נוֹרָא לְעֶזְרָה בְצָרוֹת הַנִּמְצָאוֹת
פְּדֵה נִדָּחִים לְקוּחִים לַמָּוֶת מוֹצָאוֹת
צִבְאוֹת צָרִים צַמֵּת צוֹבְאֵי צְבָאוֹת
וְאַל יָבֹאוּ לִרְאוֹת כְּבַלַּע אֶת הַקֹּדֶשׁ.

קֹדֶשׁ יִשְׂרָאֵל בְּשֵׁם קָדְשְׁךָ בְּעֵזֶר
רוּטַשׁ נוּטַשׁ בְּכָל קַצְוֵי אֶרֶץ נִפְזָר
שׁוֹבָיו תַּפֵּל וְאֹכְלָיו תַּסְגִּיר לְאַכְזָר
וְכָל זָר לֹא יֹאכַל קֹדֶשׁ.

אֵלֶיךָ אֶקְרָא הַשָּׂם עָבִים רְכוּבוֹ
בּוֹחֵר בְּעַם זוּ נְדָבָה אוֹהֲבוֹ
רְצֹץ רִשְׁפֵּי צָרוֹ וְהָשֵׁב צוּר חַרְבּוֹ אֶל לִבּוֹ
בְּבֹאוֹ אֶל הַקֹּדֶשׁ.

הָעִירָה הָאִירָה הוּנְעֲרָה מִכָּל הֲדָרָהּ
מִקְדָּשָׁהּ הֵכִינָה כְמִקֶּדֶם נְעָרָה מֵעֲפָרָהּ
בְּצִירָה תִבְצוֹר וּפִתְאוֹם הָבֵא שִׁבְרָהּ
וְהִיא סַחְרָה וְאֶתְנַנָּהּ קֹדֶשׁ.

רֹאשׁ מְסִבַּי תַּשְׁבִּיר תַּשְׂבִּיעַ בְּשָׂרָם מוֹנַי
בְּנֹאדְךָ תָּשִׂים דִּמְעִי וְתִסְפּוֹר אוֹנַי
יַחַד נִדָּחַי תְּקַבֵּץ וְתֶאֱסוֹף הֲמוֹנַי
וְהִשְׁתַּחֲווּ לַיָי בְּהַדְרַת קֹדֶשׁ.

צֶמַח יִשַׁי הַפְרַח וְתַחְתָּיו יִשְׁכּוֹנוּ
חֲיָלֶיךָ לְאוֹרְךָ יְנַחֵם וּלְעוֹבְדֶךָ יִכּוֹנוּ
קָרְבָתְךָ יֶחְפָּצוּן וְלִקְחֲךָ יִלְמְדוּ יָבִינוּ
עֵדוֹתֶיךָ נֶאֶמְנוּ מְאֹד לְבֵיתְךָ נַאֲוָה־קֹדֶשׁ.

חֶבֶל נַחֲלָתוֹ מִיָּם עַד יָם תָּכִינוּ
זִיווֹ יִגְדַּל בְּהוֹד מִשְׂגָּבוֹ וּמִשְׁכָּנוֹ
קוּמוּ יָרוּם קַרְנוֹ/ וּנְוֵה שָׁלוֹם מִשְׁכָּנוֹ/ וַיִּטַּע אָהֳלֵי אַפַּדְנוֹ
בֵּין יַמִּים לְהַר צְבִי קֹדֶשׁ.

1 אדיר|רב. אביר|| 10 יוגבר| רב. יגדל|| 11 כתכסים| ו. כטקסים|| 15 תפיל... תשפיל| ו. תשפיל...תפיל|| 17 מרום| רב. מרום אדיר ; עבים רכובו|רב. בים נתיבו|| 18 נאדר...נהדר|רב. נשגב נשא בהוד|| 19 מבעיר| רב. יבעיר|| 21 נורא|רב. חסר|| 24 ואל| רב. ולא|| 26 בכל קצוי| ו. על קצה; נפזר| ו. ונפזר|| 27 תסגיר| רב. תזכיר|| 31 אל לבו| רב. על לבו|| 35 בצירה| רב. בעיר בוצרה; ופתאום| רב. ופתע|| 38 תשים| רב. תשית|| 39 נדחי תקבץ|רב. תקבץ נדחי|| 42 לאורך| רב. לדגליך; ינחם| ו. תנחם; ולעובדך יכונו| רב. ותחינו|| 46 משגבו ומשכנו| רב. גאונו ומשכנו|| 47 קומו| ו. קימו; שלום| רב. חסר.

1 אל אדיר,--הקב"ה; זבולו,--כנוי לשמים ע' ירושלמי ברכות ט'.ב'. 2 דל...עוז,--ישעיה כ"ה:ד'; מגדלו,--תהל' ס"א:ד'. 3 גאה,--הקב"ה ע"פ שמות ט"ו:א'; יבזה ענותו,--תהל' כ"ב:כ"ה:'כי לא בזה ולא שקץ ענות עני'; ופלולו,--תפלתו של ה'עני'. 4 ונשמע...הקדש,--שמות כ"ח:ל"ה. 5 עדה,--רומז לישראל; נדודה,--הושע ט':י"ז; בארבע הפיאות,--כלומר בארבע כנפות תבל. 6 מצות,--כלומר רמ"ח מצוות עשה; מופלאות,--מצוינות. 7 משישים...מאות,--כלומר שס"ה מצוות לא תעשה. 8 ונצדק הקדש,--דניאל ח':י"ד. 9 וסטו,--ופנו ב"י; אל רהבים,--תהל' מ':ה'. 10 חסדך יוגבר,--שם ק"ג:י"א; והמון רחמיך,--ישעיה ס"ג:ט"ו. 11 טירוף...חלבם,--כלומר סבלותם של ב"י בגלות ע"י צום יוה"כ וע' בתפלת ר' ששת בתענית, ברכות י"ז., וגם ע"י הרג ורעב וע' בסליחה "אספו אשים" (ד.א' 7154): "צום קבענו למעט דם וחלב תמור חלב ודם הנזרקים",וע' הבטוי בלשון הפייטנים ע' צונץ, <u>ס.פ.</u>, עמ' 494-5; כתכסים,--כנימוס; אימורי חלבים,--של קרבן מזבח והפייטן מתכוון לחלב אשר על הקרב ובכללו החלב שעל הקיבה ע' ויקר' ג':ג' וע' בקינה לדוד בר משלם משפירא, "אלהים אל דמי לדמי",

(ד.א׳ 4626): "טף ונשים השלימו יחד לעקד..כבשים בני שנה לעולה תמימים/ כבשו עולות כזבחי אמורי שלמים". 12 הם...קדש,--ע׳ ויקרא כ"א:ו׳. 13 יגונות...לב ,--ירמיה מ"ה:ג׳ וישעיה ס"ה:י"ד; מפיג,--מחליש. 14 ובגדי...לובש,--ישעיה נ"ט: י"ז. 15 לבאים,--כנוי לאדום הנוצרי ע׳ "שולחה ממעונה" לשבתי בר יוסף, טורים 12-13 וע׳ ראב"ע "אלי אסוף" (ד.א׳ 4921): "אלי אסוף פזורה(ישראל) בין פרא ולביא";וגאים תשפיל,--איוב מ׳:י"א. 16 לכבש...בקדש,--במדבר כ"ח:ז׳. 17 מרום ,--הקב"ה; השם...רכובו,--תהל׳ ק"ד:ג׳. 18 נכתר,--כלומר מלה"ש יכתירו כתרים להקב"ה ע׳ היכלות רבתי כ"ד.ז׳; על...כרובו,--יחזקאל י׳:י"ט. 19 סילון ממאיר ,--שם כ"ח:כ"ד; עם קרובו,--ישראל ע׳ תהל׳ קמ"ח:י"ד. 20 ואל...אל הקדש,--ויקרא ט"ז:ב׳. 21 עורה,--תהל׳ מ"ד:כ"ד; נורא,--כנוי להקב"ה; לעזרה...הנמצאות,--תהל׳ מ"ו:ב׳. 22 נדחים,--רומז לישראל ע"פ ישעיה כ"ז:י"ג; לקוחים,--משלי כ"ד:י"א; למות תוצאות,--תהל׳ ס"ח:כ"א. 23 צמת,--השמד ובהקבלה ל׳פדה׳ לעיל טור 22; צובאי צבאות,--כנוי להקב"ה וכל מילה בטור זה מתחילה באסונאנס של אות צ׳. 24 ואל יבאו ...הקדש,--במדבר ד׳:כ׳. 25 קדוש ישראל,--הקב"ה ע׳ ישעיה א׳:ד׳. 26 רוטש נוטש ,--ע׳ רי"ה "יוני גאיות" (ד.י׳ 2086): "ונביות וכושים/רדו בחמשים (ישראל)/ והניחום רטושים/ בכל פינה נטשים". 27 שוביו,--ישעיה י"ד:ב׳; ואכליו,--ירמיה ב׳:ג׳. 28 וכל...קדש,--ויקרא כ"ב:י׳. 29 השם...רכובו,--תהל׳ ק"ד:ג׳. 30 נדבה אוהבו,--הושע י"ד:ה׳; רשפי צרו,--רומז לקנאה של אויבי ישראל ש׳רשפיה רשפי אש׳; ע׳ שה"ש ח׳:ו׳; והשב...חרבו,--תהל׳ פ"ט:מ"ד. 32 בבאו...הקדש,--שמות כ"ח: כ"ט. 33 העירה,--תהל׳ ל"ה:כ"ג; האירה,--שם ל"א: י"ז; הונערה...הדרה,--איכה א׳:ו׳. 34 כמקדם,--שם ה׳:כ"א; נערה מעפרה,--ישעיה נ"ב:ב׳. 35 בצירה,--בכאבה; תבצור,--חזק; שברה,--תקותה. 36 והיא...קדש,--שם כ"ג: י"ח. 37 ראש מסבי,--תהל׳ ק"מ:י"א; תשביר,--כלומר תביא את האויב עד משבר וירידה; תשביע בשרם,--איוב י"ט: כ"ב; מוני,--חלקי. 38 בנאדך...ותספור,--תהל׳ נ"ו:ט׳; אוני,--יגוני. 39 נדחי תקבץ,--דברים ל׳:ד׳. 40 והשתחוו...קדש,--תהל׳ כ"ט:ב׳. 41 צמח,--ירמיה כ"ג:ה׳; ותחתיו ישכונו,--ש"ב,ז׳:י׳. 42 לאורך,--ישעיה ס׳:א׳; ינחם,--מוסב על ׳צמת ישי׳- מלך המשיח. 43 קרבתך יחפצון,--שם נ"ח:ב׳; ולקחך ילמדו,-- שם כ"ט:כ"ד. 44 עדותיך...נאוה קדש,--תהל׳ צ"ג:ה׳. 45 חבל נחלתו,--שם ק"ה:י"א; מים עד ים,-- שם ע"ב:ח׳. 47 ונוה...משכנו,--ישעיה ל"ב:י"ח; 47-8 ויטע...קדש,--דניאל י"א:מ"ה.

14. מרדכי מנקיאה

"קינה של הרב ר' מרדכי מנקיאה" לט' באב ע"פ הכותרת בכה"י מחזור רומניה, ביהמ"ד לרבנים, ניו-יורק, אדלר 4027, עמ' 37. סימן: מרדכי. קינה בעלת חמש מחרוזות בצורת שיר איזור בעל מדריך. בחרוזות אחרי המדריך שלושה טורי סטרופה ושני טורי איזור. הטור השני באיזור חוזר כפזמון בסוף כל מחרוזת. משקל ספרדי. בכל צלעית שש הברות והשוואים הנעים והחטפים אינם במניין. (איך בד.).

‏------ / ------

מִבְצַר עִיר הוֹמִיָּה/ אֵיכָה הָיְתָה כְּעוֹטְיָה
יוֹם צָר הָעִיר יוֹפְיָה/ וְהִסִּיק שַׁלְהֶבֶת יָהּ
וְיָד בָּרָא כְּלֹא הָיָה/ עַל גָּלוּת צִדְקִיָּה
פּוּר הִתְפּוֹרְרָה עֲרוּיָה/ יוֹם פָּקוּ פְּלִילִיָּה
בָּכֹה תִבְכֶּה עֲנִיָּה/ וְדִמְעָתָהּ עַל לֶחֱיָהּ.

רַב טַבָּחִים עֵינָיו/ שָׂם עַל דְּבִיר בֵּית מְעוֹנָיו
יוֹם הֵקִים בַּחוּנָיו/ עוֹרְרוּ הָאַרְמוֹנָיו
מָלְאוּ חָלָב עֲטִינָיו/ עֵת הִצִּית בִּנְיָנָיו
הָהּ יוֹשֶׁבֶת בְּנוּיָה/ הִגֵּה יַד יְיָ הוֹיָה.
בָּכֹה וכו'

דָּמוּ יוֹשְׁבֵי גְּבָעוֹת/ עִיר הָרַס אֵיךְ בְּקִיעוֹת
צֶאֱצָאִים וְהַפְּצִיעוֹת/ הָהּ קוּמְּטוּ עַל בְּקָעוֹת
לְאִבְחָה בַת אֵל דֵּעוֹת/ הוּחַבָּה לְאִישׁ זְרוֹעוֹת
לְזֹאת אָרִים קוֹל בִּכְיָה/ עַל גֶּפֶן פּוֹרִיָּה.
בָּכֹה וכו'

כִּסָּה פָּנַי כְלִימָּה/ יוֹם בָּא אֲרִי עַל אֲדָמָה
מִשְׁכְּבֵי שָׁת לְשַׁמָּה/ שְׁפוֹ וְגַם אֶת בֶּן הָאָמָה
בְּקוֹל רַעַם מִלְחָמָה/ יוֹם הִלְבִּישׁ לְסוּס רַעְמָה
בְּזַעַם יְיָ הָיָה/ לְזֹאת עֵינִי בוֹכִיָּה.
בָּכֹה וכו'

יָהֵל נֵר מַעֲרָבִי/ וְלֹא יָהֵל שָׁם עֲרָבִי
וַהֲרוֹס אֶת בֵּית אוֹיְבִי/ אֲשֶׁר נִיתַּק נְוַת אָבִי
בַּשֵּׂר צוּר דְּבִיר נָוִי/ וְרַפֵּא אֶת מַכְאוֹבִי
עוֹד אֶבְנֵךְ יְפֵיפִיָּה/ כְּאָז בָּנָה יְדִידְיָהּ.
[בכה וכו']

ככתוב: "עוד אבנך ונבנת בתולת ישראל עוד
תעדי תופיך ויצאת במחול משחקים." (ירמ׳ ל"א:ג׳)

1. עיר,--ירושלים; עוטיה,--שה"ש א׳:ז׳ כלומר כאבל עטוף ראש. 2. שלהבת יה,-- שם ח׳:ו׳.3. יד ברא,--יחזקאל כ"א:כ"ד ורומז לירושלים.4. פור התפוררה,--ישעיה כ"ד: י"ט. פקו פליליה,--שם כ"ח:ז׳ .5.בכה וכו׳,--איכה א׳:ב׳.6.רב טבחים,-- נבוזראדן ע׳ מ"ב,כ"ה:ח׳; דביר...מעוניו,--הכונה למקדש. 7. הקים...הארמוניו,-- ישעיה כ"ג:י"ג. 8.מלאו...עטיניו,--איוב כ"א:כ"ד כלומר היו שאננים ושקטים. 9.יושבת בנויה,--רומז לירושלים ע"פ תהל׳ קכ"ג:ג׳; הנה...הויה,--שמות ט׳:ג׳. 11. יושבי גבעות,--הכונה לירושלים ע"פ ישעיה י׳:ל"ב; איך בקיעות,--אולי הכונה לישעיה כ"ב:ט׳ ור"ל,׳איך רבו בקיעות בחומת עיר דוד.׳ 12. צאצאים והפציעות,-- צ"ל הצפיעות וע׳ שם כ"ב:כ"ד; קומטו,--איוב כ"ב:ט"ז. 13. לאבחה,--להרג בחרב; בת אל דעות,--כנוי לכנסת ישראל ע׳ ש"א, ב׳:ג׳; הוחדה,--בכ"י הוחרה ;איש זרועות,--איוב כ"ב:ח׳. 14. גפן פוריה,--ישעיה ל"ב:י"ב. 16. כסה...כלימה,-- תהל׳ ס"ט:ח׳;ארי,--איכה ג׳:י׳. 17. שפו,--בראשית ל"ו:כ"ג ור"ל בני אדום;וגם ...האמה,--שם כ"א:י"ג כלומר בני ישמעאל. 18.הלביש...רעמה,--איוב ל"ט:י"ט. 19.בוכיה,--איכה א׳:ט׳. 21.יהל,--יזרח; ולא...ערבי,--ישעיה י"ג:כ׳. 22.נות אבי,--כנוי למקדש. 23.נוי,--נוה. 24.עוד...יפיפיה,--ירמיה ל"א:ג׳;ידידיה,-- כנוי לשלמה המלך ע׳ש"ב,י"ב:כ"ה וע׳ מנחות נ"ג,ע"א.

15. דוד פפי

"קינה" לט׳ באב. החתימה: דוד פפי. המקור: כה"י מ"ר, נ, אדלר 4027, עמ׳ 43. קינה בצורת שיר-איזור בעלת שש מחרוזות. בכל מחרוזת שלושה טורי סטרופה וטור איזור. המשקל: ה׳ תנועות וההברות הקצרות אינן נחשבות. החריזה: אאאב גגגב וכו׳ (אין בד.)

דִּרְשׁוּ נְגִידִים לְבַת
יַעֲנֶה תָּמִים לְבַת
צִיּוֹן כְּבוּדָּה וּבַת
מֶלֶךְ אֲשֶׁר הָגְלְתָה.

הִלְכוּס חֳרָבוֹת צְאוּ
קִפּוֹז קָאַת תִּמְצְאוּ
מִסְפֵּד בְּמַר תִּקְרְאוּ
עַל הַר גִּבְעָתָהּ.

דְּבִרַת נְוַת בָּיִת
הֵיכַל וְהַר זָיִת
שָׁמִיר וְגַם שָׁיִת
עָלָה לְאֶפְרָתָה.

פּוּשְׁטוּ מְלָכִים הֲדַר
מַלְכוּת לְיוֹם בֶּעְדַר
תָּמִיד וְשִׁיר מְחֻדַּר
מֶלֶךְ וְעוֹלָתָהּ.

פָּרְקוּ סְגָנִים עֲדִי
זָהָב לְיוֹם אֵידִי
תֵּבֵל מִכָּבוֹד רְדִי
וּשְׁבִי לְאַדְמָתָה.

יָחִישׁ חֲלִיל מִבְּנוֹת
הַשִּׁיר וְהֵידָד בְּנוֹת
יַעֲנָה לְצִיּוֹן עֲנוֹת
אוֹרָה הַהּ כִּיהֲתָה.

1 בת יענה,--רומז לציון החרבה ע"פ ישעיה ל"ד:י"ג. 2 תמים,--כלומר קרבן מזבח ומוסב על "דרשו". 3 כבודה וכו׳,--תהל׳ מ"א:י"ד ומתכוון לכנסת ישראל. 5 כוס חרבות,--שם ק"ב:ז׳. 6 קפוז,--ישעיה ל"ד:ט"ו; קאת,--תהל׳ שם. 8 הר גבעתה,--ישעיה ל"א: ד׳. 9 דברת,--השמדת ע׳ דבהי"ב כ"ב:י׳ ומוסב על "מספד במר תקראו על"; נות בית,--רומז לכנסת ישראל ע"פ תהל׳ ס"ח:י"ג ואונקלוס שם, וע׳ ערוגת הבשם א׳, עמ׳ 72: "מנחם (בן סרוק) הביא ׳ונות בית תחלק שלל׳ עם נוה משולח, נוה שאנן, ופירו׳ יושבת בית, על דרך ׳כל כבודה בת מלך פנימה׳". 11 שמיר וכו׳,--ישעיה ה׳: ו׳. 13 פושטו,--כלומר פשטו בדומה ל"פרקו" להלן טור 17; מלכים,--מתכוון למלכי בבל בבית ראשון ורומא בבית שני. 14 יום נעדר,--רומז לסלוק השכינה בחורבן בית ראשון ע׳ פתיח׳ איכ"ר. 15 מחדר מלך,--מתכוון למקדש ע׳ שה"ש א׳: ד׳ ומצודת דוד, שם; "תמיד ושיר" מוסב על "פושטו" ור"ל שקרבן התמיד ושירי הלוויים חדלו במקדש אחרי החרבן. 16 ועולתה,--מתכוון לקרבן עולה ע׳ שמות כ"ט:י"ח ומוסב על "פושטו". 17 סגנים,--ל"מלכים" דלעיל טור 13. 18 ליום אידי,--כלומר ביום חרבן המקדש. 19 תבל,--רומז לארץ ישראל ע"פ מאמר ר׳ שמעון בן יוחי בספרי דברים ל"ז: "תבל זו ארץ ישראל...על שם תבל שבתוכה, איזהו תבל שבתוכה? זו תורה." 20 ושבי לאדמתה,--

מוסב על "רדי" ור"ל ירדו שבויי ישראל שאולה. 21 יחיש,--כלומר יפסיק בחפזון; מבנות השיר,--קהלת י"ב:ד' ורומז ללוויים בשירם במקדש. 22 והידד..ענות,-- כלומר בת יענה, עוף השוכן בחרבות (ע' ישעיה י"ג:כ"א) תתן קולה בהידד על ציון ע' ירמיה כ"ה:ל' והנה דוגמה של צליל דומה (אסונאנס) במלאכת הפייטן במילים "בנות יענה" ו"ענות". 24 אורה,--של כנסת ישראל.

16. כלב בר שבתי נני

"קינה" לט' באב. סימן: כלב בן שבתי חזק. כה"י מ"ד נ. אדלר, 4027, עמ' 44. בכותרת: "קינה לרבנא כלב נני". בתים בני ד' טורים. משקל ספרדי: בכל צלעית שבע הברות והשוואים הנעים והחטפים אינם במניין (אין בד.).

------- / -------

כָּלוּ דִּמְעוֹת עֵינַיִם/ וַאֲנָחוֹת שִׁבְּרוּ מָתְנַיִם
וְלִבּוֹת יֵלְכוּ כַּמַּיִם/ עַל שֶׁבֶר יְרוּשָׁלַיִם.

לְפָנֶיהָ הָיוּ יְלָדִים/ וּלְשִׁפְחָתָהּ הֵן עֲבָדִים
וּמִמְּעוֹנָם הֵה נְדוּדִים/ וּבְנֵי נֵכָר כִּידִידִים.

בַּת גַּלִּים נָפְלָה חֲלָלִים/ תָּחִיל מֵהַלְמוּת עֲמֵלִים
וּמִקּוֹל צַעֲקַת חֲלָלִים/ מָלְאוּ אָזְנַיִם צְלָלִים.

בֶּגֶד בּוֹגְדִים בָּגָדוּ/ וּכְשׁוֹד שַׁלְמַן שׁוּדָּדוּ
וּשְׂעִירֵי בֵּית אֵל רָקְדוּ/ בָּנִים זָרִים יָלָדוּ.

נוֹגְנֵי שִׁירוֹת יְקוֹנֵנוּ/ לִקְרוֹא מְקוֹנְנוֹת יְבוֹנְנוּ
וְיוֹשְׁבֵי סֶלַע יְרַנֵּנוּ/ לְסִפּוּד לָשׁוֹן יְשַׁנֵּנוּ.

שָׁבַת מְשׂוֹשִׂי וְרוֹן גִּילִי/ וַיְהִי כִנּוֹרִי לְחֶבְלִי
וְעוּגָבִי לְיֵלֵל וְנִבְלִי/ וּלְקוֹל בּוֹכִים קוֹל חֲלִילִי.

בּוֹעֵר לֵב הָאֵשׁ בְּלִיבִּי/ הַה לִירוֹת בִּי הַצְּבִי
בְּנֵי אִמִּי נִחֲרוּ בִי/ הִדְלִיקוּ הֶאָח שְׁבִיבִי.

תַּכְלִית שִׂנְאָה שְׂנֵאוּנִי/ חֶבְלֵי רְשָׁעִים עִוְּדוּנִי
מְנוֹעַר רַבַּת צְרָרוּנִי/ וּמִשְׂטְמָה יִשְׂטְמוּנִי.

יָהּ מָתַי יְשׁוּלַּם פּוֹעַל/ אוֹיְבַי תִּמְאַס אֵל וְתִגְעַל
וְשָׁתוּ וְלָעוּ סַף רַעַל/ יָרְדוּ שְׁאוֹל מִמַּעַל.

חֶרְפַּת עוֹלָם יִמָּלְאוּן/ וְלִמְאֹד שְׁמָמָה יִשָּׁאוּן
וּמִקִּנְאַת עָם אֲשֶׁר יִרְאוּן/ בּוֹשֶׁת וּכְלִימָּה יִשָּׂאוּן.

זֹאת לָהֶם תַּחַת גְּאוֹנָם/ וַיָּשֶׁב עֲלֵיהֶם אֶת אוֹנָם
וְכִשְׁאוֹן רַעַשׁ שְׁאוֹנָם/ וּפִתְאוֹם יָבוֹא שְׁאוֹנָם.

קַבֵּץ נְפוּצוֹת עַמֶּךָ/ וְאוֹסְפֵם מִידֵי קָמֶיךָ
שׁוֹטְנֶיךָ וּמִתְקוֹמְמֶיךָ/ לְתוֹךְ עִירְךָ וְאוּלָמֶיךָ.

ככתוב: "אסוף אאסוף יעקב כולך קבץ אקבץ
נפוצות ישראל." (ע"פ מיכה ב׳:י"ב).

1. כלו...עינים,--איכה ב׳:י"א; ואנחות...מתנים,--יחזקאל כ"א:י"א. 2.ולבות... כמים,--איכה ב׳:י"ט; על שבר,--שם ב׳:י"א. 3.פנינה ילדים,--ש"א,א׳:ב׳, "פנינה" כנוי לשרה ע"פ משלי ל"א:י׳ וע׳ תנחומה חיי שרה,ג׳; שפחתה,--כלומר הגר ובני ישמעאל. 4.ממעונם,--מארץ ישראל; כידידים,--כלומר ב"מעונם" של בני ישראל. 5. גלים ,--כנוי לירושלים ע"פ ירמיה ט׳:י׳; מהלמות עמלים,--שופטים ה׳:כ"ו. 6. אזנים צללים,--ש"א,ג׳:י"א. 7. בגד...בגדו,--ישעיה כ"ד:ט"ז; וכשוד...שודדו,--הושע י׳: י"ד, "שלמן" כנוי לירושלים. 8.שעירי...רקדו,--ישעיה י"ג.כ"א; בנים...ילדו,-- הושע ה׳:ז׳. 9.יבוננו,--יבארו. 10.יושבי...ירננו,--ישעיה מ"ב:י"א; לספוד,-- כלומר במקום רנה. 11.שבת...כנורי,--שם כ"ד:ח׳; חבלי,--מכאובי. 12.יולל,--יללה. 13. הצבי,--הצביא. 14.בני...בי,--שה"ש א׳:ו׳. 15.תכלית...שנאוני,--תהל׳ קל"ט: כ"ב; חבלי וכו׳,--שם קי"ט:ס"א.16.מנוער...צררוני,--שם קכ"ט:א׳. 17.ישולם פועל ,--איוב ל"ד:י"א. 18.ושתו ולעו,--עבדיה ט"ז; סף רעל,--זכריה י"ב:ב׳; ירדו... ממעל,--ש"א,ב׳:ו׳. 19.חרפת עולם,--ירמיה כ"ג:מ׳; שממה ישאון,--ישעיה ו׳:י"א. 20.קנאת...בושת,--שם כ"ו:י"א. 21.זאת...גאונם,--צפניה ב׳:י׳; וישב וכו׳,-- תהל׳ צ"ד:כ"ג. 22.יבוא שאונם,--כלומר מפלתם ע׳ שם מ׳:ג׳. 24.אולמיך,--כנוי למקדש ע"פ יואל ב׳:י"ז. 25.אסוף וכו׳,--מיכה ב׳:י"ב.

17. כלב בר שלמה

"סליחה" לי"ז תמוז. החתימה: א׳-ב׳, כלב ברבי שלמה חזק. המקורות: כה"י מ"ר,נ.נ, אדלר 4027, עמ׳ 6; רא. ח"א, 151; רב. עמ׳ קצ"ב. בתים בני ד׳ טורים מחריזים. מספר מילים רופף (3-10). (ד.א׳ 2919).

אֵיכָה רֹאשׁ הַפִּסְגָּה מְקוֹם גֶּבַע וְהָרָמוֹת/ בָּנוּי לְתַלְפִּיּוֹת עֵין הַמִּצְפֶּה מְרִימוֹת
גֵּיא שְׁמָנִים הַר גָּבוֹהַּ וְתָלוּל אֲשֶׁר שָׁם שַׁמּוֹת/ כּוֹנֵס כַּנֵּד מֵי הַיָּם נוֹתֵן בְּאוֹצָרוֹת תְּהוֹמוֹת.

דְּבִיר עֵין שֶׁמֶשׁ בֵּית מְדִין הָאֵיתָנִים/ הוּצַּב עַל אֶרֶץ הוּעֲלָתָה מִיָּמִים רַבִּים וְשָׁנִים
וְהוּכַן בְּחֶסֶד בְּעוֹז רַהַב בָּאַשְׁמַנִּים/ עַל רֹאשׁ גֵּיא שְׁמָנִים.

זָהָב סָגוּר מְרוּקָּע מַעֲשֵׂה צַעֲצוּעִים/ חַלּוֹנֵי שְׁקוּפֵי אֲטוּמִים לוֹ וּמִקְלַעַת פְּקָעִים
טִמְּאוּ בִּפְסִילֵי צֹאנָן בְּהִשְׁתַּלַּח בּוֹ צוֹעִים/ אַנְשֵׁי חַיִל מְתוּלָּעִים.

יָתֵר עַם הִצְבִּיא גּוֹי הַמַּר וְהַנִּמְהַר חֵילוֹ/ כָּאַרְבֶּה לָרוֹב וְכַסּוּפָה מַרְכְּבוֹת דִּגְלוֹ
לִצְבִי קֹדֶשׁ חָמַס וְרָמַס בְּרוֹב גָּדְלוֹ/ הַהוֹלֵךְ לְמֶרְחֲבֵי אֶרֶץ לָבוֹא לָרֶשֶׁת מִשְׁכָּנוֹת לֹא לוֹ.

מָעוֹן חִלֵּל וְהִכָּה הַבַּיִת בְּקִיעִים/ נִפֵּץ עַם נוֹרָא מִן הוּא וָהָלְאָה גֹּרַשׁ לִרְגָעִים
סוּגְּרוּ בְּיַד בֶּן נְתַנְיָה שְׁמוֹנִים אִישׁ מְגֻלְּחֵי זָקָן וּבִגְדֵיהֶם קְרוּעִים/ אֲנָשִׁים חֲכָמִים
וּנְבוֹנִים וִידוּעִים.

עָרוּ עָרוּ עַד הַיְסוֹד מִבְצְרֵי חוֹמוֹתַיִם/ פָּץ נֵצֶר נִתְעָב מוּל עָרִיצֵי גוֹיִם
צָעֲקוּ מַר מֵרַעַשׁ הֲמוֹן גַּלְגַּלֵּי מַחֲנִים/ לֹא הִפְנוּ אָבוֹת עַל בָּנִים מֵרִפְיוֹן יָדַיִם.

קָמוּ בְּלִי לֵב מִקּוֹל שַׁעֲטַת פַּרְסוֹתָיו/ רָחֲפוּ עַצְמוֹת נְפוּצֵי עַם הַגּוֹלִים בְּאַרְצוֹתָיו
שָׁאוֹג שָׁאֲגוּ כַּכְּפִיר מֵאֵין טֶרֶף בִּמְעוֹנוֹתָיו/ אַרְיֵה טוֹרֵף בְּדֵי גוֹרוֹתָיו וּמְחַנֵּק לְלִבְאוֹתָיו.

פַּחְתָיו שָׁחֲחוּ עוֹזְרֵי רַהַב עֲדֶנָה/ כּוֹרְמִים וְיוֹגְבִים נִתְּנוּ דְכְאוּ בְּכָל עוֹנָה
לֹא מָצְאוּ נַחַת עַד תַּכְלִית קֵץ הַנִּמְנָה/ לְפִי מְלֹאת לְבָבֶל שִׁבְעִים שָׁנָה.

בַּלָּהוֹת בִּיעֲתוּם וַיִּהְיוּ רַק זְוָעָה/ בָּרֵי לֵבָב נִלְאוּ נְשׂוֹא וְנַפְשָׁם שָׂבֵעָה
רוֹגֶז בּוּז לִגְאֵיוֹנִים דִּבְרֵי תוֹעָה/ וַיִּמְעֲטוּ וַיָּשֹׁחוּ מֵעֹצֶר רָעָה.

בִּכְלוֹת קֵץ הַיָּמִין אֲשֶׁר שָׁם תַּחַת וּמַעַל/ יִסֵּד הֵעִיר רוּחַ מֶלֶךְ לְהַבְדִּיל טָהוֹר מִגּוֹי נִגְעַל
שָׁלוּחַ שָׁלַח מִי בָכֶם מִכָּל עַמּוֹ גּוֹי נִתְעַל/ יְהִי אֱלֹהָיו עִמּוֹ וְיָעַל.

׳לְבָבוֹ אַמֵּץ לִבְנוֹת לוֹ בַּיִת כִּי כָּלָה הַפֶּשַׁע/ ׳מַטּוּ אִישִׁים פָּעֳלוּ עַוְלָה תַּם הָרֶשַׁע
׳הֻשְׁפְּלוּ גְבוֹהִים רָחֲקוּ מִיֶּשַׁע/ וְקוֹדְרִים שָׂגְבוּ יֶשַׁע.

חֵן רוּחַ תַּחֲנוּנָיו שָׁפַת עַם נְדִיבָיו/ זוֹכֵר וּפוֹקֵד שׁוֹמֵר יְיָ אֶת כָּל אוֹהֲבָיו
קוֹרְאָיו בֶּאֱמֶת עוֹנֶה וּמֵטִיב נוֹרָא עַל כָּל סְבִיבָיו/ וְעוּזּוֹ וְאַפּוֹ עַל כָּל עוֹזְבָיו.

2 הר| רב. חסר|| 3 מימים|רב. לימים|| 5 זהב|רא. זהם || 8 לבוא| רב. חסר|| 9 בקיעים| רב. בקעים; גרש| רב. גירש|| 10 מגלתי| רב. מגולהי|| 13 הגולים| רב. המגלים|| 14 ומחנק| רב. ומחלק|| 15 עוזרי רהב| רב. לובשי רחם|| 17 זועה| רב. לזועה|| 19 בכלות| רב. בגלות.

1 ראש הפסגה,--כלומר הר ציון; גבע,--גבעה; בנוי לתלפיות,--שה"ש ד׳:ד׳ וכנוי למקדש; המצפה,--הצופה ע׳ ישעיה כ"א:ו׳; מרימות,--מפני הגובה שלה. 2 גיא שמנים,--שם כ"ח:ד׳; הר...ותלול,--יחזקאל י"ז:כ"ב; שמות,--מן שמם ע׳ שם ל"ו: ג׳; כונס...תהומות,--ע׳ תהל׳ ל"ג:ז׳. 3 דביר,--הכונה למקדש בירושלים; עין שמש בית מדין,--שני ערים בנחלת מטה יהודה ע׳ יהושע ט"ו:ז,ס"א ור"ל שיושביהם הוגלו בהקבלה לצלעית השניה וז"ל,"הוצב (גלתה)העלתה" ע׳ נחום ב׳:ח׳; הוצב,--ע׳ נחום שם ופירוש רש"י, וז"ל,"היא המלכה הנצבת לימין **המלך**" ורומז לכנסת ישראל; העלתה,--כלומר גולתה הועלתה ע׳ נחום,שם. 4 והוכן בחסד,--ר"ל גם הגלה כסא דויד שהוכן בחסד ע׳ ישעיה ט"ז:ה׳; רהב,--"אין רהב אלא מלכות" ע׳ שמות רבה כ"ז.ט׳; באשמנים,--בכח,ע׳ ישעיה נ"ט:י׳; על...שמנים,--שם כ"ח:ד׳. 5 זהב סגור,--דבה"ב ד׳:כ׳; מרוקע,--ירמיה י׳:ט׳; מעשה צעצועים,--דבה"י שם ג׳:י׳ והכונה לכלי המקדש; חלוני...אטומים,--מ"א, ו׳:ד׳; לו,--למקדש ע׳ שם; ומקלעת פקעים,--שם ו׳:י"ח. 6 טמאו...צאנן,--ע׳ תענית ד׳.ו׳:"בי"ז תמוז העמיד צלם בהיכל" ובדמות צאן היה; בהשתלח...צועים,--ירמיה מ"ח: י"ב; אנשי...מתלעים,--נחום ב׳:ד׳. 7 יתר...הצביא,--מ"ב,כ"ה:י"ט; גוי...והנמהר,--חבקוק א׳:ו׳; כארבה לרוב,--שופטים ז׳:י"ב; וכסופה מרכבות,--ירמיה ד׳:י"ג. 8 לצבי קדש,--רומז להר הבית ע׳ דניאל י"א:מ"ה; ההולך...לו,--חבקוק א׳:ו׳. 9 מעון,--כלומר המקדש; והכה...בקיעים,--עמוס ו׳: י"א; נפץ,--ע׳ תהל׳ קל"ז:ט׳; עם נורא...והלאה,--ע׳ ישעיה י"ח:ב׳ ורומז לבבל; גרש לרגעים,--כנוי לישראל. 10 בן נתניה,רומז לישמעאל בן נתניה ע׳ ירמיה מ"א: א׳; שמונים...קרועים,--שם ה׳; אנשים...וידועים,--דברים א׳:י"ג. 11 ערו... היסוד,--תהל׳ קל"ז:ז׳ מבצרי חומותים,--ישעיה כ"ה:י"ב; נצר נתעב,--ישעיה י"ד: י"ט וכנוי לנוצרים בלשון הפייטנים ע׳ ל. צונץ, ס.פ., עמ׳ 469; עריצי גוים,--

יחזקאל כ"ח:ז'. 12 מרעש...ידים,--ירמיה מ"ז:ג'; מחנים,--במדבר י"ג:י"ט; הפנו
...בנים,--כלומר לא הפנו אבות אל בנים וע' מלאכי ג':כ"ד. 13 מקול...פרסותיו
,--ירמ', שם; רחפו עצמות,--שם כ"ג:ט'. 14 טרף וכו',--נחום ב':י"ג; אריה...
ללבאותיו,--שם. 15 תחתיו...רהב,--איוב ט':י"ג; עדנה,--עדין ע' קהלת ד': ב';
כורמים...נתנו,--כלומר השאיר נבוזראדן מדלות הארץ לכרמים ויוגבים ע' ירמיה
נ"ב:ט"ז. 16 נחת,--מנוחה; קץ הנמנה,--כלומר עד עת קץ ע' דניאל י"ב:ט'; לפי
...שנה,--ירמיה כ"ט:י'. 17 בלהות ביעתום,--איוב י"ח:י"א; ויהיו...זועה,--
ישעיה כ"ח:י"ט; ברי לבב,--תהל' כ"ד:ד'; נלאו נשוא,--ישעיה א':י"ד; ונפשם
שבעה,--מבוז לגאיונים ע' משלי כ"ז:ז' וע' תהל' קכ"ג:ד'; בוז לגאיונים,--שם;
דברי תועה,--כלומר המדברים אל ה' דברי תועה ע' ישעיה ל"ב:ו'; וימעטו...רעה
,--תהל' ק"ז:ל"ט. 19 בכלות...הימין,--דניאל י"ב:י"ג; אשר שם,--כלומר בעת;
תחת ומעל,--כנוי להקב"ה שכבודו מלא עולם כלומר בשמים (מעל) ובארץ (תחת); העיר
רוח,--ירמיה נ"א:י"א; מלך,--כלומר מלך המשיח; טהור,--ישראל בגולה; גוי נגעל
,--כנראה רומז למלכות הנוצרי, בדומה לבטוי "נצר נגעל" אצל הפייטן יהודה בן
קלונימוס בקינה על הרוגי שפיירא, "אל אבל אקרא" ע' א.מ.הברמן, גזירות אשכנז
וצרפת, עמ' קנ"ה-קנ"ח וע' צונץ,ס.פ. עמ' 469. 20 מי...עמו,--דבה"ב, ל"ו:כ"ג;
גוי נתעל,--כלומר גוי שיש לו תעלה או תרופה ביום הדין ע' ירמיה ל':י"ג; יהי
...ויעל,--דבה"י, שם; 21 לבבו,--של מלך המשיח; לבנות...בית,--שם; כלה הפשע
,--דניאל ט':כ"ד; מטו,--תהל' מ"ו:ז'; פעלו עולה,--שם קי"ט:ג'; תם הרשע,--
דניאל שם. 22 רחקו מישע,--איוב ה':ד'; וקודרים...ישע,--שם י"א. 23 עם נדיביו
,--תהל' קי"ג:ח'; שומר...אוהביו,--שם קמ"ה:כ'. 24 קוראיו באמת,--שם י"ח; בורא
...סביביו,--שם פ"ט:ח'; ועוזו...עוזביו,--עזרא ח':כ"ב.

18. שמריה בן אליהו האיקריטי

"פתיחה" לעשי"ת. החתימה: שמריה חזק. המקורות: רא. ח"ב, א' 9; רב. עמ' רל"ח.
מעין שיר-איזור בעל שבע מחרוזות כולל ג' טורי סטרופה ומעין טור איזור הבאה
מהמקרא המסתיימת "קדוש". מספר מילים 2-3 בכל טור. (ד.ש' 858).

'שְׁחָרִים יְחַדְתִּי
תְּבַנֵּן זְמְרָתִי
לְךָ אֱלֹהַי תְּהִלָּתִי
'שׁוֹכֵן עַד וְקָדוֹשׁ.

´מְלֹא אֶרֶץ כְּבוֹדֶךָ
וְכָל לָשׁוֹן תְּהוֹדֶךָ
וּמִי יַעֲמוֹד בְּסוֹדֶךָ
וְאַתָּה קָדוֹשׁ.

´רְצוֹנְךָ מִשְׂגַּבִּי
וְטוּבְךָ יַעֲבוֹר בִּי
אוֹדְךָ בְּכָל לִבִּי
בְּמָקוֹם קָדוֹשׁ.

´יְשַׁבְּחוּנְךָ שְׂפָתַי
וְטוּחַי כָּל יְמוֹתַי
יְסְּרוּנִי כִלְיוֹתַי
יְיָ הוּא הַקָּדוֹשׁ.

´הֲדוּרִים מִבְּלִי דוֹם
רוֹמְמוּ לְצַח וְאָדוֹם
וְהִשְׁתַּחֲווּ לַהֲדוֹם
רַגְלָיו קָדוֹשׁ.

וּמֵאָז חוֹלָלְתִּי
לְךָ יְיָ הוֹחָלְתִּי
כִּי לֹא כִחַדְתִּי
אִמְרֵי קָדוֹשׁ.

חָזוּתִי בְנוֹעֲמֶךָ
בְּקָרְאִי אֶרְחָמְךָ
קְרָבַי יוֹדוּ שְׁמְךָ
גָּדוֹל וְנוֹרָא קָדוֹשׁ.

1 שחרים,--בבקר השכם; יחידתי,--רומז לנשמה הנקראת "יחידה" ע"פ ב"ר י"ד.ט׳ וע׳ תהל׳ כ"ב:כ"א. 3 תהלתי,--שם ק"ט:א׳. 4 שוכן...וקדוש,--ישעיה נ"ז:ט"ו. 5 מלא ...כבודך,--שם ו׳:ג׳. 6 וכל לשון,--שם מ"ה:כ"ג. 7 ומי...בסודך,--ירמיה כ"ג:י"ח 10 וטובך...בי,--שמות ל"ג:י"ט. 11 אודך...לבי,--תהל׳ ט׳:ב׳. 13 ישבחונך שפתי

,--שם ס"ג:ד'. 14 וטוחי,--מחשבותי הנסתרות ע' איוב ל"ח:ל"ו ומוסב על "ישבהונך". 15 יסרוני כליותי,--תהל' ט"ז:ז'. 16 יי וכו',--במדבר ט"ז:ז'. 17 הדורים,--רומז למלאכי השרת שנקראו "הדורי פנים" ע' מסכת היכלות, פרק ה' באוצר מדרשים, א' עמ' 109. 18 צח ואדום,--כנוי להקב"ה ע"פ שה"ש ה':י'. 19 והשתחוו...רגליו,--תהל' צ"ט:ה'. 21 חוללתי,--שם נ"א:ז'. 22 חוחלתי,--שם ל"ח:ט"ז. 4-23 כי לא...קדוש,--איוב ו':י'. 25 חזותי בנועמך,--תהל' כ"ז:ד'. 26 ארחמך,--שם י"ח: ב'. 27 קרבי ,--שם ק"ג:א'. 8-27 יודו...קדוש,--שם צ"ט:ג'.

19. שמריה בר אלקנה

"סליחה" לעשי"ת. החתימה: אני שמריה ברבי אלקנה חזק ואמץ לעד. המקורות: רא. ח"ב, א' 29; רב. עמ' ר"ס. בתים בני ד' טורים המתחילים ומסתיימים במילת "אלהים"; שלושה מהם מחריזים והרביעי הבאה מהמקרא. מספר מילים רופף (3-8). (ד. א' 4665).

אֱלֹהִים אֶשָּׂא נַפְשִׁי אֵלֶיךָ וְלֹא אֶחְדּוֹל
נַשְּׁנִי מִפְּשָׁעַי וּמְמֶּנִּי יִבְדְּלוּ בָּדוֹל
יִשְׁעֲךָ סָבַרְתִּי כִּי יָדַעְתִּי כִּי גָדוֹל
יְיָ מִכָּל אֱלֹהִים.

אֱלֹהִים שַׁבְּחוּהוּ עַמִּי וּבְרוֹן וְשִׁיר הַנְעִימוּהוּ
מַלְּלוּ גְבוּרוֹתָיו וְשׁוּבוּ לְעָבְדוֹ וּבְכָל לֵב דִּרְשׁוּהוּ
רַחֲקוּ פֶּשַׁע וְחַכּוּ יֶשַׁע כִּי קָרוֹב הוּא
כִּי אָמַר אֱלֹהִים.

אֱלֹהִים יַחְדּוּהוּ בָּנָיו בְּכָל לֵב וְקִרְעוּ לוֹ לְבַבְכֶם
הִתְקַדְּשׁוּ הִטַּהֲרוּ וּשְׂאוּ אֵלָיו יְדֵיכֶם
בְּשִׂמְחָה יוֹבִילְכֶם אֶל אֶרֶץ אֲבוֹתֵיכֶם
וַעֲבַדְתֶּם שָׁם אֶת אֱלֹהִים.

אֱלֹהִים רוֹמְמוּהוּ כִּי הוּא רוֹעֶה וּמְכַלְכֵּל
בָּרֵי לֵב חַלּוּ פָּנָיו תָּמִיד בְּלִי נֵכֶל
יְצַו לָכֶם בְּרָכָה וְתִמְצְאוּ חֵן וְשֵׂכֶל
טוֹב בְּעֵינֵי אֱלֹהִים.

אֱלֹהִים אֵין כָּמוֹהוּ וְכָל יְצוּר מִפָּנָיו יִרְעַם
לַהֲקַת רְשָׁעִים יָפִיץ בְּחֶרֶב שָׁנוּן וָזַעַם
קָדוֹשׁ יֶחֱזֶה וַיִּבְחַר מִכָּל הָעָם
אַנְשֵׁי חַיִל יִרְאֵי אֱלֹהִים.

אֱלֹהִים בַּעֵר בִּמְהֵרָה עַמּוֹן וּמוֹאָב וְכֶשֶׂד
הַמַּכְחִישִׁים בְּדַת אֵל אֶרֶץ וְשָׁמַיִם יָסַד
חוֹשְׁבִים בִּלְבָבָם לֵאמֹר אֵין אֱמֶת וְאֵין חֶסֶד
וְאֵין דַּעַת אֱלֹהִים.

אֱלֹהִים זָכְרֵנוּ בִּרְצוֹן עַמְּךָ שׁוֹכֵן מְעוֹנַי
קֵץ יִשְׁעֵנוּ קָרֵב וַיִּרְאוּ עֵינַי
וּבַשְּׂרֵנוּ מִמְּעוֹנְךָ יְיָ
אֶהְיֶה לָכֶם לֵאלֹהִים.

אֱלֹהִים אֶדֶר יְקָר וְתִפְאֶרֶת הָעֲטֵה לְעַם בַּגָּלוּת תּוֹהִים
מְהֵרָה הַגְדִּילֵם הַעֲלֵם עַד נְגוֹהִים
צַמֵּת רְשָׁעִים וַיֹּאבְדוּ מִפְּנֵי אֱלֹהִים
וְצַדִּיקִים יִשְׂמְחוּ וְיַעַלְצוּ לִפְנֵי אֱלֹהִים.

אֱלֹהִים לְךָ קִוִּיתִי שׁוֹכֵן עֲרָבוֹת
עַיַּי עִירִי תְּקוֹמֵם וְתִבָּנֶה חֳרָבוֹת
רְוּוּיִם בְּטַל רְבִיבִים תַּרְעִיף וְגֶשֶׁם נְדָבוֹת
תָּנִיף אֱלֹהִים.

1. אשא...אליך,--תהל' כ"ה:א'. 2. נקני,--שם י"ט:י"ג. 4,3. גדול...אלהים,--שמות י"ח:י"א. 6,5. הנעימוהו/ מללו,--ע' ר"א קליר "אדירי איומה" (ד.א' 1133): "מנעימי מלל ימללו בקול יי מלך"; דרשוהו,--ישעיה נ"ה:ו'. 7. ישע...קרוב,--תהל' פ"ה:י'. 9. וקרעו...לבבכם,--יואל ב':י"ג. 10. ושאו...ידיכם,--תהל' קל"ד:ב'. 11. בשמחה יובילכם,--שם מ"ה:ט"ז. 13. מכלכל,--ע"פ תפלת שמונה עשרה "מכלכל חיים בחסד." 14. ברי לב,--תהל' כ"ד:ד'; חלו פניו,--מלאכי א':ט'; נבל,--מזימת רשע ע' במדבר כ"ה:י"ח. 15. יצו...ברכה,--דברים כ"ח:ח'; 16,15. ותמצאו...אלהים,--משלי ג':ד'. 17. ירעם,--תהל' צ"ו:י"א. 18. להקת,--ש"א, י"ט:כ'; חרב שנון,--משלי כ"ה:י"ח. 20,19. יחזה...אלהים,--שמות י"ח:י"א. 21. נאר,--בזה ע' איכה ב':ז';

עמון ומואב,--רומז לנוצרים ע׳ צונץ,ס.פ. עמ׳ 5-463; וכשד,--רומז לבני ישמעאל, ע׳ צונץ,שם,עמ׳ 462. 22. המכחישים...אל,--מצוי בלשון הפייטנים במדובר על אויבי ישראל ע׳ צונץ שם, עמ׳ 466. 23. חושבים בלבבם וכו׳,--ע"פ מאמר ר׳ עקיבה בב"ר כ"ו.ג׳:"על מה נאץ רשע אלהים אמר בלבו לא תדרוש (תהל׳ י׳:י"ג) לית דין ולית דיין אבל אית דין ואית דיין." 25. שוכן מעוני,--כנוי להקב"ה ע"פ דברים כ"ו:ט"ו. 26. קץ,--דניאל י"ב:י"ב,י"ג. 27.ובשרנו,--ישעיה ס"א:א׳. 29.אדר יקר,--זכריה י"א:י"ג. 30.נגוהים,--קרני אור השמש ע"פ ישעיה ס׳:י"ט. 31.צמת רשעים,--תהל׳ ק"א:ח׳. 32.ישמחו...אלהים,--שם ס"ח:ד׳. 33. ערבות,--שם ס"ח:ה׳. 34. עיר עירי,--הכונה לירושלים ע"פ תהל׳ ע"ט:א׳; ותבנה חרבות,--יחזקאל ל"ו:י׳. 35. בטל...תרעיף,--משלי ג׳:כ׳. 35,36. וגשם...אלהים,--תהל׳ ס"ח:י׳.

20. אלנתן הכהן

"ודוי" לעשי"ת. סימן: אלנתן הכהן חזק. כה"י, מ"ר,ו. 320,עמ׳ 77; רא. ח"ב,ב׳ 5; רב. עמ׳ר"פ. בתים בני ג׳ טורים. 2-5 מילים בטור. (ד.א׳ 5325).

אָם יֹאמַר לִי קוֹנִי   עַל פִּשְׁעִי וַעֲוֹנִי
סוּרָה שְׁבָה פֹּה פְּלוֹנִי אַלְמוֹנִי.
לְיוֹם יֹאמַר לִי קְרָא אֱמֶת   וּרְאֵה חֲתִימָתְךָ מְקוּיֶּמֶת
הַכֶּר נָא לְמִי הַחוֹתֶמֶת.
נוֹרָא מַעֲשַׂי כְּתוּבִים בַּסְּפָרִים   וּמַה אוֹמַר כִּי מִשְׁפָּטֶיךָ יְשָׁרִים
אֵין אוֹמֵר וְאֵין דְּבָרִים.
תֵּעַן לְשׁוֹנִי כִּי מִיצְרִי   בְּכִשְׁלִי וְהִכְעַסְתִּי לְךָ יוֹצְרִי
אֵין מְתֹם בִּבְשָׂרִי.
נַעֲנֵי מִנִּסְתָּר וְאִם גָּבַר   לֹא יָדַעְתִּי כִּי אֵלֶיךָ גָלוּי וּבָר
אָכֵן נוֹדַע הַדָּבָר.
הָהּ לַיּוֹם אֲשֶׁר יוּלַּדְתִּי   וּמַה לִּי לָאָרֶץ כִּי יָצָאתִי
כָּל הַיּוֹם קוֹדֵר הִלָּכְתִּי.
כָּל יוֹמִי וְלֵילִי   הָיִיתִי עָמֵל בַּעֲמָלִי
וְכָל זֶה אֵינֶנּוּ שֹׁוֶה לִי.
הִנֵּה בְעוֹד בִּי נִשְׁמָתִי   כִּסַּתְנִי כְלִמָּתִי
וְאַף כִּי אַחֲרֵי מוֹתִי.
נוֹרָא, מַחְשְׁבוֹתַי נִמְעָטוֹת   בֹּאִי אֶל עֲלָטוֹת
מָקוֹם אֲשֶׁר אֵין דֶּרֶךְ לִנְטוֹת.
חֲזַק וֶאֱמַץ יְיַשֵּׁר הֶעָקוֹב   וְאֹתִי שָׂטָן אַל יַעְקוֹב
מִשְׂגָּב לָנוּ אֱלֹהֵי יַעֲקֹב.

זַךְ לְיוֹם הַדִּין זַכֵּנִי וּכְמֵזִיד אַל תְּדִינֵנִי
מִנִּסְתָּרוֹת נַקֵּנִי.
קָדוֹשׁ לְיוֹם תּוֹכָחוֹת לְךָ אֱלֹהֵי הָרוּחוֹת
הָרַחֲמִים וְהַסְּלִיחוֹת.

3. לי קרא אמת| רב. קרא לי אמת|| 7 והכעסתי| ו. והכשלתי|| 9 מנסתר| רב. מנסתרות; ואם גבר| רב. אם גדל ואם גבר|| 17 נורא| רב. נאור; באי אל עלטות| רב. יום לכתי לעלטות|| 18 מקום|רב.במקום|| 20,19 חזק...אלהי יעקב| ו. חזה חבלך בדין מרומים שוכן/ נא אם תכפר עון מסכן/ ואף לאמתך תעשה כן|| 21 זכני| רב. צדקני|| 23 תוכחות| רב. התוכחות; לך אלהי| רב. צדקני כי לאלהי.

1 לי,--לכנסת ישראל; קוני,--הקב"ה ע׳ דברים ל"ב:ו׳. 2 סורה...אלמוני,--רות ד׳: א׳. 3 קרא אמת,--רומז להקב"ה שחותמו אמת ע׳ שבת נ"ה,ע"א; חתימתך מקוימת,-- כלומר שנחתם גזר דינך לחיים טובים. 4 הכר...החותמת,--ע׳ בראש׳ ל"ח:כ"ה. 6 אין ...דברים,--תהל׳ י"ט:ד׳. 7 מיצרי,--כלומר על ידי יצה"ר; יוצרי,--הקב"ה ע"פ ישעיה מ"ט:ה׳. 8 אין...בבשרי,--תהל׳ ל"ח:ד׳. 9 נקני מנסתר,--שם י"ט:י"ג; ואם גבר,--כלומר אם גדל עוני מנשוא ע׳ בראש׳ ד׳:י"ג; לא ידעתי,--כלומר הלא ידעתי; גלוי ובר,--כלומר שאתה בוחן כליות ולב. 10 אכן...הדבר,--שמות ב׳:י"ד. 11 הה ליום,--יחזקאל ל׳:ב׳; יולדתי,--ירמ׳,כ׳:י"ד. 12 כל...הלכתי,--תהל׳ ל"ח:ז׳. 13 עמל בעמלי,--קהלת ב׳:י"א. 14 וכל...לי,--אסתר ה׳:י"ג. 15 הנה...בשמתי,-- איוב כ"ז:ג׳; כסתני כלמתי,--תהל׳ מ"ד:ט"ז. 16 ואף...מותי,--דברים ל"א:כ"ז. 17 נורא,--כנוי להקב"ה. 18 אין...לנטות,--במדבר כ"ב:כ"ו. 19 חזק וכו׳,--יהושע א׳:ו׳ ועוד; יישר העקוב,--רומז לדברי נחמה בישעיה מ׳:ד׳; אל יעקוב,--ירמיה ט׳:ג׳. 20 משגב...יעקב,--תהל׳ מ"ו:ח׳. 21 זך,--כנוי להקב"ה ע"פ משלי כ"א:ח׳. 22 מנסתרות נקני,--תהל׳ י"ט:י"ג. 23 קדוש,--כנוי להקב"ה; ליום תוכחות,--כלומר ליום הדין וע׳ מ"ב,י"ט:ג׳; אלהי הרוחות,--במדבר ט"ז:כ"ב.

21. אלקנה בן שמריה הפרנס מקנדיה

"סליחה" לעשי"ת על "סדר פסוק ׳ואני ברוב חסדך׳" (תהל׳ ה׳:ח׳), לפי הכותרת. סימן: א׳-ב׳, אלקנה ברבי שמריה הפרנש חזק ואמץ. המקורות: רא. ח"ב,26; רב. רנ"ו. בתים בני ד׳ טורים ששלושה מהם מחריזים וברביעי הבאה מהמקרא המסתיימת "...לך". כל טור א׳ פותח "אילי מרומים", טור ב׳ "ובני הדומים" וטור ג׳ "ואני הגבר." בזה קובע הפייטן את נושא ה"סליחה" כשמתאר שירת מלאכי השרת ("אילי מרומים") לעומת קהל ישראל ("בני הדומים") ולעומתו כיחיד ושליח צבור (ע׳ טור 31). (ד.א׳ 2945).

אֵילֵי מְרוֹמִים אֵין קָדוֹשׁ בִּלְתְּךָ פּוֹצְחִים
וּבְנֵי הֲדוֹמִים בְּיִרְאָה וְרַעַד יִחוּדְךָ שׂוֹחֲחִים
וַאֲנִי גֶּבֶר גִּשְׁמֵי קְרָבַיִם וְטוּחִים
עוֹלוֹת מֵחִים אַעֲלֶה לָּךְ.

אֵילֵי מְרוֹמִים דִּבְרֵי שִׁיר יָקוּמוּ וַיַּנְעִימוּ שִׁירָה חֲשׁוּבָה
וּבְנֵי הֲדוֹמִים הֶגְיוֹן יְיַשִּׁירוּ וְיִכּוֹנוּ בִתְשׁוּבָה
וַאֲנִי גֶּבֶר וִידִּיתִי חֲטָאַי וְיֵצֶר אֲשֶׁר אוֹתִי עִוָּה
בִּנְדָבָה אֶזְבְּחָה לָּךְ.

אֵילֵי מְרוֹמִים זֶה אֶל זֶה קוֹרְאִים בְּהַקְדִּישָׁם הֲמוֹנִים הֲמוֹנִים
וּבְנֵי הֲדוֹמִים חָרְדוּ יַחַד בְּבֵית תְּפִלָּה אָבוֹת וּבָנִים
וַאֲנִי גֶּבֶר טִהַרְתִּי מַחֲלָאתִי וְשִׁירַי רְנָנִים
חֲדָשִׁים גַּם יְשָׁנִים דּוֹדִי צָפַנְתִּי לָּךְ.

אֵילֵי מְרוֹמִים יַגִּידוּ יִחוּדְךָ עוֹטֶה אוֹר כַּשַּׂלְמָה
וּבְנֵי הֲדוֹמִים כְּבוֹד מַלְכוּתְךָ יַגִּידוּ בְעוֹצְמָה
וַאֲנִי גֶּבֶר לִבִּי הֲכִינוֹתִי וְאִם יֵשׁ בִּי אַשְׁמָה
הַפֶר־לְךָ מַה עִמָּדִי וְקַח־לָךְ.

אֵילֵי מְרוֹמִים מַעֲרָכָה לִקְרַאת מַעֲרָכָה רָצִים וְשָׁבִים בְּבֶהָלָה
וּבְנֵי הֲדוֹמִים נוֹאֲמִים שֶׁבַח עוֹז וּתְהִלָּה
וַאֲנִי גֶּבֶר שִׂיבַּרְתִּי לִישׁוּעָתְךָ וּבְרוֹב חִילָה
חֲצוֹת לַיְלָה אָקוּם לְהוֹדוֹת לָךְ.

אֵילֵי מְרוֹמִים עֲטָרוֹת יַכְתִּירוּ לְךָ סְנֶה שׁוֹכְנִי
וּבְנֵי הֲדוֹמִים פְּאֵרְךָ יְתַנּוּ כֹּל בְּמַחֲנִי
וַאֲנִי גֶּבֶר צָעַקְתִּי נֶגְדְּךָ וְקוּמָה לְהוֹשִׁיעֵנִי
לָמָּה תַסְתִּיר אֶת פָּנֶיךָ מִמֶּנִּי וְתַחְשְׁבֵנִי לְאוֹיֵב לָךְ.

אֵילֵי מְרוֹמִים קוֹדִים וּבֶרֶךְ כּוֹרְעִים לְפָנֶיךָ מַלְכִּי וּקְדוֹשִׁי
וּבְנֵי הֲדוֹמִים רִנָּה וּתְפִלָּה נוֹשְׂאִים בְּעַד מִקְדָּשִׁי
וַאֲנִי גֶּבֶר שִׁטַּחְתִּי כַּפַּי לְפָנֶיךָ לְהוֹצִיאֵנִי מִטִּיט רִפְשִׁי
רְפָאָה נַפְשִׁי כִּי חָטָאתִי לָךְ.

אֵילֵי מְרוֹמִים   תּוֹקֶף מַהֲלָלְךָ יְסַפְּרוּ נוֹרָא וְאָיוֹם
וּבְנֵי הֲדוֹמִים   אֱמוּנָתְךָ יָשִׂיחוּ אוּלַי יִמְצְאוּ פִּדְיוֹם
וַאֲנִי גֶבֶר   לְחַלּוֹת פָּנֶיךָ בְּעַד עַם עָנִי וְאֶבְיוֹן
גַּם הַיּוֹם מַגִּיד מִשְׁנֶה אָשִׁיב לָךְ.

אֵילֵי מְרוֹמִים   קְטוֹרֶת סַמִּים תְּפִלָּתָם נְכוֹנָה בְּלִי תוֹךְ וּמִרְמָה
וּבְנֵי הֲדוֹמִים   בְּעַתַּם מֵהֶם בְּעֶבְרָה מְכַפֵּר עַל בָּרָה כַחַמָּה
וַאֲנִי גֶבֶר   הֲרִימוֹתִי יָדִי אֵלֶיךָ וְגַם עֲבָדֶיךָ אֵלֶּה בְּאֵימָה
הֵמָּה עוֹשִׂים גַּם לָךְ.

אֵילֵי מְרוֹמִים   בְּרוֹן יַחַד כּוֹכְבֵי בֹקֶר אַחֲרֵיהֶם מְרִיעִים בְּשִׂמְחָה
וּבְנֵי הֲדוֹמִים   רְעֵבִים וּצְמֵאִים מְבַקְשִׁים מִמְּךָ סְלִיחָה
וַאֲנִי גֶבֶר   בְּעִירְךָ יְרוּשָׁלַיִם שְׁבוּרָה לְבִּי אֲנָחָה
כִּי נִדָּחָה קָרְאוּ לָךְ.

אֵילֵי מְרוֹמִים   יִדּוֹדוּן יִדּוֹדוּן בְּרוֹב צָבָא לְהַכְתִּירְךָ
וּבְנֵי הֲדוֹמִים   שׁוֹפְכִים לִבָּם פַּעֲמַיִם לְהַאֲמִירְךָ
וַאֲנִי גֶבֶר   מֵעַי רוּתְחוּ בְּזוֹכְרִי יוֹם אֱדוֹם מְשִׁירְךָ
כִּי אֵין בַּמָּוֶת זִכְרֶךָ בִּשְׁאוֹל מִי יוֹדֶה־לָּךְ.

אֵילֵי מְרוֹמִים   רֶגֶל יְשָׁרָה יְאִיצוּן לְהַעֲרִיצְךָ כִּי לֹא יָדְעוּ מְקוֹמְךָ
וּבְנֵי הֲדוֹמִים   יַפְטִירוּ בְּשָׂפָה יְיַחוּד שִׁמְךָ
וַאֲנִי גֶבֶר   אֵין בִּי כֹחַ מֵחֲטָאַי עַד תְּבַשְּׂרֵנִי בְּנוֹאֲמֶיךָ
אִם יֶחֶזְקוּ מִמְּךָ וְהָלַכְתִּי לְהוֹשִׁיעַ לָךְ.

אֵילֵי מְרוֹמִים   הַעְתִּירוּ אֶל צוּר לְהָחִישׁ יְשׁוּעָתִי
וּבְנֵי הֲדוֹמִים   פִּיכֶם הַרְחִיבוּ בְּרִנָּה אוּלַי יִסְלַח אַשְׁמָתִי
וַאֲנִי גֶבֶר   רֹאשִׁי לֹא אֶשָּׂא עַד יִשְׁלַח גּוֹאֵל לֵאמֹר לַעֲדָתִי
קוּמִי לָךְ רַעְיָתִי יָפָתִי וּלְכִי לָךְ.

אֵילֵי מְרוֹמִים   נְעִילַת דֶּלֶת פִּתְחוּ לַעֲבוֹר תְּפִלָּתֵינוּ
וּבְנֵי הֲדוֹמִים   שְׂאוּ עַיִן יַחְדָּו וּבִטְחוּ בְּצוּר יְשׁוּעָתֵנוּ

וַאֲנִי גֶבֶר   חֲיָלִים אֲגַבֵּר כִּי רַחֲמֶיךָ רַבִּים וְחָפֵץ אַתָּה בִּתְשׁוּבָתֵנוּ
וְעַתָּה אֱלֹהֵינוּ מוֹדִים אֲנַחְנוּ לָךְ.

אֵילֵי מְרוֹמִים   זַכִּים וּטְהוֹרִים לֹא יוּכְלוּ לָבוֹא חֲדָרֶיךָ
וּבְנֵי הֲדוֹמִים   קְטַנִּים וּגְדוֹלִים מְלֵאִים אֵיךְ יָרוּצוּ אַחֲרֶיךָ
וַאֲנִי גֶבֶר   וְעַמִּי טְבוּעִים בְּאַשְׁמָה עַד אַקְרִיב בַּחֲצֵרֶיךָ
אֱלֹהִים נְדָרֶיךָ אֲשַׁלֵּם תּוֹדוֹת לָךְ.

אֵילֵי מְרוֹמִים   אִמְרֵי יוֹשֶׁר הָלִיצוּ בַּעֲדֵנוּ לִפְנֵי מַלְכֵּנוּ
וּבְנֵי הֲדוֹמִים   מִהֲרוּ לְטַהֵר רַעְיוֹן וְהַעְתִּירוּ עַל עֲוֹנֵינוּ
וַאֲנִי גֶבֶר   צוֹם וַעֲצָרָה אֶקְרָא עַל גָּלוּתֵךְ צִיּוֹן וְעַל חָרְבַּן זְבוּלֵנוּ
לְמַעַן בֵּית יְיָ אֱלֹהֵינוּ אֲבַקְשָׁה טוֹב לָךְ.

1 אילי מרומים,--רומז למלאכי השרת וע׳ תדא"ר ב׳, "אין אלים אלא מלה"ש"; אין ...בלתך,--ש"א,ב׳:ב׳. 2 ובני הדומים,--כלומר בני אדם ע"פ ישעיה ס"ו:א׳; יחודך ,--כלומר המיחדים שמך בכל יום תמיד פעמים ע"פ ברכות השחר וע׳ שמות רבה ט"ו.ו׳: "דימה הקב"ה את ישראל למלאכים." ואני גבר,--ע׳ איכה ג׳:א׳; גשמי,--כלומר עשוי גוף; קרבים,--בני מעים ע׳ תמיד ד׳.ב׳; וטוחים,--כליות ע׳ תהל׳ נ"א:ח׳; עולות ...לך,--שם ס"ו:ט"ו. 6 הגיון,--בתפלה ע׳ שם י"ט:ט"ו. 7 וידיתי,--כמו התודיתי וע׳ ר"א קליר, "אפיק מען" (ד.א׳ 7128):"ודיתי עם שמים להזכיר גבורות גשמים"; ויצר,--הרע; עוה,--איכה ג׳:ט׳; בנדבה...לך,--תהל׳ נ"ד:ח׳. 9 זה...בהקדישם,-- ישעיה ו׳:ג׳; המונים המונים,--ע׳ "אראלי זבולים" (ד.א׳ 7449) לר׳ יוסף אבן אביתור: "כתר יתנו לך המונים המונים" וע׳ ב"כתר" קדושה למוסף. 10 חרדו יחד,-- ש"א,י"ג:ז׳. 11 מחלאתי,--יחזקאל כ"ד:ו׳; ושירי רננים,--תהל׳ פ"ד:ג׳; חדשים... לך,--שה"ש ז׳: י"ד. 13 יגידו יחודך,--ע׳ היכלות רבתי כ"ה: "וישירו (המלאכים) לך שיר חדש וימליכוך נצח ותקרא אחד לעולם ועד"; עוטה...כשלמה,--תהל׳ ק"ד:ב׳. 14 כבוד מלכותך,--שם קמ"ה:י"א; בעוצמה,--בעצמה וע׳ ישעיה מ׳:כ"ט. 15 לבי הכינותי,--דבה"ב י"ט:ג׳; הכר...לך,--בראש׳ ל"א:ל"ב. 17 מערכה...בבהלה,--ע׳ היכלות רבתי ח׳: "משרתים ממהרין משרתים קלין העומדים על כסא הכבוד והנצבים על גלגל המרכבה...העומדים לימים חוזרים ועומדים לשמאל והעומדים לשמאל חוזרים ועומדים לימין וכו׳." 19 חילה,--איוב ו׳:י׳; חצות...לך,--תהל׳ קי"ט:ס"ב. 21 עטרות...לך,--ע׳ "כתר" קדושה למוסף וע׳ היכלות רבתי ז׳ שם נקראים המלאכים בשם "מכתירי כתרים"; סנה שוכני,--רומז להקב"ה ע"פ דברים ל"ג:ט"ז. 22 במחני

25 קודים. איוב י"ג:כ"ד.--לך...תסתיר למה 24 .ו"כ"ג:ט שם ע' ישראל במחנה--,

ז"נ ישעיה--,רפשי טיט .החרב המקדש בעד כלומר--,מקדשי בעד 26 ;משתחוים--,

תוקף ונתנה" ב'סלוק ע'--,ואיום...תוקף 29 .מ"א:ה' תהל'--,לך...רפאה ;כ'

:ט'א' מלאכי--,פניך חלות 31 .(451 ד.ו') "ואיום נורא הוא כי /היום קדושת

:קמ"א תהל'--,תפלתם...קטורת 33 .י"ב:ט' זכריה--,לך...גם ;אל' פני נא חלו'

--,כחמה ברה ;ח"י:ט' ישעיה--,בעברה...נעתם 34 .י"ה:נ"ה שם--,ומרמה תוך ;ב'

בראש'--,ידי הרימותי 35 .שם רבה ש"שה ע' ו' י':ו' ש"שה פ"ע ישראל לכנסת רומז

רעבים 38 .ז':ל"ח איוב--,בקר...ברון 37 .ח':ח' ש"א,--,לך...המה ;ד"כ:י"

.ד"י:ל' ירמיה--,לך...כי ;א"כ:ט"ס שם--,לבי שברה 39 .ה':ז"ק תהל'--,וצמאים

בכל--,פעמים ;ט':ב' איכה--,לבם שופכים 42 .ג"י:ח"ס תהל'--,צבא...ידודון 41

;ז"כ:ל' איוב--,רותחו מעי 43 .ח"י:ו"כ דברים--,להאמירך ;השחר ברכות ע' יום

...כי ;ה' בשם הנביא משירי כלומר--,משירך ;ד'-א':ג"ס ישעיה ע'--,אדום יום

ע' ו ח':ט"פ תהל' ע'--,להעריצך ;ז':א' יחזקאל--,ישרה רגל 45 .ו':ו' תהל'--,לך

משרתיו" :שם ע'--,מקומך...כי ;"וכו' ונקדישך נעריצך" :לשבת מוסף הקדושה

שמך יחוד ;ח':ב"כ תהל'--,בשפה יפטירו 46 ".כבודו מקום איה לזה זה שואלים

;ז':ב"נ ישעיה--,בנואמיך תבשרני 47 .לשבת מוסף בקדושה שמע לקריאת רומז--,

פיכם 50 .ג"כ:ח"ל תהל'--,ישועתי להחיש;ה"הקב--,צור 49 .א"י:י' ב,"ש--,לך...אם

;כ':ט"נ ישעיה--,גואל ;ו"ט:י' איוב--,אשא...ראשי 51 .א"י:א"פ שם--,הרחיבו

וכדברי שמים שערי נעילת כלומר--,פתחו דלת נעילת 53 .י':ב' ש"שה--,לך...קומה

--,לך...ועתה 56 .ו"כ:מ' ישעיה--,עין שאו 54 .א'.ד' ברכות ירושלמי ע' רב

עולם חיי שחייהם ש"מלה" :ב"כ.ד"י רבה במדבר ע'--,חדריך...זכים .ג"י:ט"כ א"דבה

ישעיה ע' ה' חמת--,מלאים ;שכן כל לא--,הדומים ובני 58 ".הכבוד את רואים אינם

;ג':ט"ס תהל'--,טבועים 59 ."וטהורים זכים"ה השרת למלאכי ובניגוד כ':א"נ

ע'--,הליצו...יושר 61 .ג"י:ו"נ שם--,לך...אלהים ;ה':ה"ס שם--,בחצריך אקריב

יואל--,ועצרה צום 63 .ב"כ:ב' קהלת ע' לבו מחשבת--,רעיון 62 .ג"כ:ג"ל איוב

.ט':ב"קכ תהל'--,לך...למען ;מקדשנו--,זבולנו ;ד"י:א'

22. יונתן

"תחנון" לפורים מעין שיר-איזור. ד' בתים בני ד' טורים מחריזים ופזמון "יסור יסרני יה ולמות לא נתנני" (תהל' קי"ח:י"ח) החוזר בסופי המחרוזות יחד עם טור האיזור. ייתכן שהסטרופה האחרונה התחילה באות "נ" על שם המחבר וחסרה בכה"י כאן. החתימה: יונת(ן) בראשי המחרוזות. המקור: כה"י מ"ר א. 1082, עמ' 42. מספר מילים לא קבוע. (אין בד.)

׳יָהִיר אָץ וַיִּנְאַץ בְּזַעַם אַף וְנוֹטְרֵנִי/ וַיְּיכֶל בִּי בְּנֵי אַשְׁפָּה וּבְחַיֵּינוּ נוֹטְרֵנִי
לְכַלּוֹת אֶת שְׁאָר מִזְעָר אֲשֶׁר אֵל הִשְׁאִירָנִי/ וְרַבִּים קָמוּ עָלַי בְּיָדָם לֹא עֲזָבָנִי.
יַסּוֹר יִסְּרַנִּי יָהּ וְלַמָּוֶת לֹא נְתָנָנִי.

׳וְעֵת חָשְׁבוּ וְכָתְבוּ וְרָצוּ הָרַמָּכִים/ בְּכָל עִיר וָעִיר חֲמָתִי בָּעִיר וְנֶאֶסְפוּ כָּל בֵּכִים
וְהֵרִיעוּ וְהִגִּיעוּ וְיִשְׂרָאֵל כָּל נְבוּכִים/ וְיוֹדֵעַ כָּל דְּרָכַי אָז מָרְדְּכַי פָּץ לְחוֹכִים
לֹא יִטּוֹשׁ צוּר עַמּוֹ בְּרוֹב שָׁאוֹן וְרוֹב הֲמוֹנִי.
יַסּוֹר יִסְּרַנִּי וְכוּ׳

׳נִין עֲמָלֵק כַּיָּם דּוֹלֵק מִשֵּׁבֶט הָרֶשַׁע/ וְהוּא בַּעֲדִי מֵעוֹדִי קָם תְּחִלַּת הַפֶּשַׁע
וְלֹא זָכַר וְלֹא נִזְכַּר הַפְּדוּת וְהַיֶּשַׁע/[. . . . .]
וּמִלְחֶמֶת הַנַּעַר וַחֲלִישַׁת בֶּן נוּנִי.
יַסּוֹר יִסְּרַנִּי וְכוּ׳

׳תְּשׁוּאוֹת חֵן בָּאוּ לוֹ וְגַלְגַּל עָלָיו סוֹבֵב/ עִם מֶלֶךְ מִתְהַלֵּךְ לְהִמָּלֵךְ וְאֵין שׁוֹבֵב
וְנָם לִשְׁקוֹל וְגַם לִשְׁכּוֹל אֶשְׁכּוֹל וְעַם חוֹבֵב/ וַאֲנָשִׁים וְטַף וְנָשִׁים וְלָבוֹז בָּז הוּא יְסוֹבֵב
וּבְבוֹר נִדָּה וְנִדְחָה וּמִשָּׁם אֵל הֱרִימָנִי.
יַסּוֹר יִסְּרַנִּי וְכוּ׳
[נ. . . . .]

1. יהיר,--גבה לב והכונה להמן; אץ,--ממהר; וינאץ...אף,--איכה ב׳:ו׳; וייכל ...אשפה,--שם ג׳:י״ג.2. שאר מזער,--ישעיה ט״ז:י״ד.3. יסור וכו׳,--תהלים קי״ח: י״ח.4.וכתבו,--אסתר ג׳:י״ב; הרמכים,--שם ח׳:י׳; בעיר,--כלומר בוער ולשון נופל על לשון; ונאספו וכו׳,--תהלים ל״ה:ט״ו.5. והריעו והגיעו,--כלומר שליחי המלך ע׳ אסתר ד׳:ג׳; ויודע...דרכי,--הכונה למרדכי ה״יודע בשבעים לשון ע׳ מנחות ס״ה,ע״א; חוכים,--כנוי לישראל.6. ברוב...המוני,--ור״ל ׳ברב עם הדרת מלך׳ והכונה לצום ותפלה של כל היהודים הנמצאים בשושן ע׳ אסתר ד׳:ט״ז. 8. נין עמלק ,--הכונה להמן שמזרע עמלק היה; דולק,--רודף; בעדי,--מאחורי; קם...הפשע,-- הכונה למלחמת עמלק.9. ולא זכר,--כנוי לישראל ע״פ הושע י״א:א׳; וחלישת...נוני,--שמות י״ז:י״ג.12.תשואות חן,--זכריה ד׳:ז׳; לך,--להמן; עם מלך ,--אחשורוש; להמלך,--איך להרג ולאבד.13. לשקול,--אסתר ג׳:ט׳; וגם לשכול,-- ר״ל לשכל ולשון נופל על לשון; אשכול,--כלומר חכם ע״פ סוטה ט׳.ט׳; ועם חובב,-- דברים ל״ג:ג׳ והכונה לישראל; טף ונשים,--אסתר ג׳:י״ג.

22א יונתן

"תחנון" לי"ז בתמוז. מעין שיר איזור בעל מדריך בן שלושה טורים ושלוש מחרוזות בנות ארבעה טורים ומעין טור איזור (בדומה ל"מוחרך", "בזכרך ינפש כל אנוש" ללוי אבן אלתבאן, ע׳ <u>שירי לוי אבן אלתבאן</u>, מהד׳ ד. פגיס, ירושלים, תשכ"ח, עמ׳ 105). החתימה: יונתן חזק. המקור: כה"י מ"ר,א, 1082,עמ׳ 148. מספר מילים רופף. (ד.י׳ 2890)

´יְמוֹת עוֹלָם/ בְּעוֹל סִבְלָם/ אֱהִי סוֹבֵל/ לְעוֹבְדֵי בֵל
צוּר עוֹלָם/ אֱהִי בֶהֱלָם/ אֶמְשׁוֹךְ בְּגָלוּת חֵבֶל
יוֹם בָּא צָר/ נְבוּכַדְנֶאצַּר/ וְהִגְלַנִי בְּעִיר בָּבֶל.

´וָאֶתְמוֹטֲטָה/ עֲדֵי מַטָּה/ וְלִמְאֹד מָטָה/ רֶגֶל
כִּי סַרְתִּי/ וּמִהַרְתִּי/ וְעָשִׂיתִי/ הָעֵגֶל
וְנִצַּלְתִּי אֶת עֶדְיִי/ וּבְשִׁבְיִי/ אֲנִי רוֹגֵל
וְהַלּוּחוֹת/ הַנְּכוֹחוֹת/ מָאַסְתִּי מִלְּסַבֵּל
מְקוֹם תָּמִיד/ צָר הֶעֱמִיד/ הַצֶּלֶם וּמְנַבֵּל.

´נִדַּחְתִּי/ מִבֵּיתִי/ וְאֵין מַקְרִיב לִי שָׂעִיר
וְכַף אַכֶּה/ וְגַם אֶבְכֶּה/ וְאֶעֱרַף כְּמוֹ שָׂעִיר
בְּנֵי הַלּוֹט/ הַלּוֹט הַלּוֹט/ וְהַצְּפִי וְהַשֵּׂעִיר
[....../......../.........עִיר]
אַלּוּף תֵּימָן אַלּוּף אוֹמָר/ וְעֵשָׂו עָשׂוּ תֶּבֶל.

´תַּחַת מִנְחַת קְנָאוֹת/ לְעַמְּךָ הַרְאֵה פְּלָאוֹת
´נְשָׂאוֹת/ וְגַם בָּאוֹת/ זוֹ עַל זוֹ בְּמוֹרָאוֹת
נִשְׁבַּעְתָּ/ הֲרִימוֹתָ/ יָד עֲלֵיהֶם בִּנְבוּאוֹת
לְבִין מְנַגֵּן/ הֱיֵה מָגֵן/ וְזֶה הָאוֹת אוֹת יָאוֹת
´חַזְּקִימוֹ/ וּמִשְׁכְמוֹ הֲסִירוֹתִי הַסֵּבֶל.

1. ימות עולם,--כלומר, זמן שעבר ע"פ דברים ל"ב:ז׳ וע׳ ראב"ע שם; בעול סבלם ,--ישעיה ט׳:ז׳ והכונה לגלות; אהי,--כלומר, איכה אני סובל וכו׳; לעובדי בל ,--אולי הכונה לנוצרים ע׳ צונץ <u>ס.פ.</u> עמ׳ 2.449. אמשוך,--מוסב על אהי; חבל,--

בלשון זכר מפני צורך החרוז.4.ואתמוטטה...מטה,--כלומר, התנודדתי בגלות עדי ארץ; מטה רגל,--תהלים צ"ד:י"ח.5. העגל,--ע׳ איכ"ר א׳. כ"ט וז"ל, "אין לך דור ודור שאינו נוטל מחטאו של עגל." 6. נצלתי...עדיי,--שמות ל"ג:ו׳; רוגל,--כלומר תועה עלי רגל בגלות. 7. והלוחות,--הברית; מלסגל,--מלאסף .8. מקום תמיד,--כלומר במקום שהקריבו את קרבן התמיד; צר...הצלם,--ע"פ תענית כ"ו,ע"ב וז"ל,"בי"ז תמוז שרף אפוסטומוס את התורה והעמיד צלם בהיכל." 10. וכף אכה,--לצער ע"פ יחזקאל כ"א:כ"ג; ואערף...שעיר,--כלומר שעיר עזים לחטאת ע׳ ויקרא ה׳: ו׳-ח׳ .11. בני הלוט,--הכונה ללוטן מבני עשו ע"פ דבה"א,א׳:ל"ח; הלוט הלוט,--כלומר המכסה והמדכא ביתר עוז על כל העמים, והוא משחק מילים ע"פ ישעיה כ"ז:ז׳; והצפי ושעיר,--מבני עשו ע׳ דבה"א, א׳:ל"ו,ל"ח.13. אלוף...אומר,--שם ל"ו; ועשו...חבל,--עוד דוגמה של משחק מילים. 14. מנחת קנאות,--כלומר מזכרת עון.15. נשאות,--מוסב על ׳פלאות׳ 16. עליהם,--כלומר על בני עשו הנ"ל; בנבואות,--ר"ל, ׳נשבעת בנבואות, הרימות וכו׳. 17. לנין מנגן,--כלומר למשיח בן דויד ע"פ,ש"א, י"ח:י׳; וזה האות,--כלומר ביאת המשיח; יאות,--כלומר הגון.18. ומשכמו...הסבל,--תהלים פ"א:ז׳.

23. מנחם בן אורי

"סליחה" מסדר לוידוי ליוה"כ. סימן: א׳-ב׳, מנחם בן או(רי חזק) ואמץ אמן. בתים בני ד׳ טורים מחריזים והרביעי הבאה מי"ג מדות במקרא (שמות ל"ד:ו׳-י׳). המקור: מ"ר, ו. 320,עמ׳ 387. (ד.א׳ 4783). מספר מילים לא קבוע.

אֱלֹהִים קְדֹשִׁים אֵל אָיוֹם וְנוֹרָא/ בְּהוֹדִיעוֹ לֶעָנָיו מִשְׁפַּט הָעֲתִירָה,
גְּדִילָיו וּתְפִלָּיו לָבַשׁ בִּתְמוּנָה הֲדוּרָה/ וַיַּעֲבֹר יְיָ עַל פָּנָיו וַיִּקְרָא.

דִּקְדֵּק לוֹ הַמִּדּוֹת לְחַדּוֹת לֵב אָנוּן/ הָגוּן וְרָגִיל אֵיךְ לְהַנְעִים רִינּוּן,
וּבְמָצוֹק יִצְעַק וַיֶּעְתַּר עֵת שִׁינּוּן/ "יְיָ אֵל רַחוּם וְחַנּוּן".

זְלִיגַת דְּמָעוֹת תְּשׁוּבָה מְסוּיֶּמֶת/ חֲשׁוּבָה מִצְּדָקָה וְלִתְפִלָּה קוֹדֶמֶת,
טִיפַּת דְּמָעוֹת מְחִיקַת הָעֲוֹנוֹת גּוֹרֶמֶת/ יְיָ אֶרֶךְ אַפַּיִם וְרַב חֶסֶד וֶאֱמֶת.

יוֹעֲצֵי נְדִיבוֹת לְרַוּוֹת נַפְשׁוֹת הָעֲיֵפִים/ כּוֹשְׁלִים לְאַמֵּץ וּלְחַזֵּק יְדֵי הַנִּרְפִּים,
לְאַחֲרִיתָם פְּעוּלָּתָם אַף אִם בֶּחֱלָפִים/ נוֹצֵר חֶסֶד לָאֲלָפִים.

מַעֲבִיר רִאשׁוֹן כְּלֹא הָיָה וְלֹא נִרְאֶה/ נֶפֶשׁ מֹאזְנַיִם מַכְרִיעַ לְכַף הַזְּכוּת הַמִּמְצָאָה,
סִיּוּעַ בְּאֶצְבַּע לְהַגְבִּיהַּ כַּף הָעֲוֹנוֹת מְלֵאָה/ נוֹשֵׂא עָוֹן וָפֶשַׁע וְחַטָּאָה.

עֲבֵירוֹת חֲמוּרוֹת עוֹלָם בָּהֶם יְמוּקָה/ פֶּשַׁע וָרֶשַׁע בְּצִפּוֹרֶן שָׁמִיר מְחוּקָה,
צוֹם וּבְכִי וְנִיחוּם יְמָּחוּם וּמִי לֹא יְדוּקָה/ וְנַקֵּה לֹא יְנַקֶּה.

קִרְאוּ רֹאשׁ וְתָמִים לְשׁוֹכֵן מְעוֹנִים/ רְאוּ יָשְׁרוֹ וְטוּבוֹ וַחֲסָדָיו הַנֶּאֱמָנִים,
שׁוֹמֵר חֶסֶד בְּשֶׂכֶר וּמְקָרֶה לַזְּמַנִּים/ פּוֹקֵד עֲוֹן אָבוֹת עַל בָּנִים וְעַל בְּנֵי בָנִים.

תּוֹפְשֵׂי תַּרְבּוּת חַטָּאִים רַבִּים מַרְשִׁיעִים/ מַחֲזִיקִים בְּמַעֲשֵׂיהֶם כִּסְבוּרִים בָּם נוֹשָׁעִים,
נִשְׁמָדִים עֲדֵי עַד וְעֶלְיוֹן בַּשָּׁמַיִם יַרְעִים/ עַל שִׁלֵּשִׁים וְעַל רִבֵּעִים.

חָרַד עָנָיו וְעָלַז לִבּוֹ וְעֵינָיו נִפְתָּחוּ/ מִדַּת אֶרֶךְ אַפַּיִם בְּשָׁמְעוֹ אֵבָרָיו רָוְוחוּ,
בְּקִידָּה הוֹדָה כִּי לְעֵדָה בּוֹגֵדָה אוֹרִים זָרְחוּ/ וַיְמַהֵר מֹשֶׁה וַיִּקּוֹד אַרְצָה וַיִּשְׁתָּחוּ.

נִתְאַמֵּץ בְּכֹחוֹ וְחָשַׁב בְּרוּחוֹ אֶת דִּבְרַת שֶׁלַּבֵּינוּ/ אוּלַי תָּמִיד יַצְמִיד צוּר שְׁכִינָה לְגַבֵּינוּ,

וְכוּלָּנוּ מוּצְלָחִים לְעוֹלָם בְּהִתְהַלֵּךְ עִם מְשַׂגְּבֵינוּ/ וַיֹּאמֶר אִם נָא מָצָאתִי חֵן בְּעֵינֶיךָ יֵלֶךְ נָא יְיָ בְּקִרְבֵּנוּ.
[ר.............נו/ י................נו,

חזק.............נו/ כי עם קשה ערף הוא וסלחת לעוננו ולחטאתנו ונחלתנו].
וַאֲשֶׁר הַיּוֹדֵעַ בְּעוֹד הַשְּׁאֵרִית / מֵרֵאשִׁית אֵיךְ לְבָבוֹ תַּמְרִית,
צִוִּיתַתּוֹ רִיבָּתוֹ וּסְלִיחָתוֹ וִירוּשָּׁתוֹ הִכְרִית/ וַיֹּאמֶר הִנֵּה אָנֹכִי כּוֹרֵת בְּרִית.

אֲשֶׁר יַחְדָּו הִמְתִּיק סוֹד לְיוֹצְאוֹת וּבָאוֹת/ מְקַוִּים בְּאָנֹכִי אָמַר יְיָ צְבָאוֹת,
נֵצַח יִשְׂרָאֵל בְּנוֹרָאוֹת/ נֶגֶד כָּל עַמְּךָ אֶעֱשֶׂה נִפְלָאוֹת.

סֵפֶר זִכָּרוֹן לִפְנֵי רֹאשׁ בְּנֵי לְחַיִּים/ לֹא יִרְעֲבוּ וְלֹא יִצְמָאוּ אֶבְיוֹנִים עֲנִיִּים,
הִנֵּה עֲבָדַי וְאוֹתָם יָשִׂים בַּחַיִּים/ אֲשֶׁר לֹא נִבְרְאוּ בְּכָל הָאָרֶץ וּבְכָל הַגּוֹיִם.

׳לִבְּךָ בְּקִרְבְּךָ יַעֲלֶה עַם הַהוֹלֵךְ לְתוּמָךְ/ ׳עוֹד תָּנוּב בְּשֵׂיבָה וְאִנָּקְמָה מִצַּד הַדִּימָךְ,
׳דְּבָרְךָ הַטּוֹב אָקִים וְאוּלָמָךְ/ וְרָאָה כָּל הָעָם אֲשֶׁר אַתָּה בְקִרְבּוֹ אֶת־מַעֲשֵׂה יְיָ כִּי
נוֹרָא הוּא אֲשֶׁר אֲנִי עוֹשֶׂה עִמָּךְ.

1 אלהים קדשים,--יהושע כ"ד:י"ט; איום ונורא,--חבקוק א׳:ז׳; לעניו,--למרע"ה ע"פ במדבר י"ב:ג׳; העתירה,--התפלה,ע׳ ר"ה,י"ז,: "נטעטף הקב"ה כש"ץ והראה לו למשה סדר תפלה". 2 גדיליו...לבש,--ע׳ דברים כ"ב:י"ב ור"ל שנתעתף הקב"ה בטלית מצויצת, וע׳ פסיק׳ רבתי ט"ו; ותפליו,--יחיד של תפלין: תפלה, ורומז למאמר חז"ל בברכות ז׳.:"מנין שהקב"ה מניח תפלין וכו׳"; לבש...הדורה,--ישעיה ס"ג:א׳; ויעבור וכו׳,--שמות ל"ד:ו׳. 3 המדות,--י"ג מדות וע׳ ר"ה,שם: "אמר (הקב"ה) לו (למרע"ה), ׳כל זמן שישראל חוטאין יעשו לפני כסדר הזה ואני מוחל להם׳"; לחדות ,--לשמח, ע׳ תהל׳ כ"א:ז׳; אנון,--מתאבל; הגון ורגיל,--מוסב על "לו" ומתכוון למרע"ה; להנעים,--לחבר; רינון,--שירה, ורומז לשירו של משה על הים ע׳ שמות ט"ו ושירת "האזינו" ע׳ דברים ל"ב וע׳ ב"יוצר", "אודך כי אנפת" לר׳ יוסף בר שלמה מקרקשונה, (ד.א׳ 1651): "רקדו וחדו כל הלילה/ רנן הנעימה."4 ובמצוק,--דברים כ"ח:נ"ג; יצעק,--מרע"ה; ויעתר,--נתקבל תפלתו ע׳ בראש׳ כ"ה:כ"א; עת שינון,-- כלומר בזמן שהיה מרבה בתפלת י"ג מדות. 5 זליגת...קודמת,--ע"פ התפלה, "ונתנה תקף" (ד.ו׳ 451): "ותשובה ותפלה וצדקה מעבירין את רוע הגזרה", שם "תשובה" קודמת ל"תפלה" ו"צדקה" וע׳ בב"ר,מ"ד.י"ב: "ג׳ דברים מבטלים את הגזירה, ואילו הן, תפלה,וצדקה ותשובה". 6 מחיקת העונות,--תהל׳ נ"א:י"א; דמעות...גורמת,-- ע׳ ברכות ל"ב.,:" אעפ"י ששערי תפלה ננעלו שערי דמעות לא ננעלו". 7 יועצי נדיבות,--ישעיה ל"ב:ח׳; לדרות וכו׳,--ירמיה ל"א:כ"ד; כושלים וכו׳,--ישעיה ל"ה:ג׳. 8 לאחריתם...נחלפים,--ר"ל "וקוי יי יחליפו כח" ע"פ ישעיה מ׳:ל"א. 9 מעביר...מאזנים,--ע׳ ר"ה, י"ז.,: "תנא דבי רבי ישמעאל, מעביר ראשון ראשון" ופירש"י שם שממעט הקב"ה את משקל העונות ע"י העברת הראשון שבהם הבא להישקל במאזנים; מכריע לכף הזכות,--ע׳ פסיק׳ רבתי,מ"ה: "הקב"ה פורט את זכיותיהם של ישראל מהו עושה נוטל קנה של מאזנים ושוקל את העונות כנגד הזכויות...והשטן הולך להביא עונות וליתן בכף העונות ולהכריעה...והקב"ה נוטל את העונות מתוך הכף ומטמינם". 10 באצבע וכו׳,--ע׳ שם. 11 עבירות חמורות,--ע׳ אבות ב׳.א׳; ימוקה ,--ויקר׳ כ"ו:ל"ט; בצפורן שמיר,--ירמיה י"ז:א׳; מחוקה,--מצויר, ע׳ יחזק׳ ח׳: י׳. 12 ימחום,--מוסב על "פשע ורשע" לעיל טור 11; ומי...ידוקה,--ע׳ ישעיה כ"ח: כ"ח ור"ל "כי אין אדם אשר לא יחטא" וע׳ מ"א,ח׳:מ"ו. 13 קראו וכו׳,--"שוכן מעונים" רומז להקב"ה ור"ל כנהו "ראש" כלומר "ראשון שלא קיבל מלכותו מאחר" ו"תמים", שני כנויים להקב"ה שיש לו שבעים שמות, וע׳ "בעל הטורים" לבמדבר י"א:

ט"ז; וחסדיו הבאמנים,--ישע' נ"ה:ג'. 14 בשכר,--מרע"ה; ומקרה לזמנים,--רומז למרע"ה אליו נקרה הקב"ה לעתים קרובות, ע' שמות ג':י"ח. 15 תרבות חטאים,--במד' ל"ב:י"ד. 16 נשמדים...עד,--תהל' צ"ב:ח'; ועליון...ירעים,--ש"א,ב':י'. 17 חרד,--כאשר ראה את מעשה העגל, ע' שמות ל"ב; עניו,--מרע"ה;ועלז וכו',--על י"ג מדות ורומז למאמר הקב"ה למרע"ה בר"ה, י"ז:, וע' לעיל בהע' לטור 3; רווחו,--ע' איוב ל"ב:ב'. 18 בקידה,--שמות ל"ד:ח'; לעדה בוגדה,--ע' ירמ' ג': ח' ורומז לכנסת ישראל אחרי מעשה העגל; וימהר וכו',--שמות שם. 19 שלבינו,--רומז ללוחות הברית שמשלבים (מחברים) את בני ישראל לאביהם שבשמים. 20 בהתהלך ,--ישראל; משגבינו,--הקב"ה ע' תהל' מ"ו:ח'; ויאמר וכו',--שמות ל"ד:ט'. 22 כי עם וכו',--שם. 24 היודע,--הקב"ה ע' ירמ' כ"ט:כ"ג; השארית,--רומז לישראל, שארית הפלטה וע' שם מ"ג:ה'; לבבו,--של ישראל; תמרית,--בנוי מן "מרי" ע"פ דבר' ל"א:כ"ז. 25 צויתתו,--הקב"ה למרע"ה; ויאמר וכו',--שמות שם י'. 26 אשר...סוד,--תהל' נ"ה:ט"ו; ליוצאות ובאות,--רומז לבני ישראל המקוים באנכי וכו' והוא כנוי להקב"ה. 27 נצח ישראל,--ש"א,ט"ו: כ"ט ורומז להקב"ה; נגד וכו',--שמות שם. 28 ספר...ראש בני,--אלה דברי הקב"ה ור"ל בספר הזכרון לפני ביום הדין ראש בני, כלומר בני ישראל לחיים נכתבים וע' ירמיה ל"א:ו' שם הצרוף "ראש גוים" בא ככנוי לישראל; לא ירעבו וכו',--ישעיה מ"ט:י'. 29 הנה עבדי,--שם ס"ה:י"ג; אשר וכו',--שמות שם. 30 עם,--ישראל; ההולך וכו',--משלי כ':ז'; תנוב בשיבה,--מוסב על "עם" וע' תהל' צ"ב:ט"ו; הדימך,--אויבך, ע' שם ק"י:א'. 31 דברך...אולמך,--כנויים למקדש; וראה וכו',--שמות שם.

24. יעקב בן אליעזר מקנדיה

"פתיחה" לחוהמ"פ בצורת שיר איזור. חמש עשרה סטרופות נחרזות (חוץ מן הראשונה) בנות שלושה טורים וטור איזור. החתימה בראשי המחרוזות: אני יעקב בן הרב חזק. המקורות: כה"י מ"ר,א, 1082,עמ' 80 וכה"י מ"ר מונטיפיורי, 220,עמ' 117. (ד.א' 8346). המשקל: המרנין, מקוצר: ◡---◡---

אֲשֶׁר שִׁפֵּר רְקִיעֵי רוּם
וְהִתְוָה גֵּיא כְּמוֹ מָחוּג
וְעָלֶיהָ אֱנוֹשׁ יָצַר
בְּרוּחַ פִּיו פְּעוּלוֹתָיו.

´נְשִׂיאִים מַעֲלֶה מִקְצֵה
אֲדָמָה הַשְׁקוֹת לַעְצֵי
שְׂדֵה יַעַר יְצַו הַיְּצֵא
לְסַפֵּר אֶת תְּהִלּוֹתָיו.

´יְבוּל הָרִים הֲכִי הֵרִים
וּמְבֵּימוֹ מְאֹד שׁוֹמְרִים
וְאִם זִמְּרוּ הֲמוֹן זוֹמְרִים
עֲלֵי עַמִּים עֲלִילוֹתָיו.

´יְרַד עַל כָּל יְצִיר כַּפָּיו
וְחַיִּים נִשְׁמַת אַפָּיו
וְסַרְעַפָּיו וְעַפְעַפָּיו
חֲרוּת יִשְׁרֵי מְסִלּוֹתָיו.

´עֲרוּמִים יִשְׁקְדוּ בֹּקֶר
תְּבוּנָתוֹ לְאֵין חֵקֶר
עֲרָבִים לַחֲלוֹף בֹּקֶר
וּמִי יָבִין גְּלִילוֹתָיו.

´קְחָה אֶת תַּחֲנוּנוֹתָי
וְהֶגְיוֹן בִּנְגִינוֹתָי
בְּשִׂיחִי כָּל רְנָנוֹתָי
אֱמוּנָתוֹ סְבִיבוֹתָיו.

´בְּגֵאוּת יָם הֲלֹא מוֹשֵׁל
בְּשׂוֹא גַלָּיו אֲזַי מַחְשֵׁל
בְּמִלָּיו יְאַמֵּץ כּוֹשֵׁל
וְאִם נִצָּב בְּרִבְבוֹתָיו.

´בְּאַלּוּף שָׁחֲחוּ בְּנֵי רַחַב
לְמַעַן אָב הֲמוֹן אָהַב
לְעַנּוֹתָם בְּפֶרֶךְ הַב
וְלֹא בָכוּ נְתִיבוֹתָיו.

´נְהָרִים נֶהֶפְכוּ לְדָם
צְפַרְדֵּעַ חֲזוֹת גֶּגְדָם
וּבָכֶם חַרְבוֹן שַׁדָּם
צְבָא עָרוֹב עֲרוּבּוֹתָיו.

´הֲלוֹךְ דֶּבֶר בְּמִקְנֵימוֹ
שְׁחִין כָּבֵד לְשׁוֹטְנֵימוֹ
וּבָרָד הַךְ לְגַפְנֵימוֹ
וְכָל אַרְבֶּה תְבוּאוֹתָיו.

´רְצוֹנוֹ יֶחֱשֶׁה יִצְלַח
וְחִצָּיו צוֹרְרוֹ יְפַלַּח
וְחֹשֶׁךְ יַחֲשִׁיךְ שְׁלַּח
לְהַעְצִים עוֹז פְּלִיאוֹתָיו.

´בְּאֵין מַמְרֵא דְּבַר קָדְשׁוֹ
בְּכוֹר אוֹן שִׁחֲתָה אִשׁוֹ
וּפָסַח צוּר לְדוֹר דּוֹרְשׁוֹ
פְּקַח קוֹחַ בְּנוֹרְאוֹתָיו.

´חֲצוֹת לַיִל שְׁנַת תַּבִּין
מְנוֹדֶדֶת בְּאֶפֶס נִין
וְחֵיל מָנָה בְּלֵב אַרְנִין
בְּהוֹשִׁיעַ לְצִבְאוֹתָיו.

´זְכוֹר צֵאתָךְ וּבְנְחוּצוֹת
אֱכוֹל מָרוֹר עֲלֵי מַצּוֹת
וְשִׁית עֵצוֹת בְּקוֹל דִּיצוֹת
גְּמוֹר הַלֵּל בְּשִׂיאוֹתָיו.

´קְרַב גַּם מִלְחָמָה לוֹ
וְנִיעַר פַּרְעֹה וְחֵילוֹ
בְּיַם סוּף כָּל בְּנֵי חֵילוֹ
בִּנְבְכֵי צוּל הֲבָאוֹתָיו.

1 שפר,--איוב כ"ו:י"ג ופיראב"ע,שם; רקיעי רום,--השמים. 2 והתוה,--סימן; גיא
,--רומז לארץ; מחוג,--כלומר כמו עגול וע' ב"יוצר" לר' שמעון בר יצחק, "אדון
אממני" (ד.א' 484): "ענד (עולם) במחוג."4 ברוח וכו',--תהל' ל"ג:ו'. 5 נשיאים
וכו',--שם קל"ה:ז'. 6 השקות...יער,--קהלת ב':ו'. 7 היצא,--בראש' א':י"ב.
9 יבול הרים,--איוב מ':כ'. 10 ומנימו,--וממנו והנושא הוא הקב"ה; שומרים,--
כלומר שומרים כל הברכה ממנו. 13 ירד...כפיו,--כלומר לברכם, ע' בראש' א':כ"ב.
14 וחיים וכו',--שם ב':ז'. 15 וסרעפיו,--מחשבותיו ומוסב על 'יציר'; ועפעפיו
,--כלומר מה שעינו (של היציר) רואה. 16 חוות,--כלומר עדים הם וע' תהל' י"ט:
ג'. 17 ערומים,--רומז לאדם וחוה ע"פ בראש' ב':כ"ה; ישקדו,--כלומר נאסרו ע"י
החטא, ע' איכה א':י"ד: "נשקד על פשעי בידו" וע' פיוטי ינאי, עמ' קפ"א: "מעת
בידיה חטאה האשה/ שקדתה ואסרתה ידי אשה". 18 תבונתו וכו',--ישעיה מ':כ"ח.
19 ערבים וכו',--בראש' א':ה'. 20 גלילותיו,--אורחותיו. 24 אמונתו וכו',--
תהל' פ"ט:ט'. 25 בגאות...גליו,--שם; מחשל,--כלומר עשה שיחשלו, הרפה כוחם.
27 במליו...כושל,--איוב ד':ד'. 28 ואם...ברבבותיו,--כלומר אם יחזור בתשובה
ורומז לישראל ע"פ במדבר י':ל"ו. 29 באלוף,--כנוי להקב"ה; שחחו...רחב,--איוב
ט':י"ג. 30 אב המון,--רומז לאברהם ע"פ בראש' י"ז:ד'; אהב,--הקב"ה את בניו.
31 לענותם...הב,--רומז לגלות מצרים ע"פ שמות א':י"ג. 32 נתיבותיו,--כנוי
לישראל. 33 נהרים וכו',--תהל' ע"ח:מ"ד. 34 צפרדע,--שם מ"ה. 35 חרבון שדם
,--שם ל"ב:ד' ור"ל "ולכל בני ישראל היה אור במושבותם" ע"פ שמות י':כ"ג.
36 ערוב,--תהל' ע"ח:מ"ה; ערובותיו,--ירמיה ה':ו'. 37 דבר במקנימו,--שמות
ט':ג'. 38 שחין וכו',--שם י"א. 39 וברד וכו',--תהל' ע"ח:מ"ז. 40 ארבה,--שם
מ"ו; תבואותיו,--ובכה"י אוקספורד הנ"ל הנוסח: נתיבותיו. 41 רצונו וכו',--
כלומר המזרז לעשות רצונו יצלח. 42 וחציו וכו',--משלי ז':כ"ג. 43 וחשך וכו'
,--שמות י':כ"א. 44 להעצים,--להגביר. 45 ממרא וכו',--כמו "זקן ממרא" שאינו
רוצה לקבל את דעת הרוב, ע' סנהדרין י"א.מ"ב והכונה לפרעה. 46 בכור און,--
של מצרים ע' תהל' ע"ח:נ"א; אשו,--של הקב"ה. 47 ופסח,--שמות י"ב:כ"ז; לדור
דורשו,--תהל' כ"ד:ו'. 48 פקח קוח,--ישעיה ס"א:א'. 49 חצות ליל,--שמות י"א:ד';
שנת...מנודדת,--בראש' ל"א:מ'; תנין,--כנוי למצרים ע"פ יחזקאל כ"ט:ג'. 51
מנה,--ישעיה ס"ה:י"ב; בלב ארנין,--לא מצאתי מקורו. 53 צאתך,--ממצרים; ובנחוצות
,--בחפזון, ע' שמות י"ב:י"א. 55 שית עצות,--תהל' י"ג:ג'. 56 נשיאותיו,--
רומז לישראל. 57 מלחמה,--שמות ט"ו:ג'. 58 וביער וכו',--תהל' קל"ו:ט"ו. 60 צול
,--מצולה וע' איוב ל"ח:ט"ז; הבאותיו,--מה שהביא אתו.

25. מלכיאל הרופא בן מאיר אשכנזי מקנדיה

"מי כמוך" לשבת חנוכה. החתימה: מלכיאל בן מאיר חזק. המקור: כה"י מ"ר, ו, 320 עמ' 6 כ"ד בתים בני ארבעה טורים ששלושה מהם מחריזים והרביעי כסוגר בחרוז אחיד. מספר מילים לא קבוע (3–5 ועוד). (ד.מ' 1143).

מִי כָמוֹךָ אַדִּיר אָיוֹם וְנוֹרָא/ גָּדוֹל שִׁמְךָ בִּגְבוּרָה
עוֹטֶה כַּשַּׂלְמָה אוֹרָה/ הַשָּׁמַיִם מְסַפְּרִים כְּבוֹדוֹ.

לְךָ נָאָה לְהוֹדוֹת/ צוּר יוֹדֵעַ עֲתִידוֹת
מְגַלֶּה עִמְקֵי סוֹדוֹת/ וּמִי יְסַפֵּר הוֹדוֹ.

כְּגִבּוֹר עַל הַיָּם נִתְגָּאָה/ וּבְסִינַי כְּזָקֵן נִרְאָה
וְלֶקַח טוֹב בְּלֹא אוֹנָאָה/ נָתַן לִבְנוֹ יְחִידוֹ.

יְקָרָם כְּאָב לִבְנוֹ וְצִוָּם/ לְעַם נַחֲלָה לוֹ אִיוָּם
וּלְמַלְאֲכֵי הַשָּׁרֵת הִשְׁוָם/ בְּהַר סִינַי בְּעָמְדוֹ.

אָז צִיוָּם עַל יְדֵי מֹשֶׁה/ מָאתַיִם וּשְׁמוֹנָה וְאַרְבָּעִים מִצְוֹת עֲשֵׂה
וּשְׁלֹשׁ מֵאוֹת וְשִׁשִּׁים וַחֲמִשָּׁה לֹא תַעֲשֶׂה/ וּשְׁנֵי לוּחוֹת הוֹרִיד בְּיָדוֹ.

לֹא לְהוֹסִיף וְלֹא לִגְרוֹעַ/ נָתַן בְּדָת חֹק אֵל דֵּיעָה
וְלֹא עַל פֶּה יִשָּׁמַע/ כִּי אִם חוֹק אֵל לְבַדּוֹ.

בִּימֵי מַלְכוּת חַשְׁמוֹנַאי/ וְנִכְנְסוּ יְוָנִים לִפְנִים וְלִפְנַי
וְטִימְּאוּ אֶת הֵיכַל יְיָ/ אֲשֶׁר בָּנָה כּוֹרֶשׁ עַבְדּוֹ.

נָמוּ בְּדָת מַלְכָּם וְגָזְרוּ/ שַׁבָּת וּמִילָה לְבַל יִשְׁמוֹרוּ
וְאִישׁ אוֹ אִשָּׁה אֲשֶׁר פִּיהֶם יַעֲבוֹרוּ/ עֲלֵיהֶם יְשַׁלַּח הַמֶּלֶךְ אֶת פִּידוֹ.

מִבֵּין הַחוּפָּה לְהוֹצִיא כַּלָּה/ וְנִבְעֶלֶת לְהֶגְמוֹן תְּחִילָּה
טֶרֶם תִּכָּנֵס עִם בַּעֲלָהּ/ שָׂם אוֹיֵב צֵידוֹ.

אָחוֹת מַכַּבִּאי יְהוּדָה/ בְּחוּפָּתָהּ הוֹצִיאָה בִגְדָהּ
וַתֵּלֶךְ עֲרוּמָּה לִפְנֵי בְּנֵי הַסְּעוּדָה/ וַיִּרְאֶיהָ יְהוּדָה בְּרַעְדוֹ.

יְהוּדָה עָנָה בְּמִרְמָה/ וַיִּגְעַר בָּהּ בִּשְׁפוּכָה חֵימָה
וַתַּעַן: "הַלַּיְלָה אָנֹכִי שׁוֹכֶבֶת בְּזִימָּה/ לָאִישׁ אֲשֶׁר עוֹמֵד בְּמִרְדּוֹ".

רוּחַ לָבְשָׁה יְהוּדָה/ וַיָּקָם מִתּוֹךְ הָעֵדָה
וַיִּקַּח בְּיָדוֹ חֶרֶב חַדָּה/ וַיְשִׂימֶהָ תַּחַת מַדּוֹ.

חֶדֶר בְּחֶדֶר נִכְנַס לַהֶגְמוֹן/ וַיֹּאמַר: "דְּבַר סֵתֶר אֵלֶיךָ שַׂר הֶהָמוֹן".
וּבִזְכוּת פִּיצֵּל לַח וְלוּז וְעַרְמוֹן/ מָחַץ קָדְקֳדוֹ.

זֵד יָהִיר אַנְטִיוֹאכוּס הַמֶּלֶךְ/ שָׁלַח בְּכָל עִיר וּפֶלֶךְ
וַיִּקְבּוֹץ כָּל הָעִיר וָהֵלֶךְ/ וְכָל שָׂרֵי גְדוּדוֹ.

קָרָאם לְהִילָּחֵם עַל יְרוּשָׁלַיִם/ וַיָּצוּרוּ עָלֶיהָ יוֹם מִיּוֹמַיִם
וֵאלֹהֵינוּ שֶׁבַּשָּׁמַיִם/ נוֹטֵר כֶּרֶם יְדִידוֹ.

בַּלַּיְלָה הַהוּא בָּדְדָה/ שֵׁנַת יְהוּדִית הַכְּבוּדָה
וַתָּקָם וַתֵּלֶךְ לְבַדָּהּ/ אֶל הַמֶּלֶךְ לְנוֹדְדוֹ.

וַיִּשְׁאַל אוֹתָהּ: "אַתְּ בַּת מִי!"/ וַתֹּאמֶר: "מִבְּנֵי נְבִיאִים מִבְּנֵי עַמִּי
וּלְמַעַן וּלְמָחָר תִּתֵּן בְּיָדְךָ בֵּית עוֹלָמִי/ וְהִכִּיתָ אֶת הָעָם עַד אָבְדוֹ".

וַיִּיטַב לֵב הַמֶּלֶךְ בַּאֲמִירָה/ וַיֹּאמֶר: "הַשְׁמִיעִי לִי יָפָה וּבָרָה".
וַתַּעַן: "אֵינֶנִּי טְהוֹרָה/ לִשְׁכַּב עִם הַמֶּלֶךְ בְּבִגְדוֹ.

יַעֲבִירוּ קוֹל בְּמַחֲנֶיךָ/ לְבַל יַגִּיעוּ בִּי עֲבָדֶיךָ
וְכָל הָעָם אֲשֶׁר אִתְּךָ/ יַחֲנוּ אִישׁ עַל דִּגְלוֹ וְעַל יָדוֹ".

וַיַּעַשׂ הַמֶּלֶךְ כֵּן/ וַתָּקָם וַתֵּלֶךְ אֶל הַסּוֹכֵן
וְהוּא שׁוֹכֵב וְשׁוֹכֵן/ וְלֹא יָדַע כִּי בָא יוֹם אֵידוֹ.

רֹאשׁוֹ מֵעָלָיו הֵסִירָה/ וַתָּקָם וַתֵּלֶךְ הָעִירָה
וַיִּפְתְּחוּ לָהּ הַשַּׁעֲרָה/ אֲשֶׁר סוּגְּרָה מִפַּחְדּוֹ.

שָׂשׂוֹן וְשִׂמְחָה נִמְצָא/ לְיָפָה כַּחַמָּה וּבָרָה כְּתִרְצָה
וְיָצְאוּ הַחוּצָה/ וַיָּבוּזוּ כָּל מְאוֹדוֹ.

נִכְנְסוּ וְטִהֲרוּ אֶת הַהֵיכָל/ אֲשֶׁר טִמְּאוּ עַם סָכָל
וְלֹא נִמְצָא שֶׁמֶן טָהוֹר כִּי אוּכָל/ כִּי אִם פַּךְ אֶחָד אֲשֶׁר נֶחְתַּם בְּעָדוֹ.

גְּבוּרוֹת אֵל מִי יְמַלֵּל/ לֹא הָיָה בוֹ לְהַדְלִיק כִּי אִם אַחַת לֵיל
וְהִדְלִיקוּ בוֹ שְׁמוֹנָה עַל כֵּן נְהַלֵּל/ לְאֵל אֲשֶׁר גָּבַר עָלֵינוּ חַסְדוֹ.

1 מי כמוך...ונורא,--שמות ט"ו:י"א; גדול וכו׳,--ירמיה י׳:ו׳. 2 עוטה...אורה ,--תהל׳ ק"ד:ב׳; השמים וכו׳,--שם י"ט:ב׳. 3 לך...להודות,--ע"פ התפלה, "ישתבח שמך לעד מלכנו"; 3 צור...עתידות,--ע׳ דברים ל"ב:ל"א,ל"ו. 4 מגלה...סודות,-- איוב י"ב:כ"ב; ומי יספר וכו׳,--שם ל"ח:ל"ז. 5 כגבור וכו׳,--שמות ט"ו:א׳; ובסיני וכו׳,--וע׳ תנחומא, יתרו,ט"ו: "נראה להם הקב"ה בים כגיבור עושה מלחמה ונראה להם בסיני כסופר מלמד תורה...ונראה להם בימי דניאל כזקן". 6 ולקח טוב ,--רומז לתורה ע"פ משלי ד׳:ב׳; בלא אונאה,--רמאות; נתן וכו׳,--משלי ד׳:ג׳.

7 יסרם...לבנו,--דברים ח׳:ה׳; לעם...לו,--שם ד׳:כ׳; איום,--תהל׳ קל"ב:י"ג-י"ד. 8 ולמלאכי...השום,--ע׳ פר"א,מ"ז: "כשירד הקב"ה ליתן תורתו לישראל...ישראל עד שלא עשו אותו המעשה (מעשה העגל) היו טובים לפני הקב"ה ממלה"ש." 9-10 ציום... עשה...לא תעשה,--ע"פ מאמר רבי שמלאי במכות כ"ג:; ושני לוחות וכו׳,--ע"פ התפלה "ישמח משה" בשחרית לשבת וע׳ שמות ל"ד:כ"ט. 11 לא...לגרוע,--ע׳ דברים י"ג:א׳; בדת,--בפקודה, ע׳ אסתר ג׳:י"ד; חק,--תהל׳ צ"ט:ז׳; אל דיעה,--ש"א,ב׳:ג׳. 12 ולא...ישמע,--ע"פ שמות כ"ג:י"ג: "ושם אלהים אחרים לא תזכירו ולא ישמע על פיך"; כי...לבדו,--"ישמע על פיך". כאן מסתיימות המחרוזות של תהלה להקב"ה ושבח לתורתו. ממחרוזת ז׳ עד י"ז מפויטים המעשים על גבורות יהודה המקבאי ויהודית "הכבודה". המחרוזת האחרונה חוזרת לנושא של שבח לבורא על נס חנוכה. הפתיחה של תהלה לבורא רגיל בפיוטי "מי כמוך", ששולבו בברכת גאולה לפני הפסוק משירת-הים "מי כמכה באלים ה׳ וכו׳" (שמות ט"ו:י"א). 13 בימי...היכל יי,--ע׳ שבת כ"א:; כורש עבדו ,--עזרא א׳:ב׳. 15 נמו,--דברו ומוסב על "יונים"; בדת מלכם,--שם ח׳:ל"ו; וגזרו וכו׳,--ע׳ מגלת אנטיוכס, <u>אוצר מדרשים</u>, א,עמ׳ קפ"ו,סי׳ י"א: "עתה באו ונעלה... ונבטל מהם...שבת ראש חדש ומילה". 16 אשר יעברו,--משלי ח׳:כ"ט; פידו,--אידו, ע׳ שם,כ"ד:כ"ב. 17 מבין...בעלה,--ע׳ מגילת תענית, פ"ו: "מלכי יון (היו) מושיבין קסטיראות בעיירות להיות מענים את הכלות ואח"כ היו נישאין לבעליהן"; וע׳ מדרש לחנוכה, <u>אוצר מדרשים</u>, שם, עמ׳ קצ"ב, וע׳ מ. גרינץ, <u>ספר יהודית</u>, עמ׳ ר"ה; מנהג זה נעשה לחוק בימי הבינים בשם ius primae noctis. 18 צידו,--בדומה ללכידת חיות ועופות. 19-20 אחות...הסעודה,--ע׳ מגילת תענית, שם וע׳ מדרש לחנוכה, שם:

"נשאת בתו של יוחנן כ"ג, כיון שרצו להוליכה אצל אותו הגמון, פרעה ראשה וקרעה בגדיה ועמדה ערומה בפני העם". 20 ויראיה וכו׳,--בראש׳ ל"ח:ט"ו. 21 יהודה... במרמה,--ע׳ ב"ר: אמר הקב"ה ליהודה: ׳אתה רמית באביך בגדי עזים, חייך שתמר מרמה בך בגדי עזים׳; אע"פ ששם מדובר על יהודה בן יעקב מ"מ מסתבר שהשפיע על הפייטן אותו מאמר; ויגער...חימה,--ע׳ מדרש לחנוכה (=מ"ח): "מיד נתמלא יהודה ואחיו חימה ואמרו: ׳הוציאוה לשריפה׳", (ע׳ בראש׳ ל"ח:כ"ה, שם גוזר יהודה בן יעקב על תמר באותו לשון) ור"ל בת כהן שזינתה, דינה שריפה. 22 בזימה,--לשון "זימה" נמצא גם במעשה דינה ע׳ פר"א, ל"ח: "אמרו בני ישראל להרגה (את דינה) שעכשיו יאמרו כל הארץ שיש בית זמה באהלי יעקב" וע׳ במדרש מעשה חנוכה (=ממ"ח), <u>אוצר מדרשים</u>,שם, עמ׳ ק"צ במעשה אחות יהודה המקבאי בדברה אל אחיה: "הלא יש לכם ללמוד משמעון ולוי אחי דינה, שלא היו אלא שנים וקנאו לאחותם"; לאיש,--להגמון ע׳ מ"ח, שם; במרדו,--במלכות שמים. 23 רוח לבשה,--ע׳ דבהימ"א,י"ב:י"ח; ויקם וכו׳,--במדבר כ"ה:ז׳. 24 חרב חדה,--יחזקאל ה׳:א׳; תחת מדו,--שופטים ג׳:ט"ז וע׳ במ"ל, שם: "כיון ששמע יהודה וחביריו כך, נועצו יחדיו להרוג ההגמון". 25 חדר בחדר,--ע׳ מ"א, כ׳:ל׳; דבר...אליך,--שופטים ג׳:י"ט. 26 ובזכות וכו׳,--בזכות יעקב אבינו ע׳ בראש׳ ל׳:ל"ז; מחץ קדקדו,--וע׳ במ"ח, שם: "נכנס יהודה וחביריו עם אחותו אצל ההגמון וחתכו ראשו" וע׳ במגילת תענית, שם. 27 זד יהיר,--משלי כ"א:כ"ד; פלך,--גליל, ע׳ נחמ׳ ג׳:ט׳. 28 כל העיר,--תושבי העיר; והלך,--כלומר האורחים ועוברי דרכים ע׳ ש"ב,י"ב:ד׳; שרי גדודו,--מ"א,י"א:כ"ד,וע׳ מ"ח,שם, "כיון ששמע מלך יונים שהרגו ישראל הגמון שלו, קבץ כל עמו". 29 להילחם...ירושלים,--נחמיה ד׳:ב׳; ויצורו... מיומים,--כלומר יומים היו זמן המצור וכן נראה גם מ"יוצר" אודך כי אנפת" ליוסף בר שלמה מקרקשונה (ד.א׳ 1651): "נסע ויאסף המונו להקמיל...סכבתני בלילה היא יהודית" וע׳ מ"ח, שם: "בא (מלך יונים) לפני ירושלים והביא אותה במצור וכו׳". 30 כרם ידידו,--רומז לישראל, ע׳ ישעיה ה׳:א׳ ורד"ק שם. 31 בלילה וכו׳,--אסתר ו׳:א׳; הכבודה,--תאר כבוד של דרך ארץ לאשה חשובה ע׳ "אבן בוחן", ס"ה לקלונימוס בן קלונימוס: "ובעל הבית כטוב לבו בסעודתו, ידבר נחומים אל הכבודה צלעתו". 32 ותקם ותלך,--בראש׳ ל"ח:י"ט; לבדה,--אבל במ"ח ובפיוט "אודך כי אנפת" הנ"ל הלכה יהודית אל המלך בלוית שפחתה; לבודדו,--להקיץ אותו משנתו. 33 את...מי! ,--בראש׳ כ"ד:כ"ג. הנה הפיסקה הידועה מספר <u>יהודית</u> שציין מ. גרינץ בספרו הנ"ל (עמ׳ ר"ו): "ששואלים אותה השומרים ה׳אשוריים׳, מי את? אי מזה באת? לאן תלכי?" הפיסקה עדיין נשתמרה בפיוט שלנו בנגוד למעשה יהודית במדרשים שהלכה ונתקצרה במשך הזמן. (ע׳ גרינץ,שם). וע׳ ב"חיבור יפה מהישועה" לר׳ נסים בר׳ יעקב שציטט גרינץ בספרו,שם: "ויאמר לה המלך, ׳מי את בתי, ואי מזה באת ואנה תלכי׳?", שם

גם נשתמרה הפיסקה; מבני נביאים,--ע׳ מ"א,כ׳:ל"ה; בני עמי,--בראש׳ כ"ג:י"א, וע׳ ב"חיבור יפה", שם: "ותאמר לו: ׳מבנות הנביאים אנכי׳." 34 ולמען...תנתן ,--כלומר באתי להגיד לך כי למחר תנתן וכו׳; בית עולמי,--רומז למקדש ע׳ סוכה ה׳:; והכית וכו׳,--דברים כ"ח:כ"ב. 35 וייטב לב,--שופטים י"ח:כ׳; השמיעי לי ,--כלומר הוי שומעת לתשמיש, ע׳ סנהדרין ק"ו. ורש"י שם ד"ה "השמיעי"; יפה וברה ,--שה"ש ו׳:י׳. 36 בבגדו,--כלומר תחת המכסה שלו, ע׳ מ"א:א׳ וע׳ בפיוט "אודך כי אנפת": "צביוני אם תעשי, מלכלה צאצאי בית אביך אעלה, צרחה לו: ׳אינני טהורה׳". 37 יעבירו...במחניך,--שמות ל"ו:ו׳; לבל וכו׳,--רות ב׳:ט׳. 38 יחנו וכו׳,-- במדבר ב׳:ב׳; ועל ידו,--שם י"ז וע׳ מ"ח, שם, עמ׳ קצ"ג: "תעביר כרוז בכל המחנה שכל מי שיראה שתי נשים הולכות אצל המעיין אל יפגעו בהן לפי שצריכה אני ליילך לשם לרחוץ עצמי ולטבול". 39 ותקם וכו׳,--יהודית; הסוכן,--רומז לאנטיוכוס שבט אפו וסוכנו של הקב"ה ע"פ ישעיה י׳:ה׳. 40 בא...אידו,--משלי ו׳: ט"ו וע׳ ב"חיבור יפה", שם: "ויצו המלך להעשות כן, וישמח שמחה גדולה...ויעש להם משתה ויאכל וישת מן היין וישכב וירדם". 41 ראשו...הסירה,--ש"ב,ט"ז:ט׳; העירה,--לירושלים, וע׳ מ"ח,שם: "נטלה (יהודית) סייף שלו וחתכה ראשו ופשטה סדין עליו והלכה...אצל שערי ירושלים ואמרה: ׳פתחו לי השערים׳". 43 ששון וכו׳,--ישעיה נ"א:ג׳; כתרצה,--שה"ש ו׳: ד׳. 44 ויצאו...ויבוזו,--ע׳ "חיבור יפה", שם: "וירדפו ישראל אחריהם...ויבוזו בהם ביזה". 45–46 נכנסו...בעדו,--ע׳ שבת כ"א:. 47 גבורות וכו׳,--תהל׳ ק"ו:ב׳; לא היה וכו׳,--שבת,שם. 48 נהלל וכו׳,--תהל׳ קי"ז:ב׳.

26. משה חזן בן אברהם

"סליחה" ליוה"כ. ט׳ בתים בני ד׳ טורים מחריזים ובסוגר הבאה מהמקרא. מספר מילים בלתי קבוע (4–6 ועוד). החתימה: א׳-ב׳ משה חזן. המקור: כה"י מ"ר, ו, 320,עמ׳ 302. (ד. א׳ 6745)

אֲנִי מִמַּעֲשַׂי זַעְתִּי חַלְתִּי/ בּוֹשְׁתִּי נִכְלַמְתִּי נֶאֱלַמְתִּי נוֹחַלְתִּי,
גָּעִיָּתִי לְהַשְׁמִיעַ יָרֵאתִי זָחַלְתִּי/ קִוִּיתִי יְיָ קִוְּתָה נַפְשִׁי וְלִדְבָרוֹ הוֹחָלְתִּי.

דַּרְכִּי הֲכִינוֹתִי וָאֶתְנֶחָם מֵרָעָתִי/ הַיּוֹם בְּמִקְדַּשׁ צוֹם פְּגִיעָתִי,
וָאֶעֱמוֹד מַרְעִיד לְהַשִּׂיג יְשׁוּעָתִי/ קַוֵּה קִוִּיתִי אֶל יְיָ וַיֵּט אֵלַי וַיִּשְׁמַע שַׁוְעָתִי.

זֶה הָעֵת רָצִיתָ לְכַפֵּר כְּעוּרַי/ חַטֹּאת אִיַּלְתִּי וּפִשְׁעֵי נִבְעָרַי,
טִינּוּף בְּהָסִירִי הָסֵר מִמֶּנִּי מַסְעִירַי/ כִּי אַתָּה תִקְוָתִי יְיָ מִבְטַחִי מִנְּעוּרַי.

יוֹם זֶה בְּצֶדֶק תַּעֲנֵנִי נוֹרָאוֹת/ כִּי כָל פֶּה לְךָ יוֹדֶה וְכָל בָּשָׂר לְךָ יָאת,
לְךָ לְבַדְּךָ הַכֹּחַ וְהַמּוֹפֵת וְהָאוֹת/ אַל יֵבוֹשׁוּ בִי קוֹוֶיךָ אֱלֹהִים צְבָאוֹת.

יוֹם מִיָּמִים יָצַרְתָּ לְאוֹת/ כָּל חוֹטֵא בוֹ לְהִמָּלֵט מִתְּלָאוֹת,
לְמִשְׁפָּטֶיךָ עָמַדְתִּי צִדְקָתְךָ לִרְאוֹת/ אַל יֵבוֹשׁוּ בִי קוֹוֶיךָ יְיָ אֱלֹהִים צְבָאוֹת.

מֵעוֹלָם בְּזָכְרְךָ רַחֲמֶיךָ וַחֲסָדֶיךָ/ נְכוֹנוּ מֵאָז כִּסֵּא וַהֲדוֹם יְסוֹדֶיךָ,
שִׂבַּרְתִּי יֶשְׁעֲךָ בְּלָמְדִי מִשְׁפְּטֵי סוֹדֶךָ/ וַאֲקַוֶּה שִׁמְךָ כִּי טוֹב נֶגֶד חֲסִידֶיךָ.

עָמְדוּ הַיּוֹם חֲסִידֶיךָ בְּצוֹם עֲצוּרִים/ פַּתַּח חַרְצֻבּוֹת וַאֲגֻדּוֹת קְשָׁרִים,
צִדְקָם בְּמִשְׁפָּט רוֹצֶה מֵשָׁרִים/ וְקוֹוֵי יְיָ יַחֲלִיפוּ כֹחַ יַעֲלוּ אֵבֶר כַּנְּשָׁרִים.

קְרָאוּךָ בְּצֶדֶק לִמְצוֹא עֶזְרָה/ רוּחֵינוּ כִּי קָצְרָה אֶל אֶרֶץ גְּזֵירָה,
שְׁאֵרִיתֵנוּ גְּאַל הַזְּרוּיִים בְּמִזְרֶה/ מִקְוֵה יִשְׂרָאֵל מוֹשִׁיעוֹ בְּעֵת צָרָה.

תְּבִיאֵנוּ בְּבֵית קָדְשֶׁךָ וְתַטָּעֵנוּ/ מַלְכֵּנוּ שׁוֹפְטֵנוּ הַמֵּבִין מַדָּעֵינוּ,
חִישׁ זְמַן נֶאֱמָן יְיָ רוֹעֵינוּ/ וְאָמַר בַּיּוֹם הַהוּא הִנֵּה אֱלֹהֵינוּ זֶה קִוִּינוּ
לוֹ וְיוֹשִׁיעֵנוּ.

1 בושתי בכלמתי,--ירמיה ל"א:י"ח; נוחלתי,--כלומר אבדה תקותי ע׳ יחזקאל י"ט: ה׳. 2 יראתי זחלתי,--איוב ל"ב:ו׳; קויתי וכו׳,--תהל׳ ק"ל:ה׳. 3 הכינותי,--דבהי"ב, י"ט: ג׳; ואתנחם,--במד׳ כ"ג:י"ט; צום,--קובע בזה ייעודה של ה"סליחה" ליוה"כ; פגיעתי,--תפלתי ע׳ ירמ׳ ז׳:ט"ז. 4 ואעמוד מרעיד,--דניאל י׳:י"א; קוה וכו׳,--תהל׳ מ׳:ב׳. 5 העת,--ביוה"כ; רצית לכפר,--כי לא "אחפץ במות הרשע כי אם בשוב רשע מדרכו וחיה", ע׳ יחזק׳ ל"ג:י"א; כעורי,--חטאי ע׳ מחזור תימני ליוה"כ (תכלאל, ירושלים 1894-8), "אחזתי בסאתי" (איך בד.): "ארמטה משער ראשי בזכרי כיעורי/ בשתי ונכלמתי כי נשאתי חרפת נעורי"; אילותי...נבערי,--ישע׳ י"ט:י"א. 6 מסעירי,--שם נ"ד:י"א; כי וכו׳,--תהל׳ ע"א:ה׳. 7 יום...נוראות,--שם ס"ה:ו׳; כי...יודה,--ע"פ התפלה "נשמת כל חי"; יאת,--יבוא, וע׳ התפלה "ויאתיו כל עבדיך", (ד.ו׳ 201). 8 אל יבושו וכו׳,--תהל׳ ס"ט: ז׳. 9 יום,--יוה"כ. 10 למשפטיך עמדתי,--שם קי"ט:צ"א; אל יבושו,--שם ס"ט:ז׳. 11 מעולם...וחסדיך,--שם כ"ה:ו׳; נכונו...כסא,--שם צ"ג:ב׳. 12 שיברתי,--שם קי"ט:קס"ו; ואקוה וכו׳,--שם נ"ב:י"א. 13 בצום,--יוה"כ ע׳ ישעיה נ"ח:ה׳; עצורים,--בבית הכנסת; פתח וכו׳,--ישעיה שם, ו׳. 14 רוצה משרים,--דבהי"א כ"ט:י"ז; וקווי וכו׳,--ישעיה מ׳:ל"א. 15 קראוך בצדק,--שם מ"ב:ו׳; למצוא עזרה,--תהל׳ מ"ו:ב׳; רוחינו...קצרה,--כלומר חכינו

בקצר רוח; אל ארץ גזירה,--כלומר לקיבוץ גלויות בארץ שנשבע לאברהם בברית בין הגזרים ע׳ בראש׳ ט"ו:י"ז. 16 שאריתנו,--כלומר שארית ישראל; הזרויים במזרה ,--ירמיה ט"ו:ז׳; מקוה וכו׳,--שם י"ד:ח׳. 17 תביאנו...ותטענו,--שמות ט"ו: י"ז; מדעינו,--מחשבותינו ע׳ קהלת י׳:כ׳. 18 חיש זמן,--ישעיה ס׳:כ"ב; נאמן ,--רומז למלך המשיח שנאמן יום בואו; יי רועינו,--תהל׳ כ"ג:א׳; ואמר וכו׳ ,--ישעיה כ"ה:ט׳.

26א. משה חזן בן אברהם

"חטאנו" למוסף יוה"כ. י"א בתים בני ד׳ טורים ששלושה מהם מחריזים וברביעי הבאה מהמקרא המסתיימת "אנחנו". מספר מילים 2-3 לכל טור. החתימה: אני משה בן הרב אברהם באימא. אולי רומז בזה לבוהמיה בבלקנים מקום מוצאו של הפייטן. המקור: כה"י מ"ר, ו. 320, עמ׳ 342. (אין בד.).

׳אֲבִּירִים נִסְחֲפוּ בְּעֶבְרָה/ אֲרָיוֹת כִּתְּרוּנוּ בְּמוֹרָא
אֱלֹהִים הַיּוֹם בְּצָרָה/ גְּדוֹלָה אֲנָחְנוּ.

׳נְחֲלוּנוּ זְאֵבֵי יְעָרִים/ נַחֲלָתֵנוּ נֶהֶפְכוּ לְזָרִים
נְוֵה תַנִּים וּנְמֵרִים/ הַמָּקוֹם אֲשֶׁר אֲנָחְנוּ.

׳יְרוּדִים שְׁרוּדִים עֲנוּשִׁים/ יְדִידֶיךָ בְּיַד נוֹשִׁים
יְקוּשִׁים אֲנוּשִׁים חֲבוּשִׁים/ הָיִינוּ אֲנָחְנוּ.

׳מַחְמַד עֵינֵינוּ שָׁלָל/ מְנַאֵץ רָשָׁע חָלָל
מִשֶּׁמֶן בְּשָׂרֵנוּ דָלָל/ בַּגּוֹיִם אֲשֶׁר אֲנָחְנוּ.

׳שׁוֹאֲפִים שְׁאָפוּנוּ בְרַגָּזוֹת/ שַׁדּוּנוּ שַׂמּוּנוּ לְבִזּוֹת
שָׂנְנוּ לְשׁוֹנָם וְכָזֹאת/ שׁוֹמְעִים אֲנָחְנוּ.

׳הָרִימָה פְעָמֶיךָ לְמַשּׁוּאוֹת/ הִקִּיפוּנוּ צָרוֹת וּתְלָאוֹת
הִנֵּה עֵינֶיךָ רוֹאוֹת/ הָרָעָה אֲשֶׁר אֲנָחְנוּ.

׳בְּחִירִים גִּבּוֹרִים נִשְׁמְדוּ/ בִּגְזֵירוֹת צוֹרְרֵיהֶם אָבְדוּ
בִּפְנֵיהֶם לֹא עָמְדוּ/ וְאֵיךְ נַעֲמוֹד אֲנָחְנוּ.

נַפְשֵׁנוּ מִכֹּל יְבֵשָׁה/ נַחְלָה מַכָּתֵנוּ אֲנוּשָׁה
נֶעֱבַדְנוּ בַּעֲבֹדָה קָשָׁה/ מִימֵי אֲבוֹתֵינוּ אֲנָחְנוּ.

הוֹדוּ חַסְדוֹ וְרוֹמְמוּהוּ/ הִשְׁתַּחֲווּ לוֹ וְעִבְדוּהוּ
הוּא אֱלֹהֵינוּ הוּא/ עָשָׂנוּ וְלֹא אֲנָחְנוּ.

רוּשַּׁשְׁנוּ רוּטַּשְׁנוּ נִגְדַּעְנוּ/ רָעוֹת פָּעַלְנוּ פָּשַׁעְנוּ
רָשַׁעְנוּ יְיָ אֱלֹהֵינוּ/ אֲבָל אֲשֵׁמִים אֲנָחְנוּ.

בְּלָעוּנוּ לָעוּנוּ שׁוֹדְדִים/ בְּעָלוּנוּ זֵדִים מוֹרְדִים
בְּיַד לְבָאִים לַעֲבָדִים/ כָּל יָמֵינוּ אֲנָחְנוּ.

אֻשְׁתּוֹלְלוּ מְלָכִים שַׁלִּיטִים/ אוּמְלַלְנוּ בֵּין לוֹהֲטִים
אוֹיְבֵינוּ שְׁלֵוִים וּשְׁקֵטִים/ לֹא כֵן אֲנָחְנוּ.

בִּקַּשְׁנוּךָ רָם וְנִשָּׂא/ בְּשִׁמְךָ כַּפֵּינוּ נִשָּׂא
בִּלְאוּמִים כִּי עָשָׂה/ כַּאֲשֶׁר עָשִׂינוּ אֲנָחְנוּ.

רֹאשׁ פְּתָנִים הִשְׁקִיתָנוּ/ רְצוּצִים כִּמְנֻאָצִים נְתַתָּנוּ
רַחוּם מִמְּךָ הִרְחַקְתָּנוּ/ לֵאמֹר רְחוֹקִים אֲנָחְנוּ.

הָחְשְׁכוּ כוֹכְבֵי נְגוֹהֵינוּ/ הוּשְׁפְּלוּ גַּבֵּי גְבוֹהֵינוּ
הָא לַיְיָ אֱלֹהֵינוּ/ חָטָאנוּ אֲנָחְנוּ.

מְאַסְתָּנוּ מָאוֹס וְעַמְּךָ/ מֵרֹאשׁ נִקְרֵינוּ בִשְׁמֶךָ
מִכָּל אוֹם עַצְמְךָ/ וּבְשָׂרְךָ אֲנָחְנוּ.

בְּלֹא הוֹן מְכַרְתָּנוּ/ בְּיַד שׁוֹלְלִים הִסְגַּרְתָּנוּ
בַּגּוֹיִם אֲשֶׁר זֵרִיתָנוּ/ גֵּרִים אֲנָחְנוּ.

אֱלֹהֵי יִשְׁעֵנוּ שׁוּבֵנוּ/ מַהֵר וְרִיבָה רִיבֵנוּ
כִּי בְּאַרְצוֹת אוֹיְבֵינוּ/ עֲבָדִים אֲנָחְנוּ.

יְרֵאִים בְּשׁוּב וְצוּרֵנוּ/ יְכַפֵּר חַטֹּאת נְעוּרֵינוּ
כִּי־הוּא יָדַע יִצְרֵנוּ/ זָכוּר כִּי־עָפָר אֲנָחְנוּ.

מִשָּׁמַיִם דִּין הִשְׁמַעְתָּ/ מוֹדֶה וְעוֹזֵב הוֹדַעְתָּ
אֵלֶיךָ שַׁבְנוּ וְעַתָּה/ אֱלֹהֵינוּ מוֹדִים אֲנָחְנוּ.

1. אבירים נספחו,--ירמיה מ"ו:ט"ו; ארירות...במורא,--תהלים כ"ב:י"ג,י"ד; 2. בצרה...אנחנו,--נחמיה ט׳:ל"ז. 3. זאבי יערים,--ירמיה ה׳:ו׳; נחלתנו...לזרים ,--איכה ה׳:ב׳; 4. נוה תנים,--ישעיה ל"ד:י"ג. 5. ירודים שרודים,--שופטים ה׳: י"ג; ידידיך,--תהלים ס׳:ז׳; 6. יקושים,--ירמיה ה׳:כ"ו; יקושים אנושים,--ע׳ ר׳ שלמה בונפיד, "דברי חכמה" פ"ז, וז"ל, "עניתים לטפשים אנושים יקושים בפח איש תככים ולשוא יגעים". 7. מחמד עינינו,--הכונה למקדש ע"פ יחזקאל כ"ד:כ"א; מנאץ רשע,--תהלים י׳:י"ג; חלל,--יחזקאל כ"א:ל׳. 8. משמן...דלל,--ישעיה י"ז: ד׳. 9. שואפים,--הרשעים ע׳ עמוס ב׳:ז׳; שאפונו,--תהלים נ"ו:ב׳, ג׳; שדונו,-- שם י"ז:ט׳; ברגזות...לבזות,--ע׳ ברוך בן שמואל ממגנצא, "אני הוא" (ד. א׳ 6654) וז"ל, "לפנים היתה זאת ועתה ברגזות ללעג ולבידות"; שננו לשונם,--תהלים ס"ד:ד׳. 11. הרימה...למשואות,--שם ע"ד:ג׳; הקיפונו...ותלאות,--איכה ג׳:ה׳; הנה...רואות,--בראשית מ"ה:י"ב; הרעה...אנחנו,--נחמיה ב׳:י"ז. 14. בפניהם... עמדו,--יהושע כ"א:מ"ב; ואיך...אנחנו,--מלכים ב׳, י׳:ד׳. 15. נפשנו...יבשה,-- במדבר י"א:ו׳; נחלה...אנושה,--ירמיה ל׳:י"ב, מימי...אנחנו,--עזרא ט׳:ז׳. 17 הודו...ורוממוהו,--תהלים ק"ז:ל"א,ל"ב; עבדוהו,--שמואל א׳, ז׳:ג׳; הוא... אנחנו,--תהלים ק׳:ג׳. 19. רוששנו,--מלאכי א׳:ד׳; רוטשנו,--הושע י׳:י"ד; נגדענו,--שופטים כ"א:ו׳; רשענו,--מלכים א׳, ח׳:מ"ז; אבל...אנחנו,--בראשית מ"ב:כ"א. 21. בלענו לעוננו,--ע׳ ר"י הלוי קינה לת"ב, "איך מקדשי" (ע׳ בן יהודה, מלון, "א. לעה", אבל ע׳ ד. א׳ 2823 וא׳ 2936 בענין בעלות הקינה) וז"ל, "בלעונו ולעונו ומלאו כרסם עדני"; בעלונו,--ישעיה כ"ו:י"ג; לבאים,--תהלים נ"ז:ה׳; כל...אנחנו,--ירמיה ל"ה:ח׳. 23. אשתוללו,--תהלים ע"ו:ו׳; לוהטים,-- שם נ"ז:ה׳; שלוים ושקטים,--דהי"א ד׳:מ׳. 25. רם ונשא,--ישעיה ו׳:א׳; 26 בלאומים...עשה,--תהלים ט׳:י׳,י"ז; כאשר...אנחנו,--ירמיה מ"ד:י"ז. 27. ראש פתנים,--איוב כ׳:ט"ז; השקיתנו,--תהלים ס׳:ה׳; רצוצים,--ישעיה נ"ח:ו׳; רחום ,--כנוי להקב"ה; רחוקים אנחנו,--יהושע ט׳:כ"ב. 29. החשכו...נגוהינו,--ישעיה נ׳:י׳; גפי,--משלי ט׳:ג׳; ליי...אנחנו,--ירמיה ג׳:כ"ה. 31. מאסתנו מאוס,-- איכה ה׳:כ"ב; עצמך...אנחנו,--שמואל ב׳, ה׳:א׳. 33. בלא...מכרתנו,--תהלים מ"ד:

י"ג; שוללים,--זכריה ב׳:י"ב; בגוים...זריתנו,--תהלים מ"ד:י"ב; גרים אנחנו,--דהי"א כ"ט:ט"ו.35. אלהי...שובנו,--תהלים פ"ה:ה׳; ריבה ריבנו,--ע"פ העמידה; בארצות אויבינו,--ויקרא כ"ו:ל"ו; עבדים אנחנו,--עזרא ט׳:ט׳.37. המחבר קורא אל יראים: "נשוב",--תהלים קי"ט:ע"ט; צורנו,--כנוי להקב"ה; חטאת נעורנו,--שם כ"ה:ז׳.38. כי הוא...אנחנו,--שם ק"ג:י"ד.39. משמים...השמעת,--שם ע"ו:ט׳; מודה ועוזב,--משלי כ"ח:י"ג; הודעת,--שהוא ירוחם ע׳ שם; אליך...ועתה,--שופטים י"א:ח׳; אלהינו...אנחנו,--דהי"א, כ"ט:י"ג.

27. שבתי חביב בן אבישי

"מי כמוך" לשמע"צ. עשרה בתים בני ד׳ טורים. שלושה מהם מחריזים והסוגר מובאה מהמקרא המסתיימת "יי". מספר מילים לא קבוע (3–6 ועוד). המקורות: כה"י מחזור קורפו, א. 1083, עמ׳ 138; כה"י מחזור כפא, נ. אדלר 0717, עמ׳ 165; רא. ח"ב, ב׳ 102; רב. עמ׳ תי"ד; רג. עמ׳ רמ"ה. החתימה: שבתי חביב חזק. (ד.מ׳ 1203).

מִי כָמוֹכָה ´שָׁמַיִם כּוֹנַנְתָּ בִּתְבוּנָה
וְהָאָרֶץ יָסַדְתָּ בְּלִי מָה נְכוֹנָה
הָאָרֶץ לִבְנֵי אָדָם נְתוּנָה　　　　וְהַשָּׁמַיִם שָׁמַיִם לַיְיָ.

´בָּרָאתָ הַנִּמְצָאִים כֻּלָּם לִשְׁנֵי מִינִים
מֵהֶם שֶׁאֵינָם גֶּשֶׁם וְלֹא בְגֶשֶׁם מִתְקָנִים
הֵם הַמַּלְאָכִים הַמְשַׁבְּחִים וְעוֹנִים　　　　בָּרוּךְ כְּבוֹד יְיָ.

´תִּקַּנְתָּ הַמִּין הַשֵּׁנִי גְשָׁמִים נִפְרָדִים
מֵהֶם פְּשׁוּטִים וְהֵם אַרְבַּע יְסוֹדִים
וּמֵהֶם מֻרְכָּבִים וּמֵהֶם הוֹוִים וְנִפְסָדִים　　　　מָה רַבּוּ מַעֲשֶׂיךָ יְיָ.

´יָצַר אֶת הָאָדָם גּוּשׁ עָפָר גָּלְמוֹ
וּבְצֶלֶם אֱלֹהִים צַלְמוֹ
לְפָאֵר וּלְרוֹמֵם וּלְזַמֵּר לִשְׁמוֹ　　　　לְהוֹדוֹת לַיְיָ.

´חַגִּים שְׁלוֹשָׁה חִיְּבָנוּ שָׁמַיִם וָאֶרֶץ קוֹנֶה
לָחוֹג בְּכָל שָׁנָה כְּעֶבֶד בְּעֵינֵי
אֲדוֹנָיו, לַעֲלוֹת וְלֵירָאוֹת אֶת פְּנֵי　　　　הָאָדוֹן יְיָ.

´בְּחַג הַמַּצּוֹת וּבְחַג הַשָּׁבוּעוֹת וּבְחַג הַסֻּכּוֹת הוֹדוּ לַיְיָ חַסְדוֹ

עַל הָאָרֶץ הֵאִירָה כְּבוֹדוֹ
אִישׁ אִישׁ כְּמַתְּנַת יָדוֹ　　　כְּבִרְכַּת יְיָ.

יוֹם הַשְּׁמִינִי עֲצֶרֶת תִּהְיֶה לוֹ
לָחוֹג וְלִשְׂמוֹחַ כָּל הַיּוֹם כֻּלּוֹ
וְלָתֵת לַאֲשֶׁר אֵין נָכוֹן לוֹ　　　גֹּדֶל לַיְיָ.

בְּשִׂמְחַת בֵּית הַשּׁוֹאֵבָה
יַקִּירֵי יְרוּשָׁלַיִם בִּנְדָבָה
הָיוּ מְפַזְּזִים וּמְכַרְכְּרִים בְּחֶדְוָה　　　בְּהֵיכַל יְיָ.

חִזְקוּ וְנִתְחַזְּקָה בְּשִׂמְחַת תּוֹרָה
מִצְוַת אֵל בָּרָה
אִמְרָתוֹ צְרוּפָה שִׁבְעָתַיִם טְהוֹרָה　　　יִרְאַת יְיָ.

שִׁירָה חֲדָשָׁה נָשִׁיר לְאַדִּיר הַמְּלוּכָה
אֲשֶׁר הִגִּיעָנוּ בְּזֹאת הַבְּרָכָה
נַעֲנֶה וְנֹאמַר מִי כָמוֹכָה　　　בָּאֵלִים יְיָ.

1 שמים...בתבונה,--משלי ג׳:י"ט. 2 והארץ...בלי מה,--איוב כ"ו:ז׳. 3 הארץ... ליי,--תהל׳ קט"ו:ט"ז. 4 בראת הנמצאים,--ע׳ הקדמה לחובות הלבבות, לבחיי אבן פקודה וז"ל, "האחד האמיתי הקדמון במציאותו (כלומר שמציאותו אין לו התחלה)... אשר ברא כל הנמצאות לאות על אחדותו." 5 גשם,--גוף; מתקנים,--מושלמים וע׳ מורה נבוכים, לרמב"ם, תרג׳ ר׳ יהודה חריזי, ב׳ הקדמה כ"ב,וז"ל, "כי כל גוף הוא מורכב משני ענינים בהכרח..ושני העינינים המתקנים אותו הוא החומר והצורה." 6 המלאכים,--ע׳ שם א׳, מ"ט: "המלאכים ג"כ אינם גשמים"; ברוך...יי,--יחזקאל ג׳:י"ב. 7 נפרדים,--כלומר פרטיים. 8 פשוטים..יסודים,--וע׳ ר׳ אברהם בר חייא, הגיון הנפש, ב׳: "ואלו הארבעה נקראו יסודות (στοιχεῖοι),(והם אש ורוח ומים וארץ, ע׳ רמב"ם, משנה תורה, יסודי התורה, ד׳. א׳) והיסודות הם גשמים פשוטים והם חלקים ראשונים לגוף האדם וזולתו." 9 מרכבים,--כלומר הגשמים המרכבים שכוללים מתכות וצמחים וגשמי הבעלי חיים בלתי מדברים וגשם החי המדבר וע׳ ראב"ד, אמונה רמה, א׳.א׳. 9 הורים ונפסדים,--הויה והפסד= generatio et corruptio וע׳ ר׳ יוסף אלבו ס׳ עקרים, ב׳, ל"א: "העולם התחתון...הוא עולם היסודות וההויה והפסד"; מה...יי,--תהל׳ ק"ד:כ"ד. 10 עפר,--בראש׳ ב׳:ז׳; גולמו,--גולם= ὕλη וע׳ רמב"ם, משנה תורה, שם ב׳,ג׳: "כל מה שברא הקב"ה בעולמו נחלק לשלשה חלקים,

מהם ברואים שהם מחוברין מגולם וצורה." 11 ובצלם...צלמו,--בראש׳ א׳:כ"ז. 12 ולזמר לשמו,--תהל׳ קל"ה:ג׳. 13 חגים שלשה,--שמות כ"ג:י"ד; שמים...קונה,--הקב"ה ע"פ בראש׳ י"ד:י"ט. 14 לחוג,--זכריה י"ד:י"ח. 15 לעלות ולראות,--ע"פ התפלה, "ומפני חטאינו" במוסף לשלש רגלים; את...יי,--שמות ל"ד:כ"ג. 16 בחג ...הסכות,--דברים ט"ז:ט"ז. 17 הארץ...כבודו,--יחזקאל מ"ג:ב׳. 18 איש...יי,--דברים שם י"ז. 19 יום...לו,--במדבר כ"ט:ל"ה. 20 לחוג ולשמוח,--דברים ט"ו:י"ד. 21 ולתת...לו,--נחמיה ח׳:י׳. 22 בשמחת...השואבה,--מי שלא ראה שמחת בית השואבה לא ראה שמחה מימיו ע׳ סוכה ה׳.ב׳. 24,23 יקירי...ומכרכרים,--רומז לחסידים ואנשי מעשה שהיו מרקדים באבוקות של אור, ע׳ סוכה, שם וע׳ ש"ב,ו׳:ט"ז. 26 מצות אל ברה,--תהל׳ י"ט:ט׳. 27 אמרתו צרופה,--ש"ב, כ"ב:ל"א ועוד; שבעתים,--תהל׳ י"ב:ז׳. 28 אדיר,--הקב"ה ע"פ תהל׳ ח׳:ב׳. 29 בזאת הברכה,--כלומר לפרשת זאת הברכה שקוראים בה בשמחת תורה. 30 מי כמוכה...יי,--שמות ט"ו:י"א.

28. שבתי בר יוסף

"תחנון" לעשרה בטבת בצורת שיר איזור בעל מדריך. בשורה ה׳ בא פסוק החוזר כפזמון בסוף כל סטרופה אחרי האיזור. החריזה: א-ב,א-ב,א-ב,א-ב/פסוק//ג-ד,ג-ד,ג-ד/ה-ו, פסוק//וכו׳. בכל צלעית שש תנועות והשוואים הנעים והחטפים אינם במניין. החתימה: שבתי. המקור: כה"י, מ"ר, פאריס 606, עמ׳ 33. (ד.ש׳ 640).

׳שׁוּלְּחָה מִמְּעוֹנָהּ/ יוֹנָה בְּאֶרֶץ לֹא לָהּ
׳בְּיוֹם סַגְרִיר וְגַם צִינָּה/ אֲדוֹנֶיהָ בְּאַף הֶגְלָהּ
׳תִּרְדּוֹף בְּקֶשֶׁת וְצִנָּה/ בְּפַחַד וְאֵין מַצִּילָהּ
׳יָגְעָה נְטוֹת אָן וְאָנָה/ כִּי צַר הִכְשִׁיל חֵילָהּ
וְלֹא מָצְאָה הַיּוֹנָה/ מָנוֹחַ לְכַף רַגְלָהּ.

בְּיַרְקְתֵי הֶחָרוּץ/ כְּנָפֶיהָ צַר אוֹגֵד
וְלִבָּהּ בְּקִרְבָּהּ נָחוּץ/ וְדִמְעָתָהּ נָפֵק וְנָגֵד
רְאוֹתָהּ לְקִינָהּ פָּרוּץ/ וְאַרְמוֹנָהּ כְּלִי אוֹבֵד
וַתֵּשֶׁב מִנֶּגֶד/ וַתִּשָּׂא אֶת קוֹלָהּ
ולא מצאה וכו׳.

וַתְּקוֹנֵן בֵּין שְׁפָאִים/ בְּלֵבָב נִשְׁבָּר וְנִכְאָה
כִּי הָיְתָה תוֹךְ לְבָאִים/ וְאֵין מַצִּיל וְאֵין רוֹאָה
יְסוֹבְבוּהָ כָּל פְּרָאִים/ וְהָעוֹרֵב שָׁם יִדְאֶה
יָחִישׁ בּוֹא אֵלֶיהָ/ גַּם הוּא לִשְׁכַּב אֶצְלָהּ
ולא מצאה וכו׳.

יְשׁוֹבְבֶיהָ לְנוּחֶיהָ/ מֶלֶךְ עִמּוֹ אַלְקוּם
יְקַבֵּץ אֶפְרוֹחֶיהָ/ זָרִים הֶפִיצוּם רִיחֲקוּם
וּמַסִּית וּמַדּוּחֶיהָ/ יַעֲרִים סוֹד וְאִם יָקוּם
עַל נַפְשָׁהּ לֹא יָקוּם/ וַיְיָ יִסְלַח לָהּ
וְאָז תִּמְצָא הַיּוֹנָה/ מָנוֹחַ לְכַף רַגְלָהּ.

1 ממעונה,--רומז למקדש ע"פ דבה"ב ל"ו:ט"ו; יונה,--כנוי לישראל ע׳ מכילתא, בשלח ב׳.ב׳ וע׳ שבת מ"ט, ע"א ובאיכה רבה פתיחתא: "העיר היונה אומה שציינתי אותה במצוות ומ"ט כיונה"; בארץ...לה,--בראשית ט"ו:י"ג. 2 אדוניה,--הקב"ה ע׳ איכה ב׳:ב׳. 3,2 באף...תרדוף,--איכה ג׳:מ"ג; בקשת,--שם ב׳:ד׳. 4 יגעה,--שם ה׳:ה׳ וע׳ ש"ב,כ"ג:י׳; הכשיל,--איכה א׳:י"ד; חילה,--כחה. 5 ולא...רגלה,--בראשית ח׳: ט׳. 6 בירקרק החרוץ,--תהל׳ ס"ח:י"ד; כנפיה,--של יונה-ישראל, ע׳ שם: "אם תשכבון בין שפתים כנפי יונה נחפה בכסף" ואונקלוס מתרגם שם וז"ל: "כנשתא דישראל דדמיא ליונתא"; אוגד,--קושר. 7 נחוץ,--ע׳ ש"א, כ"א:ט׳ וכת"י שם, "בבהילו"; ודמעתה ,--איכה א׳:ב׳; נפק ונגד,--ע׳ דניאל ז׳:י׳ על שמוש בלשון ארמית אצל הפייטנים ע׳ צונץ,ס.פ. עמ׳ 372-75. 8 ראותה,--כלומר מי שרואה אותה; לקינה,--לשיר אבל; ואמונה,--רומז למקדש; כלי אובד,--תהל׳ ל"א:י"ג. 9 ותשב...קולה,--בראש׳ כ"א: ט"ז. 11 ותקונן...שפאים,--ירמיה ז׳:כ"ט; בלבב...ונכאה,--תהל׳ ק"ט:ט"ז. 12 כי היתה,--מוסב על יונה-כנסת ישראל דלעיל; תוך לבאים,--שם נ"ז:ה׳. 13 פראים ,--ע׳ ירמיה י"ד:ו׳ ׳לבאים׳ ו׳ פראים׳ כנויים לנוצרים וישמעאלים בלשון הפייטנים ע׳ ראב"ע "אלי אסוף" (ד.א׳ 4921): "אלי אסוף פזורה (ישראל) בין פרא ולביא"; והעורב,-- ישעיה ל"ד:י"א; שם,--בציון; ידאה,--יעופף. 14 גם הוא,--כלומר הקב"ה; לשכב אצלה,--בראש׳ ל"ט:י׳. 16 ישובביה,--כלומר היונה דלעיל; לנוחיה,--למקדש ע׳ דבה"ב ו׳:מ"א; מלך...אלקום,--ע׳ משלי ל׳:ל"א והכונה להקב"ה ש׳אין אדם קום להלחם עמו׳ כפירוש ראב"ע,שם. 17 יקבץ,--ישעיה י"א:י"ב. 18 ומסית ומדותיה,-- ע׳ סנהדרין ז׳.ד׳ ורומז לגזירות השמד בלשון הפייטנים ע׳ צונץ,ס.פ. עמ׳ 473; יערים סוד,--כלומר האויב ע׳ תהל׳ פ"ג:ד׳; ואם יקום,--כלומר אם התנצר מאונס. 19 על נפשה,--של כנסת ישראל, ע׳ במדבר ל׳:ו׳; לא יקום...לה,--שם. 20 ואז... רגלה,--בראש׳ ח׳:ט׳.

29. לאון בר מיכאל הפרנס

"סליחה" לעשי"ת. בתים בני ד׳ טורים מתחילים ומסתיימים במילת "שמו". שלושה טורים מחריזים והרביעי מובאה מהמקרא. מספר מילים 6-8 לכל ג׳ טורים המחריזים פרט לרביעי הבלתי קבוע. החתימה: א׳-ב׳ לאון חזק. המקורות: כה"י מ"כ, אדלר

0717, עמ׳ 100; רא. ח"ב א׳ 30; רב. עמ׳ ר"ס. (ד.ש׳ 1455).

שְׁמוֹ אֶחָד וּמְהוּלָּל בְּכָל תְּהִלָּה וְנִפְלָא בִּשְׁמֵי מְרוֹמוֹ
שְׁמוֹ בָּרוּךְ וְנוֹרָא וְנַעֲרָץ לְבַדּוֹ בִּמְעוֹנוֹ וַהֲדוֹמוֹ
שְׁמוֹ גָּדוֹל וְנוֹרָא מֵעוֹמֶק תֵּבֵל וְעַד רוּמוֹ   הוֹדוּ לַיְיָ קִרְאוּ בִשְׁמוֹ.

שְׁמוֹ דָּגוּל רוֹכֵב עֲרָבוֹת עַמּוֹ חֲשָׁבוּהוּ חֲטוֹב
שְׁמוֹ הָדוּר וְגֵאֶה וְשָׁפֵל מַרְוֶה כְּבֵן רָטוֹב
שְׁמוֹ וָתִיק וּרְשָׁעִים מְנַתֵּק וּגְאוֹנִים יִקְטוֹב   כִּי יְיָ קַנָּא שְׁמוֹ.

שְׁמוֹ זַךְ וְיָשָׁר וְעָלָיו נִשְׁעָנִים כָּל כְּמֵהִים
שְׁמוֹ חֲסִין יָהּ וּמִפָּנָיו מִתְמוֹטְטִים כָּל גְּבוֹהִים
שְׁמוֹ טוֹב לְדוֹרְשָׁיו וּמוֹדָיו וּבְכָל שְׁפָלִים וְשָׁחִים   כִּי טוֹב יְיָ זַמְּרוּ לִשְׁמוֹ.

שְׁמוֹ יָחִיד וּרְשָׁעִים מַכְחִיד וּלְבַדּוֹ הוּא אוֹת
שְׁמוֹ כַּבִּיר וְאַבִּיר וְנִדְכָּאִים עֵינָיו רוֹאוֹת
שְׁמוֹ לוֹבֵשׁ צְדָקָה וְדָגוּל מֵרְבָבָה בְּכָל צְבָאוֹת   סוֹלוּ לָרוֹכֵב בָּעֲרָבוֹת בְּיָהּ שְׁמוֹ.

שְׁמוֹ מִגְדַּל עוֹז לְיָרֵא וְחָרֵד וְקוֹרֵא בִשְׁמוֹ
שְׁמוֹ נִשְׂגָּב לַעֲבָדוֹ וּמְצָרָיו מַעֲצִימוֹ
שְׁמוֹ סִתְרָה לִבְנוֹ יְחִידוֹ וּמָגֵן בַּעֲדוֹ לְעַמּוֹ   הוֹדוּ לוֹ בָּרְכוּ שְׁמוֹ.

שְׁמוֹ עוֹז לְנִדְאָב מִמְּכוֹן שִׁבְתּוֹ וְהוֹדוֹ
שְׁמוֹ פְּלָאִים מַפְלִיא וּמַנְהִיג עוֹלָמוֹ בְּחַסְדּוֹ
שְׁמוֹ צַדִּיק וְעָרִיצִים מֵרִיק וְעוֹלָם מָלֵא כְבוֹדוֹ   יְיָ אֱלֹהִים צְבָאוֹת שְׁמוֹ.

שְׁמוֹ קָדוֹשׁ מִתְנַשֵּׂא לְכָל לְרֹאשׁ וּמָעוֹז לִשְׁאֵרִית הֲמוֹנָי
שְׁמוֹ רָם וְנִשָּׂא וּמוֹשִׁיעַ לַעֲמוּסֵי בֶטֶן בְּנֵי אֵיתָנָי
שְׁמוֹ שׁוּר גָּלוּת עַמּוֹ יֹאמַר דַּי עַד־בְּלִי־דָי יְבָרְכֵהוּ בְּמִשְׁכְּנֵי בַּיּוֹם הַהוּא יִהְיֶה יְיָ אֶחָד וּשְׁמ

שְׁמוֹ תָּמִים בּוֹחֵר תְּמִימִים הַלְלוּהוּ בְּכָל צַד וּפָנִים
שְׁמוֹ לְעַמּוֹ הַגִּידוּ וְזֵכֶר קָדְשׁוֹ הוֹדוּ בְּאֱמָנִים
שְׁמוֹ אִמְצוּ וּפָנָיו חַלּוּ רוֹמְמוּהוּ בְּמוֹשַׁב זְקֵנִים   בְּמַקְהֵלוֹת בָּרְכוּ שְׁמוֹ.

שְׁמוֹ גְּבָרִים קִדְּמוּ רוֹמְמוּ בְּבֵית תְּפִלָּתוֹ וְקִדְּשׁוּ
שְׁמוֹ חָזָק וְדוֹמֶה אֵין לוֹ גּוֹאֵל יִשְׂרָאֵל קְדוֹשׁוֹ
שְׁמוֹ רָם עַל רָמִים וְרֹעִים מַרְעִים יְיָ בְּהֵיכַל קָדְשׁוֹ אֶחָד אֱלֹהֵינוּ גָּדוֹל אֲדוֹנֵנוּ קָדוֹשׁ
וְנוֹרָא שְׁמוֹ.

1 שמו אחד,--ע' זכריה י"ד:ט'. 2 ברוך ונורא,--ע' בעל הטורים לבמדבר י"א:ט"ז, וז"ל, "שבעים...שמות...להקב"ה...ברוך...נורא וכו'"; ונערץ,--תהל' פ"ט:ח'; במעונו והדומו,--בשמים ובארץ. 3 שמו גדול,--ע' בעל הטורים, שם; הודו...בשמו,--ישעיה י"ב:ד' ועוד. 4 דגול,--שה"ש ה':י' וע' בעל הטורים,שם; רוכב ערבות,--תהל' ס"ח:ה'; חסבוהו חטוב,--שבחהו משלי ז':ט"ז. 5 הדור,--ישעיה ס"ג:א'; וגאה,--שמות ט"ו:א' וע' בעל הטורים,שם; מרוה,--משקה; רטוב,--לח ע' איוב כ"ד:ח'. 6 ותיק,--כלומר רציני,זריז וכנוי להקב"ה בלשון הפייטנים ע' "לאל עורך דין" (ד.ל' 216): "לותיק ועושה חסד ביום דין"; מנתיק,--עוקר ע' בכורות ל"ג,ע"ב: "אם על כורת חייב על נותק לא כל שכן"; יקטוב,--יכלה ע' תהל' צ"א:ו'; כי... שמו,--שמות ל"ד:י"ד. 7 זך וישר,--איוב ח':ו'; כמהים,--כלומר משתוקקים לישועתו, ע' תהל' ס"ג:ב'. 8 חסין יה,--שם פ"ט:ט'; מתמוטטים,--ישעיה כ"ד:י"ט. 9 טוב לדורשיו,--תהל' ל"ד:י"א; ומודיו,--דבה"א כ"ט:י"ג; שפלים ושחים,--איוב כ"ב: כ"ט; כי...לשמו,--תהל' קל"ה:ג'. 10 יחיד,--ע' דברים רבה ב'. ל"ז ובמקבילות: "הקב"ה יחיד בעולמו"; מכחיד,--מחריב ע' תהל' פ"ג:ה'; ולבדו הוא אות,--אזהרה על מסית ומדיח ע' דברים י"ג:ב'-ו' שמביא אות בשמים ע' שם ג' ופירוש רש"י ד"ה, "ונתן אליך אות" וכנראה רמז לגזירות השמד. 11 כביר,--איוב ל"ו:ה'; ואביר,--ישעיה א':כ"ד; ונדבאים,--שם נ"ז:ט"ו. 12 לובש צדקה,--שם נ"ט:י"ז; ודגול מרבבה,--שה"ש ה':י'; סולו...שמו,--תהל' ס"ח:ה'. 13 שמו...עוז,--משלי י"ח:י'; לירא וחרד,--שופטים ז':ג'. 14 שמו נשגב,--תהל' קמ"ח:י"ג; ומצריו מעצימו,--שם ק"ה: כ"ד. 15 שמו סתרה,--מגן, ע' דברים ל"ב:ל"ח; לבנו,--רומז לישראל ע"פ, שמות ד':כ"ב; יחידו,--אחד השמות של ישראל הוא 'יחידים' ע' בעל הטורים,שם; מגן בעדו,--תהל' ג':ד'; הודו...שמו,--שם ק':ד'. 16 עוז לנדאב,--ירמיה ל"א:כ"ד. 17 שמו פלאים,--שופטים י"ג:י"ח; מפליא,--שם י"ט. 18 צדיק,--תהל' קמ"ה:י"ז; ועריצים,--ירמיה ט"ו:כ"א; מריק,--הוציא מן העולם; ועולם...בכורו,--ישעיה ו':ג' וע' קדושה למוסף: "כבודו מלא עולם"; יי...שמו,--עמוס ד':י"ג ועוד. 19 קדוש,--תהל' קי"א:ט'; מתנשא...לראש,--דבה"א כ"ט:י"א. 20 רם ונשא,--ישעיה נ"ז:ט"ו; לעמוסי בטן,--רומז לישראל ע"פ ישעיה מ"ו:ג'; איתני,--כנוי לאבות ע"פ מיכה ו':ב' וע' ר"ה, י"א,ע"א ובלשון הפייטן בעל "אמיצי שחקים" (ד.א' 5708): "כתי המונים/ עם

חיות ואופנים/ כתר נותנים בני איתנים." 21 שור,--ראה ע' במדבר כ"ג:ט'; יאמר די,--כלומר שים קץ; עד בלי די,--הגלות הארוכה; יברכהו,--ישראל את הקב"ה; במשכני,--במקדש שעתיד להבנות; ביום...ושמו,--אחד ע' זכריה י"ד:ט'. 22 תמים,--דברים ל"ב:ד'; תמימים,--כנוי לישראל ע' בעל הטורים שם. 23 וזכר...הודו,--תהל' ל':ה' ועוד. 24 אמצו,--דברים ל"א:ו'; ופניו חלו,--מלאכי א':ט'; במושב זקנים,--תהל' ק"ז:ל"ב; במקהלות ברכו,--שם ס"ח:כ"ז. 25 נברים,--תמימים ע' ש"ב, כ"ב:כ"ז. 26 חזק,--ירמיה נ':ל"ד; ודומה,--ע' התפלה, "הכל יודוך" בשחרית לשבת: "אפס בלתך, ומי דומה לך" וע' תהל' פ"ט:ז'; גואל...קדושו,--ישעיה מ"ט:ז'. 27 רם על...מרעים,--כלומר לא רק על הרמים אלא גם על הרועים המרעים את הצאן הוא רם; יי...קדשו,--חבקוק ב':כ'; אחד...שמו,--ע"פ הפיסקה בסדר לקריאת התורה בשחרית לשבת ויו"ט.

29א. לאון (בר מיכאל הפרנס)

"בקשה" בעלת כ"ג טורים בחרוז מבריח (רו). מתחילה ומסתימת בפסוק "אשחר אל וכו'" (איוב ח':ה') הקובע את ייעודה כ"בקשה". (בדומה ל"בקשות" שקולות מאת פייטני ספרד המסתיימות בלשון הדלת בה נפתחו, ע' ח. שירמן, השירה, ב', עמ' 703). המקור: כה"י מ"ר,ו, 320, עמ' 225. החתימה: לאון. (אין בד.) הפייטן קובע ייעודה ה"בקשה" לנעילה ליוה"כ ע' להלן טורים 16 ו20.

המשקל: המרובה: --v---v---v/--v---v---v

אֲשַׁחֵר אֵל כְּדַל שׁוֹאֵל לְעֶזְרוֹ/ וּמִתְוַדֶּה וְגַם מוֹדֶה לְצוּרוֹ;
בְּלֵב חָרֵד מְאֹד זוֹחֵל וְרוֹעֵד/ לְפָנָיו הִנְּנִי נִצָּב לְשַׁחֲרוֹ.
גְּמוּל תּוֹלָע אֱלֵי תוֹלָע יְחֻבַּר/ וּבֶעָפָר יְעֻפַּר אֶת שְׁאֵרוֹ;
דְּבָרָיו נִבְלְעוּ נִתְעוּ אֲמָרָיו/ שְׂדֵה צוֹפִים בְּתוֹךְ כַּפִּים מְדוּרוֹ.
הֲיוֹעִיל הוֹן וּמַטְמוֹן יוֹם יְבֻקַּשׁ/ עֲוֹן פֶּשַׁע וְרֶשַׁע בַּאֲשׁוּרוֹ,
וּמַה יַּעַן שְׂבַע לַעַן וּמֵי רֹאשׁ/ וְיִדְרוֹשׁ לַחֲרוֹשׁ אָוֶן בְּעֶדְרוֹ.
זְדוֹן מִרְיוֹ וְכָל חֳלָיוֹ וְקִצְפּוֹ/ לְהֵעָצֵר וְהֵעָצֵר יְקָרוֹ;
חֲמַת אָדָם חֲצַץ פִּיהוּ יְמַלֵּא/ וְכַקֶּצֶף יְהִי כֶסֶף צְרוֹרוֹ.
טְמֵא נֶפֶשׁ וְקָרְבָּן עַל כְּתֵפוֹ/ וְהַמַּשָּׂא אֲשֶׁר נָשָׂא לְכַפְּרוֹ;
יְפַגֵּל מַחֲשַׁבְתּוֹ אֶת קֳדָשָׁיו/ בְּלֵב נוֹאָל לְאֵל יָשִׂים טֳהָרוֹ.
כְּעוֹף נוֹדֵד וּמִתְבּוֹדֵד עֲלֵי גָג/ וְכַקּוֹרֵא אֲשֶׁר יָרֵא צְפִירוֹ;
לְאֵל גּוֹמֵר אֲשֶׁר אוֹמֵר וְעוֹשֶׂה/ הַאִם יֹאמַר יְצִיר חֹמֶר לְיוֹצְרוֹ.
מְלֹא הַכֹּל וְכֹל יָכוֹל וְרוֹצֶה/ וּמִתְנַשֵּׂא עֲלֵי כִסֵּא בְּיָשְׁרוֹ;
נְצָחַנִי נְעִימוֹת טוֹב יְמִינוֹ/ וְאִם נֶעְלַם לְכָל נִשְׁלַם לְחָקְרוֹ.
סְגוֹר לִבִּי וּמִשְׂגַּבִּי וְאֶקְרָא/ הַאִם יוֹעִיל הַאִם יַצִּיל מְגוּרוֹ;
עֲפַר הַדַּק הַאִם יִצְדַּק בְּרִיבוֹ/ בְּיוֹם נַחַת בְּתוֹךְ שַׁחַת פְּאֵרוֹ.

פְּנֵה רוֹעִי מְחֵה פִּשְׁעִי בְּדִמְעִי/ וְכִי אָצוּם בְּיוֹם עָצוּם דְּבָרוֹ;
צְוָחָה בִּי בְּתוֹךְ לִבִּי בְּקִרְבִּי/ הֲיֵשׁ מַחְשִׁיךְ לְיוֹם יַחְשִׁיךְ מְאוֹרוֹ.
קְחָה מוּסָר הֱיֵה נִזְהָר וְנִשְׁמָר/ וְלֵב יִזְכּוֹר זְמַן יַעֲכוֹר שְׁאֵרוֹ;
רְצֵה פִּדְיוֹם בְּטֶרֶם יַחְשִׁיךְ יוֹם/ יְבוּל יִכֶל וְעָשׁ יֹאכַל קְצִירוֹ.
שְׁאַל חוֹפֶשׁ עֲלֵי נֶפֶשׁ יְקָרָה/ בְּעוֹד יֵעוֹר וְאוֹר יֵאוֹר שְׁחָרוֹ;
תְּהִי יָדְךָ לְעָזְרֵנִי אֲדֹנִי/ וְהֵעָתֵר לְלֵב חוֹתֵר בְּצוּרוֹ,
וְיוֹם רִיבִי וּמִשְׁפָּטִי בְּפָנַי/ אֲשַׁחֵר אֵל כְּדַל שׁוֹאֵל לְעֶזְרוֹ.

1 אשחר אל,--איוב ח׳:ה׳; לצורו,--להקב"ה, צור ישראל. 2 בלב חרד,--ש"א,ד׳:י"ג; לשחרו,--תהל׳ ע"ח:ל"ד. 3 גמול תולע,--כלומר גמול "האמנים עלי תולע" ע"פ איכה ד׳: ה׳ ורומז לאדם; אלי תולע,--כלומר תולעה וע׳ איוב כ"ה:ו׳; ובעפר יעופר,--בראש׳ י"ח:כ"ז. 4 דבריו,--של אדם; שדה צופים,--במד׳ כ"ג:י"ד; כפים,--ירמ׳ ד׳: כ"ט ור"ל שחייו תמיד בסכנה. 5 היועיל הון,--משלי י"א:ד׳; ומסמון,--שם ב׳:ד׳; באשורו,--כלומר בדרך בו הולך, ע׳ שם,ט׳:ו׳. 6 יען,--יענה; שבע...ראש,--ירמ׳ ט׳:י"ד ורומז לאדם; וידרוש וכו׳,--משלי ו׳:י"ח בהקבלה ל"שבע לען וכו׳" ומוסב על "ומה יען". 7 חליו וקצפו,--קהלת ה׳:ט"ז, ור"ל שחטאו מביא לידי "חליו וקצפו" של אדם; והעצר,--ויחדל ע׳ תהל׳ ק"ז: ל׳. 8 חמת אדם,--שם ע"ו:י"א; חצץ...ימלא,--משלי כ׳:י"ז; וכקצף,--דבר׳ כ"ט:כ"ז; כסף צרורו,--משלי ז׳:כ׳. 9 טמא...לכפרו,--כלומר "טובל ושרץ בידו" (ע׳ תענית ט"ז). 10 יפגל,--יקלקל; נואל,--נכשל בדבר אולת, ע׳ במד׳ י"ב:י"א. 11 ומתבודד...גג,--תהל׳ ק"ב:ח׳; וכקורא,--ירמ׳ י"ז:י"א; צפירו,--כלומר את אור הבקר. 12 לאל גומר,--תהל׳ נ"ז:ג׳; האם יאמר וכו׳,--ישעיה מ"ה:ט׳. 13 מלא הכל,--שם ו׳:ג׳; וכל יכול,--רומז להקב"ה ע"פ איוב מ"ב:ב׳ וע׳ "האוחז ביד מידת משפט" (ד.ה׳19): "וכל מאמינים שהוא כל יכול"; ורוצה,--תהל׳ קמ"ז:י"א. 14 נצחני...ימינו,--שם ט"ז:י"א; ואם נעלם,--הכונה להקב"ה שהוא "נשגב מכל נשגב ונעלם מכל נעלם" ע׳ שיר היחוד, ה׳; נשלם,--כלומר אדם בעל לב נשלם וע׳ ראב"ע, "תברך יה" (ד.ת׳ 44): "ואקדישך ואעריצך בסוד עמי ומקהלם/ ושם אכף ואפרוש כף ואבואה בלב נשלם", ור"ל אם נעלם הקב"ה אז חייב כל נשלם לחקרו. 15 סגור...ואקרע,--הושע י"ג:ח׳; האם יועיל,--כלומר האם תועיל תשובתי ליום הדין ובהקבלה ל"האם יצדק וכו׳" להלן טור 16; מגורו,--פחדו ומוסב על "לבי". 16 עפר הדק,--רומז לאנוש; יצדק,--איוב ד׳:י"ז; נחת,--שם י"ז:ט"ז; אצום,--בזה רומז הפייטן על ייעודה של ה"בקשה" ליוה"כ; דברו,--מוסב על "עפר הדק"=אנוש ור"ל "היודך עפר היגיד אמתך" ע"פ תהל׳ ל׳:י׳; עצום, כלומר סגור. 18 מחשיך,--מונע; ליום וכו׳,--עמוס ה׳:י"ח. 19 יעכור שארו,--

משלי י"א:י"ז. 20 יחשיך יום,--בזה רומז לייעודה של ה"בקשה" לתפלת נעילה ליוה"כ; יבול יכל,--חגי א':י'; ועש יאכל,--ישעיה נ"א:ח'. 21 חופש,--מגלות; נפש יקרה,--משלי ו':כ"ו. 22 תהי וכו',--תהל' קי"ט:קע"ג; חותר נוצורו,--כלומר המתאמץ להביע את רגשותיו הפנימיים. 23 ריבי ומשפטי,--מיכה ז':ט'.

30. שמואל קיר בר שבתי

"סליחה" לליל יוה"כ. ז' בתים בני ד' טורים המתחילים ומסתיימים במילת "לילה". שלושה טורים הראשונים מחריזים בכל בית והרביעי הבאה מהמקרא. מספר מילים 6–8 בטורים המחריזים. החתימה: אני שמואל ברבי שבתי חזק. המקורות: רא. ח"ב,ב,44; רב. עמ' של"ב. (ד.ל'730).

לַיְלָה אֲלֶיךָ יְיָ שִׁיַּעְתִּי וְלִדְבָרְךָ הוֹחָלְתִּי
נָא אִם מָצָאתִי חֵן בְּעֵינֶיךָ לַעֲשׂוֹת אֶת שְׁאֵלָתִי
יְבוֹאוּנִי רַחֲמֶיךָ וְהֶרֶב כַּבְּסֵנִי וְטַהֲרֵנִי מֵחַטָּאתִי
יָגַעְתִּי בְאַנְחָתִי אַשְׂחֶה בְכָל־לַיְלָה.

לַיְלָה שְׁלַח־אוֹרְךָ וַאֲמִתְּךָ הֵמָּה יַנְחוּנִי לִשְׁכּוֹן בַּחֲצֵרֶיךָ
מַלְכִּי יֵצֶר סָמוּךְ תִּצּוֹר כִּי בָטוּחַ בְּעֶזְרֶךָ
וַאֲנִי כָּל עוֹד נִשְׁמָתִי בִי אַף רוּחִי בְקִרְבִּי אֲשַׁחֲרֶךָ
נַפְשִׁי אִוִּיתִיךָ בַּלַּיְלָה.

לַיְלָה אַחַת שָׁאַלְתִּי הֲלֹא מִצְעָר הִיא לְהַחֲיוֹת הַנְּפָשִׁים
לְמַעַן יֵחָלְצוּן יְדִידֶיךָ הוֹשִׁיעָה נְעָרִים וִישִׁישִׁים
בְּצֵל כְּנָפֶיךָ יֶחֱסָיוּן לֵיאוֹר בְּאוֹר הַחַיִּים הָאֲנָשִׁים
אֲשֶׁר בָּאוּ אֵלֶיךָ הַלַּיְלָה.

לַיְלָה רִנָּתִי תִקְרַב לְפָנֶיךָ וְהַקְשִׁיבָה לְקוֹל תַּחֲנוּנָי
בְּצַר פְּקַדְתִּיךָ צָקוּן לַחַשׁ לְהַעֲבִיר זְדוֹנָי
יְבוּקַּשׁ אֶת עֲוֺן יִשְׂרָאֵל וְאֵינֶנּוּ כִּי תִסְלַח יְיָ
אֱלֹהֵי יְשׁוּעָתִי יוֹם צָעַקְתִּי בַלַּיְלָה.

לַיְלָה שְׁאֵרִית חֵמוֹת תַּחְגּוֹר וּמְחֵה סֵפֶר כָּתַב אִישׁ רִיבִי
בִּיעַרְתִּי הַקֹּדֶשׁ מִן הַבַּיִת וְעָוֺן הַטָּמוּן בְּחוּבִּי
תָּמוּךְ אֲשׁוּרַי בְּמַעְגְּלוֹתֶיךָ וְאַל תִּתְּנֵנִי בְּנֶפֶשׁ אוֹיְבַי
בָּחַנְתָּ לִבִּי פָּקַדְתָּ לַּיְלָה.

לַיְלָה ׳יוֹדֵעַ תַּעֲלוּמוֹת אֵלֶיךָ נַפְשִׁי אֶשָּׂא וְאָהִים
׳חֶסֶד וֶאֱמֶת מַן יִנְצְרוּ עַמְּךָ לְיִשְׁעֲךָ כְּמֵהִים
׳זַךְ וְיָשָׁר הֲמוֹן רַחֲמֶיךָ יִתְאַפָּקוּ מִשְּׁמֵי גְבוֹהִים
וַיַּעַשׂ אֱלֹהִים כֵּן בַּלַּיְלָה.

לַיְלָה ׳קִדַּמְתִּי וַתִּדַּד שְׁנָתִי מֵעֵינַי לְהִתְפַּלֵּל אֵלֶיךָ לְעֵת מְצוֹא
׳יְאַמֵּן נָא דְבָרְךָ וּפְדָעֵהוּ מֵרֶדֶת שַׁחַת וְחַלְּצוֹ
׳זָכְרֵהוּ וּפָקְדֵהוּ לְחַיִּים לִהְיוֹת בְּתוֹרַת יְיָ חֶפְצוֹ
וּבְתוֹרָתוֹ יֶהְגֶּה יוֹמָם וָלַיְלָה.

1 אליך שיועתי,--תהל׳ ל׳:ג׳; ולדברך הוחלתי,--שם ק"ל:ה׳. 2 שאלתי,--אסתר ה׳: ח׳. 3 יבואוני רחמיך,--תהל׳ קי"ט:מ"א; והרב כבסני...מחטאתי,--שם נ"א:ד׳. 4 יגעתי...לילה,--שם ו׳:ו׳. 5 שלח...ינחוני,--שם מ"ג:ג׳; לשכון בחצריך,--שם ס"ה: ה׳. 6 יצר...תצור,--ישעיה כ"ו:ג׳. 7 כל עוד...בי,--איוב כ"ז:ג׳; אף...אשחרך ,--ישעיה כ"ו:ט׳. 8 נפשי...בלילה,--שם. 9 אחת שאלתי,--תהל׳ כ"ז:ד׳; הלא... הנפשים,--בראש׳ י"ט:י"ט,כ׳. 10 למען...הושיעה,--תהל׳ ס׳:ו׳; נערים וישישים ,--איוב כ"ט:ח׳. 11 בצל...יחסיון,--תהל׳ ל"ו:ח׳; ליאור...החיים,--איוב ל"ג: ל׳. 12,11 האנשים...הלילה,--בראש׳ י"ט:ה׳. 13 רנתי...לפניך,--תהל׳ קי"ט:קס"ט; והקשיבה...תחנוני,--שם פ"ו:ו׳. 14 בצר...לחש,--ישעיה כ"ו:ט"ו. 15 יבוקש... ואיננו,--ירמיה נ׳:כ׳. 16,15 יי אלהי...בלילה,--תהל׳ פ"ח:ב׳. 17 שארית... תחגור,--שם ע"ו:י"א; ומחה,--שמות ל"ב:ל"ג; ספר...ריבי,--איוב ל"א:ל"ה. 18 ביערתי...הבית,--דברים כ"ו:י"ג; ועון...בחובי,--איוב ל"א:ל"ג. 19 תמוך... במעגלותיך,--תהל׳ י"ז:ה׳; ואל...אויבי,--שם כ"ז:י"ב. 20 בחנת...לילה,--שם י"ז:ג׳. 21 יודע תעלומות,--כנוי להקב"ה ע׳ שם מ"ד:כ"ב; אליך...אשא,--שם כ"ה: א׳. 22 חסד...ינצרו,--שם ס"א:ח׳; כמהים,--כוספים ע׳ שם ס"ג:ב׳. 23 זך וישר ,--כנויים להקב"ה; המון...גבוהים,--ישעיה ס"ג:ט"ו. 24 ויעש...בלילה,--שופטים ו׳:מ׳. 25 ותדד...מעיני,--בראש׳ ל"א:מ׳; להתפלל...מצוא,--תהל׳ ל"ב:ו׳. 26 יאמן...דברך,--מ"א,ח׳:כ"ו; ופדעהו...שחת,--איוב ל"ג:כ"ד. 27 בתורת...חפצו ,--תהל׳ א׳:ב׳. 28 ובתורתו...ולילה,--שם.

31. שבתי בר מרדכי

"יוצר לחתן על אפן דו-שיח בין חתן וכלה" לפי הכוהרת. כ"ה בתים לרבות הבית המקדים "מה נכספו וכו׳" הקובע את נושא הפיוט. שאר הבתים בני ג׳ טורים מחריזים עם פתיחה המתחלפת "ותען הכלה וכו׳" "ויען החתן וכו׳" ופזמון המתחלף "נפשי וכו׳" ו"כלה וכו׳" שחוזר אחרי כל בית שלישי. מספר מילים 3–6. החתימה: אני שבתי בן מרדכי חזק. המקורות: רא. ח"ב,ב׳ 125; רב. עמ׳ תמ"ו. (ד.א׳ 562).

מַה נִּכְסְפוּ שַׁעֲשׁוּעֵי חָתָן
וּמַה נֶּחְמְדוּ תַּעֲנוּגֵי כַלָּה
וַתַּעַן הַכַּלָּה וַתֹּאמֶר לֶחָתָן:

"אַךְ הוּא אִישִׁי קְדוֹשִׁי וְאַנְוֵהוּ
מִי יִתֵּן יְדַעְתִּי וְאֶמְצָאֵהוּ
יִשָּׁקֵנִי מִנְּשִׁיקוֹת פִּיהוּ,

נִרְוֶה דוֹדִים וְנִתְעַלְּסָה בָּאֳהָבִים
הֲלֹא הֵמָּה לִצְמָאַי רְבִיבִים
לְרֵיחַ שְׁמָנֶיךָ טוֹבִים,

יוֹם בּוֹ עֶבֶד יֵצֵא חָפְשִׁי
וּזְמַן אֲשֶׁר יִזְרַח שִׁמְשִׁי
הַגִּידָה לִי שֶׁאָהֲבָה נַפְשִׁי,

נַפְשִׁי תָּאוּ חָתָן וְעִזְבוֹ
נָגִיל בְּחֶדְרוֹ וּבִמְסִבּוֹ
בְּיוֹם חֲתֻנָּתוֹ וּבְיוֹם שִׂמְחַת לִבּוֹ."

וַיַּעַן הֶחָתָן וַיֹּאמֶר לַכַּלָּה:
"שִׁפְרַת מְגַמָּתֵךְ צִפִּיָּתִי
מִכָּל יוֹפְיֵי הַבָּנוֹת בָּךְ צָפִיתִי
הִנָּךְ יָפָה רַעְיָתִי,

בָּרָה כַּחַמָּה פָּנַיִךְ זוֹרְחִים
חֶרֶס וְסַהַר עָלַיִךְ שׂוֹחֲחִים
כְּשׁוֹשַׁנָּה בֵּין הַחוֹחִים,

תַּמָּה יְפֵפִיָּה שְׁמֵךְ נַעֲלָה
וְאָרְחָתֵךְ לִפְנֵי יְשָׁרָה וּסְלוּלָה
מַה־יָּפוּ דוֹדַיִךְ אֲחוֹתִי כַלָּה,

כַּלָּה דְּמוּתֵךְ כְּגַן רָוֶה
חֲלַל עוֹלָם בְּיוֹפְיֵךְ אֵינֶנּוּ שָׁוֶה
כִּי קוֹלֵךְ עָרֵב וּמַרְאֵךְ נָאוֶה."

וַיַּעַן הֶחָתָן וַיֹּאמֶר לַכַּלָּה:
'יָחִישׁ יְמַהֵר לְעוֹרֵר הָאַהֲבָה
כַּאֲשֶׁר מִקֶּדֶם עָלַי נְדָבָה
דּוֹדִי צַח וְאָדוֹם דָּגוּל מֵרְבָבָה,

בִּלְתּוֹ וְדוֹמֵהוּ אֵין בָּאֵלִים
גַּם כְּבוֹדוֹ בְּפִי שׁוֹעִים וְדַלִּים
רֹאשׁוֹ כֶּתֶם פָּז קְוֻצּוֹתָיו תַּלְתַּלִּים,

נִיבוֹ נִצְפַּן לְבָתִּים לְבַדִּים
שְׂכִיּוֹת חֶמְדָּה בִּשְׁנֵי דַדִּים
חִכּוֹ מַמְתַקִּים וְכֻלּוֹ מַחֲמַדִּים.'
[נַפְשִׁי]

וַיַּעַן הֶחָתָן וַיֹּאמֶר לַכַּלָּה:
'מִיּוֹם אֲהַבְתִּיךְ בְּנַפְשִׁי נְחוּצָה
בֵּינִי לְבֵינֵךְ אֵין מְחִיצָה
יָפָה אַתְּ רַעְיָתִי כְּתִרְצָה,

רַבּוֹת בָּנוֹת אִשְּׁרוּ מְנָתֵךְ
כִּי עַזָּה כַּמָּוֶת אַהֲבָתֵךְ
כְּפֶלַח הָרִמּוֹן רַקָּתֵךְ,

הִבְרַתִּי מְלָכוֹת אֵין לְתַאֲוָתִי
וַעֲלָמוֹת וּפִלַגְשִׁים חָזִיתִי
אַחַת הִיא יוֹנָתִי תַמָּתִי.'
[כַּלָּה]

וַתַּעַן הַכַּלָּה וַתֹּאמֶר לֶחָתָן:
'כְּבַנִי אָחִי בְּסֵפֶר חוּקָתוֹ
וְעַרְשִׂי תְּמַהֵר נְשִׁיקָתוֹ
אֲנִי לְדוֹדִי וְעָלַי תְּשׁוּקָתוֹ,

יִצְהַל לְבָבִי בְּנוֹאֲמוֹ אֶפְדֶּה
אֲזַי מִתַּחַת יָדֵי רוֹדֶה
לְכָה דוֹדִי נֵצֵא הַשָּׂדֶה,

חִכִּתָה נַפְשִׁי חֲזוּתֵךְ תּוֹךְ אָהֳלִי
כִּי אַתָּה גוֹאֲלִי מִבֶּהָלִי וּמוֹחֵל לִי
מִי יִתֶּנְךָ כְּאָח לִי."
[נַפְשִׁי]

וַיַּעַן הֶחָתָן וַיֹּאמֶר לַכַּלָּה:
"זִכְרֵךְ וְנוֹאֲמֵךְ תָּמִיד עִמִּי
לְמָתַי תֵּאָרֵה מוֹרִי עִם בְּשָׂמִי
אֶנְהָגְךָ אֲבִיאֲךָ אֶל בֵּית אִמִּי,

קוּמִי שִׁכְבִי בַּחֲסָדִים יַעֲנִיקֻנִי
וְאִם בְּאֵשׁ תּוֹכַחַת יַדְלִיקֻנִי
שְׂמֹאלוֹ תַּחַת לְרֹאשִׁי וִימִינוֹ תְּחַבְּקֵנִי."

דוֹדִי בְּרַח וְעָזְבֵם כָּל עֲמָמִים
וְאוֹתִי תְּנַהֵל בְּחֶסֶד וּבְרַחֲמִים
עַל הָרֵי בְשָׂמִים;

נַפְשִׁי תְּנַחֵם וְדַבֵּר אֵלֶיהָ
וְרַעְיָתֵךְ פְּנֵה לְהַצִּילָהּ
הַמֵּאִיר לָאָרֶץ וְלַדָּרִים עָלֶיהָ.

1 נכספו,—תהל' פ"ד:ג'; שעשועי,—שם קי"ט:קע"ד; תענוגי,—שה"ש ז':ז'. 3 ותען,—בדיאלוג להלן בין חתן וכלה רומז הפייטן לאותו דו-שיח בין הקב"ה לישראל בשיר השירים וע' תנחומא תצוה א':"ראה מה הקב"ה מקלס כנסת ישראל בתוכו (בשה"ש): 'הנך יפה רעיתי,'" וע' צונץ ל.ג. עמ' 518. 4 אישי,—הושע ב':ט',י"ח; ואנוהו,—שמות ט"ו:ב'; מי...ואמצאהו,—איוב כ"ג:ג'. 6 ישקני...פיהו,—שה"ש א':ב'. 7 נרוה...באהבים,—משלי ז':י"ח; רביבים,—דברים ל"ב:ב'. 9 לריח...טובים,—שה"ש א':ג'. 10 יום,—רומז לעתיד לבא; עבד...חפשי,—איוב ג':י"ט; יזרח שמשי,—מלאכי ג':כ'. 12 הגידה...נפשי,—שה"ש א':ז'. 13 נפשי תאר,—תהל' קי"ט:כ'; ועזבו,—תמיכתו; 14 נגיל בחדרו,—שה"ש א':ד'. 15 ביום...לבו,—שם ג':י"א. 17 שפרת מגמתך,—כלומר שתשפרו מעשיכם ע' ויקרא רבה כ"ט.ו'; מגמתך,—כלומר כונת לבך וע' חבקוק א':ט'; צפייתי,—תקותי ע' איכה ד':י"ז; בך צפיתי,—חכיתי ע' מיכה ז':ז' וע' ב"ר,ע"ד.א': "אמר לו הקב"ה (ליעקב)...אני בעצמי מצפה לך." 19 הנך...רעיתי,—שה"ש א':ט"ו ועוד. 20 ברה כחמה,—שם ו':י'; חרס,—שמש, ע'

איוב ט׳:ז׳; וסהר,--ירח, שה"ש ז׳:ג׳ ובארמית נקרא הירח "סהרה" ע׳ בראש׳ ל"ז: ט׳; שוחחים,--תהל׳ קמ"ג:ה׳. כשושנה...החוחים,--שה"ש ב׳:ב׳. 23 תמה,--שם ה׳: ב׳ ועוד; יפפיה,--ירמיה מ"ו:כ׳; וארחתך...וסלולה,--משלי ט"ו:י"ט. 25 מה... כלה,--שה"ש ד׳:י׳. 26 כגן רוה,--ישעיה נ"ח:י"א; חלל עולם,--רוח העולם ור"ל כל העולם; איננו שוה,--איננו דומה. 28 כי...נאוה,--שה"ש ב׳:י"ד. 30 לעורר האהבה,--שם ב׳:ז׳ ועוד; מקדם,--תהל׳ קמ"ג:ה׳; נדבה,--אהבם נדבה׳ ע׳ הושע י"ד:ה׳. 32 דודי...מרבבה,--שה"ש ה׳:י׳. 33 בלתו,--ש"א,ב׳:ב׳; באלים,--שמות ט"ו:י"א; שועים ודלים,--איוב ל"ד:י"ט. 35 ראשו...תלתלים,--שה"ש ה׳:י"א. 36 ניבו,--רומז ללוחות הברית; לבתים לבדים,--הכונה לארון הקדש ולוחות שבו ע׳ שמות ל"ז:ה׳, כ"ז וע׳ סוטה מ"ג. 37 שכיות חמדה,--ע׳ ישע׳ ב׳:ט"ז ורומז ללוחות; בשני בדים,--מתכוון לארון הבדים ע׳ תוספתא יומא ג׳. ט"ו, מהד׳ ליברמן, עמ׳ 238: "׳ויאריכו הבדים׳...האריכו הבדים והגיעו לפרוכת ודחקו את הפרוכת והיו נראין מתוכה ועליהם מפורש בקבלה ׳צרור המר דודי לי בין שדי ילין׳", וע׳ פיוטי ינאי, עמ׳ רע"ט: "׳שני שדיך כשני עפרים", סדורים זה בזה...כמשה וכאהרן וכשני בדי ארון". 38 חכו...מחמדים,--שה"ש ה׳:ט"ז. 41 נחוצה,--ש"א;כ"א:ט׳. 42 מחיצה ,--כמו בין עזרת נשים ועזרת הגברים בבית הכנסת. 43 יפה...כתרצה,--שה"ש ו׳:ד׳. 44 בנות אשרו,--שם ט׳; מנתך,--חלקך. 45 כי...אהבתך,--שם ח׳:ו׳. 46 כפלח...רקתך ,--שם ד׳:ג׳. 47 דברתי...לתאותי,--כלומר אין רצוני במלכות ע׳ איוב ה׳:ח׳ וע׳ שה"ש ו׳:ח׳. 48 ועלמות ופלגשות,--שם. 49 אחת...תמתי,--שם ו׳:ט׳. 52 כנני,-- קראני בשם, ע׳ ישע׳ מ"ה:ד׳; אחי,--רומז להקב"ה ע"פ שה"ש ח׳:א׳; בספר חוקתו ,--בתורה. 53 וערשי,--שם א׳:ט"ז. 54 אני...תשוקתי,--שם ז׳:י"א. 55 בנואמו,-- בתורתו. 56 רודה,--מ"א,ה׳:ד׳ וכנוי לאדום בלשון הפייטנים, ע׳ צונץ,ס.פ.,עמ׳ 459. 57 לכה...השדה,--שה"ש ז׳:י"ב. 58 חכתה נפשי,--תהל׳ ל"ג:כ׳. 60 מי...לי ,--שה"ש ח׳:א׳. 64 תארה...בשמי,--שם ה׳:א׳. 65 אביאך...אמי,--שם ח׳:ב׳. 66 יעניקני,--דבר׳ ט"ו:י"ד, החתן ר"ל ׳הקב"ה יעניקני׳. 68 שמאלו...תחבקני,-- שה"ש ח׳:ג׳. 69 דודי ברח,--שם י"ד, אלה דברי הכלה-כנסת ישראל לחתן-הקב"ה. 71 על...בשמים,--שם. 72 נפשי תנחם,--תהל׳ צ"ד:י"ט. 73 ורעיתך,--שה"ש א׳:ט׳ ועוד. 74 המאיר...עליה,--ע"פ תפלת שחרית.

32. יואב היווני

"סליחה" לשבת שובה בצורת שיר-איזור בעל מדריך ארוך (שו׳ 1-5) וחמש מחרוזות בנות שלושה טורים משולשים ושני טורי איזור. הטור השני באיזור "ושב יי אלהיך את שבותך וריחמך" (דברים ל׳:ג׳) חוזר כפזמון בסוף כל מחרוזת. המשקל: י"ב תנועות בכל טור והשואים הנעים והחטפים אינם במנין. החתימה: שעאיה. המקורות: כה"י מחזור חלף, א, 1090,עמ׳ 3; סדור חלף, (שנת 1560), נ, ח"ב, עמ׳ 80. (ד.ש׳ 464).

שׁוּב אָדָם/ לְצוּר קֶדֶם/ וְרוּץ לַהֲלוֹךְ בְּתוּמֶיךָ
עֲזוֹב רֶשַׁע/ וְהִוָּשַׁע/ בְּיֶשַׁע מְּרוֹמֶיךָ
וְהִנָּחֵם/ וְהִלָּחֵם/ בְּיֵצֶר רַע יְחִימֶיךָ
וְלִסְלִיחָה/ שְׁפוֹךְ שִׂיחָה/ בְּלֵילֶיךָ וְיָמֶיךָ
וְשָׁב יְיָ אֱלֹהֶיךָ אֶת שְׁבוּתְךָ וְרִיחֲמֶיךָ.

עוּר יֵצֶר/ עֲלֵי יֵצֶר/ לְהַחֲרִידוֹ וּלְבַהֲלוֹ
וְכוֹכַב זוֹהַר/ זַמֵּן וּנְהַר/ לְטוּב צָפוּן וְזִיו בָּגְהוֹ
וְאוֹר עֵינַי/ זַמֵּן עוֹנֶה/ לְרַעְיוֹן לֵב לְהַבְהִיהוֹ
וְכוּר עוֹנִי/ בִּצְפוֹנִי/ שְׁבִיב אִשׁוֹ לְהַגִּיהוֹ
אָז תִּקְרָא יְיָ הוֹשַׁע אֶת עַמֶּךָ
ושב וכו׳.

אֵל אֱלֹהִים/ רְאֵה אֵלִים/ נְפוֹצִים מִבְּלִי רוֹעֶה
וְחִישׁ אָיוֹם/ בִּיאַת יוֹם/ אֵל עוֹשֵׂהוּ יִשְׁעֶה
הָאָדֹם/ וְהָאֲדַמְדַּם/ כַּשֶּׁלֶג יַלְבִּין וְיִגְעֶה
וּכְעֶצֶם/ הַשָּׁמַיִם/ לְשָׁבֵי פֶּשַׁע וְהַתּוֹעֶה
הָשֵׁב אֱלֹהֵי יִשְׁעֵנוּ עַל דְּבַר כְּבוֹד שְׁמֶךָ
ושב וכו׳.

עַם אֶבְיוֹן/ לְךָ עֶלְיוֹן/ לֹא יוֹסִיף עוֹד לַחֲטוֹא
וְיִצְרוֹ רַב/ וְאִם הוּא רַב/ הִנֵּה קָם לְהַמְעִיטוֹ
בְּלֵב נִשְׁבַּר/ וְאָמְנָם בַּר/ וְנָקִי כַף לְהַלְעִיטוֹ
מִי יֶשַׁע/ לְהִוָּשַׁע/ מֵבִין הַנּוֹם וְלַהֲטוֹ
יָהּ כַּפֵּר עַל חַטֹּאתֵינוּ לְמַעַן שְׁמֶךָ
ושב וכו׳.

יְסוֹד חַזֵּק/ בְּבֵית צֶדֶק/ וּנְוֵה אֲשֵׁמִים תַּהֲרוֹס
וּבְנִקָּיוֹן/ בְּנִיב רַעְיוֹן/ שִׂיחַ כְּסוֹלֵס לָרוֹס
אָז לְךָ דְּבִיר/ צוּר יַגְבִּיר/ וְסוּכַּת שָׁלוֹם יִפְרוֹס
בְּרוֹב גְּאוֹנוֹ/ אֶת שׂוֹטְנוֹ/ וְכָל הַקָּמִים יַהֲרוֹס
כִּי תִגְרוֹס הֲלֹא פָּרוֹס לָרָעֵב לַחְמֶךָ
ושב וכו׳.

הַב הַבְהָב/ לְצַר וְרָהָב/ אוֹיְבִים פִּיהֶם פָּצוּ
יָהּ וּזְכוֹר/ לִבְנֵי בְכוֹר/ דְּבָרְךָ חִזְקוּ וְאִמְצוּ
וְכוֹס חֶמֶר/ לַלֵּב חֹמֶר/ הַגֵּר וְשֶׁמֶר יִמְצוּ
בְּתִיבָתִי/ לְהַפָּתִי/ בָּחֲסוּ וּבֵיתִי נִתְּצוּ
וְיָשִׂישׂוּ וְיַעַלְצוּ בְךָ צגור אוֹהֲבֵי שְׁמֶךָ
ושב וכו׳.

1. קדם,--דברים ל"ג:כ"ז; להלוך בתומיך,--תהל׳ כ"ו:א׳. 2. עזוב רשע,--ישעיה נ"ה:ז׳. 3. והנחם,--תהל׳ צ׳:י"ג; והלחם...רע,--ע"פ ברכות ה׳, ע"א: "לעולם ירגיז אדם יצר טוב על יצר הרע." 4. שפוך שיחה,--תהל׳ קמ"ב:ג׳. 5. ושב וכו׳,--דברים ל׳:ג׳. 6. עור יצר,--יצר טוב; עלי יצר,--יצה"ר; להחרידו ולבהלו,--רומז למאמר ר׳ לוי בר חמא בברכות הנ"ל. 7. וכוכב זוהר,--רומז למלך המשיח ע"פ במדבר כ"ד:י"ז; ונהר לטוב,--ירמיה ל"א:י"א; צפון,--רומז לאוצרות של מתן שכר שהם מתוקנים לצדיקים וע׳ תנחומא, כי תשא, ע׳ 116, בובר, תנחומא (הישן) סי׳ כ"ז ושמות רבה סוף פ׳ מ"ה. 9. ואור עיני,--רומז לאורו של משיח וע׳ פסיקתא רבתי ל"ז. א׳ ובויקרא רבה ל"א.ט׳; רעידן לב,--של אויבי ישראל וע׳ קהלת ב׳: כ"ב; להבהיהו,--מלשון בוהו, ור"ל לבלבלו. 10. וכור עוני,--כינוי לישראל ע"פ ישעיה מ"ח:י׳; בצפוני,--כלומר במלכות רומא-ביזאנטיון ע"פ "מלך הצפון" שבדניאל י"א או ע"פ יואל ב׳:כ׳ וע׳ יהודה הלוי, דיואן, ח"ד 14: "וצפוני באף כילהו תדיח" וע׳ מ. זולאי, "עיוני לשון", עמ׳ קפ"ח; שביב...להגיהו,--איוב י"ח:ה׳. 11. אז וכו׳,--ישעיה נ"ח:ט׳. 13. אילים,--מן איל ורומז לישראל; נפוצים,--ישעיה י"א: י"ב. 14. איום,--כנוי להקב"ה ע׳ חבקוק א׳:ז׳; יום...ישעה,--ישעיה י"ז:ז׳. 15. האדם,--העבירה; והאדמדם,--וספק עבירה; כשלג ילבין,--שם א׳:י"ח; ויגעה,--כן בסדור חלף הנ"ל ומובנו לא הוברר. 16. וכעצם השמים,--לטוהר יהפכו החטאים, וע׳ שמות כ"ד:י׳; לשבי פשע,--ישעיה נ"ט:כ׳; והתועה,--תהל׳ קי"ט:ק"י. 17. השב,--איכה ה׳:כ"א; אלהי וכו׳,--תהל׳ ע"ט:ט׳. 19. עליון,--בראש׳ י"ד:י"ח, כנוי להקב"ה. 20. הוא,--החטא; רב,--ע׳ עמוס ה׳:י"ב. 21. בלב נשבר,--תהל׳ נ"א:י"ט; בר ונקי,--שם כ"ד:ד׳. 21-22. להלעיטו,--בראש׳ כ"ה:ל׳; מי ישע,--ישעיה י"ב:ג׳; הנום,--כלומר גיהנם, ע׳ עדיות ב׳.י׳; ולהטו,--רומז ל"נהר דינור" בגיהנם, ע׳ חגיגה י"ג,ע"ב. 23. יה כפר וכו׳,--תהל׳ ע"ט:ט׳. 25. יסוד,--כנוי למקדש ע"פ דבהי"ב, כ"ג:ה׳; בבית צדק,--ירמיה ל"א:כ"ב ורומז להר הבית; ונוה אשמים,--כנראה הכונה למסגד של עמר על הר הבית. 26. שיח,--תפלה; כסולת לרוס,--יחזקאל מ"ו:י"ד. 27. וסוכת...יפרוס,--ע"פ התפלה "השכיבנו, וע׳ ירושלמי ברכות ג׳.

28. הקמים,--דברים כ"ח:ז׳; להרוס,--שמות ט"ו:ז׳. 29. כי תגרוס,--תלמד בתורה; פרוס וכו׳,--ישעיה נ"ח:ז׳. 31. הבהב,--קרבן ע׳ הושע ח׳:י"ג; לצר ורחב,--כנוי למקדש ע"פ מדות ד׳.ז׳: "ההיכל צר מאחוריו ורחב מלפניו"; אויבים..פצו,--איכה ב׳:ט"ז. 32 לבני בכור,--כנוי לישראל ע"פ שמות ד׳:כ"ב. 33 וכוס חמר,--ע׳ תהל׳ ע"ה:ט׳; ללב חמר,--הגשמי; הגר,--שפוך ע׳ מיכה א׳:ו׳; ושמר ימצו,--תהל׳ שם. 34 נתיבתי...נתסו,--איוב ל׳:י"ג; וביתי נחצו,--ירמיה ל"ג:ד׳. 35 ויעלוצו וכו׳,--תהל׳ ה׳:י"ב.

33. מזרחי

"תחנון" לליל יוה"כ בצורת שיר-איזור בעל מדריך בן ארבע טורים וחמש מחרוזות בנות חמשה טורים בחריזה פנימית וטורי איזור. הטור השני באיזור חוזר כפזמון בסוף כל מחרוזת. המשקל: י"ב תנועות בטורי איזור ושש תנועות בכל צלעית של טורי סטרופות והשואים הנעים והחטפים אינם במנין. החתימה: מזרחי. המקורות: כה"י מ"ר,א, 2501, עמ׳ 79; כה"י מ"ק, א, 1083, עמ׳ 30 (אין בד.)

לְמִתְוַדֶּה עַל פְּשָׁעָיו/ בִּרְצוֹנְךָ הֵטִיבָה
וּלְלֵב נִשְׁבָּר וְנִדְכֶּה/ שָׁלוֹם יִשְׁעֲךָ הָשִׁיבָה
וּבְחַסְדְּךָ תִסְמְכֵנִי/ אֵל חַי בְּרוּחַ נְדִיבָה
נוֹתֵן בַּיָּם דֶּרֶךְ/ בְּמַיִם עַזִּים נְתִיבָה.

מִילָּה אֵין בִּלְשׁוֹנִי/ וַחֲטָאַי רַעֲנָן כִּבְרוֹשׁ
אָחַז עֲקֵבִי זְדוֹנִי/ וְעַל גַּבִּי יַחֲרוֹשׁ
הִשְׁקַנִי לִצְמְאוֹנִי/ חֲמַת תַּנִּינִים עִם מֵי רֹאשׁ
מַה אֲנִי וּמַה הֲמוֹנִי/ קוֹרֵא הַדּוֹרוֹת מֵרֹאשׁ
כִּי תְבַקֵּשׁ לַעֲוֹנִי/ וּלְחַטָּאתִי תִדְרוֹשׁ.
מַה נְּדַבֵּר לַאדוֹנִי/ וַאֲנִי אָנָה אֲנִי בָא
נותן בים וכו׳

זְכֹר נָא כִּי כַחוֹמֶר/ עֲשִׂיתָנִי מֵאֲדָמָה
וְאֵיךְ אָשִׁיב לְךָ אוֹמֶר/ וַאֲנִי נֶחְשַׁב לַמָּה
לְהוֹדוֹת לְךָ וּלְזַמֵּר/ בְּפַחְתָּ בִי נְשָׁמָה
לְמַעַנְךָ חֶסֶד שׁוֹמֵר/ זְכוֹר בְּרִיתְךָ הַקְּדוּמָה
וְהַלְבֵּן חֵטְא כַּצֶּמֶר/ וְהַעֲבֵר עָוֹן וְאַשְׁמָה.
וֶהְיֵה עָלַי גּוֹמֵר/ וְאֶת יְרִיבַי רִיבָה
נותן בים וכו׳

רַחֲמֶיךָ שְׁאֵלָתִי/ אַתָּה הֱיֵה עוֹזֵר לִי
וְאִם בְּעָוֹן כָּשַׁלְתִּי/ וְכִמְעַט מָטָה רַגְלִי
רְאֵה כִּי הִתְנַפַּלְתִּי/ לְפָנֶיךָ צוּר חֵילִי
וְעָרְלַת לְבָבִי מַלְתִּי/ וְשִׁבַּרְתִּי עָוֶל מֵעָלָי
וּתְפִילוֹת אֲצַלְתִּי/ לָתֵת צֶדֶק לְמִפְעָלָי.
לְךָ יְיָ הוֹחַלְתִּי/ רִבָּתִי הַקְשִׁיבָה
נותן בים וכו'.

חָרְדוּ מֵאֵימֶיךָ/ רַעְיוֹנַי לִרְגָעִים
יָהּ שְׁלַח תַּנְחוּמֶיךָ/ לִמְחוֹלָל מִפְּשָׁעִים
וְיֶהֱמוּ בָא רַחֲמֶיךָ/ עַל יֶלֶד שַׁעֲשׁוּעִים
יִשְׂרָאֵל עַמְּךָ/ הַמְדוּכֶּה בִנְגָעִים
וְהִנָּשֵׂא לְשִׁמְךָ/ בְּנוֹרָאוֹת תְּמִים דֵּעִים.
וְהַרְעֵם מִשָּׁמֶיךָ/ שׁוּבִי עוֹד צִדְקִי בָּהּ
נותן בים וכו'.

1 ברצונך הטיבה,--תהל' נ"א:כ'. 2 וללב וכו',--שם י"ד,י"ט. 3 תסמכני וכו',--שם י"ד. 4 נותן וכו',--ישעיה מ"ג:ט"ז. 5 מילה...בלשוני,--תהל' קל"ט:ד'; רענן כברוש,--הושע י"ד:ט'. 6 אחז עקבי,--איוב י"ח:ט'; ועל וכו',--תהל' קכ"ט:ג'. 7 השקני לצמאוני,--שם ס"ט:כ"ב; חמת וכו',--דבר' ל"ב:ל"ג. 8 המוני,--הפייטן הש"ץ רומז בזה לקהל שלו; קורא וכו',--ישעיה מ"א:ד'. 9 כי וכו',--איוב י':ו'. 10 נדבר,--בראש' מ"ד:ט"ז; ואני...בא,--שם ל"ז:ל"ג. 12 זכר...עשיתני,--איוב י':ט'. 13 אשיב...אומר,--משלי כ"ב:כ"א; ואני וכו',--ישעיה ב':כ"ב. 14 נפחת... נשמה,--ברכות ס':. 15 למענך...שומר,--נחמיה א':ה'; בריתך,--שם. 16 והלבן... כצמר,--ישעיה א':י"ח. 17 והיה...גומר,--תהל' נ"ז:ג'; ואת וכו',--שם ל"ה:א'. 19 אתה היה וכו',--שם ל':י"א. 20 ואם...כשלתי,--הושע י"ד:ב'; מטה רגלי,--תהל' צ"ד:י"ח. 21 התנפלתי,--דברים ט':י"ח; חילי,--חבקוק ג':י"ט. 22 וערלת... מלתי,--דבר' י':ט"ז; ושברתי וכו',--איוב כ"ט: י"ז. 23 ותפלות אצלתי,--כלומר לקחתי מאשר אצלך ע"פ ראב"ע לבמדבר י"א:י"ז. 26 חרדו וכו',--יחזק' כ"ו:ט"ו. 27 תנחומיך,--תהל' צ"ד:י"ט; למחולל מפשעים,--ישעיה נ"ג:ה' ורומז לישראל. 28 ילד שעשועים,--ירמיה ל"א:י"ט. 29 המדוכה,--ישעיה,שם. 30 והנשא לשמך,--ר"ל הנשא שמך ע"פ תהל' צ"ד:ב': "הנשא שופט הארץ". "לשמך" מפני צורך המשקל. יש לומר "הנשא לשמך", כלומר הנשא למען שמך; תמים דעים,--רומז להקב"ה ע"פ איוב ל"ז:ט"ז. 31 והרעם משמיך,--ש"ב:י"ד; שובי עוד וכו',--איוב ו':כ"ט.

34. שלמה בן אליהו שרביט הזהב מאיפישו

"מי כמוך" לשבת חנוכה בצורת ויכוח בין שניהן. כידוע היה הויכוח סוג ספרותי עממי בנשפי חתונה בחנוכה ובפורים,--ימים שמותר לשמוח בהם,--אצל יהודי אשכנז (ע' ידיעות, ב' עמ' צ"ד) וכנראה גם בעיר איפישו מקום מגוריו של הפייטן. י"ב בתים בני ד' טורים, פרט לבית ט' בן ה' טורים. החתימה: שלמה מזהב אני, אני שלמה שרביט הזהב. המקורות: רא. ח"א, 38; רב. עמ' נ"ג; רג. עמ' י'. (ד.ש' 317).

מִי כָמוֹךָ שַׁבָּת וַחֲנוּכָּה נִגְּשׁוּ וַיְרִיבוּן לְפָנָי/ זֶה יֹאמַר לַיְיָ אָנִי וְזֶה יִקְרָא בְּאָזְנָי
מַה אֶעֱשֶׂה לָאֵלֶּה הַיּוֹם נֶגֶד נְכוֹנָי/ עָשִׁיר וָרָשׁ נִפְגָּשׁוּ עוֹשֵׂה כֻלָּם יְיָ.

אָמַר שַׁבָּת לַחֲנוּכָּה: לִי מִשְׁפַּט הַבְּכוֹרָה/ וּמִי אַתְּ וּמִי מִשְׁפַּחְתֵּךְ הַצְּעִירָה
כִּי בִי שָׁבַת אֵל גָּדוֹל וְנוֹרָא/ מִכָּל מְלַאכְתּוֹ אֲשֶׁר בָּרָא.

אָמְרָה חֲנוּכָּה לַשַּׁבָּת: מַה תִּתְנַבֵּל עָלַי וְתִתְגּוֹלֵל?/ כִּי שְׁמוֹנָה יָמִים גּוֹמְרִין בִּי הַהַלֵּל
וְאַתְּ בְּיוֹם אֶחָד בְּלֹא זֶה, וּמַה תְּמַלֵּל?/ שׁוֹמֵר מַה-מִּלַּיְלָה שׁוֹמֵר מַה-מִּלֵּיל.

אָמַר שַׁבָּת לַחֲנוּכָּה: מוּסָפִי יוֹרֶה עָלַי דִּין עֲלִיָּה/ עוֹלַת שַׁבָּת בְּשַׁבַּתּוֹ עַל עוֹלַת הַתָּמִיד עֲשׂוּיָה
וּמַה תִּתְהַלֵּל עָלַי בְּעַד הַלְלוּיָהּ?/ וְאַתְּ מִמּוּסָף עֵרוֹם וְעֶרְיָה.

אָמְרָה חֲנוּכָּה לַשַּׁבָּת: זִיו נֵרוֹתַי מַדְלִיקִין תְּחִלָּה וְנֵרוֹתֶיךָ אַחֲרֵיהֶם/ וְזִכְרִי בְּבִרְכַּת הָאָרֶץ וְזִכְרְךָ בְּבִרְכַּת רַחֵם
וְכָל עִנְיָנֶיךָ וּדְבָרֶיךָ הֲלֹא הֵם/ אַחֲרוֹנָה יִסָּעוּ לְדִגְלֵיהֶם.

אָמַר שַׁבָּת לַחֲנוּכָּה: הִנֵּה אֲנִי תָּדִיר כְּאֵשֶׁת נְעוּרִים תְּמִימָה/ קְרוּאָה לְשִׁבְעַת יָמִים כִּכְבוּדָּה בַּת מֶלֶךְ פְּנִימָה
וְאַתְּ כְּפִלֶגֶשׁ בַּלֵּילוֹת בְּאֵימָה/ לְמוֹעֲדָהּ מִיָּמִים יָמִימָה.

אָמְרָה חֲנוּכָּה לַשַּׁבָּת: בְּנֵרֵךְ מִסְתַּכְּלִין וּמִשְׁתַּמְּשִׁין/ וַאֲנִי כִּגְבֶרֶת עַל אֲנָשִׁים וְנָשִׁים
וְשִׁירֵךְ לְשָׂרִים וּלְשִׁירֵי יוֹרְשִׁים/ יְהִי הַמִּקְדָּשׁ קֹדֶשׁ קָדָשִׁים.

אָמַר שַׁבָּת לַחֲנוּכָּה: אֲנִי הַגֶּבֶר הַמְשׁוּבָּח וְהַמְּהוּלָּל/ וְאַתְּ כְּאִשָּׁה הָעַזָּה פָּנֶיהָ וְתִשְׁלוּל שָׁלָל
וַהֲרֵי אָמְרוּ חַכְמֵי הַיּוֹפִי וְהַמִּכְלָל/ אֵין מִשְׁתַּמְּשִׁין בְּאִשָּׁה כְּלָל.

אֲנִי עָנִיתִי: שׁוּבוּ לָכֶם מִן הַמְּרִיבָה/ כִּי הַיּוֹם חֲבַרְתֶּם בַּחִיבָּה
שׁוּבוּ בָּא אַל תְּהִי עֲוָלָה וְשׁוּבוּ עוֹד צִדְקֵי בָהּ/ הִשְׁבַּעְתִּי אֶתְכֶם אַל בָּא תְּהִי מְרִיבָה/
מַה תָּעִירוּ וּמַה תְּעוֹרְרוּ אֶת הָאַהֲבָה.

שַׁבָּת רִאשׁוֹן בְּמוֹעֲדִים יִכְלוּ טַעֲנוֹתֶיךָ/ יָפְיָפִיתָ מִבְּנֵי אָדָם הוּצַק חֵן בְּשִׂפְתוֹתֶיךָ
אַךְ גּוֹאֵל אַתָּה וְאֵין לִגְאוֹל זוּלָתֶךָ/ וּפָרַשְׂתָּ כְנָפֶיךָ עַל אֲמָתֶךָ.

הַמְשׁוּבֶּצֶת זָהָב הַיּוֹשֶׁבֶת בִּגְבוּלוֹ/ הִנֵּה מַלְאָךְ יָבֹא לָךְ צַדִּיק וְנוֹשָׁע הוּא וְחֵילוֹ
וְיִתְאַו הַמֶּלֶךְ יוֹפְיֵךְ וְהַטִּי אָזְנֵךְ לְקוֹלוֹ/ כִּי הוּא אֲדוֹנַיִךְ וְהִשְׁתַּחֲוִי לוֹ.

אֱלֹהַי מִמְּכוֹן שִׁבְתְּךָ הוֹפִיעָה/ וַהֲשִׁיבֵנוּ וְהָאֵר פָּנֶיךָ וְנִוָּשֵׁעָה
כִּי אַתָּה תַּשְׁקִיט וּמִי יַרְשִׁיעַ/ וּמִבַּלְעָדֶיךָ אֵין לָנוּ גּוֹאֵל עוֹזֵר וּמוֹשִׁיעַ.

רב: 8 ומה תתהלל| ומה תתהלל עלי|| ואת ערום ועריה| ואת ממוסף ערום ועריה.

1 ויריבון,--שמות כ"א:י"ח; לפני,--לפני הקב"ה; זה...אני,--ישעיה מ"ד:ה׳; וזה ...באזני,--יחזקאל ח׳:י"ח. 2 מה...היום,--שחל בו חנוכה בשבת וע׳ בראש׳ ל"א: מ"ג; נכוני,--רומז לישראל וע׳ שמות י"ט:א׳; עשיר...יי,--משלי כ"ב:ב׳. 3 לי ...הבכורה,--דברים כ"א:י"ז; משפחתך הצעירה,--ש"א,ט׳:כ"א. 4 שבת...ברא,--בראש׳ ב׳:ג׳. 5 תתנפל...ותתגולל,--שם מ"ג.י"ח; שמונה...ההלל,--ע׳ טור או"ח, תר"ע ותרפ"ג. 6 ואת...בלא זה,--כלומר בשבת אין אומרים הלל; שומר...מה מליל,--ישעיה כ"א:י"א. 7 מוספי,--כלומר תפלת מוסף בשבת; ירוה,--איוב ל"ד:ל"ב וע׳ הוריות א׳.א׳; דין עליה,--כלומר ידי על העליונה ע׳ ב"מ ע"ז,ע"ב; עולת...התמיד,--במדבר כ"ח:י׳. 8 בעד הללויה,--כלומר שאומרים הלל בחנוכה; ואת ממוסף,--כלומר אין תפלת מוסף בחנוכה; ערום ועריה,--יחזקאל ט"ז:ז׳. 9 זיו...אחריהם,--כדברי בה"ג ע׳ טור או"ח,תרע"ט וז"ל, "נר של שבת ונר של חנוכה, ידליק של חנוכה ברישא"; וזכרי בברכת הארץ,--כלומר בברכת המזון: "ב׳א׳ה׳ על הארץ ועל המזון" אומרים שם "על הניסים" זכר לחנוכה וברכת "הארץ" באה קודם לזכר לשבת בברכת "רחם"; בברכת רחם,--כלומר בשבת אומרים "רצה והחליצנו" בב"המ בברכת "רחם ה׳ אלהינו"

שבאה אחרי ברכת "הארץ" ע׳ טור או"ח, קפ"ח. 10 אחרונה...לדגליהם,--במדבר ב׳: ל"א. 11 תריד,--כלומר באה בכל שבוע; כאשת נעורים,--ישעיה נ"ד:ו׳; כבודה... פנימה,--תהל׳ מ"ה:י"ד. 12 כפלגש...באימה,--שבאה רק פעם בשנה; למועדה... ימימה,--שמות י"ג:י׳. 13 ואני כגברת,--ר"ל שנר חנוכה אסור להשתמש לאורו ע׳ טור או"ח תרע"ג. 14 יורשים,--את היונים ע׳ דברים י"א:כ"ג; יהי...קדש,--כלומר כדי לטהר את המקדש וע׳ בתפלה "על הניסים". 15 העזה פניה,--משלי ז׳:י"ג; ותשלול שלל,--ישעיה י׳:ו׳. 16 חכמי...והמכלל,--ע"פ תהל׳ נ׳:ב׳ ורומז לאפלטונים שמגנים ומבזים את מיני היופי הגשמי והאהבה הגשמית ע׳ י. קלצקין, <u>אוצר המונחים הפלוסופיים</u>, "יפי", ולפי שיטתם "אין משתמשין באשה כלל" כלומר בתשמיש המטה ויש בזה משמעות כפולה, כלומר שאסור להשתמש באשה של נר חנוכה. 17 אני,--הקב"ה מדבר; המריבה,--בראש׳ י"ג:ח׳; חברתם בחיבה,--כלומר בחנוכה שחל בשבת. 18 שובו ...בה,--איוב ו׳:כ"ט; השבעתי...האהבה,--שה"ש ח׳:ד׳. 19 שבת...במועדים,--ע׳ ויקרא כ"ג:ב׳-ה׳ וע׳ מדרש תדשא ו׳ וז"ל, "שבעה מועדות הן: שבת, חג המצות, חג העומר, חג השופרות, חג יום הכפורים, חג הסוכות וחג העצרת"; יפיפית...בשפתותיך,--תהל׳ מ"ה:ג׳. 20 גואל אתה,--רות ג׳:ט׳; ואין...זולתך,--שם ד׳:ד׳; ופרשת... אמתך,--שם ג׳:ט׳. 21 המשובצת זהב,--ע׳ שמות כ"ח:י"א ורומז לעשרו של האויב היושב בגבולי ארץ ישראל; הנה...וחילו,--זכריה ט׳:ט׳. 22 ויואו...יופיך,-- תהל׳ מ"ה:י"ב; והטי אזנך,--שם י"א; כי...לו,--שם י"ב. 23 ממכון שבתך,--דבה"ב ו׳:ל"ג; הופיע,--תהל׳ צ"ד:א׳; והשיבנו...ונושעה,--שם פ׳:ד׳. 24 כי...ירשיע ,--איוב ל"ד:כ"ט; ומבלעדיך...ומושיע,--ע"פ התפלה "נשמת" בשחרית בשבת ויו"ט.

35. משה קפוצתו היווני

"פתיחה" לפסח בצורת שיר-איזור בעל מדריך ארוך (שורות 1–6) בן שתי צלעיות בטורים 1–4 ומחומש בטור 5 וארבע סטרופות בנות שלושה טורים בחריזה פנימית. הטור השני באיזור שהוא הראשון במדריך חוזר כפזמון אחרי טור איזור הראשון המחומש. החריזה: אא,בא,בא,בא,גדדדא,אא// הו,הו,הו,/זחחחא,אא//טי,טי,וכו׳. המשקל: חמש תנועות בצלעית הראשונה ושבע-שמונה בשנייה של כל טור והשואים הנעים והחטפים אינם במנין, פרט לטור המחומש במשקל חפשי. החתימה: קפצתו. המקורות: רא. ח"א,82; רב. עמ׳ קי"ח. (ד.א׳ 5922).

אִמְרֵי הֶגְיוֹנַי/ אָשִׁיר וַאֲזַמֵּר לַיְיָ
קוֹנֵה שָׁמַיִם/ אֵל חַי וְקַיָּם דָּר בִּמְעוֹנַי
מְבִין הַגּוֹיִם/ קַבֵּץ נְפוּצוֹת בֶּאֱמָנַי
וּבְעַם צוֹרְרַיִם/ הַפְלֵא כְּמֵאָז צוּרִי לְמַעֲנַי.
אָז בִּמְצוּלוֹת יָם/ נֶגְדְּךָ אַבִּיר/ זֶרַע כַּבִּיר/ מִגֹּל הַדְּבִיר/ יָרוֹן בַּיְיָ
אמרי הגיוני וכו׳.

פְּלָאֵי נוֹרְאוֹתָיו/ מַה נִּפְלְאוּ עַל אֶרֶץ מִצְרַיִם
הִרְבָּה אוֹתוֹתָיו/ עַל יַד בְּחִירוֹ נֶאֱמַן צִירִים
וּבְעֶשֶׂר מוֹפְתָיו/ הִכָּם לְהַבְּקָם מְצָרִים.
מָרְדוּ אֲמָרוֹתָיו/ וַיְסוֹרְרוּ/ וַיִּצָּרְרוּ/ וַיְמָרְרוּ/ חַיֵּי אֱמוּנָי
אִמְרֵי הֶגְיוֹנָי וכו׳.

צוּר גּוֹאֵל עַמּוֹ/ זָכַר בְּרִית כָּרַת עִם אַבְרָם
[הֲ]הֵקִים נוֹאֲמוֹ/ יִסּוּד וְיָדוּעַ תְּבִירָם
וּלְחוֹשְׁבֵי בִשְׁמוֹ/ בִּרְכוּשׁ וְהוֹן עָתֵק הֶעֱבִירָם.
פֵּן עוֹד מִמְּרוֹמוֹ/ יָחִישׁ פְּדוּת/ עַם בִּשְׁבוּת/ לִקְרוֹא שְׁנַת/ רָצוֹן לַיְיָ
אִמְרֵי הֶגְיוֹנָי וכו׳.

תּוֹכֶן מַעְבָּדָיו/ מִי הוּא אֲשֶׁר יָבֹא עַל סוֹדָם
מָגֵן לִידִידָיו/ צִוָּה רְשׁוֹם הַפֶּתַח בְּדָם
הִצִּיל צֹאן יָדָיו/ וּלְסוֹרְדָם שַׁחַת יְרַדָּם.
לָכֵן עַם עֲדָיו/ שִׂמְחוּ וּפֶ/לֶא פָּצוּ בְּפֶה/ כִּי חַג וּפֶ/סַח הוּא לַיְיָ
אִמְרֵי הֶגְיוֹנָי וכו׳.

וַעֲדַת יִשְׂרָאֵל/ תְּנוּ לָאֵל נַעֲרָץ בִּקְדוֹשִׁים
כַּבִּיר כֹּחַ אֵל/ בִּשְׁמוֹ מְהַלְלִים וּמַעֲרִיצִים
קַדִּישׁ עִיר וְאֵל/ כּוּלָּם קְדוּשָּׁתוֹ מַקְדִּישִׁים.
לָכֵן יִשְׁרֵי לֵב/ שִׁיר שׁוֹרְרוּ/ וַיְזַמְּרוּ/ גַּם סַפְּרוּ/ חַסְדֵי יְיָ
אִמְרֵי הֶגְיוֹנָי וכו׳.

1 אמרי הגיוני,--תהל׳ י"ט:ט"ו; אשיר..ליי,--שם כ"ז:ו׳. 2 קונה שמים,--בראשית י"ד:י"ט; חי וקים,--ברכות ל"ב,ע"א; במעוני,--בשמים ע׳ ירמיה כ"ה:ל׳. 3 קבץ נפוצות,--ישעיה י"א:י"ב; נאמני,--ישראל ע"פ הושע ב׳:כ"ב. 4 צוֹרָים,--יחיד צור, מטרופולין של פיניקיא ע׳ ש"ב, ה׳:י"א וכנוי לעיר רומא במדרשים ובלשון הפייטנים ע׳ "חזון דניאל" מהדורת ל. גינצבורג, גנזי שעכטער, א׳ עמ׳ 320, שו׳ א׳, וע׳ צונץ, ס.פ. עמ׳ 457 וגם כנוי לקונסטנטינא עיר הבירה של רומא המזרחית במדינת ביזאנטיון, ע׳ צונץ,שם. לפעמים משתמשים הפייטנים בלשון, ׳צוֹרָים׳ ככינוי לשניהם רומא וביזנטיון ע׳ שם וע׳ בפיוט "עושה פלא" במחזור רומניה (ד.ע׳ 290): "עושה פלא מצרים/ כן עשה פלא בְּצוֹרָים" ומותר להניח שגם הפייטן שלנו מתכון לרומא וביזנטיון ב׳צוֹרָים׳; הפלא,--כלומר עשה פלא בהקבלה לפיוט "עושה פלא" הנ"ל; צור,--הקב"ה. 5 אז,--בקריעת ים סוף; במצולות,--ע׳ שמות ט"ו:ה׳; נגדך,--ישראל עומדים בתפלה;

אביר,--הקב"ה ע"פ ישעיה א׳:כ"ד; זרע כביר,--זרע אברהם כביר ימים ע׳ בראש׳ כ"ד:י"א; מול הדביר,--כלומר בתפלה עומדים מול המקדש בירושלים. 6 ירון ביי ,--תהל׳ ל"ג:א׳. 8 אותותיו,--שם ע"ח:מ"ג; נאמן,--רומז למרע"ה ע"פ במדבר י"ב:ז׳; צירים,--משלי כ"ה:י"ג. 9 ובעשר מופתיו,--הכונה לעשר מכות שהביא הקב"ה על המצרים במצרים ע׳ מכילתא, ויהי בשלח ז׳. 10 מרדו,--המצרים; אמרותיו ,--של הקב"ה; ויסוררו ויצררו,--ע׳ בודוי ליוה"כ, "אשמנו בגדנו...סררנו... צררנו". 11,10 וימררו חיי,--שמות א׳:י"ד; אמוני,--ישראל ע"פ הושע ב׳:כ"ב. 12 ברית...אברם,--בראש׳ ט"ו:י"ח. 13 נואמו,--מוסב על ׳אברם׳ ורומז להקב"ה; יסוד,--כנוי לצדיק יסוד עולם, ע׳ משלי י׳:כ"ה; תבירם,--מילה ארמית והוראתה שברם ור"ל שידוע לפני הקב"ה שברם של צדיקים, ועל שמוש הפייטנים בלשון ארמית ע׳ צונץ,<u>ס.פ</u>. עמ׳ 372-375. 14 ולחושבי בשמו,--ע׳ מלאכי ג׳:ט"ז; ברכוש,--כלומר יצאו ישראל ברכוש גדול ממצרים ע׳ בראש׳ ט"ו:י"ד ורומז לביזת מצרים ע׳ מכילתא דפסחא י"ג; והון עתק,--משלי ח׳:י"ח; העבירם,--מעבדות לחרות. 15 בשבות,-- בשבי. 16,15 לקרוא...ליי,--ישעיה ס"א:ב׳. 17 מעבדיו,--מעשיו ע׳ איוב ל"ד: כ"ה. 18 רשום...בדם,--רומז לשמות י"ב:כ"ב. 19 הציל,--שם כ"ז; ולטורדם,-- ולגורשם ורומז למצרים שמהרו לשלח את בני ישראל, ע׳ שמות שם ל"ג; ירדם,-- הורידם. 20 עדיו,--ישראל ע"פ ישעיה מ"ג:י׳; ופלא...בפה,--כלומר בשיר של משה על הים ע׳ שמות ט"ו:י"א. 21,20 חג ופסח...ליי,--שמות י"ב:י"א. 22 לאל... בקדושים,--תהל׳ פ"ט:ח׳. 23 כביר כח אל,--איוב ל"ו:ה׳. 24 קדיש עיר,--שמות של מלאכים ע"פ דניאל ד׳:י"ד; ואל,--ע׳ תדבא"ר ב׳: "אין אלים אלא מלאכי השרת."

36. זכריה הכהן

"תחנון" לר"ה מעין שיר-איזור בעל מדריך בן שלושה טורים ופסוק "עלה אלהים בתרועה וכו׳" (תהל׳ מ"ז:ו׳) החוזר כפזמון בסוף כל מחרוזת. שני טורי המדריך הראשונים מחולקים לשתי צלעיות והטור השלישי לשלוש. ארבע סטרופות בנות ארבעה טורים, טור איזור ופסוק הנ"ל כסוגר. החריזה: אב,אב,גגב,ב,//דדדד,/בב// ההההה,/בב//וווו וכו׳. החתימה: זכריה. המקור: כה"י מ"ר, בולוניה A 3574 (=שוקן 12), עמ׳ 124. המשקל כמעט חפשי: שש עד חמש עשרה תנועות בשורה. (ד.ז׳ 19).

זֶבַח וּמִנְחָה נֶעְדָּרוּ/ וְשָׁחָה נַפְשֵׁינוּ לֶעָפָר
רַק תְּשׁוּבָה וּוִדּוּי נִשְׁאָרוּ/ וּבָם עָוֹן יְכוּפָּר
וְקִרְעוּ לְבַבְכֶם/ וְאַל בִּגְדֵיכֶם כְּשָׁמְעֲכֶם/ אֶת קוֹל שׁוֹפָר
עָלָה אֱלֹהִים בִּתְרוּעָה יְיָ בְּקוֹל שׁוֹפָר.

כָּלוּ בְּדִמְעוֹת שָׁלִישׁ כָּל הַיּוֹם עֵינֵינוּ
לְאִמְרָתְךָ לֵאמֹר מָתַי תְּנַחֲמֵנוּ
הֵן בְּחַטָּאֵינוּ לֹא תִּשְׂטְמֵנוּ
גַּם בְּרִיתְךָ אֶת אֲבוֹתֵינוּ
בַּעֲוֹנוֹתֵינוּ תוּפַר
עָלָה אֱלֹהִים בִּתְרוּעָה יְיָ בְּקוֹל שׁוֹפָר.

רָבוּ כְּמוֹ רָבוּ פְּשָׁעֵינוּ נֶגְדֶּךָ
אַךְ יוֹתֵר מֵהֶם לִמְאֹד רַבּוּ חֲסָדֶיךָ
לְמִשְׁפָּטֶיךָ עָמְדוּ הַיּוֹם כִּי הַכֹּל עֲבָדֶיךָ
רְצֵה תְּפִלַּת חֲסִידֶיךָ
וְתִיטַב לַיְיָ מִשּׁוֹר פָּר
עָלָה אֱלֹהִים בִּתְרוּעָה יְיָ בְּקוֹל שׁוֹפָר.

יֶעֱרַב עָלֶיךָ שִׂיחֵנוּ וְשָׁמַעְתָּ לְקוֹלֵינוּ
כִּי חַנּוּן וְרַחוּם אָתָּה וְרִחַמְתָּ עָלֵינוּ
וְשָׁפַטְתֵּנוּ כְּצִדְקְךָ וְלֹא כְּפָעֳלֵינוּ
כִּי אֵין קֵץ לְרוֹעַ מַעֲלָלֵינוּ
וּלְחַטֹּאתֵינוּ אֵין מִסְפָּר
עָלָה אֱלֹהִים בִּתְרוּעָה יְיָ בְּקוֹל שׁוֹפָר.

הִנֵּה אֱלֹהֵינוּ בְּחַסְדּוֹ יִזְכּוֹר בְּרִית יְדוּעָה
אֲשֶׁר כָּרַת אֶת אֲבוֹתֵינוּ וְהֵקִים הַשְּׁבוּעָה
וּשְׁלַח לָנוּ מְבַשֵּׂר מַשְׁמִיעַ יְשׁוּעָה
הֵטִיבוּ נַגֵּן בִּתְרוּעָה
הַלְלוּהוּ בְּתֵקַע שׁוֹפָר
עָלָה אֱלֹהִים בִּתְרוּעָה יְיָ בְּקוֹל שׁוֹפָר.

1. זבח...נעדרו,--כלומר משחרב בית המקדש; ושחה...לעפר,--תהל׳ מ״ד:כ״ו. 3. וקרעו...בגדיכם,--יואל ב׳:י״ג. 4. עלה וכו׳,--תהל׳ מ״ז:ו׳. 5. בדמעות שליש,--שם פ׳:ו׳; 5,6. כלו...תנחמנו,--שם קי״ט:פ״ב. 7. תשטמנו,--איוב ט״ז:ט׳. 9. תופר,--ירמיה ל״ג:כ״א. 11. רבו...רבו,--זכריה י׳:ח׳; פשעינו נגדך,--ישעיה נ״ט:י״ב. 13. למשפטיך...עבדיך,--תהל׳ קי״ט:צ״א. 14. רצה,--שם קי״ט:

ק"ח. 15. ותיטב...פר,--שם ס"ט:ל"א. 17. יערב...שיחנו,--שם ק"ד:ל"ד. 24. והקים השבועה,--ירמיה י"א:ה׳. 25. מבשר...ישועה,--ישעיה נ"ב:ז׳. 26. הטיבו ...בתרועה,--תהל׳ ל"ג:ג׳. 27. הללוהו...שופר,--שם ק"נ:ג׳.

37. דויד (אביהו) בן אליעזר מקסטוריה

"תחנה לדויד" לפי הכותרת בכה"י. "סליחה" בצורת שיר איזור בעל מדריך בן שלושה טורים ופסוק "יי שמעה/ יי סלחה" (דניאל ט׳:י"ט) החוזר כפזמון בסוף כל מחרוזת וחמש סטרופות בנות שלושה טורים, טור איזור ופסוק הנ"ל. המשקל: 4-5 תנועות בכל צלעית והשואים הנעים והחטפים אינם במניין. החריזה: אב,אב,אב,אב,// גד,גד, גד,/אב,אב,// הו,הו,הו,וכו׳. החתימה: אביהו בן אליעזר. המקור: כה"י מ"ר, א, 1168, עמ׳ 182. (ד.א׳ 8562).

´אֶת מִי יְשׁוּעָה/אֶשְׁאַב בְּשִׂיחָה
´בְּאֵימָה אֶכְרְעָה/אֶשְׁאַל סְלִיחָה
דַּת חֵן אֶשְׁמְעָה/מֵאֵל שְׁלוּחָה
יְיָ שְׁמָעָה/יְיָ סְלָחָה.

´יָדַע לְבָבִי/ חֶטְאִי וּמַעֲלִי
אֶעֱטוֹף בְּחוֹבִי/ בּוֹשֶׁת מְעִילִי
עֲוֹנִי סְבִיבִי/ שָׁבָץ לְמוּלִי.
זֹאת הַמַּרְגֵּעָה/וְזֹאת הַמְּנוּחָה
יְיָ שְׁמָעָה/ יְיָ סְלָחָה.

´הִנֵּה לְיָמַי/ אֶזְכּוֹר וְאֶסְפּוֹר
´וְנִלְאֵתִי לְדָמַי/ לַחְשׁוֹב וְלַחְפּוֹר
צִמְּתוּנִי סְתָמַי/ לָנוּד כַּצִּפּוֹר.
יְיָ הוֹשִׁיעָה/ יְיָ הַצְלִיחָה
יְיָ שְׁמָעָה/ יְיָ סְלָחָה.

´בִּמְאֹד עָוִיתִי/ וּמַה נִּכְלַמְתִּי
´נַפְשִׁי שָׁפַכְתִּי/ זְדוֹנִי נָשָׂאתִי
פְּרָיִים אָכַלְתִּי/ וּמְאֹד דָּוִיתִי.
רוּחִי שָׂבְעָה/ קָאָה וְשָׁחָה
יְיָ שְׁמָעָה/ יְיָ סְלָחָה.

אֱלֹי אֱלִי/ לְמוֹדֶה וְעוֹזֵב
פְּשָׁעוֹ כְּשְׁלוֹ/ יְשַׂגֶּה וַיַּעֲזֹב
צַק בָּא לְקוֹלִי/ חֶסֶד לֹא יְכַזֵּב.
לִי לִישׁוּעָה/ כַּשֶּׁמֶשׁ זָרְחָה
יְיָ שְׁמָעָה/ יְיָ סְלָחָה.

עוֹז חֵן וְחַיִּים/ צַוֵּה לַדּוֹרְשִׁים
רְצוּיִים עֲדוּיִים/ שְׂמָחוֹת לַבּוֹשִׁים
בַּנְּפָשׁוֹת נְקִיִּים/ נוֹצְרֵי יְשִׁישִׁים.
חֶדְוָה זְרוּעָה/ לָמוֹ בְּשִׂמְחָה
יְיָ שְׁמָעָה/ יְיָ סְלָחָה.

1. את...ישאב,--ישעיה י"ב:ג׳; בשיחה,--בתפלה ע׳ תהל׳ קמ"ב:ג׳. 2. אכרעה,--עזרא ט׳:ה׳. 3. דת,--דברים ל"ג:ב׳; חן,--משלי ד׳:ט׳. 4. יי וכו׳,--דניאל ט׳:י"ט. 7. שבץ,--ש"ב,א׳:ט׳. 8. זאת...המנוחה,--ישעיה כ"ח:י"ב. 10. לימי... ואספוד,--קהלת ה׳:י"ז,י"ט. 11. לדמי,--כלומר לשפיכת דמי; ולחפור,--מפני עוונותינו הרבים בגללם באו הצרות הרעות, וע׳ ירמיה ב׳:י"ב. 12. צמתוני,--תהל׳ פ"ח:י"ז; סתמי,--עוונותי בסתר, ע׳ שם, נ"א:ח׳; לנוד כצפור,--נדידה בגלות וע׳ משלי כ"ו:ב׳. 13. יי וכו׳,--תהל׳ קי"ח:כ"ה. 15. עויתי,--דניאל ט׳:ה׳; בכלמתי ,--ירמיה ל"א:י"ח. 16. נפשי שפכתי,--ש"א,א׳:ט"ו. 17. פריים אכלתי,--ישעיה ג׳:י׳-י"א. 18. קאה,--בכה"י הנוסח: "קעו" וע׳ ירמיה כ"ה:כ"ז ומוסב על "פריים אכלתי וכו׳"; ושחה,--נשפלה, ע׳ ישעיה ב׳:י"א. 20. אלי אלי,--תהל׳ כ"ב:ב׳. 20-21. למודה ועוזב פשעו,--משלי כ"ח:ג׳; כשלו,--כלומר כשלון שלו, והכונה לחטא. 22. חסד...יכזב,--ישעיה נ"ח:י"א. 23. כשמש זרחה,--מלאכי ג׳:כ׳. 25. חן וחיים ,--משלי ג׳:כ"ב; דורשים,--תהל׳ ל"ד:י"א. 26. עדויים,--יחזקאל ט"ז:ז׳; לבושים ,--הכונה לאויבי ישראל. 27. נפשות נקיים,--ירמיה ב׳:ל"ד; ישישים,--רמז לאבות. 28. חדוה,--הכונה לתורה, "חדות ה׳ מעוזכם" ע׳ נחמיה ח׳:י׳; למו,--מוסב על "לדורשים".

38. שמריה בן אהרן הכהן

"קינה" לט׳ באב בצורת שנייה. עשרים טורים בני ב׳ צלעיות. החתימה: שמריה הכהן בן אהרן חזק. המקורות: רא. ח"א, 167; רב. עמ׳ רי"ב; רג. עמ׳ ק"מ. (ד.ש׳ 1631). המשקל: המהיר --ᵕ-/ --ᵕ-/--//--ᵕ-/--ᵕ-/--

שָׁמֵם נְתִיב גַּלְגַּל וְגַם בּוֹכִים/ עוּגָב הֲלֹא הָיָה לְקוֹל בּוֹכִים,
שׁוֹפִים וְחוֹפִים בַּנֶּעְמָן וָרֹאשׁ/ שָׁפוּ וְהוּשְׁקוּ לַעֲנָה וָרוֹשׁ.
מֶלֶךְ וְכֹהֵן שָׂבְעוּ מְרִים/ זָרִים בְּהַשְׁפִּילוּם וְאֵין מֵרִים
רָדָה בְּנוֹ נָבָל בְּנִין אָגוּר/ אָמַר בְּלִבּוֹ הַאֲנִי אָגוּר?
יָרַד לְמַטָּה מְרַאֲשׁוֹת דּוֹדִי/ עִם כָּל חֲבֵרָיו בַּעֲבוּר דּוֹדִי.
הָעִיר אֲשֶׁר זַכּוּ נְזִירֶיהָ/ אָז עוֹלְלוּ צָרִים נְזִירֶיהָ,
וּבְיַרְכְּתֵי אֶרֶץ הֲלֹא זוֹרוּ/ עַמִּי וּמְכוֹנָם בְּלִי זוֹרוּ.
הִפִּיל מְנוֹרָה צָר וְהַגֻּלָּה/ גָּזִית בְּעֵת שַׁחַת וְהַגּוֹלָה;
כָּבֵד עֲוֹן עַמִּי כְּבֶטֶל חוֹל/ כִּי חִלְּלוּ קֹדֶשׁ וְשָׂמוּ חוֹל,
הִסְגִּיר בְּתוּלוֹתַי לְעַרְלֵי גַת/ סִלָּה לְאַבִּירַי כְּדַרְכֵי גַת.
נִדְבַּק אֱלֵי חִכּוֹ לְשׁוֹן גָּמוּל/ צָמֵא וְאֵין יוֹשֵׁב בְּבֵית גָּמוּל,
בֵּיתִי וְחֶבְלִי בַּעֲלוֹת מֵפִיץ/ הִשְׁחִית קְהִלּוֹתַי כְּמוֹ מֵפִיץ,
נֶהְפַּךְ לְזָרִים בְּהֶהְפֵּכָה תֵּילָם/ שָׁבַת מְשׂוֹשׂ הַלֵּב וְשִׁיר תֵּילָם.
אוֹיְבִים בְּיוֹם אַף שִׁחֲתוּ קִנָּה/ זֶמֶר וְרוֹן הָפְכוּ אֱלֵי קִינָה,
הָיָה לְאֵבֶל עִם נְהִי מָחוֹל/ כִּי הוּבְלוּ הוּגְלוּ בְּנֵי מָחוֹל,
רֹאשָׁם נְשָׂאוּהוּ בְּנֵי שַׁמָּה/ אֶרֶץ צְבִי שָׁתוּ לְמוֹ שַׁמָּה.
נִבְזֶה מְלֶאכֶת מִזְבְּחִי נָמַס/ רָפוּ יְדֵי הַכֹּל וְלֵב נָמַס,
חַבְנוּ וְחָטָאנוּ מְאֹד נַחְנוּ/ זָר הֶעֱבִידָנוּ וְלֹא נַחְנוּ.
זִיוִי מְאֹד חָשַׁךְ וְלֹא יָהֵל/ צִיּוֹן עֲרָבִי וֶאֱדוֹם יָהֵל;
קִינִים לְזֹאת אֶכְתּוֹב בְּכָל שָׁנָה/ עַד כִּי יְרַחֵם אֵל בְּלֹא שֵׁנָה.

1 שמם,--הר ציון ע' איכה ה':י"ח; נתיב גלגל,--כלומר שדרכו בו גלגלי עגלות; בוכים,--כלומר נבוכים יושביה; עוגב...בוכים,--איוב ל':ל"א. 2 שופים וחופים,--ע' רש"י לירמיה ב':כ"ב שם משתמש בצרוף לשון זה וז"ל, "בנתר,--מין אדמה שחפין ושפין בה את המבגדים"; נעמן,--רומז למנגן ומשורר במקדש ע' שה"ש רבה ד':ד'; וראש,--כלומר כהן הראש ע' ירמיה נ"ב:כ"ד; שפו,--כלומר הטה כלי אל תוך פה בעל כרחו כדי להעביר מתוכו את המים המרים וע' ב"מ,ס',ע"א, "השופה יין לחברו וכו'"; והושקו...ורוש,--ירמיה ט':י"ד. 3 שבעו מרים,--כלומר משקה מר; ואין מרים,--תהל' ג':ד'. 4 בנו נבל,--איוב ל':ח' ורומז לאויבי ישראל בלשון הפייטנים ע' צונץ ס.פ. עמ' 460; אגור,--כנוי למרע"ה ע' בקרובה לבנימין בן שמואל, "ארוכה מארץ מדה" טור 232 וגם כנוי לשלמה המלך ע' בהערה שם ופה הפייטן ר"ל שבני נבזה רודים בבני מלך; אמר בלבו,--כלומר "נין אגור"; האני אגור,--כלומר האמנם אני נאסף (נאגר) מן הגליות. 5 ירד למטה,--הפיל; מראשות דודי,--רומז

למקדש; דודי,--כנוי להקב"ה ע"פ שה"ש א׳:ט"ז; חבריו,--כלומר כהנים ולויים החברים במקדש; בעבור דודי,--כלומר בעבור אהבתו של הקב"ה לבני ישראל וע׳ דברים ח׳:ה׳: "כאשר ייסר איש את בנו ה׳ אלהיך מיסריך" וע׳ עמוס ג׳:ב׳: "רק אתכם ידעתי מכל משפחות האדמה על כן אפקד עליכם את כל עונתיכם." 6 העיר,--ירושלים ע׳ איכה א׳:א׳; זכר נזיריה,--שם ד׳:ז׳: "זכו נזיריה משלג"; עוללו,--ירמיה ו׳:ט׳; נזיריה,--מן נזר, והכונה לבחורי חמד ולכלי המקדש שהעברו לשבי. 7 ובירכתי...זורו,--ירמיה ל"א: ז׳-ט׳; בלי זורו,--ישעיה א׳:ו׳. 8 מנורה...והגולה,--ע׳ זכריה ד׳:ב׳; גזית,--הכונה ללשכת הגזית ומושב הסנהדרין ע׳ מדות ה׳.ד׳; והגולה,--כלומר והעגולה ורומז לסדר ישיבת הסנהדרין כחצי גורן עגולה כדי שיהו רואים זה את זה ע׳ סנהדרין ל"ו,ע"ב. 9 כבד עון,--ישעיה א׳:ד׳; כנטל חול,--משלי כ"ז:ג׳; קדש...חול,--ויקרא ג׳:י׳. 10 בתולותי,--איכה א׳:י"ח; גת,--פלשתים וכנוי לאויבי ישראל; סלה...גת,--שם א׳:ט"ו. 11 נדבק...לשון,--שם ד׳:ד׳; גמול,--ע׳ שם וע׳ ישעיה י"א:ח׳; צמא,--ע׳ איכה שם; ואין...גמול,--כלומר אינו מקבל שכר. 12 בעלות מפיץ,--נחום ב׳:ב׳; כמו מפיץ,--משלי כ"ה:י"ח. 13 נהפך לזרים,--איכה ה׳:ב׳; תילם,--כלומר הערים שעמדו על תילם ע׳ יהושע י"א: י"ג; שבת...הלב,--איכה ה׳:ט"ו; תילם,--כלומר תילים שלהם והכונה לשירים בספר תהלים שלפעמים קראו בשם ׳תילים׳ ע׳ ירושלמי סוכה ג׳.י"ב. 14 ביום אף,--איכה ב׳:כ"ב; קנה,--רומז לארץ ישראל ע׳ שמות רבה כ׳.ו׳: "וכשבאו לא"י מצאו להם קן"; הפכו...קינה,--עמוס ח׳:י׳. 15 היה...מחול,--כלומר מחול נהפך לאבל ע׳ איכה ה׳:ט"ו; בני מחול,--ע׳ מ"א, ה׳:י"א. 16 ראשם,--של ׳בני מחול׳ לעיל; בשאוהו,--הסירו וע׳ בראש׳ מ׳:י"ט; בני שמה,--בני אדום ע׳ שם ל"ו:י"ג; ארץ צבי,--כנוי לא"י ע"פ דניאל י"א:ט"ז; שתו...שמה,--ירמיה ב׳:ט"ו. 17 נבזה...נמס,--ש"א,ט"ו:ט׳ ור"ל שבעון ע"א ביהמ"ק חרב ע׳ יומא ט׳, ע"ב; רפו...נמס,--יחזקאל כ"א:י"ב. 18 חבנו,--בראש׳ ג׳:ח׳; נחנו,--אנחנו; זר...ולא נחנו,--מן שעבוד גליות ע׳ שמות כ׳:י"א. 19 זיוי,--כלומר זיו השכינה; מאד חשך,--כלומר משחרב בית המקדש נסתלקה השכינה מישראל ע׳ שבת ל"ג,ע"א; יהל,--יאיר; ערבי ואדום,--רמז למוסלמים ולנוצרים בלשון הפייטנים ע׳ צונץ,ס.פ. עמ׳ 463; יהל,--כלומר על הר ציון נטו אהלם ע׳ ישעיה י"ג:כ׳. 20 בלא שנה,--ע׳ מלאכי ג׳:ו׳: "אני ה׳ לא שניתי".

39. שמואל בן נתן הפרנס

"סליחה" לעשרה בטבת. תשעה בתים המתחילים ומסתיימים במילת "חיים" בני ד׳ טורים שלושה מהם מחריזים והרביעי הבאה מהמקרא. מספר מילים רופף (3-8 בכל טור).

החתימה: שמואל ברבי נתן הפרנס חזק נצח סלה. המקורות: רא. ח"א,21; רב. עמ' נ"ז; רג. עמ' ט"ו. (ד.ח' 260).

חַיִּים שְׁאַלְתִּי מִמְּךָ צוּר יְשׁוּעָתִי
מַעֲנֶה נָא וְתִנְחַל עַמִּי בְּבַקָּשָׁתִי
וְשַׁוְעָתִי בְּיוֹם צָרָתִי כִּי הֶאֱמַנְתִּי
לִרְאוֹת בְּטוּב יְיָ בְּאֶרֶץ הַחַיִּים.

[חַיִּים] אֱלֹהַי וּמַלְכִּי תְּנָה לְעַמְּךָ הַנִּגָּשׂ וְנַעֲנֶה
לְחֶם זֵדִים וּבוֹגְדִים וְנָע וָנָד כְּקָנֶה
בְּחֶמְלָתְךָ הוֹשִׁיעֵנוּ וּמִשַּׁחַת פְּדֵהוּ [...נֶה]
לִפְנֵי יְיָ בְּאַרְצוֹת הַחַיִּים.

חַיִּים רַבָּה עַל עֲבָדֶיךָ בְּרֹב חֲסָדֶיךָ אֵל נוֹרָא
בְּשִׁמְךָ מַחְסֵנוּ נָא הוֹשִׁיעֵנוּ מִצָּרָה
יְחַלְּנוּ דְּבָרְךָ וְהָאִירָה לָנוּ בְּאוֹרְךָ נֵר מִצְוָה וְתוֹרָה
אוֹר וְדֶרֶךְ חַיִּים.

חַיִּים נַפְשׁוֹת דּוֹרְשֶׁיךָ וּמְבַקְשֶׁיךָ שַׁבַּע אֱלֹהַי הַמֶּלֶךְ
תַּקְשִׁיב אָזְנֶיךָ לַמִּתְחַנְּנִים עַם אַחֲרֶיךָ הוֹלֵךְ
נָא שְׁלַח עֶזְרָה וּסְלַח לְעַם נֶאֱלַח וַיְהִי לְהִתְהַלֵּךְ
לִפְנֵי יְיָ בְּאוֹר הַחַיִּים.

חַיִּים הַפְלֵא לְעַם גּוֹלֶה וְהִמָּלֵא רַחֲמִים מַלְכִּי
פֵּתַח דְּבָרְךָ יָאִיר לְשַׁחֲרֶיךָ וְהַיְשֵׁר לִי דַּרְכִּי
רַחֲשִׁי בְּפָרְשִׂי וּרְצֵה לַחֲשִׁי וּמְשׁוֹךְ חִנְּךָ כִּי
טוֹב חַסְדְּךָ מֵחַיִּים.

חַיִּים נִסָּה עָלֵינוּ מְחֹקְקֵנוּ מִדֵּי כַפַּי פָּרְשִׂי
סַמְכֵנִי וְתוֹמְכֵנִי וְאַמְּצֵנִי לְהַגִּיד תְּהִלָּתְךָ יְיָ נִסִּי
חִשְׁקִי חִזְקִי אֱלֹהֵי צִדְקִי מִשְׂגַּבִּי מַחְסִי
חֶלְקִי בְּאֶרֶץ הַחַיִּים.

חַיִּים חֵן וְשֵׂכֶל טוֹב שְׂבַע אֱלֹהַי לִי וּלְעַמֶּךָ
זְכוֹר רַחֲמֶיךָ וְהָפֵר כַּעַסְךָ וְזַעְמֶךָ
קוֹל בְּשׂוֹרָה הַשְׁמַע לְעַמְּךָ כִּי בִי יִרְבּוּ יָמֶיךָ
וְיוֹסִיפוּ לְךָ שְׁנוֹת חַיִּים.

חַיִּים נוֹרָא הַרְבֵּה וְהַצֵּל מִמַּדְוֶה לְעַם נִפְזָרִי
צַוֵּה יְשׁוּעוֹת אֵל דֵיעוֹת כִּי בְהַעְתִּירִי
חָנוּן זֶרַע אַבְרָהָם תְּמִימֶךָ רֵאשִׁית פְּרִי
צַדִּיק עֵץ חַיִּים.

חַיִּים סֶלָה שְׂבַע וְהוֹשַׁע וּשְׁמַע לְעַמִּי בְּבַקְּשָׁם
לְפָנֶיךָ בְּרִנָּה וּתְחִנָּה וְתִהְיֶינָה אָזְנֶיךָ קַשּׁוּבוֹת לְרַחֲשָׁם
הוֹשִׁיעֵנוּ צוּר יִשְׁעֵנוּ וּפָנֶיךָ בְּדָרְשֵׁינוּ הַעֲנִיקֵנוּ שָׁם
אֶת הַבְּרָכָה חַיִּים.

1 צור,--הקב"ה. 2 ותנהל,--אל נוה קודש ע' שמות ט"ו:י"ג; בבקשתי,--ע' אסתר ה':
ז': "ותען אסתר ותאמר, 'שאלתי ובקשתי.'" 4 לראות..החיים,--תהל' כ"ז:י"ג.
5 הנגש ונענה,--ישעיה נ"ג:ז'. 6 לחם,--מוסב על 'תנה לעמך'; רבע ונד כקנה,--
כלומר החסרים בחזוק הדעת ובהקבלה ל'בוגדים' וכנראה רמז לגזירות השמד. 7
בחמלתך הושיעהו,--ישעיה ס"ג:ט'; ומשחת פדהו,--איוב ל"ג:כ"ח. 8 לפני..החיים
,--תהל' קט"ז:ט'. 9 רבה,--שופטים ט':כ"ט. 10 מחסנו,--ישעיה כ"ח:ט"ו. 11 ייחלנו
דברך,--תהל' קי"ט:ע"ד; באורך,--שם ל"ו:י'. 12,11 נר..חיים,--משלי ו':כ"ג.
13 חיים..שבע,--כלומר שבע בחיים נפשות וכו'. 14 תקשיב..למתחנים,--תהל' ק"ל:
ב'. למתחנים, כלומר למתחננים ואולי ט"ס הוא. 15 באלח,--איוב ט"ו:ט"ז. 16,15
להתהלך..החיים,--תהל' נ"ו:י"ד. 18 פתח..יאיר,--שם קי"ט:ק"ל; והישר..דרכי
,--שם ה':ט'. 19 רחשי,--בלבי בתשובה ע' מדרש תהלים מ"ד: "כיון שרחש לבם (של
בני קרח) בתשובה הקב"ה מקבלם"; בפרשי,--בתחנתי; לחשי,--תפלתי ע' ישעיה כ"ו:
ט"ז ורש"י שם, ד"ה "צקון לחש"; ומשוך,--תהל' ל"ו:י"א. 20,19 כי..מחיים,--
שם ס"ג:ד'. 21 נסה עלינו,--כמו "הרימו נס על העמים" ע' ישעיה ס"ב:י'; מחוקקנו
,--הקב"ה ע' שם ל"ג:כ"ב; מדי,--כל פעם; כפי פרשי,--בתפלה. 22 להגיד תהלתך,--
תהל' נ"א:י"ז; יי נסי,--שמות י"ז:ט"ו. 23 חשקי,--תהל' צ"א:י"ד; חזקי,--שם
י"ח:ב'. 24,23 מחסי..החיים,--שם קמ"ב:ו'. 25 חן..טוב,--משלי ג':ד'; לי,--
הש"ץ; ולעמך,--ישראל אשר שלחוני ע' בתפלה לש"ץ, "הנני העני ממעש" (ד.ה' 912).

26 זכור רחמיך,—תהל׳ כ"ה:ו׳; והפר כעסך,—שם פ"ה:ה׳. 27 בשורה,—רומז ל"מבשר טוב משמיע ישועה ואמר לציון: ׳מלך אלהיך׳" ע׳ ישעיה נ"ב:ז׳. 28,27 כי בי... חיים,—משלי ט׳:י"א. 29 נורא,—כנוי להקב"ה; ממדוה,—דברים כ"ח:ס׳; לעם נפזרי ,—אסתר ג׳:ח׳. 30 צוה ישועות,—תהל׳ מ"ד:ה׳; אל דיעות,—ש"א,ב׳:ג׳; בהעתירי ,—בתפלתי. 31 תמימך,—ע׳ ב"ר,מ"א. ח׳: "זה אברהם שהיה תמים וטהור לבב"; ראשית ,—ע׳ שה"ש רבה ג׳.ו׳: "אברהם אבינו ראש לכל הצדיקים". 32,31 פרי...חיים,—משלי י"א:ל׳. 36,35 שם...חיים,—תהל׳ קל"ג:ג׳.

40. משה קילקי מכיוס

"בקשה" ליוה"כ בצורת שיר-איזור בעל מדריך בן ארבעה טורים ושלוש סטרופות בנות שלוש שורות וטור איזור. הטור הראשון במדריך חוזר כפזמון אחרי טור איזור בסוף כל מחרוזת. החריזה: אאאא,//בבבא,/אא,//גגגא,/אא//וכו׳. החתימה: משה. המקורות: כה"י,מ"ר,ו. 320, עמ׳ 177; רא. ח"ב,ב׳ 43; רב. עמ׳ של"ב; רג. עמ׳ קע"ב. (ד.ע׳ 254). המשקל: השלם, מקוצר: ‎—‎⏑‎—/—‎⏑‎—‎—/—‎—‎—

עוּרִי אֲיוּמָתִי לְרֹאשׁ אַשְׁמוֹרֶת
עוּרִי וְלִבְשִׁי עוֹז וְגַם תִּפְאֶרֶת
הִסְתּוֹפְפִי בּוֹאִי לְבֵית מִשְׁמֶרֶת
הִשְׁתַּחֲוִי כִּרְעִי לְמוּל כַּפֹּרֶת.

מָתַי תְּעוֹרְרִי לַחֲזוֹת אֶל נוֹעַם
הָאֵל וְהֵיכָלוֹ בִּשְׁלוֹשׁ פַּעַם
אֶרְאֶה הֲלִיכָתֵךְ בְּזֹאת הַפַּעַם
אֶשְׂמַח וְאָגִיל בָּךְ בְּמוֹר וּקְטוֹרֶת.
עורי וכו׳

שִׁיתִי לְבָבֵךְ לַעֲלוֹת בִּמְסִלָּה
דַּרְכֵּךְ יְשָׁרָה הִיא מְאֹד וּסְלוּלָה
זִרְזִי עֲשִׂי סוּלָּם וְרֹאשׁוֹ מַעֲלָה
פִּלְאֵי אֱלֹהִים בּוֹ הֱיִי דוֹבֶרֶת.
עורי וכו׳

הִתְיָעֲצִי עִמִּי קְחִי מוּסָרִי
אַל נָא יַשִּׁיאֵךְ צָר אֲשֶׁר בִּבְשָׂרִי
רוּצִי בְגִלְעָדָה קְחִי לָךְ צָרִי
לְרַפֹּא לְסַפַּחַת וְגַם בַּהֶרֶת.
עורי וכו׳

1 לראש| ו. בראש|| 3 לבית| ו. בבית|| 5 לחזות אל נועם| ו. לחזות בנועם|| 8 וקטורת| ו. מוקטרת|| 10 מאד וסלולה| ו. וגם סלולה.

1 אילמתי,--כנוי לכנסת ישראל ע"פ שה"ש ו':י' ומדרש רבה, שם; לראש אשמורת,--ע' איכה ב':י"ט; עורי...תפארת,--ישעיה נ"ב:א'. 3 הסתופפי,--תהל' פ"ד:י"א; לבית משמרת,--כלומר בית ה' ומשמרת הקדש ע' שם: "הסתופפי בבית אלהי"; 4 השתחוי כרעי,--שם צ"ה:ו'; כפרת,--מעל לפרכת הפרושה לפני ארון הקדש בבית הכנסת. 5 תעוררי,--ישעיה נ"א:י"ז; לחזות...והיכלו,--תהל' כ"ז:ד'; 6 בשלוש פעם,--ע' שמות כ"א:י"ז. 7 הליכתך,--לפני ה' בארצות החיים ע' תהל' קט"ז:ט'; 8 אשמח ואגיל,--שם י"ד:ז'; במור וקטורת,--שה"ש ג':ו'. 10 במסלה,--להר הבית ע' ישעיה ס"ב:י'; 11 דרך...וסלולה,--משלי ט"ו:י"ט. 12 סולם,--רומז לתפלה וע' ב"ר,ס"ח.י"ב במאמר בר קפרא: "סולם זה הכבש" ובימינו אנו "ונשלמה פרים שפתינו" ע' הושע י"ד:ג'; 12 וראשו מעלה,--ע' בראש' כ"ח:י"ב וב"ר, שם: "'וראשו מגיע השמימה',--אלו הקרבנות שריחן עולה לשמים". 13 פלאי...בו,--כלומר מלאכי אלהים עולים ויורדים בו ע' בראש' שם. 15 התיעצי,--תהל' פ"ג:ד'; קחי מוסרי,--משלי ח':י'. 16 ישיאך,--בראש' ג':י"ג; צר,--זה יצר הרע; אשר בבשרי,--פליגו בו חכמים אם יצה"ר נתון באדם משיצא ממעי אמו או עד שלא יצא ע' ב"ר ל"ד.ח'; גם דרשו חז"ל: 'לב חכם לימינו' זה יצר טוב שהוא נתון בימינו ו'לב כסיל לשמאלו' זה יצה"ר. 17 רוצי...צרי,--ירמיה מ"ו:י"א. 18 לספחת...בהרת,--ויקרא י"ג:ב'.

41. משה הכהן בן ממל הוורדי

"סליחה" למנחה יוה"כ. י"ב בתים בני ד' טורים ששלושה מהם מחריזים והרביעי הבאה מהמקרא המסתיימת במילת "מלך". מספר מילים 3–6 לכל טור. החתימה: א'-ב', משה בן ממל הכהן חזק. המקור: כה"י מ"ר,ו. 320,עמ' 352. (ד.א' 2006).

אוֹרַח חַיִּים אֲזַי בְּעָנָן הוֹדַעְתָּ/ בְּנוֹעַם מִקְרָא אֲשֶׁר בְּשֵׁם קָרָאתָ
גְּלוֹת אָרְחֲךָ לְעֵת יָרַדְתָּ וְנָתַתָּ/ אֱלֹהִים מִשְׁפָּטֶיךָ לְמֶלֶךְ.

דִּבְרֵי תַחֲנוּנִים לְדַבֵּר כְּרֹשׁ/ הֶגְיוֹנִים וְהוֹדוֹת בְּפֶשַׁע בַּל יֵחָרֵשׁ
וַעֲזוֹב חֵטְא אֲשֶׁר נוֹאָל נִדְרָשׁ/ לָבֹא בִּדְבַר הַמֶּלֶךְ.

זֹאת הוֹאַלְתִּי הַפַּעַם עֶלְיוֹן/ חַלּוֹת פָּנֶיךָ בְּנוֹעַם הֶגְיוֹן
טוּבְךָ לְבַקֵּשׁ עַל עַם אֶבְיוֹן/ וְעַתָּה יִשְׁמַע נָא אֲדוֹנִי הַמֶּלֶךְ.

יָדֶיךָ פְּרוּשׂ לְקַרְבַת שָׁבִים/ כְּמַאֲמָרְךָ מִקֶּדֶם לְבָנִים שׁוֹבָבִים
לְכוּ שׁוּבוּ וִהְיוּ לְפָנַי נֶחֱשָׁבִים/ כְּאַחַד מִבְּנֵי הַמֶּלֶךְ.

מֵעָלֵינוּ אִם רַב וְעַל רֹאשֵׁינוּ עָלָה/ נְצוֹר רַחֲמֶיךָ וַחֲסָדֶיךָ לֹא תִכְלָה
סְלַח חַטָּאת וְאִם עַד שָׁמַיִם גָּדְלָה/ לֹא תָבוֹא עוֹד אֶל הַמֶּלֶךְ.

עַמְּךָ יִשְׂרָאֵל פְּקָדוּךָ אֵל אָיוֹם/ פְּנֵה אֱלֵימוֹ וְהָשֵׁת לָמוֹ פִּדְיוֹם
צַעֲקָתָם שְׁמַע לְמַעַנְךָ הַיּוֹם/ כַּאֲשֶׁר אָמְרוּ תְּנָה לָנוּ מֶלֶךְ.

קוֹלֵינוּ הַאֲזֵן אֵל נוֹרָא/ רְצֵה נִדְבוֹת פִּינוּ וּלְעֶזְרָתֵנוּ עוּרָה
שַׁוְעָתֵינוּ תַּעֲלֶה לְעֵת נִקְרָא/ בֵּית הַמַּלְכוּת אֲשֶׁר לַמֶּלֶךְ.

תֵּיפֶן הַיּוֹם כְּרוֹב רַחֲמֶיךָ/ מְשׁוֹךְ חַסְדְּךָ עָלַי וְעַל עַמֶּךָ
שְׁעֵה אֵלַי וּקְרָא מִמְּרוֹמֶיךָ/ כִּי אַתָּה קְרָאתָ אֶל הַמֶּלֶךְ.

הֵעָתֵר לִי אָדוֹן יוֹשֵׁב מְרוֹמִים/ בְּהִתְחַנְּנִי אֵלֶיךָ עַל אֲשָׁמִים
נִיב שְׂפָתַי תִּקַּח וְיֵדְעוּ הָעַמִּים/ כִּי מָצָאתִי חֵן בְּעֵינֶיךָ הַמֶּלֶךְ.

מוֹנֶה צֹאנְךָ שְׁפוֹט בְּזַעְמֶךָ/ מִגְדַּל עוֹז הָיָה לְעַמֶּךָ
לְבֵיתְךָ תְּבִיאֵמוֹ וְתִיטָּעֵמוֹ בְאוּלָמֶךָ/ וְהִמְלַכְתָּ לָהֶם מֶלֶךְ.

הֶרֶב כַּבְּסֵנוּ מֵחֵטְא וּמִפֶּשַׁע/ כִּי אַתָּה לֹא חָפֵץ בְּרֶשַׁע
הֵטִיבָה בִרְצוֹנְךָ אֶת עַם שׁוֹאֵל יֶשַׁע/ יְיָ בְּעָזְּךָ יִשְׂמַח מֶלֶךְ.

נְשָׂא עָלֵינוּ אוֹר פָּנֶיךָ מִשְׂגַּבֵּינוּ/ חַדֵּשׁ רוּחַ נָכוֹן בְּקִרְבֵּנוּ
זַךְ קָדוֹשׁ לֵב בְּשִׁמְךָ בְּרָא לִבֵּנוּ/ וְנִשְׁמַע פִּתְגָּם הַמֶּלֶךְ.

1. אורח חיים,--תהלים ט"ז:י"א; בענן,--שמות ט"ז:י׳; הודעת,--נחמיה ט׳:י"ד; נעם,--משלי ג׳:י"ז; מקרא,--הכונה לתורה ע"פ נדרים ד׳.ג; לאשר...קראת,--הכונה לישראל ע"פ ישעיה מ"ג:א׳.2. גלות,--דברים כ"ט:כ"ח; ארחך,--תהלים מ"ד:י"ט; ירדת,--נחמיה ט׳:י"ג; ונתת..למלך,--תהלים ע"ב:א׳.3.דברי...כרש,--משלי י"ח:כ"ג; הגיונים,--תהלים י"ט:ט"ו; וההודות..יחרש,--שם ל"ב:ה׳.4.חטא...נואל,--במדבר י"ב:י"א; נדרש..המלך,--אסתר א׳:י"ב.5. הואלתי,--לדבר ע"פ בראשית י"ח:כ"ז;

הפעם,--שם י"ח:ל"ב; עליון,--דברים ל"ב:ח׳; חלות פניך,--זכריה ז׳:ב׳; בנועם ,--תהלים כ"ז:ד׳. 6. טובך לבקש,--נחמיה ב׳:י׳; ועתה...המלך,--שמואל א; כ"ו: י"ט. 7. ידיך פרוש,--ישעיה ס"ה:ב׳; קרבת וכו׳,--ע׳ ספרי במדבר ע"ח,וז"ל, "מה אלו (גרים) שקרבו את עצמם כך קירבם המקום, ישראל שעושים את התורה עאכ"ו"; שבים,--שמואל א׳, ז׳:ג׳; מאמרך...שובבים,--ישעיה מ"ה:כ"א-כ"ג; בנים שובבים,-- ירמיה ג׳:י"ד. 8. לכו שובו,--מלכים ב׳,א׳:ו׳; לפני...המלך,--שמואל ב׳,ט׳:י"א. 9.מעלינו,--הסר את החטא; ועל וכו׳,--כלומר ואם על ראשינו עלה ע׳ שמואל א׳, כ"ה:ל"ט; נצור,--שמות ל"ד:ז׳; רחמיך...תכלה,--תהלים מ׳:י"ב. 10.עד...גדלה,-- עזרה ט׳:ו׳; לא...המלך,--אסתר ב׳:י"ד. 11. פקדון,--ירמיה ג׳:ט"ז; איום,--חבקוק א׳:ז׳; השת...פדיון,--שמות כ"א:ל׳. 12.למענך,--דניאל ט׳:י"ט; כאשר...מלך,-- שמואל א׳, ח׳:ו׳. 13. קולינו האזן,--תהלים ע"ז:ב׳; אל נורא,--דברים ז׳:כ"א; רצה ...פינו,--תהלים קי"ט:ק"ח; עורה,--שם מ"ד:כ"ד. 14. שועתינו תעלה,--שמות ב׳: כ"ג; נקרא,--ירמיה מ"ד:כ"ו; בית...למלך,--אסתר א׳:ט׳. 15. תפן...רחמיך,--תהלים ס"ט:י"ז; משוך חסדך,--שם ל"ו:י"א. 16.שעה אלי,--בראשית ד׳:ד׳; כי...המלך,--שמואל א׳, כ"ו:י"ד. 17.העתר...לי,--דהי"ב ל"ג:י"ט; מרומים,--ישעיה ל"ג:ט"ז; חתחנני ...אשמים,--בראשית מ"ב:כ"א. 18.ניב שפתי,--ישעיה נ"ז:י"ט; וידעו העמים,--דהי"ב ו׳:ל"ג; כי...המלך,--אסתר ה׳:ח׳. 19.מונה צאנך,--ירמיה ל"ג:י"ג; זעמך,--תהלים ס"ט:כ"ה; מגדל עוז,--שם ס"א:ד׳. תביאמו ותיטעמו,--שמות ט"ו:י"ז; ביתך...אולמך ,--הכונה לבית המקדש; והמלכת...מלך,--שמואל א׳,ח׳:כ"ב. 21. הרב...פשע,--תהלים נ"א:ד׳,ה׳; כי...ברשע,--שם ה׳:ה׳. 22. הטיבה ברצונך,--שם נ"א:כ׳; ישע,--חבקוק ג׳:י"ג; ה׳...מלך,--שם כ"א:ב׳. 23.נשא...פניך,--במדבר ו׳:כ"ו; משגבינו,--ע׳ בתפלה, "הכל יודוך" בשחרית לשבת; חדש...לבנו,--תהלים נ"א:י"ב. 24. ונשמע... המלך,--אסתר א׳:כ׳.

42. מנחם בן אליה מקסטוריה

"פתיחה ליום שמיני מעמדות", לפי הכותרת בכה"י, בצורת שיר איזור בעל מדריך בן ה׳ טורים וארבע סטרופות בנות ד׳ טורים וטור איזור. הטור הראשון במדריך חוזר כפזמון אחרי טור איזור בסוף כל מחרוזת. החריזה: אאאאא,//בבבב,/אא//גגגג,/אא// וכו׳. המקור: כה"י מ"ר, א, 1168,עמ׳ 195. החתימה: מנחם בן כ"ר אליה מקשטוריה זלה"ה. (ד.מ׳ 407). המשקל: השלם, מקוצר: --◡-/--◡-/---

מַה־יָּקְרוּ רֵעִים בְּקוּם אַשְׁמוֹרֶת
נֶפֶשׁ וְלֵב שָׁפְכוּ פְּנֵי כַפֹּרֶת
חֵלֶף עֲבוֹדַת פַּר וְאֵיל נֶעְתֶּרֶת
מַעַן לְשׁוֹנָם צוּר חָשׁוּב כִּקְטֹרֶת
מַה טּוֹב לְשׁוֹן זָהָב וְהָאַדֶּרֶת.

בֵּית מִשְׁכְּנוֹתֶיךָ מְאֹד נִכְסָפָה
נַפְשִׁי וְגַם כָּלְתָה לְשִׁיר נִיב טַפָּה
כִּי תוֹךְ צְבָא עֵדָה לְךָ אוֹסִיפָה
רַבּוֹת כְּמוֹ הֵנָּה אֲגַל אֶחְשֹׂפָה
רִנָּה וְזִמְרָה אֶת יְקַר תִּפְאֶרֶת .
מה יקרו וכו'

אֵל בָּא זְכוֹר מַעַשׂ שְׁלֹשֶׁת הוֹרִים
לַהַג בְּנֵיהֶם שׁוּר תְּמוּר שַׁי פָּרִים
יַעַל לְרָצוֹן רוֹן שְׂפַת שָׁר שִׁירִים
הוֹגֶה סְלַח בָּא לַעֲוֹן עַם סָרִים
הוֹדוֹת עֲלֵי פִּשְׁעָם בְּלֵב נִטְהֶרֶת .
מה יקרו וכו'

מִקְדָּשׁ יְיָ כּוֹנְנוּ יָדֶיךָ
שִׁחוּ וְנִשְׂאוּ כַף וְלֵב עָדֶיךָ
וּרְכַב עֲלֵי עָב קַל אֱלֵי עוֹבְדֶיךָ
יְהָב כְּהַשְׁלִיכוּ עֲדִי עֶדְיֵךְ
יָהּ שׁוּר שְׁלַח יָדְךָ יְמִין נֶאְדֶּרֶת .
מה יקרו וכו'

זוֹהַר רְקִיעִים שִׁית פְּנֵי קוֹדֶרֶת
לָשׁוֹן מְדַבֶּרֶת תְּהִי נֶעְתֶּרֶת
הַפְלֵה חֲסָדֶיךָ הֱיוֹת נֶהְדֶּרֶת
הָחֵשׁ פְּדוּת עֲנִיָּה בְּעוֹז נֶעֱזֶרֶת
הֵן הִיא מְשׂוֹשׂ גּוֹלָה וְהַנִּפְזֶרֶת .
מה יקרו וכו'

1. מה...רעים,--תהל' קל"ט:י"ז; אשמורת,--שם קי"ט:קמ"ח. 2. כפרת,--הכונה למסך הקצר הנתון מעל לפרכת הפרושה לפני ארון הקדש בבית הכנסת בימינו. 3. עבודת,--המקדש ור"ל "ונשלמה פרים שפתינו" ע' הושע י"ד:ג' ו"תפלה במקום קרבן" ע"פ ברכות כ"ו,ע"א. 4. צור,--הקב"ה. 5. לשון...והאדרת,--ע' יהושע ז:כ"ד והכונה פה לתפארת כח השירה וע' עמנואל הרומי, מחברת,כ', הוצאת ירדן, (ירושלים, תשי"ז) 6,:

"עורי מליצתי ברב תפארת/ עורי לשון זהב והאדרת." 6. משכנותיך,--במדבר כ"ד:ה׳. 7-6. נכספה...כלתה,--תהל׳ פ"ד:ג׳; טפה,--רומז לבני לוי המשרתים במקדש ע׳ סד׳ עבוד׳ לרסע"ג, אלבוגן, 123: "טפי לוי בחרת למשכן כבודך יובלים." 8. צבא עדה,--כלומר עדת בני ישראל. 9. אגל אחשפה,--מסתרי לבבי ע"פ ירמיה מ"ט:י׳. 10. את,--במובן "עם", ע׳ בראש׳ ל"ז:ב׳. 12. שלשת הורים,--הכונה לאבות. 13. להג,--דבור, ע׳ קהל׳ י"ב:י"ב, וע׳ "כל שנאני שחק" לשמעון בן יצחק (ד.כ׳ 393): "אלו ואלו בלהג מלהגים"; תמור וכו׳,--ע׳ לעיל טור 3. 14. לרצון,--תהל׳ י"ט:ט"ו; שר שירים,--הש"ץ. 15. סלח נא לעון,--במדבר י"ד:י"ט; סרים,--מרע ע׳ תהל׳ ל"ד: ט"ו. 16. נטהרת,--לשון נקבה לצורך החרוז. 18. מקדש וכו׳,--שמות ט"ו:י"ז. 19. שטחו,--תהל׳ פ"ח:י׳; ונשאו...ולב,--איכה ג׳:מ"א. 20. ורכב...קל,--ישעיה י"ט:א׳. 21. יהב כהשליכו,--תהל׳ נ"ח:כ"ג; עדי עדיך,--כנוי לישראל ע"פ יחזקאל ט"ז:ז׳. 22. שור,--ראה; ימין באדרת,--שמות ט"ו:ו׳. 24. זוהר רקיעים,--דניאל י"ב:ג׳; קודרת,--כלומר כנסת ישראל בגולה. 25. לשון מדברת,--בתפלה; נעתרת,-- ע׳ בראש׳ כ"ה:כ"א. 26. הפלא חסדיך,--תהל׳ ל"א:כ"ב. 27. החש,--ישעיה ס׳:כ"ב; עניה,--רומז לירושלים ע"פ איכה א׳:ז׳. 28. היא,--ירושלים; משוש,--תהל׳ מ"ח:ג׳; גולה והנפזרת,--כלומר כנסת ישראל בגולה, ע׳ ירמיה ג׳:י"ז.

42א. מנחם (בן אליה מקסטוריה)

"סליחה" לצום גדליה. החתימה: א׳-ב׳, מנחם חזק. המקור: כה"י מ"ר, ו, 320, עמ׳ 217. ז׳ בתים בני ד׳ טורים מחריזים. מספר מילים רופף (3-7 בכל טור). (אין בד.)

אֱלֶיךָ קָרָאתִי לְהוֹשִׁיעֵנִי יוֹצֵר כֹּל וּבוֹרֵא/ בְּרַחֲמֶיךָ נִשְׁעַנְתִּי מֵרֹאשׁ הַדּוֹרוֹת קוֹרֵא
גְּבוּרוֹתֶיךָ יְקַדְּמוּנִי וְאַפְּךָ בִּי אַל יֶחֱרֶה/ כִּי עִמְּךָ הַסְּלִיחָה לְמַעַן תִּוָּרֵא.

דְּרַשְׁתִּיךָ וְשִׁחַרְתִּיךָ מַלְכִּי וְקוֹנִי/ הִמָּצֵא לִי וְאַל תִּתֵּן לְשִׁגְגֵי וּזְדוֹנִי
וְאִם תָּעִיתִי מִדְּרָכֶיךָ אַתָּה תוֹרֵנִי/ כִּי אָבִי וְאִמִּי עֲזָבוּנִי וַיְיָ יַאַסְפֵנִי.

זָכַרְתִּי שִׁמְךָ הַגָּדוֹל וְהַנּוֹרָא אֱלֹהֵי תְּהִלָּתִי/ חַיַּי כָּלוּ בְיָגוֹן וַתִּידַּד שְׁנָתִי
טָעַמְתִּי כּוֹס רַעַל בְּאֶרֶץ גָּלוּתִי/ כִּי אֵפֶר כַּלֶּחֶם אָכַלְתִּי וְשִׁקֻּוַי בִּבְכִי מָסָכְתִּי.

יָשַׁבְתִּי בָדָד וָאֱהִי בוֹשׁ וְחָפֵר/ כְּבוֹדִי הוּסַר וְחַטָּאתִי לֹא כוּפַּר
לְמַעַנְךָ רַחֵם עָלַי וְזַעַמְךָ יוּפַר/ כִּי אָפְפוּ עָלַי רָעוֹת עַד אֵין מִסְפָּר.

מְאֹד רַבּוּ עֲוֹנוֹתֵינוּ בְּאֵין קֵץ וְסֵפֶר/ נָפְלָה עֲטֶרֶת רֹאשֵׁינוּ וְנִתְפַּלַּשְׁנוּ בָאֵפֶר
סְחִי וּמָאוֹס הָיִינוּ וְלֹא נִמְצָא בָּנוּ כוֹפֶר/ כִּי עֲוֹנוֹתֵינוּ רַבּוּ מִלִּמְנוֹת וַחֲטָאֵינוּ
עָצְמוּ מִסַּפֵּר.

עִינֵּיתִי בַצּוֹם נַפְשִׁי כִּי גָדְלָה אַנְחָתִי/ פָּנַי לֹא אֶשָּׂא מִפְּנֵי אַשְׁמָתִי
צִפִּיתִי לְגַלּוֹת חֲטָאַי וַעֲוֹנִי לֹא כִסִּיתִי/ כִּי עֲוֹנִי אַגִּיד אֶדְאַג מֵחַטָּאתִי.

קְצֵי אָרֶךְ וְעָבְרוּ שְׁנוֹתַי בְּלִי רְוָחָה/ רַבּוּ יְגוֹנוֹתַי וְלֹא מָצָאתִי מְנוּחָה
שַׁחוֹתִי עַד מְאֹד וְנֶאֱנָחָה/ כִּי כָלוּ בְיָגוֹן חַיַּי וּשְׁנוֹתַי בַּאֲנָחָה.

תָּשׁוּב תְּחַדֵּשׁ יָמֵינוּ כְּקֶדֶם מַלְכֵּינוּ/ נְחֵינוּ מַסְלוּל שְׁבִילֵנוּ
חֲזוֹת קֹדֶשׁ הֵיכַל בָּנוּי בְּאַרְצֵינוּ/ כִּי בוֹ יִשְׂמַח לִבֵּנוּ.

1. יוצר...ובורא,--ישעיה מ"ה:ז׳; בשענתי,--דברי הימים ב׳ט"ז:ז׳; מראש...קורא,--ישעיה מ"א:ד׳. 2.יקדמוני,--שמואל ב׳,כ"ב:י"ט; כי...תורא,--תהלים ק"ל:ד׳. 3.דרשתיך ושיחרתיך,--שם ע"ח:ל"ד; קוני,--דברים ל"ב:ו׳; אל תפן,--איוב ל"ו:כ"א; שגגי וזדוני,--שבת א׳.ו׳. 4. תעיתי מדרכיך,--משלי כ"א:ט"ז; אתה תורני,--תהלים כ"ז:י"א; כי...יאספני,--שם כ"ז:י׳. 5. זכרתי שמך,--שם קי"ט:נ"ה; אלהי תהלתי,--שם ק"ט:א׳; חיי...שנתי,--שם ל"א:י"א,י"ב; ותידד שנתי,--בראשית ל"א:מ׳. 6. כוס רעל,--ישעיה נ"א:י"ז; כי וכו׳,--תהל׳ק"ב:י׳. 7. ישבתי...וחפר,--ירמיה ט"ו:ט׳,י"ז; הוסר,--דניאל י"ב:י"א. 8. למענך,--דניאל ט׳:י"ח; כי...מספר,--תהלים מ׳:י"ג. 9. מאד...וספר,--איוב כ"ב:ה׳; נפלה...ראשינו,--איכה ה׳:ט"ז; ונתפלשנו באפר,--יחזקאל כ"ז:ל׳. 10. סחי ומאוס,--איכה ג׳:מ"ד; נמצא...כופר,--איוב ל"ג:כ"ד; כי וכו׳,--עמוס ה׳:י"ב; עצמו מספר,--תהלים מ׳:ו׳. 11. עיניתי...נפשי,--שם ל"ה:י"ג; פני...אשא,--שמואל ב׳, ב׳:כ"ב. 12. לגלות חטאי,--איכה ד׳:כ"ב; צפיתי...כסיתי,--תהלים ל"ב:ה׳; כי...מחטאתי,--שם ל"ח:י"ט. 13. קצי ארך,--ר"ל שהקץ התאחר לבוא ע׳ חיים בראדי, קונטרס הפיוטים <u>במחזור ויטרי</u>, ל"ח, וז"ל, "אם יתמהמה קצי וארך לא אכלמה כי צץ ודרך כוכב יענה מחרכים בא אורך"; רבו...מנוחה,--ירמיה מ"ה:ג׳. שחותי...מאד,--תהלים ל"ח:ז׳; ונאנחה,--איכה א׳:כ"א; כי...באנחה,--תהלים ל"א:י"א. 15. תשוב...כקדם,--איכה ה׳:כ"א; מסלול,--ישעיה ל"ה:ח׳. 16. חזות...בארצינו,--תהלים כ"ז:ד׳; כי...לבנו,--שם ל"ג:כ"א.

242ב. מנחם (בן אליה מקסטוריה)

"סליחה" למנחה יוה"כ. החתימה: א׳–ב׳ מנחם חזק. המקור: כה"י מ"ר, ו. 320, עמ׳ 354. י׳ בתים בני ד׳ טורים ששלושה מהם מחריזים ומתחילים במילת "אתה" והרביעי הבאה מהמקרא המסתיימת במילת "אתה". מספר מילים 3–4 בכל טור. (אין בד.)

אַתָּה אֲשְׁיוֹתַי כּוֹנַנְתָּ
אַתָּה בְּקִרְבָּם הִתְלוֹנַנְתָּ
אַתָּה גֵּאוֹנִי הִתְבּוֹנַנְתָּ
מִבֶּטֶן אִמִּי אֵלִי אָתָּה.

אַתָּה דָּר בִּנְהוֹרָה
אַתָּה הֲדָרִי לְעֶזְרָה
אַתָּה וְנֶאְזָר בִּגְבוּרָה
עֶזְרָתִי וּמְפַלְטִי אָתָּה.

אַתָּה זָרִים תַּכְרִית
אַתָּה חַנּוּן שְׁאֵרִית
אַתָּה טְרוֹף הַגְּרִית
הֲכִי אָחִי אָתָּה.

אַתָּה יָחִיד לְבַדֶּךָ
אַתָּה כֻּלָּם עֲבָדֶיךָ
אַתָּה לֹא יֵשׁ בִּלְעָדֶיךָ
יְיָ אָבִינוּ אָתָּה.

אַתָּה מַלְכוּתְךָ לְעוֹלָמִים
אַתָּה נִצְחֲךָ בַּהֲדוֹמִים
אַתָּה סִתְרְךָ בַּמְּרוֹמִים
שָׁמַיִם שָׁם אָתָּה.

אַתָּה עֶלְיוֹן נוֹרָא
אַתָּה פְּדוּתֵינוּ תִקְרָא
אַתָּה צַוֵּה מְהֵרָה
לֵךְ עֲלֵה מִזֶּה אָתָּה.

אַתָּה קַדְמוּת בִּרְכָּיִם
אַתָּה רוֹכֵב שָׁמָיִם

אַתָּה שְׁבִילְךָ בַּמַּיִם
בָּקַעְתָּ מַעְיָן וָנַחַל אַתָּה.

אַתָּה תִּפְאֶרֶת עֲמוּסֶיךָ
אַתָּה מָעוֹז לְחוֹסֶיךָ
אַתָּה נִפְלָאִים מַעֲשֶׂיךָ
וְעוֹשֶׂה נִפְלָאוֹת אַתָּה.

אַתָּה חוֹקֵר לְבָבוֹת
אַתָּה מְשׁוֹבֵב נְתִיבוֹת
אַתָּה חוֹשֵׁב נְדִיבוֹת/
מְנָת חֶלְקִי וְכוֹסִי אַתָּה.

אַתָּה זָמַמְתָּ וַתַּעֲשֶׂה
אַתָּה קְלוֹנִי כּוֹסֶה
אַתָּה הַכֹּל נוֹשֵׂא
אָמַרְתִּי לַיְיָ אֲדֹנָי אַתָּה.

1 אשיותי,--ירמיה נ׳:ט"ו ורומז למקדש. 3 גאיוני,--חטאי וע׳ תהל׳ קכ"ג:ד׳. 4 מבטן וכו׳,--שם כ"ב:י"א. 5 נהורה,--דניא׳ ב׳:כ"ב. 6 הררי לעזרה,--תהל׳ קכ"א: א׳. 7 ונאזר וכו׳,--שם ס"ה:ז׳. 8 עזרתי וכו׳,--שם מ׳:י"ח. 9 זרים,--ירמיה ל׳: ח׳. 10 שארית,--רומז לישראל ע׳ שם כ"ג:ג׳. 11 הגרית,--כנוי לבני ישמעאל בלשון הפייטנים ע׳ צונץ, ס.פ., עמ׳ 445. 12 הכי וכו׳,--ע"פ שה"ש ח׳:א׳: "מי יתנך כאח לי" ורומז להקב"ה. 13 יחיד,--ע׳ דב"ר ב׳:ל"ז; לבדך,--תהל׳ פ"ג:י"ט. 14 כלם וכו׳,--שם קי"ט:צ"א. 15 לא וכו׳,--ישעיה מ"ד:ח׳. 16 יי וכו׳,--שם ס"ד: ז׳. 17 מלכותך וכו׳,--תהל׳ קמ"ה:י"ג. 18 בהדומים,--בארץ. 19 סתרך וכו׳,--שם צ"א:א׳. 20 שמים וכו׳,--שם קל"ט:ח׳. 21 עליון וכו׳,--שם מ"ז:ג׳. 23 צוה,--את הגאולה. 24 מזה,--מן הגלות, ע"פ שמות ל"ג:א׳. 25 קדמות ברכיים,--איוב ג׳: י"ב. 26 רוכב וכו׳,--תהל׳ ס"ח:ל"ד. 27 שבילך במים,--שם ע"ז:כ׳. 28 בקעת וכו׳ ,--שם ע"ד:ט"ו. 29 עמוסיך,--רומז לכנסת ישראל ע"פ ישעיה מ"ו:ג׳. 30 לחוסיך,--תהל׳ ט"ז:א׳. 31 נפלאות וכו׳,--שם קל"ט:י"ד. 32 ועושה וכו׳,--שם פ"ו:י׳. 33 חוקר וכו׳,--ירמיה י"ז:י׳. 34 משובב וכו׳,--ישעיה נ"ח:י"ב. 35 נדיבות,--שם ל"ב:ח׳. 36 מנת וכו׳,--תהל׳ ט"ז:ה׳. 37 וממת וכו׳,--ירמיה נ"א:י"ב. 38 קלוני וכו׳,--משלי י"ב:ט"ז. 39 נושא,--שמות ל"ד:ז׳. 40 אמרתי וכו׳,--תהל׳ ק"מ:ז׳.

43. אליהו בן אברהם העלוב מקסטוריה

"זולת" ליום אחרון של פסח. כ"ד בתים בני ג׳ טורים מחריזים והשלישי שבר-פסוק משירת-הים (שמות י"ד:ל׳-ט"ו:כ"א) בבתים א׳-כ"ב ומתהלים קי"ח:כ"ה בבתים כ"ג-כ"ד. מספר מילים בלתי קבוע (2-5 בכל טור). החתימה: א׳-ב׳, אליהו בן אברהם חזק ואמץ. המקורות: כה"י מ"ר, א. 2501, עמ׳ 13. כה"י מ"ק, ע׳ ש. ברנשטיין, עמ׳ 63. (ד.א׳ 2089).

אָז בְּבוֹא אוֹיְבֵי הַמוֹנָי
לִרְדוֹף אַחַר עֲדַת אֱמוּנָי
וַיּוֹשַׁע יְיָ.

בְּכֵן עָמְדוּ כְדַל וְשׁוֹאֵל
בִּגְלָה הַמּוֹשִׁיעַ וְגוֹאֵל
וַיַּרְא יִשְׂרָאֵל.

גְּבוּרָתוֹ כְּרָאוּ רָאשֵׁי
הָעָם שֶׁנִּצְּלַל אוֹיֵב הַקָּשֶׁה
אָז יָשִׁיר מֹשֶׁה.

דָּרְכוּ שִׁבְטֵי יָהּ
וְעָבְרוּ וְנָתְנוּ הוֹדָיָה
עָזִּי וְזִמְרָת יָהּ.

הָלְכוּ בְּרוֹב עָצְמָה
וְהֶעֱבִירָם בְּיָד רָמָה
יְיָ אִישׁ מִלְחָמָה.

וּבְכֵן צוּר גּוֹאֲלוֹ
נְהָגוֹ בְכֹבֶד וְהִפִּילוֹ
מַרְכְּבוֹת פַּרְעֹה וְחֵילוֹ.

זֶרַע יְשֻׁרוּן קָמוּ
וְהָאוֹיְבִים נִכְלָמוּ
תְּהוֹמוֹת יְכַסְּיֻמוּ.

חָלוּ וְרָעֲדוּ מוֹנַי
וְקִלְּסוּ בַחוּרַי וּזְקֵנַי
יְמִינְךָ יְיָ .

טֶרֶם בָּא לִרְדֹּף בִּנְךָ
אוֹיֵב הוֹשַׁעְתָּם עַל יַד יְמִינְךָ
וּבְרֹב גְּאוֹנְךָ .

יָרְדוּ מַלְאָכֵי מַחֲנַיִם
וְכוֹכָבִים נִלְחֲמוּ מִשָּׁמַיִם
וּבְרוּחַ אַפְּךָ נֶעֶרְמוּ מַיִם .

כַּאֲשֶׁר חָשַׁב אוֹיֵב לְהַשִּׂיג
כְּבָר עָבְרוּ הַטְּהוֹרִים מְסִיג
אָמַר אוֹיֵב אֶרְדֹּף אַשִּׂיג .

לְעֵת אֲשֶׁר רָאוּ שִׁבְחָךְ
וְרָצִיתָ לְהוֹשַׁעְתָּם בְּכֹחָךְ
נָשַׁפְתָּ בְרוּחֲךָ .

מַעֲשֵׂה אֶצְבְּעוֹתֶיךָ
יוֹדוּךָ וִיבָרְכוּךָ
מִי כָמוֹךָ .

נָתַתָּ חֵן לְבִנְךָ
וּלְהַצָּלָתָם שַׂמְתָּ יְמִינְךָ
נָטִיתָ יְמִינְךָ .

סוֹמֵךְ נוֹפְלִים יָדֶךָ
הֲרִימוֹתָ לְהַצִּיל עַם יְדִידֶיךָ
נָחִיתָ בְחַסְדֶּךָ .

עָמְדוּ מַלְאֲכֵי מְרוֹמִים
לְהַשְׁפִּיל אֲשֶׁר עַל עַמְּךָ קָמִים
שָׁמְעוּ עַמִּים.

פָּתְחוּ פִיהֶם וְשִׁבְּחוּ כְּנִגְאָלוּ
וּבְהִשָּׁמַע כִּי מְבַשְּׂרִים קָלוּ
אָז נִבְהֲלוּ.

צָרֵי עַמְּךָ וְקָמֵיהֶם
בַּחֲמָתְךָ הַבּוֹעֶרֶת בָּהֶם
תִּפֹּל עֲלֵיהֶם.

קְרָאוּךָ עַמְּךָ וְתוֹשִׁיעֵמוֹ
וְאֶל נְוַת בֵּיתְךָ תוֹשִׁיבֵמוֹ
תְּבִיאֵמוֹ וְתִטָּעֵמוֹ.

רְאֵה וְקַבְּצֵם אֶל אַרְצָם לְהִוָּעֵד
וְלֹאמַר אֶל בֵּית מוֹעֵד
יְיָ יִמְלֹךְ לְעוֹלָם וָעֶד.

שָׂמְחוּ וַיָּגִילוּ וַיָּרִיעוּ
כָּל הָעָם בְּרֵעוֹ
כִּי בָא סוּס פַּרְעֹה.

תּוֹדוֹת נָתְנוּ פְּעוֹבְרָם בַּיָּם
וְהַנָּשִׁים יָצְאוּ בִמְחוֹלוֹת
בְּעֶדְיָם
וַתַּעַן לָהֶם מִרְיָם.

אָמְרוּ לוֹ יוֹדְעֵי הַשָּׂגָה וּבִינָה
בְּיוֹם יְשׁוּעָה וְרִנָּה
אָנָּא יְיָ הוֹשִׁיעָה נָּא.

אַחַר בָּאוּ וּרְאוּ וְהֵבִיאוּ
מִנְחָה

וְהִתְחַזְּקוּ וְהִתְאַמְּצוּ לֵאמֹר
בְּשִׂמְחָה
אָנָּא יְיָ הַצְלִיחָה נָּא.

1. מוני,--רומז למצרים ע"פ ישעיה מ"ט:כ"ו 2 עדת אמוני,--ע"פ שמות י"ד:ל"א. 8 שנצלל,--שם ט"ו:ה'. 17 בכובד,--שם י"ד:כ"ה. 19 ישורון,--כנוי לישראל ע"פ דברים ל"ג:ה'. 28 ירדו...מחנים,--ע' מכילתא,בא, י"ב: "כשהוא אומר, יצאו כל צבאות ה', הרי צבאות מלאכי השרת אמור". 29 וכוכבים...שמים,--ע' ילקוט שמעוני, בשלח, רמ"ו, "וחפה עליהם (על המצריים) את הרקיע והקדיר עליהם את הכוכבים וכל מאורי אור בשמים" 32 טהורים,--ישראל; מסיג,--פסולת מוסרית שבמצרים, ע' ב"יוצר" לחוה"פ "אהוביך אהבוך" לר' שמעון בר יצחק (ד.א' 1387): סבו עגלה הורגיה/ עבותיה לקבץ ועוגיה/ סוף להשבית סיגיה/ התאנה חנטה פגיה." 40 בנך,--בכורך ישראל ע' שמות ד':כ"ב. 46. מלאכי...להשפיל,--ע' מכילתא, בשלח, י"ד; "וינער ה' את מצרים, מסרם בידי מלאכים נערים ובידי מלאכים אכזרים." 49. מנשרים קלו,--ש"ב,א':כ"ג. 52. וחמתך,--תהל' ע"ט:ו'. 55. נות בית,--שמות ט"ו:י"ג. 61. ברעו,--שמות ל"ב: י"ז. 64. במחולות,--שם ט"ו:כ'.

43א. אליה (בן אברהם העלוב מקסטוריה)

"תחנון" ליוה"כ. החתימה: אליה חזק. תחנון מעין שיר-איזור בעל מדריך בן ד' טורים בחרוז פנימי וארבע סטרופות בנות ארבעה טורים וטור איזור. הטור האחרון במדריך חוזר כפזמון אחרי טור האיזור בסוף כל מחרוזת. מספר מילים רופף, (7-5 בטורי סטרופות ו3-4 בטורי המדריך). המקור: כה"י מ"ר, ו. 320, עמ' 398. (אין בד.).

אָנָּא שׁוֹכֵן מְעוֹנַי/ קְשׁוֹב שִׂיחִי וּמַעֲנַי
בְּשָׁפְכִי בְּחִין תַּחֲנוּנַי/ תְּכַפֵּר חֲטָאַי וַעֲוֹנַי
לְךָ נָשָׂאתִי אֶת עֵינַי/ בְּקָרְאִי נִיחַר גְּרוֹנִי
הוֹשִׁיעָה יְיָ הַמֶּלֶךְ וַעֲנֵנִי/ לְמַעַן שִׁמְךָ יְיָ וְסָלַחְתָּ לַעֲוֹנִי.

לְקוֹרֵא לְךָ וּמִתְחַנֵּן תְּנֵהוּ פִּדְיוֹן וְכוֹפֶר
פִּשְׁעוֹ וְחֶטְאוֹ לֹא יִמַּד וְלֹא יִסָּפֵר
וְאַל תִּקְרַב בְּיוֹם דִּינוֹ לְבַל יֵבוֹשׁ וְיֶחְפָּר
וְכָתְבֵהוּ בְּסֵפֶר חַיִּים הַכָּתוּב בְּאִמְרֵי שָׁפֶר
תֹּאמַר לוֹ סָלַחְתִּי כִּי חַנּוּן אָנִי.
הושיעה וכו'

יַעֲזוֹב רָשָׁע וְנִכְאֵה לֵב דַּרְכּוֹ וּמַעֲלָלָיו,
וְאִישׁ אָוֶן מַחְשְׁבוֹתָיו וְרוֹב רוֹעַ מִפְעָלָיו,
וְיָשׁוֹב אֶל יְיָ וִירַחֲמֵהוּ בְּמִילּוּלָיו,
תְּנַקֵּהוּ מֵאַשְׁמָה וּמִכָּל חֵטְא וְעִיקּוּלָיו,
פְּדֵה פְּדֵנִי וְחָנֵּנִי כִּי יָחִיד וְעָנִי אָנִי.
הושיעה וכו׳

הַחֵטְא אִם יִתְאַדָּם וְאִם כַּשָּׁנִים יִתּוּלָע,
וּכְמוֹ אֶלַע,
יִתְקַלַּע;
בְּעִמְקֵי יָם יוּשְׁלַךְ וְיֹאבַד וִיבוּלַּע,
מִזֵּדִים חֲשׂוֹךְ עַבְדֶּךָ וּבִי אַל יִמְשְׁלוּנִי.
הושיעה וכו׳

חוּשָׁה מְקַוֶּה וּמְיַחֵל חֲסָדֶיךָ מָלֵא רַחֲמִים,
זוֹבֵחַ דָּמוֹ וְנַפְשׁוֹ תְּמוּר תּוֹדָה וּשְׁלָמִים,
קָרֵב יִשְׁעוֹ וְדִמְעוֹ בָּא תִּמְחֶה לְעוֹלָמִים,
וְאַל לָעַד תִּזְכּוֹר לָנוּ לְכָל עָוֹן וַאֲשָׁמִים,
הָשִׁיבָה לִּי שְׂשׂוֹן יִשְׁעֶךָ וְרוּחַ נְדִיבָה
תִסְמְכֵנִי.
הושיעה וכו׳

1. שוכן מעוני,--כנוי להקב"ה ע"פ ישעיה ל"ג:ה׳; שיחי,--תהלים קמ"ב:ג׳; מעני,--תפלתי, ע׳ ר"א קליר, רשות לגשם, "אפיק מען מעטר ביום המעטר" (ד.א׳ 7128), 2 בחין,--בדבור ומליצה ע׳ ר"א קליר, "ארשה בראש רחשון" (ד.א׳ 7709) וז"ל, "אתחין בחין לחשון". 3. בקראי...גרוני,--תהלים ס"ט:ד׳. 4 הושיעה...ועני,--שם כ׳:י׳; למען...לעוני,--שם כ"ה:י"א. 5 פדיון וכופר,--שמות כ"א:ל׳. 6. לא...יספר,--הושע ב׳:א׳. 7 יבוש,--ישעיה כ"ט:כ"ב; ואל תקרב,--מוסב על "פשעו וחטאו". 8. ספר חיים,--תהלים ס"ט:כ"ט; אמרי שפר,--בראשית מ"ט:כ"א. 9. כי...אני,--שמות כ"ב:כ"ו. 11. יעזוב...דרכו,--ישעיה נ"ה:ז׳; נכאה לב,--תהלים ק"ט:ט"ז. 12. ואיש...מחשבותיו,--ישעיה שם; רוב,--ירמיה ל׳:י"ד; רוע,--תהלים כ"ח:ד׳. 13. וישוב...וירחמהו,--ישעיה שם; במילוליו,--מוסב על "וישוב", ע׳ קרובה לר"א קליר "ארץ מטה ורעשה" (ד.א׳ 7694 בסלוק שם, וז"ל, "קרב אתה ושמע מלולי". 14. אשמה,--ע׳ ויקרא כ"ב:ט"ז. 15. פדני וחנני,--תהלים כ"ו:י"א; כי...אני,--שם

כ"ה:ט"ז. 17. יתאדם...יתולע,--ישעיה א':י"ח; 18. וכמו,--אבן ב קלע. 19. יתקלע ,--החטא. 20. בעמקי ים,--במצולות ים ע' מיכה ז':י"ז; יבולע,--ע' <u>ספר מלחמות ה'</u> לסלמון בן ירוחים מהד' י. דוידזון (ניו יורק, 1934), י"ג, 106, וז"ל," קרן סעדיה תגודע וחכמתו תבולע....עתה נפשו בכף הקלע תקולע". 21. מזדים....ימשלוני ,--תהלים י"ט:י"ד. 23. חושה,--לעזרת ע' שם ל"ח:כ"ג; מקוה ומיחל חסדיך,--שם ל"ג:י"ח. 24 קבל זובח וכו' 25. קרב ישעו,--שם פ"ה:י'; דמעו....תמחה,--ישעיה כ"ה:ח'. 26. ואל...עון,--שם ס"ד:ח'. 27. השיבה...תסמכני,--תהלים נ"א:י"ד.

43ב. אליה (בן אברהם העלוב מקסטוריה)

"פתיחה" לשבת פרה מעין שיר-איזור בעל מדריך בן שני טורים וארבע מחרוזות בנות שלושה טורים וטור איזור. הטור השני במדריך חוזר כפזמון אחרי טור האיזור בסוף כל מחרוזת. החריזה: אא,//בבב,/אא,// גגג,/ וכו'. מספר מילים 3-6 בכל טור. החתימה: אליה. המקור: כה"י מ"ר, א, 1082, עמ' 23. (אין בד.)

חוֹק יִסַּד שׁוֹכֵן רוּמָה
פָּרָה אֲדוּמָּה תְּמִימָה.

אֱלֹהִים עֵת חָפֵץ לְצַדֵּק בַּחֲלָתוֹ
וּלְהַעֲבִיר כֶּתֶם חַטָּאתוֹ
הִגְדִּיל וְהֶאֱדִיר לָמוֹ תוֹרָתוֹ
וַיְצַו לָקַחַת אוֹם בָּרָה כַּחַמָּה
פָּרָה אֲדוּמָּה תְּמִימָה.

לִבְנֵי אִישׁ תָּם הַתְּמִימִים
אֲשֶׁר בָּחַר סְגוּלָה מִכָּל הָעַמִּים
גָּזַר צוּר חֵי הָעוֹלָמִים
הַמּוֹצִיא אוֹר מִתַּעֲלוּמָה
פָּרָה אֲדוּמָּה תְּמִימָה.

יָפָה הִיא רַעְיָתִי כְּתִרְצָה
וְדוֹפִי וּמוּם בָּהּ לֹא נִמְצָא
וְעַל אוֹדוֹת סִיג גֶּפֶל שִׁמְצָה
וְנָתַן אֶל כּוֹפֶר הָאַשְׁמָה
פָּרָה אֲדוּמָּה תְּמִימָה.

הִקְשׁוּ עוֹרֶף וְהִרְבּוּ לִמְעוֹל
וְנִתְּקוּ מוֹסֵרָה וּפָרְקוּ עוֹל
תַּחַת אֲשֶׁר לֹא עָלָה עָלֶיהָ עוֹל
לְכַפֵּר עַל חֵטְא אֲיוּמָּה
פָּרָה אֲדוּמָּה תְּמִימָה.

1. חוק,--הכונה לפרה אדומה שהקב"ה לא גילה טעמה אלא למשה רבינו ע׳ במדבר רבה י"ט:ו׳. 2. פרה...תמימה,--במדבר י"ט:ב׳. 3-5. חפץ...הגדיל והאדיר,--ישעיה מ"ב: כ"א. 6. ברה כחמה,--שה"ש ו׳:י׳. 8. לבני...תם,--כלומר לבני יעקב שנקרא תם ע׳ בראשית כ"ה:כ"ז. 11. המוציא...מתעלומה,--איוב כ"ח:י"א. 13. יפה כתרצה,--שה"ש ו׳:ד׳ והכונה לכנסת ישראל. 15. סיג,--הכונה למעשה העגל שפרה אדומה באה לכפר ע׳ במדבר רבה י"ט:ח׳. 19. נתקו מוסרה,--ירמיה ב׳:כ׳; פרקו עול,--כלומר עול תורה ועול מצוות. 20. עליה,--כלומר על כנסת ישראל; עול,--מלכות שמים ע׳ ברכות ב׳.ב׳ וע׳ במדבר י"ט:ב׳. 21. איומה,--מפני צורך החרוז.

44. כלב בר משה

"סליחה" ליוה"כ. ט׳ בתים בני ד׳ טורים מחריזים והרביעי פסוק או שבר פסוק. מספר מילים בלתי קבוע (3-8 בכל טור). החתימה: א׳-ב׳ כלב ברבי משה חזק ואמץ. המקורות: רא. ח"ב,ח׳ 58; רב. עמ׳ שנ"ב. (ד.א׳ 5099).

אֲלֵיכֶם אִישִׁים אֲדַבֵּר דִּבְרֵי לַהֲשִׁיבְכֶם/ כִּי בַיּוֹם הַזֶּה יְכַפֵּר עֲלֵיכֶם
גִּעוּלְכֶם הֲסִירוּ בָּא מִתּוֹךְ לְבַבְכֶם/ אַתֶּם נִצָּבִים הַיּוֹם כּוּלְּכֶם לִפְנֵי יְיָ אֱלֹהֵיכֶם.

דִּבְרֵי הַקְשִׁיבוּ וְשׁוּבוּ אֶל אֱלֹהֵיכֶם/ הֵטִיבוּ דַּרְכְּכֶם וְתַקְּנוּ שְׁבִילְכֶם
וְתַעֲשׂוּ הַיָּשָׁר לִפְנֵי אֵל מָעוּזְּכֶם/ רָאשֵׁיכֶם שִׁבְטֵיכֶם זִקְנֵיכֶם וְשׁוֹטְרֵיכֶם.

זְדוֹן לְבַבְכֶם הָרַע אַל יַשִּׁיאֲכֶם מֵאֵל/ חִרְדוּ אֶל אֱלֹהֵיכֶם בְּרָב כֹּחַ וְאֵל
טוּמְאוֹתֵיכֶם הֲסִירוּ וְיָשׁוּב וְיוֹאֵל/ כָּל אִישׁ יִשְׂרָאֵל.

יִשְׂרָאֵל אִם עָוֹן בָּכֶם עָנָה/ קְחָכֶם שִׁבְרוּ בָּא בִתְשׁוּבַת אֵל אֱמוּנָה
לְמַעַן תִּטָּהֲרוּ וְלֹא תֵבוֹשׁוּ בּוֹשְׁנָה/ פֶּן יֵשׁ בָּכֶם שֹׁרֶשׁ פּוֹרֶה רֹאשׁ וְלַעֲנָה.

מַה לָּכֶם תֵּלְכוּ אַחֲרֵי רַעְיוֹנֵיכֶם/ נִכְלֵיכֶם חִרְבוּ וְיַשְּׁרוּ מַעַלְלֵיכֶם
סוֹלֵחַ וּמוֹחֵל יְכַפֵּר חַטֹּאתֵיכֶם/ בֶּעָשׂוֹר לַחֹדֶשׁ תְּעַנּוּ אֶת נַפְשׁוֹתֵיכֶם.

עִנּוּ נַפְשׁוֹתֵיכֶם וְאֵלָיו הַעְתִּירוּ/ פְּנוּ לָכֶם מֵרַע וּלְיִרְאָתוֹ עוּרוּ
צְפוֹנִי הַרְחִיקוּ וּמִמְּתִיבוֹתָיו סוּרוּ/ מִכָּל חַטֹּאתֵיכֶם לִפְנֵי יְיָ תִּטְהָרוּ.

קִרְאוּ עֲצָרָה לְפָנָיו עִם שָׁפֵל וְנִבְזֶה/ רוֹן הָפִיקוּ לוֹ וַעֲנוּתְכֶם לֹא יִבְזֶה
שַׁאֲלוּ מֵאִתּוֹ לָדַעַת מַה זֶּה וְעַל מַה זֶּה/ מֶה חֳרִי הָאַף הַגָּדוֹל הַזֶּה.

תְּהִי יָדְךָ לְעָזְרָם לְהַצִּילָם מִצָּרָה/ כִּי הֲבִיאוֹתָם צוּר עַד הֲלוֹם וְיָדְךָ לֹא קָצְרָה
לָכֵן שָׁבוּ אֵלֶיךָ נִמְצָא בְּצָרָה/ זִבְחֵי אֱלֹהִים רוּחַ נִשְׁבָּרָה.

בִּדְבִיר זָהָב יַעֲדֶה צוּר מִלְּפָנֶיךָ/ שְׁבוּעָתְךָ הוֹאֵל וְקַיֵּם לִבְנֵי אֵתָנֶיךָ
חֲזַק וֶאֱמַץ לְעַם אֱמוּנֶיךָ/ יִהְיוּ לְרָצוֹן אִמְרֵי פִי וְהֶגְיוֹן לִבִּי לְפָנֶיךָ.

1 אליכם אישים,--משלי ח׳:ד׳; אדבר...להשיבכם,--בתשובה וע׳ שופטים י"ט:ג׳; כי עליכם,--ויקרא ט"ז:ל׳. 2 געולכם,--מאוסכם ור"ל עוונותיכם; אתם...אלהיכם,--דברים כ"ט:ט׳. 3 דברי...ושובו,--הושע י"ד:ג׳; אלהיכם,--יואל ב׳:י"ג; הטיבו דרכיכם,--ירמיה י"ח:י"א. 4 ותעשו הישר,--דברים ו׳:י"ח; מעוזכם,--נחמיה ח׳:י׳; ראשיכם...ושוטריכם,--דברים שם. 5 זדון...ישיאכם,--עובדיה ג׳; חרדו.. אלהיכם,--ישעיה ס"ו:ה׳; ואל,--מילה אחרת לכח וע׳ משלי ג׳:כ"ז. 6 טומאותיכם ,--יחזקאל ל"ו:כ"ה; ויואל,--שמות ב׳:כ"א; כל...ישראל,--ש"א,י"ז:כ"ד ועוד. 7 אם...ענה,--ירמיה י"ד:ז׳; בתשובת...אמונה,--רומז ל"תשובה" שקדמה לבריית העולם ע"פ מאמר ר׳ אהבה בר זעירא. בב"ר,א׳:ד׳. 8 תטהרו,--ויקרא ט"ז:ל׳; תבושו בושנה,--ירמיה ו׳:ט"ו, ׳בושנה׳ לצורך החרוז; פן...ולענע,--דברים כ"ט: י"ז. 9 רעיוניכם,--כלומר רעיונות לבכם ע׳ קהלת ב׳:י"ב וע׳ ירמיה ט׳:י"ג: "וילכו אחרי שררות לבם"; נכליכם,--מזמות רשע ע׳ במדבר כ"ה:י"ח; חרבו,--השמידו; וישרו,--ישעיה מ׳:ג׳; מעלליכם,--שם א׳:ט"ז. 10 סולח ומוחל,--כינויים להקב"ה וע׳ תהל׳ ק"ג:ג׳; בעשור...נפשותיכם,--ויקרא ט"ז:כ"ט. 11 ענו נפשותיכם,-- במדבר כ"ט:ז׳; העתירו,--שם ח׳:ד׳; וליראתו,--שם כ׳:כ׳. 12 צפוני הרחיקו,-- ע׳ יואל ב׳:כ׳ ורומז ליצר הרע ע׳ סוכה נ"ב:י"א, "׳הצפוני׳...זה יצה"ר שצפון ועומד בלבו של אדם וכן משמע מ"הבדלה" לרי"ה "צאן אובדות" (ד.צ׳29): "וצפוני באף כלהו תדיח/ ודמי חטא בבור שמהו תדיח"; מכל...תטהרו,--ויקרא ט"ז:ל׳. 13 קראו עצרה,--ע׳ יואל א׳:י"ד; עם...ונבזה,--מלאכי ב׳:ט׳; רון,--שירת תפלה ע׳ ירמיה ז׳:ט"ז; וענותכם...יבזה,--כלומר ענות הגולה וע׳ תהל׳ כ"ב:כ"ה. 14 לדעת

...מה זה,--אסתר ד׳:ה׳; מה חרי...הזה,--דברים כ"ט:כ"ג. 15 תהי...לעזרם,--תהל׳ קי"ט: קע"ג; כי הביאותם...הלום,--ש"ב,ז׳:י"ח; צור,--הקב"ה; וידך...קצרה,--מהושיע ע׳ ישעיה נ"ט:א׳. 16 נמצא בצרה,--כנוי להקב"ה ע"פ תהל׳ צ"א:ט"ו: "עמו אנכי בצרה"; זבחי...נשברה,--תהל׳ נ"א:י"ט. 17 בדביר זהב,--ע׳ מ"א,ו׳:י"ט-כ"ב ורומז למקדש דלעתיד לבא; יעדה,--כלומר עבודת המקדש וע׳ שמות כ"א:ח׳; שבועתך,--שנשבעת לאבותינו ע׳ דבר׳ כ"ו:ט"ו; הואל,--התרצה ע׳ ש"א,י"ב:כ"ב; וקיים,--תהל׳ קי"ט: ק"ו; לבני איתניך,--כלומר לבני אברהם יצחק ויעקב שנקראו ׳איתני עולם׳ ע׳ ר"ה, י"א,ע"א. 18 חזק ואמץ,--יהושע א׳:ט׳; לעם אמוניך,--כלומר לישראל עם הברית ע׳ נחמיה י׳:א׳; יהיו...לפניך,--תהל׳ י"ט:ט"ו.

45. כלב בר אליקים

"סליחה" לעשרת ימי תשובה. י"א בתים בני ד׳ טורים המתחילים ומסתיימים במילת "מלך". שלושה מהם מחריזים והרביעי הבאה מהמקרא. מספר מילים 3-6 בכל טור. החתימה: א׳-ב׳ כלב בר אליקים. המקורות: כה"י מ"ר, ו. 320, עמ׳ 337; רא. ח"ב, א׳ 12; רב. עמ׳ רמ"א. (ד.מ׳ 1542).

מֶלֶךְ אֵלֶיךָ אֶתְחַנֵּן וְאֶקְרָא
בְּשִׁמְךָ אֶבְטַח עֶזְרָה בְּצָרָה
גּוֹדֶל נִפְלְאוֹתֶיךָ אַגִּידָה וַאֲסַפְּרָה
אֲרוֹמִמְךָ אֱלֹהַי הַמֶּלֶךְ.

מֶלֶךְ דִּרְשׁוּהוּ עַמּוֹ וְחוּשׁוּ לְהַלְלוֹ
הִתְוַעֲדוּ עֲדַת הַגּוֹי כֻּלּוֹ
וְקַדְּמוּ פָנָיו בַּחֲלָתוֹ וְחֶבְלוֹ
בַּחֲצוֹצְרוֹת וְקוֹל שׁוֹפָר הָרִיעוּ לִפְנֵי הַמֶּלֶךְ.

מֶלֶךְ זָכְרוּהוּ וְיַעֲזוֹב רָשָׁע דַּרְכּוֹ
חוּשׁוּ בִּגְדוֹ כָּל אִישׁ חֲמָסוֹ גְּזֵילוֹ וְעָשְׁקוֹ
טַהֲרֵי יוֹשֶׁר תֵּלְכוּ הַכֹּל כֹּה
אָמַר יְיָ מֶלֶךְ.

מֶלֶךְ יַשְּׁרוּ לְפָנָיו דַּרְכֵּיכֶם
כַּפַּיִם שְׂאוּ בָּא אֶל אֱלֹהֵיכֶם

לְבַבְכֶם קִרְעוּ לוֹ וְאַל בִּגְדֵיכֶם
כִּי כֵן דִּבֶּר הַמֶּלֶךְ.

מֶלֶךְ מוֹרָאוֹ בְּלִבְּךָ שִׂימָה
נוֹצֶרְךָ לְיִרְאָה אוֹתוֹ עוּרָה וְקוּמָה
סוֹל בָּא הַמְּסִילָּה וּמִכְשׁוֹל הָרִימָה
כִּי כֵן יִסַּד הַמֶּלֶךְ.

מֶלֶךְ עִרְכוּ לְפָנָיו תְּחִנָּה וְהַסְדִּירוּ
פַּלְּסוּ נָתִיב וּמַעְגָּל הַיְּשִׁירוּ
צַחַן לְבַבְכֶם הָסִירוּ וְהִטַּהֲרוּ
כִּי אֵין לָבוֹא אֶל שַׁעַר הַמֶּלֶךְ.

מֶלֶךְ קִרְאוּ בְגָרוֹן אַל תַּחֲשׂוֹכוּ
רוֹן הָפִיקוּ נֶגְדּוֹ הַרְחִיבוּ הַאֲרִיכוּ
שׁוּבוּ אֵלָיו וְדִמְעֲכֶם נִסְכוּ
זֶה מִשְׁפַּט הַמֶּלֶךְ.

מֶלֶךְ תּוֹכֶן מִשְׁפַּט עַמּוֹ אַל תָּפֵר
כַּעֲנָק לוּבְשֵׁהוּ אוּלַי תִּמְצָא כוֹפֶר
לְהָלִיץ יוֹשֶׁר וּלְהִכָּתֵב בְּסֵפֶר
דִּבְרֵי הַיָּמִים לִפְנֵי הַמֶּלֶךְ.

מֶלֶךְ בְּמִצְוֹתָיו הָעוֹבֵר וּבְמִשְׁפָּטוֹ הַחֲזָקָה
בְּמַכָּתוֹ הֲיֵשׁ אֲרוּכָה וְנָקָה
רָעָתוֹ בְּהִדָּרֵשׁ הֲיֵשׁ לוֹ צְדָקָה
וְלִזְעוֹק עוֹד אֶל הַמֶּלֶךְ.

מֶלֶךְ אֱלֹהִים רְצֵה לְיִרְאָתוֹ וְהִמָּלְטָה
לְיוֹם דִּינוֹ זְכוֹר וְאַל תֶּחֱטָא
יִצְרְךָ אַל יְפַתְּךָ וְאַתָּה
עוֹבֵר אֶת מִצְוַת הַמֶּלֶךְ.

מֶלֶךְ קָדוֹשׁ שׁוֹכֵן מְעוֹנָי
יוֹם יִפְקוֹד בְּחַרְבּוֹ הַקָּשָׁה לְמַעֲנָי
מַלְכוּתוֹ יַשְׂגִּיב וְהָיְתָה לַיָי
הַמְּלוּכָה וְהָיָה יָיָ לְמֶלֶךְ.

1 אליך| ו. אליך יי|| 2 אבטח|ו. נבטח; עזרה בצרה| ו. נמצא בצרה||6 התועדו עדת|
ו. התיועדו עדתי|| 10 נגדו| רב. חסר; חמסו|ו.חסר||15 לבבכם...לו|ו. קראו
לבבכם|| 17 מוראו|ו. מוראו ישראל|| 21 תחנה|ו. תהלה|| 23 והטהרו| ו. הטהרו||
25 קראו|ו. קראו לו|| 27 שובו|רב. סובו; ודמעכם|ו. ודמע לפניו|| 30 תמצא|
ו. ימצא||31 ולהכתב| ו. להכתב||33 העובר|רב. העבר; ובמשפטו|ו. ובמצותו|| 34
היש|רב. חיש; ונקה|ו.או הנקה|| 36 עוד|ו.חסר||37 רצה|ו.רוצה||41 קדוש...מעוני|
רב. השכני ברום גבהי מעוני|| 43 ישגיב|ו. תשיב.

4 ארוממך...המלך,--תהל' קמ"ה:א'. 7 קדמו פניו,--שם י"ז:י"ג; נחלתו וחבלו,--
רומז ליעקב חבל נחלתו ע' דברים ל"ב:ט'. 8 בחצוצרות...המלך,--תהל' צ"ח:ו'.
9 ויעזוב...דרכו,--ישעיה נ"ה:ז'. 10 חוו נגדו,--כלומר הודו עלי פשע לה'.
11 טורי יושר,--פי' במעגלי יושר ע"פ משלי ד':י"א. 12,11 כה...מלך,--ישעיה
מ"ד:ו'. 13 ישרו...דרכיכם,--תהל' ה':ט'. 14 כפים שאו,--איכה ב':י"ט. 15 לבבכם
...בגדיכם,--יואל ב':י"ג. 16 כי...המלך,--אסתר א':י"ג. 17 מוראו,--ישעיה ח':
י"ג. 18 נוצרך,--בנך; עורה וקומה,--התגבר ע' ישעיה נ"א:י"ז. 19 סול נא המסילה
,--שם ס"ב:י'; ומכשול הרימה,--שם נ"ז:י"ד. 20 כי...המלך,--אסתר א':ח'. 21
ערכו...תחנה,--ע' ר"י אבן אביתור, "אלהים אמץ" (ד.א' 4657): "אלהים אמץ אם
תחנות ערכת/ במאה ברכות בכל יום שמך מברכת." 22 פלסו נתיב,--תהל' ע"ח:נ';
ומעגל היישירו,--משלי ד':י"א. 23 צחן,--סרחון ע' יואל ב':כ', ור"ל מחשבת רשע
ומזמת בליעל ע' עובדיה א':ג': "זדון לבך השיאך"; לבבכם,--לפי השקפת הקדמונים
היה הלב מרכז הרגש והרצון. 24 כי...המלך,--אסתר ד':ב'. 25 קראו...תחשוכו,--
ישעיה נ"ח:א'. 26 רון,--שירת תפלה ע' תהל' ס"א:ב'. 28 זה...המלך,--ש"א, ח':
י"א. 29 תוכן...עמו,--רומז לתורה ע"פ מ"א, ח':נ"ט. 30 כענק,--משלי א':ט';
תמצא כופר,--איוב ל"ג:כ"ד. 31 להליץ יושר,--מוסב על "משפט עמו" לעיל טור 29
ובלשון הפייטנים ע' "אנוסה" (ד.א' 6396): "קם מליץ יושר להתחנן", שם רומז
לש"ץ שבא להליץ על ישרם של הקהל. 32,31 ולהכתב...המלך,--אסתר ב':כ"ג. 33

במצותיו העובר,--כלומר מי שעובר עברה ע׳ יומא פ"ו,ע"ב. 34 ארוכה,--הבראה; ונקה,--טהרה, ור"ל סליחה מחטא וע׳ במאמר ר׳ מאיר, תמורה ג׳, ע"א,ע"ב:"(מי שנשא את שם ה׳ לשוא) בית דין של מעלה אין מנקין אותו" וע׳ שמות כ׳:ז׳. 35 בהדרש,--ע׳ בראש׳ ט׳:ה׳. 36 ולזעוק...המלך,--ש"ב,י"ט:כ"ט. 37 רצה,--תהל׳ קי"ט:ק"ח; יראתו,--שמות כ׳:כ׳. 38 ליום דינו,--שעתיד הקב"ה לדון לכל העולם בעמק יהושפט ע׳ יואל ד׳:י"ב וע׳ מדרש משלי י׳. 39 יצרך,--יצה"ר. 40,39 ואתה ...המלך,--אסתר ג׳:ג׳. 41 שוכן מעני,--בשמים. 42 בחרבו הקשה,--ישעיה כ"ז:א׳. 43 ישגיב,--איוב ל"ו:כ"ה וע׳ ישעיה ב׳:י"א: 43, 44..נהיתה...המלוכה,--עובדיה כ"א; והיה...למלך,--זכריה י"ד:ט׳.

46. חנניה בר שלחיה

"סליחה" ליוה"כ. י"ז בתים המתחילים ומסתיימים במילת "ישראל" בני ד׳ טורים ששלושה מהם מחריזים והרביעי פסוק או שבר-פסוק. מספר מילים 4-7 בכל טור. החתימה: חנניה ברבי שלחיה חזק. המקורות: כה"י מ"כ, אדלר 0717, עמ׳ 100; רא. ח"ב ב׳ 73; רב. עמ׳ שע"ב. (ד.י׳ 4223).

יִשְׂרָאֵל חֲלוּ פְּנֵי אֵל רוֹכֵב שְׁחָקִים בְּגַאֲוָתוֹ
חֲרֵדִים הִכּוֹנוּ וּצְאוּ לִקְרָאתוֹ
חַדְּשׁוּ לְבַבְכֶם עֲבָדוּהוּ יִזְכּוֹר בְּחֶמְלָתוֹ
חַסְדּוֹ וֶאֱמוּנָתוֹ לְבֵית יִשְׂרָאֵל.

יִשְׂרָאֵל נְגִידִים דַּבְּרוּ אַל תַּרְבּוּ גְבוֹהִים
נִדְבוֹת פִּיכֶם הַבִּיעוּ צְמֵאִים כְּמֵהִים
עַל כָּל אֱלֹהִים אִמְרוּ לְפָנָיו רוֹהִים
נוֹרָא אֱלֹהִים מִמִּקְדָּשֶׁיךָ אֵל יִשְׂרָאֵל.

יִשְׂרָאֵל נְדָרֶיךָ אֲמָרֶיךָ שַׁלֵּם אַל תִּבְגּוֹד בֶּגֶד
נָחוּץ קְרַע לֵבָב אַל תִּקְרַע בֶּגֶד
נִפְלְאוֹת אֱלֹהֶיךָ הִתְבּוֹנֵן רוֹמֵם וְהַגֵּד
נֶגֶד כָּל קְהַל יִשְׂרָאֵל.

יִשְׂרָאֵל יָדַם בָּשְׂאוּ קֹדֶשׁ בּוֹרֵא נְגוֹהַי
יְמִינְךָ הוֹשִׁיעָה הַשְׁקֵה שְׁלָהַי
יִשְׁעֲךָ חוֹכִים הֲמוֹנֶיךָ וּלְךָ מַרְוֶה כְּמֵיהַי
יִזְעֲקוּ אֱלֹהַי יְדַעֲנוּךָ יִשְׂרָאֵל.

יִשְׂרָאֵל הָעָם בְּחַרְתָּם בַּחֲלָתֶיךָ בְּנֵי אֵיתָנָי
הִנָּם נֶאֶסְפוּ לִדְרוֹשׁ שׁוֹכֵן מְעוֹנָי
הַפְלֵא חֲסָדֶיךָ הוֹשַׁע שְׁאֵרִית הֲמוֹנָי
הָאָדוֹן יְיָ אֱלֹהֵי יִשְׂרָאֵל.

יִשְׂרָאֵל בִּנְךָ בְכוֹרְךָ בְּבֵיתְךָ נוֹעַד
בְּךָ בָטַח עוּזְךָ לְבָבוֹ יִסְעַד
בּוֹרְאִי רְצֵהוּ לְכַפֵּר בַּעֲדוֹ וּבְעַד
בֵּיתוֹ וּבְעַד כָּל קְהַל יִשְׂרָאֵל.

יִשְׂרָאֵל רֵאשִׁית תְּבוּאָתְךָ נֶאֶסְפוּ בְּפַחַד
רוֹנְנִים מְהַלֵּל עוּזְךָ בְּלִי כַחַד
רוֹחֲשִׁים גָּדְלְךָ לְמוֹלְךָ יְיָ אֶחָד
רָאשֵׁי עַם יַחַד שִׁבְטֵי יִשְׂרָאֵל.

יִשְׂרָאֵל בְּהִמָּצְאוֹ דִרְשׁוּהוּ וְנוּם מֵעַיִן חִשְׂכוּ
בֵּיתוֹ לַעֲלוֹת הַשְׁכִּימוּ קַדְּמוּ הִלְכוּ
בִּנְדָבָה הַלְלוּהוּ וְאוֹתוֹ הַמְלִיכוּ
בְּמַקְהֵלוֹת בָּרְכוּ אֱלֹהִים יְיָ מִמְּקוֹר יִשְׂרָאֵל.

יִשְׂרָאֵל יַשְּׁרוּ לְבַבְכֶם וְאַל יְהִי עָקוֹב
יָרִיב אֵל רִיבָם וְצָרֵיכֶם יִקּוֹב
יוֹקֵשׁ פִּשְׁעֵיכֶם יָשִׁית כְּעֵץ רָקוֹב
יָגֵל יַעֲקֹב יִשְׂמַח יִשְׂרָאֵל.

יִשְׂרָאֵל שַׁחֲרוּ יוֹשְׁבֵי בִשְׁמֵי מְרוֹמַי
שִׁפְכוּ לִבְּכֶם כַּמַּיִם לְפָנָיו אוּמַי
שַׁוְעוּ לְפָנָיו וְאַל תִּתְּנוּ דוֹמִי
שִׁמְעָה עַמִּי וַאֲדַבֵּרָה יִשְׂרָאֵל

יִשְׂרָאֵל לִבָּם שָׁפְכוּ וְשָׁבוּ כַּעֲסְךָ לְהָפֵר
לַהֲקֵתָם שְׂאֵה וְשׁוֹטְנָם הַחְפֵּר
לְשׁוֹנָם תֶּהְגֶּה צִדְקָךְ וּמַהֲלָלְךָ תְּסַפֵּר
לְכַפֵּר עַל בְּנֵי יִשְׂרָאֵל.

יִשְׂרָאֵל חֶבֶל נַחֲלַת שׁוֹכֵן מְעוֹנַי
חַכּוּ יִשְׁעוֹ הַלְלוּהוּ בְּמוֹשַׁב זְקֵנַי
חַסְדוֹ נוֹהֵג עִם מוֹדָיו וְאוֹדֶה בִּזְדוֹנַי
חָטָאתִי לַיְיָ אֱלֹהֵי יִשְׂרָאֵל.

יִשְׂרָאֵל יִשְׁרֵי לֵב רַחֲצוּ כַּפֵּיכֶם בְּנִקָּיוֹן
יַבִּיעַ פִּיכֶם תַּחֲנוּנֵיכֶם כְּעָנִי וְאֶבְיוֹן
יֵרָצֶה מִפָּעֳלֵיכֶם יִסְלַח עֶלְיוֹן
יִתֵּן מִצִּיּוֹן יְשׁוּעַת יִשְׂרָאֵל.

יִשְׂרָאֵל הָעִיר שְׁחָרִים בְּנִיבוֹ לְקַדְּמֶךָ
הַגְדֵּל חֲסָדֶיךָ יְבוֹאוּהוּ מִמְּרוֹמֶיךָ
הוֹשַׁע שְׁאֵרִית יוֹדְעֵי תַּעֲצוּמֶיךָ
הַקּוֹרֵא בְּשִׁמְךָ אֱלֹהֵי יִשְׂרָאֵל.

יִשְׂרָאֵל חֲיָלִים הִגְבִּירוּ בְּקָשׁוּךָ בַּעֲרָץ בְּסוֹד קְדוֹשִׁים
חָדְלוּ מִפֶּשַׁע וּפָנֶיךָ מְקַדְּשִׁים
חֲסִין יָהּ רַחֲמֶיךָ יְקַדְּמוּם חֲמוּשִׁים
חוּשִׁים לִפְנֵי בְּנֵי יִשְׂרָאֵל.

יִשְׂרָאֵל זָכְרֵם בִּרְצוֹנְךָ וּפְדֵם מִשַּׁחַל בָּם נָהַם
זַעֲקָתָם שְׁעֵה הוֹשַׁע אַל תְּהִי כְּאִישׁ נִדְהָם
זְדוֹנָם אִם רַב וְיֵאָסֵף נָגְהָם
זְכוֹר לְאַבְרָהָם לְיִצְחָק וּלְיִשְׂרָאֵל.

יִשְׂרָאֵל קְרָאוּךָ מַחְשְׁבוֹת שָׁלוֹם עֲלֵיהֶם חַשֵּׁב
קַבֵּל תְּחִנָּתָם וּשְׁבוּתָם הָשֵׁב
קָרְבֵם וְשָׂא פִּשְׁעָם וְשַׁוְעָתָם הַקְשֵׁב
קָדוֹשׁ יוֹשֵׁב תְּהִלּוֹת יִשְׂרָאֵל.

1 חלו פני אל,--מלאכי א׳:ט׳; רוכב...בגאותו,--דברים ל"ג:כ"ו; חרדים,--ישעיה ס"ו:ה׳. 4,3 יזכור...לבית ישראל,--תהל׳ צ"ח:ג׳. 5 אל תרבו גבוהים,--ש"א,ב׳:ג׳. 6 נדבות פיכם,--תהל׳ קי"ט:ק"ח; כמהים,--משתוקקים לישועתו ע׳ תהל׳ ס"ג:ב׳. 7 רוהים,--נראים וע׳ בפיוט "אשר לו כל תפלה" (ד.א׳ 8301) במחזורי תימן וארם

צובה: "...שעה שועת כמהים/...יראים הם ורוהים." 8 נורא...ישראל,--תהל' ס"ח:
ל"ו. 10 נחוץ,--דבר המלך ע' ש"א,כ"א:ט'; קרע לבב...בגד,--יואל ב':י"ג. 11
נפלאות...התבונן,--איוב ל"ז:י"ד. 12 נגד...ישראל,--יהושע ח':ל"ה. 13 בורא
נגוהי,--רומז להקב"ה היוצר אור ע' ישעיה מ"ה:ז'. שלהי,--פי' עיפים וחלשים
ע"פ תרגום אונקלוס לדברים כ"ה:י"ח שתרגם 'עיף ויגע': 'משלהי ולאי' וע' בזולת
לר' מנחם בן מכיר, "אדעה כי אין זולתך" (ד.א' 1204): "ידידות סגולת נערות
חולת אהבת בלהלוהי/ כמער איש וליות הוראות חבת שלהי." 15 חוכים,--ישעיה ל':
י"ח; מרוה,--משלי י"א:כ"ה. 16 יזעקו...ישראל,--הושע ח':ב'. 17 בני איתני,--
בני האבות ע"פ מיכה ו':ב' וע' ר"ה,י"א,ע"א. 18 שוכן מעוני,--כנוי להקב"ה.
19 הפלא חסדיך,--תהל' ל"א:כ"ב. 20 האדון...ישראל,--שמות ל"ד:כ"ג. 21 ישראל
...בכורך,--שמות ד':כ"ב; נועד,--מתאסף, ע' נחמיה ו':ב'. 22 יסעד,--תהל' ק"ד:
ט"ו. 23, 24 לכפר...קהל ישראל,--ויקרא ט"ז:י"ז. 25 ישראל...תבואתך,--ירמיה
ב':ג'. 26 בלי כחד,--כלומר לא בהסתר אלא בפרהסיא. 27 רוחשים,--תהל' מ"ה:ב'.
28 ראשי...ישראל,--דברים ל"ג:ה'. 29 בהמצאו דרשוהו,--ישעיה נ"ה:ו'; ונום,--
ושינה; חשכו,--עצרו. 32 במקהלות...ישראל,--תהל' ס"ח:כ"ז. 33 לבבכם...עקוב
,--ירמיה י"ז:ט'. 34 יריב...ריבם,--משלי כ"ב:כ"ג; וצריכם,--אויבכם; יקוב,--
יקלל ע' במדבר כ"ג:י"א. 36 יגל...ישראל,--תהל' י"ד:ז'. 37 שחרו,--משלי י"א:
כ"ז; יושבי...מרומי,--רומז בזה להקב"ה. 38 אומי,--'אום' כנוי לישראל ע' "בעל
הטורים" לבמדבר י"א:ט"ז. 39 דומי,--תהל' ס"ב:ו'. 40 שמעה...ישראל,--שם נ':
ז'. 42 להקתם,--קהלם ע' ש"א, י"ט,כ' וע' ראב"ע, "אראלים וחשמלים" (ד.א' 7455):
"להוקים יחד להלל במאמר"; ושוטנם החפר,--תהל' ק"ט:כ"ט. 44 לכפר...ישראל,--
במדבר ח':י"ט. 45 חבל נחלת,--דברים ל"ב:ט'. 46 הללוהו...זקני,--תהל' ק"ז:ל"ב.
47 מודיו,--ע' משלי כ"ח:י"ג: "ומודה ועוזב (פשעיו) ירוחם". 48 חטאתי...ישראל
,--יהושע ז':כ'. 52 מציון...ישראל,--תהל' י"ד:ז'. 53 העיר שחרים,--שם נ"ז:
ט'; בניבו,--בניב שפתים ע' ישעיה נ"ז:י"ט. 55 תעצומיך,--שנתת לעם ע' תהל'
ס"ח:ל"ו. 56 הקורא...ישראל,--ישעיה מ"ה:ג'. 57 חיילים הגבירו,--קהלת י':י';
נערץ...קדושים,--הקב"ה ע"פ תהל' פ"ט:ח'. 59 חסין יה,--שם ט'; חמושים,--רומז
לישראל ע"פ שמות י"ג:י"ח. 60 חשים...ישראל,--במדבר ל"ב:י"ז. 61 משחל,--תהל'
צ"א:י"ג; נהם,--משלי י"ט:ל"ב. 62 אל...נדהם,--ירמיה י"ד:ט'. 63 ויאסף נגהם,--
יואל ב':י' ועוד. 64 זכור...ולישראל,--שמות ל"ב: י"ג. 65 מחשבות...חשב,--
ירמיה כ"ט:י"א. 66 ושבותם,--צפניה ב':ז'. 68 קדוש...ישראל,--תהל' כ"ב:ד'.

47. דויד מביזאנטיון

"קינה" בצורת שיר-איזור בעל מדריך בן ד' טורים וארבע סטרופות בנות ד' טורים וטור איזור. הטור האחרון במדריך חוזר כפזמון אחרי טור האיזור בסוף כל מחרוזת. החריזה: אאאא,// בבבב,/אא,//גגגג,/אא,// וכו'. המשקל: עשר תנועות בכל טור והשוואים הנעים והחטפים אינם במניין. החתימה: דויד. המקור: כה"י מ"ר, ל. 685, עמ' 258. (ד.א' 1725).

אוֹי [לִי] כִּי פָּקַד עֲוֹן בֵּית יִשְׂרָאֵל
וְשָׁפַךְ אֶת חֲמָתוֹ בִּלַּע יִשְׂרָאֵל
וְלֹא חָמַל עַל בֵּית יְהוּדָה וְיִשְׂרָאֵל
גָּדַע בָּחֳרִי אַף קֶרֶן יִשְׂרָאֵל.

דַּלָּה וְנֶאֱנָחָה מְכוּרָה בְּיַד צָרִים
עֲשִׂי אֵבֶל יָחִיד מִסְפַּד תַּמְרוּרִים
עַל הֲמוֹן רוֹזְנַיִךְ וְעַל סוֹד בַּחוּרִים
אֲשֶׁר נָפְלוּ בִּידֵי עֲרֵלִים וְאַכְזָרִים
שְׂאִי קִינָה מָרָה וּתְהִי חוֹק בְּיִשְׂרָאֵל.
גדע וכו'

וּבְכוּ נִפְזָרִים בְּכָל קַצְוֵי אֶרֶץ
עַל חָרְבַּן יְפֵה נוֹף מְשׂוֹשׂ כָּל הָאָרֶץ
אֵיךְ יָשְׁבָה בָדָד בְּאֵין גּוֹדֵר פֶּרֶץ
וַתּוּתַּשׁ בְּחֵימָה לְכָלָה וָחֵרֶץ
וְהָלְכוּ שְׁבִי בְּיַד צָר אֱמוּנֵי יִשְׂרָאֵל.
גדע וכו'

יוֹם עָלָה אַרְיֵה וְהֶחֱרִיב הֵיכָלֵךְ
בְּכִי שָׁנָה [בַּשָּׁנָה] בְּיוֹמֵךְ וְלֵילֵךְ
בְּקִינִים וָהֶגֶה הָרִימִי קוֹלֵךְ
וְסִפְדִי וְהֵילִילִי עַל נְפִילַת כְּלִילֵךְ
אֵיךְ הָיָה לָמַס הַצְּבִי יִשְׂרָאֵל.
גדע וכו'

דִּיכָּה לָאָרֶץ אוֹיֵב חַיָּיתִי
וְאוֹמַר אָבַד נִצְחִי וְתוֹחַלְתִּי
אֵל נְקָמוֹת הוֹפִיעַ קוּמָה לְעֶזְרָתִי
וְהָשֵׁב גְּמוּל עַל כָּל מְבַקֵּשׁ רָעָתִי
וְיֵדְעוּ אָז כִּי יֵשׁ אֱלֹהִים בְּיִשְׂרָאֵל.
גדע וכו׳

1 [לי], --לצורך המשקל. 2 ושפך...חמתו,--שם ד׳:י״א; בלע ישראל,--שם ב׳:ה׳. 3. ולא חמל,--שם ב׳:ב׳: גדע וכו׳,--שם ב׳:ג׳. 5. דלה,--כנסת ישראל, ע׳ ירמיה נ״ב:ט״ו.ט״ז; ונאנחה,--איכה א׳:כ״א; מכורה,--ישעיה נ׳:א׳; עשי וכו׳,--ירמיה ו׳:כ״ו. 7. סוד בחורים,--שם ו׳:י״א; ואכזרים,--שם ו׳:כ״ב,כ״ג. 9. שאי קינה ,--שם ז׳:כ״ט; ותהי וכו׳,--שופטים י״א:ל״ט. 11. נפזרים,--רומז לישראל בגולה ע׳ ירמיה נ׳:י״ז; קצוי ארץ,--ישעיה כ״ו:ט״ו; יפה נוף וכו׳,--ירושלים ע״פ תהל׳ מ״ח:ג׳. 13. איך...בדד,--איכה א׳:א׳; גודר פרץ,--ישעיה נ״ח:י״ב; ותותש בחימה,--יחזקאל י״ט:י״ב; לכלה וחרץ,--ישעיה י׳:כ״ג, וחרץ: מחידושי שמות בלשון הפייטנים על משקל הסגוליים. 15. והלכו שבי...צר,--איכה א׳:ה׳; אמוני ישראל,--ש״ב,כ׳:י״א. 17. עלה אריה,--ירמיה ד׳:ז׳ ורומז לנבוכדנצר מלך בבל, ע׳ רש״י,שם. 18. בשנה,--לצורך המשקל. 19. בקינים והגה,--יחזקאל ב׳:י׳; הרימי קולך,--ישעיה מ׳:ט׳; וספדי והילילי,--ירמיה ד׳:ח׳; כלילך,--איכה ב׳:ט״ו. 21. היה למס,--שם א׳:א׳; הצבי ישראל,--ש״ב,א׳:י״ט. 23. דיכה...חייתי,--תהל׳ קמ״ג:ג׳; ואומר וכו׳,--איכה ג׳:י״ח. 25. אל...הופיע,--תהל׳ צ״ד:א׳; וקומה לעזרתי,--שם מ״ד:כ״ז; והשב גמול,--שם צ״ד:ב׳; מבקשי רעתי,--שם ע״א:י״ג. 27. אלהים בישראל,--מ״ב,ה׳:ט״ו.

48. משקויו

"רשות" לברכו לשבת החודש. ששה טורים בחרוז מבריח ובמשקל המרובה. החתימה: משקויו. המקורות: כה״י מ״ר, א. 1082 עמ׳ 26;ל. 685, עמ׳ 37. (ד.מ׳ 2381)
המשקל: המרובה ‿---/‿---/‿--//‿---/‿---/‿--

מְרוֹמָם אַתְּ עֲלֵי כָּל שִׁיר וְזִמְרָה/ וְאָכֵן דַּל יְצִיר חוֹמֶר יְצִירָךְ
שְׁבָחֲךָ אֵל כְּפִי כֹחַ אֲשֶׁר בּוֹ/ לְךָ יַעֲרוֹךְ בְּמִקְהַל עַם עֲדָתָךְ
קְבוּצַת עַם אֲשֶׁר בָּאוּ לְהַלֵּל/ לְשִׁמְךָ צוּר בְּתוֹךְ מִשְׁכַּן דְּבִירָךְ
וְאַתָּה אֵל הֱיֵה עוֹזֵר וְסוֹמֵךְ/ וְגַם מַחֲזִיק לְמַעַן אָב בְּחִירָךְ
יְדֵי עַבְדָךְ אֲשֶׁר עוֹדוֹ שְׁבָחֲךָ/ וְיַד עַמָּךְ בְּנֵי יַעֲקֹב בְּכוֹרָךְ
וְאַתֶּם עַם שְׂאוּ קֹדֶשׁ יְדֵיכֶם/ וּבָרְכוּ אֶת יְיָ הַמְּבוֹרָךְ.

49 יהודה הכהן קילטי

"פתיחה" לשבת וחנוכה מעין שיר־איזור בעל מדריך בן שני טורים וחמש סטרופות בנות ג׳ טורים וטור איזור. הטור השני במדריך חוזר כפזמון אחרי טור האיזור בסוף כל מחרוזת. החריזה: אא,// בבב,/אא,// גגג,/ וכו׳. המשקל: בטורי סטרופות שש־שבע תנועות (פרט לטור 21 בשמונה תנועות) ובטורי מדריך ואיזור 7–9 תנועות והשוואים הנעים והחטפים אינם במנין. החתימה: יהודה כהן. המקורות: כה"י מ"ר, א, 1082,עמ׳ 79; רא. ח"א,37; רב. עמ׳ נ"א. (ד.ב׳ 1070).

בְּנֵר חֲנוּכָּה אוֹדְךָ צוּר בְּשִׁירַי
כִּי אַתָּה יְיָ תָּאִיר נֵרִי.

יָחִיל לְשִׁמְךָ אֵל סַעֲדִי
בֶּאֱמוֹר צָר לְנַפְשִׁי נוּדִי
וּבְהַעֲרִים סוֹד לְהַכְחִידִי
אֶחֱסֶה בָּךְ אֵלִי צוּרִי.
בנר וכו׳

הֲמוֹן מְסִיבַּי תַּכְרִיעַ
וַעֲצָתָם חִישׁ תַּפְרִיעַ
אָז לְשִׁמְךָ אָרִיעַ
יְרַנְּנוּ לְאֵל חַי לִבִּי וּבְשָׂרִי.
בנר וכו׳

וּנְפוּצוֹת חִישׁ קַבֵּץ
וּתְשׁוֹבְבֵם אֶל מַרְבֵּץ
כְּאָז מֵאָז בִּימֵי יַעְבֵּץ
יָגֵל כְּבוֹדִי אַף בְּשָׂרִי.
בנר וכו׳

דְּרוֹךְ פּוּרָה לְבַדְּךָ
לְאוֹם עֲלִיזָה בְּפִידֶךָ
וְיֵז נִצְחָם בִּבְגָדֶיךָ
וּלְצִיּוֹן עֲנֵה הִתְנַעֲרִי.
בנר וכו׳

הִתְפַּתְּחִי מוֹסְרָיִךְ
כִּי הֵן חָלְפוּ צָרָיִךְ
וּלְכִסְלָה יְשׁוּבוּן צָרָיִךְ
וְחֶרְפַּת אַלְמְנוּתַיִךְ לֹא תִזְכְּרִי.
בנר וכו'

2 יי| רב. חסר||3 סעדי| רב. צעדי||13 ונפוצות| רב. ונפוצי|| 18 דרוך| רב. דורך|| 21 התנערי| רב. התעוררי|| 24 צרייך| רב. צורריך|| ולכסלה...צרייך| רב. חסר.

1 צור,--הקב"ה. 2 כי וכו',--תהל' י"ח:כ"ט. 3 יחיל,--יחכה ע' שופ' ג':כ"ה; סעדי,--תהל' מ"א:ד'. 4 לנפשי נודי,--שם י"א:א'. 5 ובהערים...להכחידי,--שם פ"ג:ד', וה'. 1 צור,--הקב"ה. 2 כי...נרי,--תהל' י"ח:כ"ט. 3 יחיל,--יחכה ע' שופטים ג': כ"ה; סעדי,--שם מ"א:ד'. 4 לנפשי נודי,--שם י"א:א'. 5 ובהערים...להכחידי,--שם פ"ג:ד',ה'. 6 אחסה...צורי,--שם י"ח:ג'. 8 המון מסיבי,--כלומר 'קמי תחתי', ע' שם י"ח:מ'; תכריע,--שם. 9 ועצתם...תפריע,--נחמיה ד':ט'. 11 ירננו...ובשרי,--תהל' פ"ד:ג'. 13 ונפוצות...קבץ,--ישעיה י"א:י"ב. 14 אל מרבץ,--כלומר לציון, מרבץ לחיה ע' צפניה ב':ט"ו וע' ב'גאולה' לרשב"ג (ד.ש' 358): "שדודים נדודים לציון תקבץ/ מכורים בלא הון תשובב למרבץ." 15 בימי יעבץ,--כלומר בזמן שבית המקדש היה קיים, ע' דבה"א ב':נ"ה וע' סוטה י"א,ע"א ותוספות שאנץ, שם ד"ה "ל"א תרעתים". 16 יגל...בשרי,--תהל' ט"ז:ט'. 18 דרוך...לבדך,--ישעיה ס"ג:ג'. פורה' ,--כנוי למלכות רומי בלשון הפייטנים, ע' צונץ,<u>ס.פ</u>. 459. 19 לאום,--מוסב על 'דרוך'; עליזה,--שמחה וכנוי לאדום ע' צונץ,שם,עמ' 455; בפידך,--כלומר בצערו של הקב"ה שהיה בוכה בשעה שבית המקדש נחרב ע' פתיח' איכה רבה. 17 ויז... בבגדיך,--ע' ישעיה, שם. 21 התנערי, שם. 23 התפתחי מוסריך,--שם נ"ב:ב'. 24 חלפו,--נעלמו ע' שה"ש ב':י"א: "הגשם חלף הלך לו"; צרייך,--כאביך ע' ישעיה כ"א:ג'. 25 ולכסלה,--כלומר לשטות ורומז כנראה לדת הנוצרים, וצלעית זו חסרה במחזורי רומניה שבדפוס, וע' תהל' פ"ה:ט'; ישובון,--ע' תהל' שם. 26 וחרפת... עוד,--ישעיה נ"ד:ד'.

50. אליקים

"רשות" לחתן תורה בת כ"ט טורים בחרוז מבריח ובמשקל המהיר. החתימה: א'-ב' אליקים. המקור: כה"י מ"ר, ו. 320, עמ' 522. (ד.מ' 2544).
המשקל המהיר: --◡-/--◡-/--//--◡-/--◡-/--

מֹשֶׁה עֲלוֹז וּשְׂמַח בְּקוֹנְךָ/ כִּי בֶאֱמֶת בּוֹ רַב שְׂשׂוֹנְךָ
אִישׁ הָאֱלֹהִים אַתְּ וְנִקְרֵאתָ/ עָנָיו מְאֹד מִכָּל הֲמוֹנֶיךָ.
בָּאתָ בְּתוֹךְ עָנָן וְעָבִים יוֹם/ רַצְתָּ עֲלוֹת בִּשְׁמֵי מְעוֹנֶיךָ,
גְּדֹלָה וִיקָרָה נַפְשְׁךָ עַל כָּל/ נֶפֶשׁ בְּנֵי מַקְהֵל אֱמוּנֶיךָ.
דַּרְכֵי אֱלֹהֶיךָ הֲכִי אַתָּה/ בַּנְתָּ וְשִׁנַּנְתָּם לְבָנֶיךָ,
הוֹדָם בְּהוֹדְךָ רָם וְכִי קַרְנָם/ אָמְנָם מְאֹד רָמָה בְּקַרְנֶךָ.
וּבְנֵי בְרִיתְךָ בֶּאֱמֶת מָלְאוּ/ עוֹשֶׁר וְהוֹן עָתֵק בְּהוֹנֶיךָ,
זָרַח כְּבוֹד הָאֵל לְךָ וּמְאוֹר/ פָּנָיו כְּבָר נָגַהּ בְּפָנֶיךָ.
חָזְקוּ בְךָ דַּלִּים וְנִכְשָׁלִים/ חַיִל וְאוֹן אָזְרוּ בְּאוֹנֶךָ,
טוּב יִשְׂבְּעוּ בָנִים וְעוֹלְלֵיהֶם/ בִּטְנָם תְּמַלֵּא מִצְּפוּנֶיךָ.
יִתְעַנְּגוּ כֻלָּם וְיִרְווּ עֵת/ תַּשְׁקֵם מְקוֹר נַחַל עֲדָנֶיךָ,
כָּבוֹד נְבִיאִים נָחֲלוּ בִּכְבוֹד/ שִׁמְךָ וְחֵן מָצְאוּ בְּחִינְּךָ.
לָבְשׁוּ בְךָ הוֹד וַעֲטֶרֶת פָּז/ עָנְדוּ בְרֹאשָׁם כָּל קְצִינֶיךָ,
מַה נַּעֲלֶה שִׁמְךָ וּמַה נֶּעֱרַב/ רֵיחוֹ כְּמוֹ רֵיחַ שְׁמָנֶיךָ.
נוֹרְאוֹת יְמִינְךָ עֵת אֲשֶׁר נִרְאוּ/ כַּמָּה מְאֹד תָּמְהוּ זְקֵנֶיךָ,
סוֹד פִּלְאֲךָ נִמְתַּק בְּפִיהֶם כִּי/ חָלָב וְצוּף תַּחַת לְשׁוֹנֶךָ.
עֵת מַטְּךָ הִכָּה לְיַם סוּף אָז/ נָס מִפְּנֵי פַּחַד גְּאוֹנֶיךָ,
פָּנִים בְּפָנִים עִמְּךָ הָאֵל/ דִּבֵּר וּפֶה אֶל פֶּה הֲבִינֶךָ.
צִיר נֶאֱמָן אַתָּה וְעַל יָדְךָ/ יָרְדוּ שְׁנֵי לוּחוֹת אֲבָנֶיךָ,
קָדוֹשׁ הֲכִי אַתָּה וְגַם קָדוֹשׁ/ בָּנְךָ וְקָדוֹשׁ בֵּית מְעוֹנֶךָ.
רַמְתָּ בְּמַעֲלָתְךָ בְּתוֹךְ שְׂרָפַי/ קֹדֶשׁ כְּבַר שַׂמְתָּ מְכוֹנֶךָ,
שָׁמָּה כְּבוֹד הָאֵל אֲסָפְךָ עַל/ כִּי צִדְקְךָ הָלַךְ לְפָנֶיךָ.
תִּהְיֶה צְרוּרָה נַפְשְׁךָ בִּצְרוֹר/ חַיִּים בְּהַר קוֹדֶשׁ אֲדוֹנֶיךָ,
אָמְנָם אֲנִי עֶבֶד לְעַבְדֶּךָ/ נִרְצָה עֲשׂוֹת תָּמִיד רְצוֹנֶךָ.
לִבִּי וְנַפְשִׁי בֶּאֱמֶת כֻּלָּם/ רָצִים דְּרוֹשׁ כָּל יוֹם לְשִׁיכְנֶךָ,
יַעַן זְכוּתְךָ תַּעֲמוֹד עָלַי/ לָבִין בְּסוֹד דָּתְךָ וְדִינֶךָ.
קָצְרָה לְשׁוֹנִי מַעֲנוֹת רַבָּה/ כִּי מִסְפּוֹר עָצְמוּ רְנָנֶיךָ,
יוֹשֶׁר וְגַם תּוֹם יִצְרוּךָ כִּי/ צֶדֶק כְּבַר מָלְאָה יְמִינֶךָ;
מַה טּוֹב וְנָעִים חֶלְקְךָ לָכֵן/ מֹשֶׁה עֲלוֹז וּשְׂמַח בְּקוֹנֶךָ.

1. עלוז ושמח,--צפניה ג׳:י"ד; קונך,--דברים ל"ב:ו׳. 2. איש האלהים,--שם ל"ג: א׳; עניו...מכל,--במדבר י"ב:ג׳. 3. באת...ענן,--שמות כ"ד:י"ח; עלות,--שם י"ט: ג׳. 4. יקרה נפשך,--מלכים ב; א׳:י"ג,י"ד; אמוניך,--ישעיה כ"ו:ב׳. 5. ושננתם

לבניך,--דברים ו׳:ז׳. 6. הודם,--של ישראל. 7. עושר...עתק,--משלי ח׳:י"ח; מלאו ...בהוניך,--משלי כ"ד:ד׳. 8. זרח...לך,--ישעיה ס׳:א׳; ומאור...בפניך,--שמות ל"ד:כ"ט. 9. נכשלים...אזרו,--שמואל א׳, ב׳:ד׳. 10. ישבעו...מצפוניך,--תהלים י"ז:י"ד; ישבעו...יתענגו,--ע"פ "ישמח משה במתנת חלקו" בשחרית לשבת: "כלם ישבעו ויתענגו מטובך. והשביעי וכו׳". 11. ירוו...עדניך,--תהלים ל"ו:ט׳. 12. כבוד... נחלו,--משלי ג׳:ל"ה. 13. לבשו...הוד,--תהלים ק"ד:א׳; עטרת...בראשם,--שם כ"א: ד׳; ענדו,--איוב ל"א:ל"ו. 14. שמך...שמניך,--שה"ש א׳:ג׳. 15. נוראות ימינך,-- תהלים מ"ה:ה׳. 16. סוד...נמתק,--שם נ"ה:ט"ו; חלב...לשונך,--שה"ש ד׳:י"א. 17. מטך,--שמות י"ד:ט"ז; פחד גאוניך,--שם ט"ו:ז; ט"ז. 18. פנים בפנים,--דברים ה׳: ד׳; פה אל פה,--במדבר י"ב:ח׳. 19. נאמן,--שם י"ב:ז׳; ידך...לוחות,--שמות ל"ד: כ"ט. 20. נוך,--שם ט"ו:י"ג; בית מעונך,--תהלים כ"ו:ח׳. 21. כבר,--ע׳ שבת פ"ח ע"ב. 22. כבוד...לפניך,--ישעיה נ"ח. 23. תהיה...חיים,--שמואל א׳, כ"ה:כ"ט. 24. נרצע,--שמות כ"א:ו׳ ורש"י שם. 25. לשיכנך,--דבר׳ י"ב:ה׳. 26 דתך ודינך,--אסתר א׳:י"ג. 27 לשוני...רנה,--תהל׳ נ"א:ט"ז. 28. יושר...יצרוך,--שם כ"ה:כ"א; צדק וכו׳,--שם מ"ח:י"א. 29 טוב ונעים,--שם קל"ג:א׳.

51. אליהו הכהן צלבי מאנטוליה

"ברכו" לסוכות בצורת שיר איזור בעל מדריך ארוך (שורות 1-5) וחמש סטרופות בנות ג׳ טורים ושני טורי איזור. בכל טור שתי צלעיות פרט לרביעי במדריך והראשון באיזור בעלי ארבע צלעיות. החריזה: אב,אב,אב,גגגג,ב// דה,דה,דה,וווו,/ב//זח,זח, וכו׳. המשקל: הקלוע. החתימה: אליהו. המקורות: כה"י מ"ר, ל. 685, עמ׳ 51; רא. ח"ב,ב׳ 101; רב. עמ׳ תי"ב. (ד.א׳ 5382).

-ᴗ--/-ᴗ--//-ᴗ--/-ᴗ--

אֹם לְבָבִי בַּעֲצָתוֹ/ מֵאֱמוּנָה יַחְשְׁכֵנִי
יִרְמְסֵנִי בַּחֲמָתוֹ/ גַּם בְּאַפּוֹ יִדְרְכֵנִי
צוּר בְּחֶבְלֵי אַהֲבָתוֹ/ אֶל נְתִיבָה יִמְשְׁכֵנִי
יַחֲזִיק בִּי/ מִשְׂגַּבִּי/ כִּי בְשׁוֹכְבִי/ הוּא בְקִרְבִּי
וֶהֱקִיצוֹתִי אֲהַלֵּל כִּי יְיָ יִסְמְכֵנִי.

לֶאֱחוֹז דַּרְכֵי יְדִידָיו/ אֶשְׁאֲפָה יָרֵא וְזוֹחֵל
וַאֲקַוֶּה רוֹב חֲסָדָיו/ אַךְ אֲנִי נֶאְלַם כְּרָחֵל
אֶפְחֲדָה מֶנְהוֹג וְעָדָיו/ עוֹד אֲנִי שָׁב כִּי אֲיַחֵל
עֵת רְצוֹנוֹ/ לִי וְחִנּוֹ/ אַךְ שְׂאוֹנוֹ/ וַחֲרוֹנוֹ
אֶפְחֲדָה פֶּן בַּעֲצַת בַּחַשׁ שְׁפִיפוֹן יְשֻׁפֵנִי.

יְחִיוּ מֵתֵי סְגוּלָּה/ עוֹד נְבֵלָתִי יְקוּמוּן
גַּם בְּקוֹל רִנָּה וְגִילָה/ יַעֲלוּ חוֹגְגִים בְּהָמוֹן
אֵל דְּבִיר עַמִּים וְכָל/פּוֹת וְכַשִּׁיל יַהֲלוּמוּן
קוּם וְעוֹרְרָה/ יַד גְּבוּרָה/ לִמְקוֹרָה/ שֶׂה פְזוּרָה
וַאֲנִי עַבְדְּךָ יְמִינְךָ עוֹד כְּמֵאָז תִּסְמְכֵנִי.

הַמְסִילָּה חִישׁ וּפַנֵּה/ לַעֲבוֹר דֶּרֶךְ גְּאוּלִים
שָׂם לְיִשְׂרָאֵל תְּכוּנָה/ הָעֲנִיִּים הָאֲמֵלִים
קִנְאַת בֵּיתְךָ תְּקַנֵּא/ כִּי לְמָשָׁל הֵם לְמוֹשְׁלִים
שׁוֹבְבָה בָא/צוּר מְעוֹנָה/ הַשְׁכִּינָה/ אֶל מְכוֹנָה
וַעֲנָנֶךָ לֵיל וְיוֹמָם צֵל לְרֹאשִׁי סוֹכְכֵנִי.

וֶהֱיֵה מָעוֹז וּמִגְדָּל/ צוּר לְמִסְתּוֹר גַּם לְמַחְסֶה
לַאֲשֶׁר נִפְרַד וְנִבְדַּל/ מִמְּךָ יוֹשֵׁב לְכִסֵּא
רָם וְנִשָּׂא יִתְגַּדַּל/ יִתְרוֹמַם יִתְנַשֵּׂא
בַּהֲמוּלָּה/ קוֹל תְּהִלָּה/ שִׁיר וְצָהֳלָה/ בַּעֲגָלָה
וּזְמַן קָרִיב עֲרוֹב עַבְדְּךָ וּתְבָרְכֵנִי.

1 בעצתו,--כלומר בעצת יצה"ר ע' להלן טור 10: "בעצת נחש שפיפון ישפני" והערה שם וע' תהל' א':א'; מאמונה,--בה' ע' שמות י"ד:ל"א; יחשכני,--עכבני. 2 ירמסני,--הקב"ה; בחמתו,--ע' ישעיה ס"ג:ג'; גם...ידרכני,--שם. 3 צור,--הקב"ה; בחבלי אהבתו,--כלומר "בעבותות אהבה" ע' הושע י"א:ד'; אל נתיבה,--כלומר בנתיב מצותיך ע' תהל' קי"ט:ל"ה; ימשכני,--הושע שם. 4 יחזיק,--איוב ח':כ'; משגבי,--תהל' נ"ט:י'; בשוכבי,--דברים ו':ז'; הוא בקרבי,--ישעיה כ"ו:ט'. 5 והקיצותי...יסמכני,--תהל' ג':ו'. 6 לאחוז דרכי,--איוב י"ז:ט'; ידידיו,--כלומר ידידי ה' ע' דברים ל"ג:י"ב; אשאפה,--תהל' קי"ט:קל"א; ירא וזוחל,--איוב ל"ב:ו'. 7 ואקוה,--תהל' נ"ב:י"א; רוב חסדיו,--ישעיה ס"ג:ז'; נאלם כרחל,--שם נ"ג:ז'. 8 אפחדה,--איוב כ"ג:ט"ו; מנהו,--ממנו ע' שם; ועדיו...שב,--ע' יואל ב':י"ב; איחל,--תהל' ע"א:י"ד. 9 עת רצונו,--ישעיה מ"ט:ח'; וחנו,--בראש' ל"ט:כ"א; שאונו,--כלומר שאול שחת ע' תהל' מ':ג'. 10 נחש שפיפון,--ע' בראש' מ"ט:י"ז, הפייטן רומז לנחש הקדמוני שהטעה את אדם וחוה והכונה בפרט ליצה"ר ע' כלי יקר לבראש' ג':ט"ו, ד"ה, "הוא ישופך ראש" וז"ל, "רוב המפרשים אמרו שהיצר הרע מושך כחו מן נחש הקדמוני." וע' לעיל טור 1; ישופני,--בראש' שם. 11 יחיו...סגולה,--כלומר עם

סגולה ע' ישעיה כ"ו:י"ט וע' דברים ז':ו'; עוד...יקומון,--ישעיה שם. 12 בקול רנה...חוגגים,--תהל' מ"ב:ה'. 13 אל דביר,--אל המקדש בירושלים; עמים...יהלומון,--תהל' ע"ד:ו'. 14 ועוררה...גבורה,--שם פ':ג'; למקורה,--כלומר לארץ האבות; שה פזורה,--ישראל ע' ירמיה נ':י"ז. 15 ואני עבדך,--תהל' קט"ז:ט"ז: תסמכני,--שם נ"א:י"ד. 16 המסילה...פנה,--ישעיה ס"ב:י'; לעבור...גאולים,--שם נ"א:י'. 17 תכנה,--מוסב על "המסילה" לעיל טור 16; העניים,--ישעיה מ"א:י"ז; האמלים,--החלשים בלשון הפייטנים וע' ברכיה הנקדן בן נטרונאי, משלי שועלים, מהד' א.מ. הברמן, (ירושלים, תש"ו), נ"ז, "הדר השרון והכרמל/ לרפא כל שבורי לב ואמל." 18 קנאת ביתך,--רומז למקדש החרב וע' תהל' ס"ט:י'; תקנה,--יואל ב':י"ח; למשל,--דברים כ"ח:ל"ז; למושלים,--בישראל ע' שופטים י"ד:ד'. 19 צור,--הקב"ה; מעונה,--רומז לציון ע"פ תהל' ע"ו:ג'; השכינה,--מוסב על "שובבה" לעיל; אל מכונה,--כלומר אל הר ציון ע' ישעיה ד':ה', על סלוק השכינה מבית המקדש ע' פתיחתא לאיכ"ר כ"ה. 20 וענכך...ויומם,--ע' ישעיה שם; צל לראשי,--יונה ד':ו' וע' ישעיה שם. 21 למסתור...למחסה,--שם. 22 נפרד ונבדל,--ע' נחמיה י':כ"ט ורומז לישראל 'עם לבדד ישכון ובגוים לא יתחשב' ע' במדבר כ"ג:ט'; ממך...לכסא,--כלומר איש מיהודה ישב על כסא דויד ע' תהל' קל"ב: י"א-י"ג ורומז למלך המשיח ע' י'. שם. 23 יתרומם יתנשא,--ע"פ ה'קדיש'. 25,24 בעגלה...קריב,--שם; ערוב עבדך,--תהל' קי"ט:קכ"ב.

52. שלום בן יוסף ענבי

"פתיחה" לשבת פרה בצורת שיר-איזור בעל מדריך בן שני טורים ושלוש מחרוזות בנות שלושה טורים וטור איזור. טורי מדריך חוזרים כפזמון אחרי טור האיזור בסוף כל מחרוזת פרט לאחרונה בעלת איזור מיוחד. החריזה: אא,// בבב,//אא,// גגג,/אא,// וכו'. המשקל: חמש תנועות בטורי סטרופות ותשע-עשר בטורי מדריך ואיזור והשוואים הנעים והחטפים אינם במנין. החתימה: שלום חזק. המקורות: רא. ח"א 63; רב. עמ' צ'; רג. עמ' מ"ג. (ד.ש' 860).

שַׁחֲרִית אֲקַדְּמָה אֶל אֵל יְשׁוּעָתִי
וּכְשַׁי נִיחוֹחַ תִּכּוֹן תְּפִלָּתִי.

לְךָ אֲחַוֶּה קַדְמוֹן
מַמְצִיא יְסוֹד אָמוֹן
וְקָרָא לְקוֹל הָמוֹן:
כַּפֵּס לַעֲדָתִי.
שחרית וכו'

וּפְנֵה לְסוֹד קָרְבָּן
וּבְנֵה יְסוֹד חָרְבָּן
זְכוֹר חֶמְדָּן אֶשְׁבָּן
לְבֵית תְּפִלָּתִי.
שחרית וכו׳

מִזֹּאת יְהִי כֹּחָה
סִבַּת יְסוֹד מִנְחָה
וּשְׂרוֹף בְּאֵשׁ לִקְחָה
פָּרָה אֲדוּמָּתִי.
חֲזֵק לְעַם עוֹלִים לָחוֹג חֲגִיגָתִי
בְּנֵי עֶלְיוֹן גַּדְּלוּ לַיְיָ אִתִּי.

1 אקדמה,--מיכה ו׳:ו׳; אל ישועתי,--ישעיה י"ב:ב׳. 2 וכשי,--שם י"ח:ז׳; ביחוח ...תפלתי,--וע׳ הושע י"ד:ג׳; ׳ונשלמה פרים שפתינו׳. 3 אחוה,--איוב ל"ב:י׳; קדמון,--קים מעולם וכנוי להקב"ה וע׳ רי"ה,בוזרי, א׳.א׳: "האלהים קים, קדמון, לא סר." 4 ממציא,--בורא וע׳ רמב"ם, משנה תורה, יסודי התורה, א׳.א׳. "והוא (הקב"ה) ממציא כל הנמצא"; יסוד אמון,--רומז לתורה ע"פ משלי ח׳:ל׳ וע׳ ב"ר א׳. א׳ וע׳ רשב"ג, "כתר מלכות" ט׳: "אתה חכם וקדמון לכל קדמון/ והחכמה היתה אצלך אמון". 5 לקול המון,--רומז ל"איש אחד לבוש בדים" בדניאל י׳:ה׳-ו׳ ש"קול דבריו כקול המון". 6 כנס,--תהל׳ קמ"ז:ב׳. 7 לסוד קרבן,--הכונה לפרה אדומה שאפ׳ שלמה המלך אמר, "על כל אלה עמדתי ופרשה של פרה אדומה חקרתי ושאלתי ופשפשתי ׳אמרתי אחכמה והיא רחוקה ממני (קהלת ז׳:כ"ג),׳" ע׳ במדבר רבה י"ט:ג׳. 9 חרבן,--בית המקדש. 10 חמדן אשבן,--כנויים לאדום ע"פ בראשית ל"ו:כ"ו,ור"ל זכור ב"י בגלות אדום. 13 מזאת,--כלומר מ׳זאת חוקת התורה׳ ע׳ במדבר י"ט:ב׳; כחה,--כלומר שכל העוסקים בפרה מתחילה ועד סוף מטמאים בבגדים והיא עצמה מטהרת טמאים ע׳ פרה ד׳. ד׳ וע׳ פסיק׳ דר"כ, ׳פרה אדומה׳ ו׳.14 סבת,--גזירת וע׳ מ"א,י"ב:ט"ו: ׳כי היתה סבה מעם ה׳, ומוסב על ׳מזאת׳ ור"ל שהקב"ה חוקה חקק וגזירה גזר ואין אנו רשאים לעבור על גזירתו ע׳ פסיק׳ דר"כ שם א׳ ובמקבילות; מנחה,--כלומר קרבן פרה אדומה ע׳ במדבר י"ט:ג׳,ד׳. 15 ושרוף באש,--שם ה׳; לקחה,--משלי ד׳:ב׳. 16 פרה אדומתי ,--במדבר שם,ב׳. 17 חזק,--דניאל שם י"ט; עולים,--שמות ל"ד:כ"ד; חגיגתי,--כלומר חגיגת הרגל ע׳ ברכות ל"ג,ע"ב. 18 בני עליון,--תהל׳ פ"ב:ו׳ ורומז לישראל שהם בנים למקום הנקרא ׳עליון׳ ע׳ שם נ"ז:ג׳; גדלו...אתי,--שם ל"ד:ד׳.

53. מרדכי כומטינו בן אליעזר

"זמר" לחתן בצורת שיר-איזור בעל מדריך בן שני טורים ופסוק וארבע מחרוזות בנות שלושה טורים וטור איזור. הפסוק חוזר כפזמון בסוף כל מחרוזת אחרי טור האיזור. המשקל: שבע תנועות בכל טור והשוואים הנעים והחטפים אינם במניין. החריזה: אאא,// בבב,/אא,// גגג,/ וכו'. החתימה: מרדכי. המקורות: <u>סדור התפלות כמנהג הקראים</u>, (גוזלוו, 1836), עמ' ל"ח; <u>בקרת לתולדות הקראים</u> מאת א.ב. גאטלאבער, עמ' 42; רא. ח"ב,ב' 123; רב. תמ"ג; רג. עמ' ר"ס. (ד.מ' 1798).

מְמְּעוֹנוֹ אוֹר זוֹרֵחַ
לָךְ חֲתָנִי, וְגִיל צוֹמֵחַ
וְהָיִיתָ אַךְ שָׂמֵחַ.

רִיב לְצִיּוֹן וּשְׁנַת שִׁלּוּם
בְּיָמֶיךָ יוֹם קֵץ בָּלוּם
יִתְגַּלֶּה לָךְ בֶּן שִׁלּוּם
מָשִׁיחַ לְהָשִׁיב רוּחַ
וְהָיִיתָ אַךְ שָׂמֵחַ.

דָּר כְּרוּבִים יִשָּׂא פָנָיו
אֵלֶיךָ בְּחֶבְיוֹנָיו
יַטֶּה לָךְ כְּנָהָר גַּבָּיו
שָׁלוֹם עַד בְּלִי יָרֵחַ
וְהָיִיתָ אַךְ שָׂמֵחַ.

כִּמְנַשֶּׁה וּכְאֶפְרַיִם
צוּר יְשִׂימְךָ מִשָּׁמַיִם
נְטָעֲךָ עַל פַּלְגֵי מָיִם
עֲרוּגָתְךָ נָתְנָה רֵיחַ
וְהָיִיתָ אַךְ שָׂמֵחַ.

יוֹם שִׂמְחַת לֵב חֲתוּנָּתוֹ
שׂוֹשׂ יָשִׂישׂ אֵל בְּשִׂמְחָתוֹ
הֶחָתָן עִם כַּלָּתוֹ
מַצְלִיחַ וּמְשַׂמֵּחַ
וְהָיִיתָ אַךְ שָׂמֵחַ.

5,4 דר כרובים...אך שמח| רא. רב. חסר|| 6 צור ישימך| ק. ישימך צור.

1 ממעונו,--משמים ע׳ דברים כ"ו:ט"ו; רגיל,--ע׳ ברכת חתנים, כתובות ח׳,ע"א, "אשר ברא...גילה רנה."; והיית...שמח,--דברים ט"ז:ט"ו. 4 ריב...ושנת שלום,--ע׳ ישעיה ל"ד:ח׳: "כי יום נקם לה׳ שנת שלומים וריב ציון"; קץ,--דניאל י"ב: י"ג; בלום,--סתום,ע׳ שם ד׳; יתגלה לך,--ע׳ יומא, ט׳, ע"ב, "אחרונים (כלומר בני מקדש שני)...לא נתגלה קצם" בנגוד לראשונים בני מקדש ראשון ש"נתגלה קצם" ע׳ ירמיה כ"ט:י׳: "לפי מלאת לבבל שבעים שנה אפקד אתכם"; שלום,--ע׳ הושע ט׳: ז׳ וישעיה, שם ורומז למפלתם של אויבי ישראל ע"י מלך המשיח וע׳ בפסיקתא רבתי, ל"ח.ב׳: "׳שוש אשיש׳,--׳שוש׳ בימות המשיח, ׳אשיש׳ במפלתה של רומי, ׳באלהי׳ זו מלחמת גוג ומגוג. 7 להשיב רוח,--כלומר להחיות את המתים ע׳ תהל׳ ע"ח:ל"ט וע׳ מדרש שוחר טוב, שם: "׳רוח הולך ולא ישוב׳ סברי לאמרי אנשי דלית מתיך חייך אלא זה יצר הרע שהולך עמו בשעת מיתה ואינו שב עמו בשעה שיעלו המתים." דר כרובים,--רומז להקב"ה, יושב הכרובים ע׳ ש"א,ד׳:ד׳; ישא...אליך,--במדבר ו׳: כ"ו; בחביוניו,--רומז למקדש של לעתיד לבוא, וע׳ "תרי"ב מצות"לרס"ג, (ד.א׳4662) "קרבן חלבים להניף חזה ושוק למשרתי חביון/ לשרוף נותר לבקר עור העולה לכהני צביון". 11 יטה...שלום,--ישעיה ס"ו:י"ב; גניו,--שה"ש ו׳:ב׳; 12 עד...ירח,--תהל׳ ע"ב:ז׳. כמנשה...ישימך,--בראש׳ מ"ח:כ׳; צור,--הקב"ה; על...מים,--תהל׳ א׳:ג׳. 17 ערוגתך,--שה"ש, שם; נתנו ריח,--שם ב׳:י"ג ועוד. 19 יום...חתונתו,--שם ג׳:י"א; שוש...בשמחתו,--ישעיה ס"ב:ה׳ וצפניה ג׳:י"ז. 21 החתן...ומשמח,--ע"פ ברכות חתנים ע׳ כתובות, שם:"ב׳א׳ה׳ משמח חתן עם הכלה."

54. מנחם תמר בר משה

"סליחה" לעשי"ת. י׳ בתים בני ד׳ טורים מחריזים. מספר מילים רופף (3-6 בכל טור).
החתימה: מנחם חזק. המקורות: רא. ח"ב א׳ 31; רב. עמ׳ רס"ב. (ד.א׳ 8974).

אֶתְפַּלֵּל אֲחַלֶּה אַפְגִּיעַ אֶתְחַנָּן/ בְּיִרְאָה וּרְעָדָה כִּלְיוֹתַי אֶשְׁתּוֹנָן
גְּרוֹנִי יָרוֹן וְלִבִּי יִתְבּוֹנָן/ אֵלֶיךָ בְּעַב הֶעָנָן.

דְּמוּת וְצֶלֶם וְצוּרָה לֹא תְשַׁוֶּה לוֹ/ הָעוֹלָם וּמְלוֹאוֹ פַּעַם לֹא יְכַלְכְּלוֹ
וּפַעַם רֹאשׁ הַשַּׂעֲרָה תְּכִילוֹ/ הִשָּׁמֵר מִפָּנָיו וּשְׁמַע בְּקוֹלוֹ.

זֹאת בְּשָׁמְתִּי בְּקִרְבִּי תְּיַחֲדֵנוּ/ חֲמִשָּׁה דְבָרִים נִבְרִים תְּעִידֵנוּ
טָהוֹר וּמְמַלֵּא זָן וְרוֹאֶה תְּכַבְּדֵנוּ/ לֵאלֹהִים כִּי עוֹד אוֹדֶנּוּ.

יוֹשֶׁבֶת בְּחַדְרֵי חֲדָרִים נֶעְלָמָה/ כֵּן כְּבוֹדוֹ בְּהֵיכַל קָדְשׁוֹ פְּנִימָה
לְפָנָיו אֵשׁ וְתַחְתָּיו לַהַב רְתוּמָה/ וְאַחַר הָאֵשׁ קוֹל דְּמָמָה.

מַחֲנוֹת הָרַעַשׁ לַאֲלָפִים וּלְמֵאוֹת/ נִצָּבִים כֶּהָרִים וְכִגְבָעוֹת נִישָּׂאוֹת
סְבִיבוֹתָיו כְּתוֹת הָרוּחוֹת הַנּוֹרָאוֹת/ לְהִשְׁתַּחֲוֹת לְמֶלֶךְ יְיָ צְבָאוֹת.

עֶרֶב וָבֹקֶר וְצָהֳרַיִם יְסַלְסְלוּהוּ/ פְּנֵיהֶם לְהָבִים בְּשִׁירִים יְצַלְצְלוּהוּ
צְפִירַת תִּפְאָרָה עַם נִבְרָא יְהַלְלוּהוּ/ וִירוֹמְמוּהוּ בִּקְהַל עָם וּבְמוֹשַׁב זְקֵנִים יְהַלְלוּהוּ.

קְבוּצֵי מַטֵּה זֶרַע יַעֲקֹב בְּחִירוֹ/ רִנָּתוֹ עִמָּם וּבַלַּיְלָה שִׁירוֹ
שֵׁם קָדְשׁוֹ יְבָרְכוּהוּ וִירוֹמְמוּהוּ זִכְרוֹ/ גִּבּוֹרֵי כֹחַ עוֹשֵׂי דְבָרוֹ.

תּוֹרַת אֱמֶת בְּפִיהֶם לַיְלָה וְיוֹמָם/ מִצְוֹתֶיהָ יַעֲשׂוּ הַדְּבָרִים לִשְׁמָם
גֵּס לְהִתְנוֹסֵס וְלַהֲבִיאָם אֶל מְקוֹמָם/ עַתָּה אָקוּם יֹאמַר יְיָ עַתָּה אֵרוֹמָם.

חָשַׁק בָּאָבוֹת וְאָהַב בְּנֵיהֶם/ מָשְׁכָם חֶסֶד עֲדֵי עַד בְּגִינֵיהֶם
חֹשֶׁךְ לְאוֹר שָׂם בְּלֶכְתּוֹ לִפְנֵיהֶם/ מוּסַר מְלָכִים פִּתַּח וַיֶּאְסוֹר אֵזוֹר בְּמָתְנֵיהֶם.

זָבַת חָלָב וּדְבַשׁ הוֹרִישָׁם/ קִדְּשָׁם מִכָּל עַם בְּחָרָם וְהִפְרִישָׁם
וְחַי הָעוֹלָם הִנְחִיל לְנַפְשָׁם/ מַלְכָּם לִפְנֵיהֶם וַיְיָ בְּרֹאשָׁם.

1 אחלה,--אחלה פניו ע׳ "אוחילה לאל" (ד.א׳ 1701) וע׳ מלאכי א׳:ט׳; אפגיע אתחנן,--לשונות של תפלה ע׳ במאמר ר׳ יוחנן דברים רבה ב׳.א׳; כליותי אשתונן,--תהל׳ ע"ג:כ"א. 2 גרוני ירון,--שם קמ"ט:ה׳,ו׳; בעב הענן,--כלומר בתלמוד תורה שנתנה בסיני ע׳ שמות י"ט:ט׳. 3 דמות וצלם וצורה,--ר"ל כל תמונה ודמיון; לא תשוה לו,--כלומר לא מתאים אליו; יכלכלו,--יכילו ע׳ מ"א,ח׳:כ"ז וע׳ רי"ה, "אלהים אל מי אמשילך" (ד.א׳ 4653): "דבר מי יכלכלך/ולשון מי תכילך" ולרעיון זה השוה רי"ה,שם: "כלכלת הכל וכל לא יכלכלך" וע׳ פסיקתא רבתי כ"א:"אנו יודעים שהוא מקומו של העולם ואין עולמו מקומו." 4 ופעם...תכילו,--השוה רי"ה "יה אנא אמצאך ...ואנא לא אמצאך" (ד.י׳ 770), וז"ל, "ובהנשאך עליהם/ על כס נשא ורם, אתה קרוב אליהם/ מרוחם ומבשרם". 5 נשמתי...חמישה,--ע"פ דברים רבה ב׳. ל"ז וברכות י׳, ע"א: "הני חמישה ברכי נפשי כנגד מי אמרן דוד לא אמרן אלא כנגד הקב"ה וכנגד נשמה." תעידנו,--ע׳ שם: "יבא מי שיש בו חמשה דברים הללו וישבח למי שיש בו ה׳ דברים הללו." 6 טהור,--ע׳ שם: "מה הקב"ה טהור אף נשמה טהורה"; וממלא,--כלומר

נשמה מלאה את כל הגוף והקב"ה מלא כל העולם. זן,--הוא זן את כל העולם והיא זנה את כל הגוף, שם; ורואה,--הקב"ה ואינו נראה, שם; תכבדנו,--הנשמה שרואה ואינה נראית, שם; אודנו,--תהל׳ מ"ב:ו׳: "אודנו ישועות פניו", ועוד. 7 יושבת ...חדרים,--רומז לנשמה ע׳ ברכות שם ובמקבילות; כן כבודו,--הקב"ה ע׳ שם. 8 לפניו אש,--רומז למלאכים משרתי׳ אש ע׳ תהל׳ ק"ד:ד׳; להב,--וע׳ יואל ב׳:ג׳: "לפניו אכלה אש ואחריו תלהט להבה ורומז למלאכי להבה הסובבים את כסא הכבוד וע׳ "מלך עליון" לר׳ שמעון בר יצחק (ד.מ׳ 1654): "סתרו עבים/ סביביו להבים/ רכובו כרובים/ משרתיו שביבים": רתומה,--למרכבה וע׳ רמב"ע <u>הענק</u>, ב<u>שירי החול</u>, שלו, מהד׳ ח. בראדי, (ברלין, תרצ"ה) א׳ ש"ד: "מאורי אור למרכבתו רתומים" וע׳ רשב"ג, <u>שירי שלמה...אבן גבירול</u> מהדורת ביאליק-רבניצקי ב׳ 59: "וחיתך לרתם במרכבתו"; קול דממה,--ע׳ מ"א, י"ט:י"ב וע׳ בסלוק "ונתנה תוקף" (ד.ו׳ 451) שם מתואר יום הדין במרום וז"ל, "ובשופר גדול יתקע/ וקול דממה דקה ישמע." 9 מחנות הרעש,--רומז למלה"ש ע"פ יחזקאל ג׳:ב: "ואשמע אחרי קול רעש גדול"; כהרים... נישאות,--ישעיה ב׳:י"ד. 10 כתות הרוחות,--הכונה למלאכי ה׳ ע"פ תהל׳ ק"ד:ד׳; להשתחות...צבאות,--זכריה י"ד:ט"ז. 11 ערב...וצהרים,--מלה"ש אומרים שירה בכל יום ע׳ חולין צ"א,ע"ב; יסלסלוהו,--ע"פ תהל׳ ס"ח:ח׳: "סולו לרוכב בערבות" וע׳ "אדירי אימה" (ד.א׳ 1133): "שרפים סובבים יסלסלו בקול"; להבים,--ע׳ "להב׳ לעיל טור 8; יצלצלוהו,--תהל׳ ק"נ:ה׳ וע׳ "אדירי אימה" וז"ל, "צבאות צאנך יצלצלו בקול." 12 צפירת תפארה,--ישעיה כ"ח:ה׳; עם...יהללוהו,--תהל׳ ק"ב:י"ט; וירוממוהו...יהללוהו,--שם ק"ז:ל"ב. 13 קבוצי מטה,--ע"פ "כתר" קדושה למוסף: "כתר יתנו לך...המוני מעלה/ עם עמך...קבוצי מטה"; זרע יעקב,--תהל׳ כ"ב:כ"ד; ובלילה שירו,--שם מ"ב:ט׳. 14 שם...יברכוהו,--שם קמ"ה:כ"א; גבורי...דברו,--שם ק"ג:כ׳. 15 תורת...בפיהם,--מלאכי ב׳:ו׳; לשמם,--כלומר לשם שמים ע׳ אבות ב׳. י"ב. 16 נס להתנוסס,--תהל׳ ס׳:ו׳; ולהביאם...מקומם,--שמות כ"ג:כ׳; עתה ...ארומם,--ישעיה ל"ג:י׳. 17 חשק,--דברים ז׳:ז׳; ואהב,--שם,ח׳; משכם חסד,--תהל׳ ל"ו:י"א; בגיניהם,--בשבילם. 18 חשק...שם,--ישעיה ה׳:כ׳; בלכתו לפניהם ,--שמות י"ג:כ"א; מוסר...במתניהם,--איוב י"ב:י"ח. 19 זבת...ודבש,--רומז לא"י ע׳ שמות ג׳:ח׳; קדשם...בחרם,--דבר׳ ז׳:ו׳. 20 וחי העולם,--כנוי להקב"ה ע׳ דניאל י"ב:ז׳; הנחיל,--את ארץ כנען; לנפשם,--להם; מלכם...בראשם,--מיכה ב׳:י"ג.

55. אליהו פילוסוף בן אליעזר מקנדיה

"בקשה" במשקל המרובה ובחרוז מבריח בת ל"א טורים. המקור כה"י מ"ר, פרמא 997, עמ׳ 137. (ד.י׳ 3534). המשקל המרובה: ⏑---/⏑---/⏑--//⏑---/⏑---/⏑--

יְצִיר נִבְזֶה כְּלִי עָוֹן וְאַשְׁמָה/ וּמָלֵא שָׁוְא וְאָוֶן תּוֹךְ וּמִרְמָה,
וְלֹא שָׂם לֵב לְנַפְשׁוֹ הַשְּׁדוּדָה/ אֲשֶׁר תֵּרֵד וְלֹא תָשׁוּב מְרוֹמָה.
וְלֹא יִזְכּוֹר יְסוֹדוֹתָיו וְיַחְקוֹר/ וּמֵעֵינָיו תְּבוּנָה נֶעֱלָמָה,
וְיֵשׁ צוֹפֶה וּמַשְׁגִּיחַ בְּמִצְפֶּה/ וְשֹׁמֵעַ וְיוֹדֵעַ מְזִמָּה.
וְיֵשׁ חֶשְׁבּוֹן לְאֵל נֶאְמָן מְזוּמָּן/ וְלֹא יוֹעִיל לְבוּשׁ מֶשִׁי וְרִקְמָה,
וְעַל פָּרְחוֹ יְהִי נִשְׁפָּט בְּמִשְׁפָּט/ וְאֵין מָנוֹס בְּעִיר מִבְצָר וְחוֹמָה.
וּמִי יָנוּס וּמִי יָקִיץ בְּמוּסָר/ יְיַסֵּר יָהּ בְּיוֹם יַעְשֶׂה נְחָמָה,
זְכוֹר צוּרְךָ וְשִׂים לֵב כִּי יְצוּרְךָ/ לְכַלּוֹת אֶל שְׁאוֹל עָשׁ גּוּשׁ וְרִמָּה.
וְאֵין יָמִים אֲשֶׁר אֵין בָּם פְּגָעִים/ וּמַה יִּתְרוֹן לְךָ עַל הַבְּהֵמָה,
וְאֵין גֶּבֶר בְּלִי צָיוֹן וְשֶׁבֶר/ בְּתִמְהוֹן לֵב וְרוֹב פַּחַד וְאֵימָה.
וְאִם רֹאשְׁךָ לְעָב יַעְלֶה בְּכֶלֶא/ בְּחִיל יוֹרִידְךָ תַּחְתִּית אֲדָמָה,
וְאוֹצַר הַר וְכָל מִסְחָר הֲיוֹעִיל/ וְכֶסֶף [רַב] יְהִי נֶחְשָׁב מְאוּמָה.
בְּבֹא קִצְּךָ וְיוֹם מוֹתְךָ וְעִתְּךָ/ הֲיָשִׁיב אַף בְּעֵת רֹגֶז וְחֵימָה,
וְאֵין מֵלִיץ בְּךָ יָלִיץ לְהַחֲלִיץ/ יְדַבֵּר בַּעַדְךָ יָבֹא בְמִרְמָה.
הֲכִי גָלוּי וְצָפוּי כָּל לְפָנָיו/ וְיוֹדֵעַ וּמֵבִין כָּל תַּעֲלוּמָה,
בְּשֹׁחַד לֹא יְעַוֵּת דִּין וּמִשְׁפָּט/ וְלֹא יִקַּח מְחִיר מַעֲשֵׂר תְּרוּמָה.
הֲיַחְפּוֹץ אֵל בְּאֵיל בָּשָׁן וּמֵחִים/ בְּשֶׂה עוֹלוֹת וְאַלְיָה הַתְּמִימָה,
וְלוֹ עוֹלָם וְכָל בְּרִיּוֹ לְחֶפְצוֹ/ וְלוֹ שַׁחַק וְכוֹכְבֵי עָשׁ וְכִימָה.
וּמִזֶּבַח שְׁמוֹעַ טוֹב לְהַאֲמִין/ בְּיִחוּדוֹ וְדָתוֹ הַנְּעִימָה,
וְלִפְנֵי מוֹתְךָ הַעֲבֵר אֲשָׁמוֹת/ וְחַטָּאוֹת יְהִי אָמֵן יְתוּמָה.
וְגַם רֹאשְׁךָ הֲלֹא לָכוֹף כְּאַגְמוֹן/ עֲדֵי תִּהְיֶה כְּמוֹ מִדְבַּר שְׁמָמָה,
וְאַט לֶכֶת כְּאִישׁ תָּמִים בְּאֵימִים/ וְגַם תֶּהְגֶּה בְּתוֹרַת אֵל וְלִשְׁמָהּ.
וְלֹא תַאֲמִין לְבַב עָרֵל וְטָמֵא/ עֲבוֹר יֵצֶר וְלֹא יַשְׁאִיר נְשָׁמָה,
וְהוּא עִמְּךָ כְּבֶן בַּיִת כְּבֶן עִיר/ וְשׁוֹכֵן בָּךְ כְּחִטִּים בַּעֲרֵמָה.
וּמַהֲלָכוֹ בְּתוֹךְ חַדְרֵי לְבָבְךָ/ וְלֹא יֵלֵךְ שְׁחוֹחַ אַךְ בְּקוֹמָה,
וְלֹא יִתֵּן לְךָ לָשׁוּב לְיוֹצְרֶךָ/ וּפֹרֵץ בָּךְ בְּצָפוֹנָה וְיָמָּה.
וְעַל כֵּן אִישׁ שְׁמַע מוּסָר וְחֶבֶל/ לְהַכְנִיעוֹ בְּרוֹב חַיִל וְעָצְמָה,
וּבִלְבָבְךָ יְהִי שָׁלֵם לְיִרְאָה/ לְאֵל תּוֹלֶה אֲרָצוֹת עַל בְּלִימָה.
וְאָז תִּזְכֶּה לְחַיֵּי עַד וְתִהְיֶה/ כְּמַלְאַךְ יָהּ בְּהֵיכָלוֹ פְּנִימָה,
תְּטַהֵר נַפְשְׁךָ לָבֹא בְּסוֹדוֹ/ וְלֹא תַשִּׂיג גְּבוּל לָבֹא תְּחוּמָה.
וְשִׂים עַל לִבְּךָ תָּמִיד דְּבַר אֵל/ יְצִיר נִבְזֶה כְּלִי עָוֹן וְאַשְׁמָה.

1. נבזה,--יש׳,נ"ג:ג׳,ור"ל אדם; ואון,--משלי י"ב:כ"א; תוך ומרמה,--תהל׳ נ"ה:י"ב.
2. לנפשו השדודה,--מהקב"ה שהוא מקור הנשמה הכללית שממנה נגזרות כל נשמות בני
אדם. וע׳ רשב"ג, "כתר מלכות" ד׳, 37: "אתה חי--ולא בנפש ונשמה/ כי אתה נשמה
לנשמה" וע׳ ח. שירמן, השירה, א׳, עמ׳ 260; ולא תשוב מרומה,--אל מקורה הנ"ל.
3. ולא יזכור,--מוסב על "יציר" נושא הפיוט; יסודותיו,--"בעפר יסודם", ע׳ איוב
ד׳:י"ט; ומעיניו...נעלמה,--שם כ"ח:כ׳,כ"א. 4. צופה ומשגיח,--הכוונה להשגחה
העליונה בהתבוננות ועיון בעולם השפל והנהגת העולם ע"פ רצונו; במצפה,--כלומר
בשמים ע"פ ישעיה כ"א:ח׳; וידע מזימה,--כלומר מחשבות בני אדם ותחבולותם, וע׳
י"ג עקרים לרמב"ם: "ש...יודע כל מעשה בני אדם וכל מחשבותם." 5. ויש חשבון,--
וע׳ רמב"ם,שם, הקב"ה הוא "גומל טוב לשומרי מצוותיו ומעניש לעוברי מצוותיו";
ולא יועיל...ורקמה,--ר"ל "לא יועיל הון ביום עברה" ע׳ משלי י"א:ד׳ וע׳ יחזקאל
ט"ז:י"ג. 7. יקוץ,--בתחית המתים ע׳ דניאל י"ב:ב׳; במוסר ייסר,--ע׳ דברים ח׳:
ה׳; ביום...נחמה,--לעתיד לבוא. 8. צורך,--הקב"ה צור ישראל; יצורך,--חייך וע׳
בתפלה בשחרית ר"ה: "וידע כל יצור כי אתה יצרתו"; לכלות...שאול,--איוב ז׳:ט׳;
עש,--שם י"ג:כ"ח; גוש ורמה,--שם ז׳:ה׳. 9. ואין...פגעים,--ע׳ "כתר מלכות"
לרשב"ג,ל"ז,431: "בכל הרגעים/--לפגעים"; ומה יתרון...הבהמה,--קהלת ג׳:י"ט.
10. ציון,--ישעיה כ"ה:ה׳; בתמהון לב,--דברים כ"ח:כ"ח. 11. ראשך לעב,--איוב
כ׳:ו׳; יורידך תחתית,--יחזקאל ל"א:י"ח. 12. היועיל,--חוזר על הנושא דלעיל טור
5; [רב],כך נראה להוסיף לצורך המשקל. 13. הישיב אף,--ירמיה ל׳:כ"ד. 14. ואין
מליץ...ידבר,--ע"פ התפלה לימים נוראים, "באין מליץ יושר"; יבא במרמה,--כלומר
"מול מגיד פשע",ע׳ שם. 15. הכי גלוי וכו׳,--ע"פ התפלה "אתה אחד" בזכרונות
לר"ה; ויודע...תעלומה,--תהל׳ מ"ד:כ"ב. 16. יעות...משפט,--איוב ח׳:ג׳; בשחד
...מחיר,--מיכה ג׳:י"א. 17. היחפוץ...בשה עולות,--ש"א,ט"ו:כ"ב; באיל בשן,--
דברים ל"ב:י"ד; ומחים,--תהל׳ ס"ו:ט"ו; ואליה התמימה,--ויקרא ג׳:ט׳. 18. בריו
,--איתנותו, ע׳ רמב"ם, דעות, ד׳,כ׳; לחפצו,--ובכן אין לו חפץ "באיל בשן וכו׳";
כוכבי...וכימה,--איוב ט׳:ט׳. 19. ומזבח...טוב,--ש"א,ט"ו:כ"ב; להאמין בייחודו
,--ע׳ רמב"ם,י"ג עקרים, ב׳; ודתו,--דברים ל"ג:ב׳. 20. ולפני...אשמות,--ע"פ
אבות ב׳.ט"ו לפי המימרה של ר׳ אליעזר; אמן יתומה,--כלומר אל תהי אזנך קשבת
ליצה"ר המסית ומדיח, וע׳ ברכות מ"ז,ע"א, אמן יתומה, שלא שמע הברכה: "אין עונים
אמן יתומה ולא אמן קטופה." 21. ראשך...כאגמון,--ישעיה נ"ח:ה׳. 22. ואט לכת,--
כלומר ברוח נכאה ע׳ מ"א, כ"א:כ"ז; באימים,--ע׳ איוב כ׳:כ"ה; תהגה...אל,--תהל׳
א׳:ב׳; ולשמה,--לשם שמים ע׳ אבות ו׳.א׳. 23. ולא תאמין,--דברים כ"ח:ס"ו; לבב

...וטמא,--ירמיה ט׳:כ"ה; עבור,--עמוס ז׳:ח׳; יצר,--יצה"ר. 24. והוא,--מוסב על "יצר"; עמך,--כלומר מתגבר עליך בכל יום, ע׳ סוכה נ"ב,ע"א וע׳ "כתר מלכות" לרשב"ג, ל"ו, 379: "יצרי האכזב נצב על ימיני/ לשטני לא יתנני השב רוחי/ ולהכין מנוחי"; כחטים בערמה,--שה"ש ז׳:ג׳. 25. ומהלכו,--של יצה"ר; שחוח,--ישעיה ס׳: י"ד; אך בקומה,--היצה"ר מתנהג כבעל הבית בגוף האדם. 26. ליוצרך,--ע׳ ילקוט שמעוני, איוב, תתצ"ו: "האדם בחייו הוא עבדו ליצרו וליוצרו ובשעה שהוא עושה רצון יוצרו הוא מכעיס יצרו וכן להפך." 27. וחבל להכניעו,--וע׳ "כתר מלכות" לרשב"ג, שם 381: "וזה כמה להביאו (יצרי) בכפל רסני חשבתי." 28. ובלבבך... שלם ,--מ"א,ח׳:ס"א; תולה...בלימה,--איוב כ"ו:ז׳. 30. לבא בסודו,--של הקב"ה בבית הכנסת, ע׳ בראש׳ מ"ט:ו׳; תשיג גבול,--דברים י"ט:י"ד; לבא תחומה,--בבית הכנסת בנפש לא טהור. 31. כלי...ואשמה,--ע׳ לעיל טור 1 וע׳ "כתר מלכות" לרשב"ג, ל"ג, 320: "ואני...כלי מלא כלמה/ אבן דומה", והשווה ברכות י"ז,ע"א.

55א. אליהו פילוסוף בן אליעזר מקנדיה

"הודאה". טור ד׳ מורה על ייעודו של הפיוט. ה"הודאה" מיוסדת ברובה על עשר קתגוריות של אריסטו ואיך שלא הלמו כלל להקב"ה הנעלה. המקורות: כה"י,מ"ר, 320, עמ׳ 26 ופר. 997 עמ׳ 135. בתים בני 2–5 טורים. מספר מילים בלתי קבוע. (ד.א׳ 8662).

אַתָּה אֶחָד בְּסוֹד רוֹמְמוּתֶיךָ וּמְיוּחָד בִּפְעוּלּוֹתֶיךָ
אֲשֶׁר מִי יַעֲשֶׂה כְמַעֲשֶׂיךָ וְכִגְבוּרוֹתֶיךָ וְכָל נִמְצָא זוּלָתֶךָ מַעֲשֵׂה אֶצְבְּעוֹתֶיךָ.
וּבְכָל זֹאת אָנוּ כּוֹרְתִים אֲמָנָה בִּבְרִית נֶאֱמָנָה,
וּמוֹדִים וּמְהַלְלִים וּמְשַׁבְּחִים וּמְגַדְּלִים,
כִּי מִי בַשַּׁחַק יַעֲרוֹךְ לַיְיָ יִדְמֶה לַיְיָ בִּבְנֵי אֵלִים.
כִּי כוּלָּם מִמְּאוֹרוֹ נִמְצָאוּ וּמִשֶּׁפַע יְקָרוֹ נִבְרָאוּ וְעַל כַּנְפֵי חֲסָדָיו נִשָּׂאוּ,
וּמִזּוֹהַר טוֹהַר כְּבוֹדוֹ נִמְשָׁכוּ וּבְסוֹד הוֹד אַחְדוּתוֹ נִתְמָכוּ וְעַל אֱלֹהֵי יִשְׂרָאֵל נִסְמָכוּ.
לֹא יַשִּׂיגוּהוּ הַחוּשִׁים וְלֹא יַמְשִׁילוּהוּ הַנְּפָשִׁים,
אֵינֶנּוּ עֶצֶם שֶׁיַּשִּׂיגוּהוּ הַמִּקְרִים וְהָרְשָׁמִים וְלֹא מִקְרֶה וְיַקְדִּימוּהוּ הָעֲצָמִים.
אֵין לוֹ אֵיכוּת וְיִלָּקַח לוֹ דִּמְיוֹן וּתְמוּנָה וְלֹא כַּמּוּת וְיַשִּׂיגוּהוּ שִׁעוּר וְחִילּוּק וּתְכוּנָה.
אֵין הִצְטָרְפוּת לוֹ בְּעַצְמוּתוֹ כְּדֵי שֶׁיִּלָּקַח דָּבָר בְּמַדְרֵגָתוֹ וְלֹא אָנָא וְיַקִּיף עָלָיו זוּלָתוֹ.
אֵין מָתַי לוֹ וְיִתְחַלְּפוּ עָלָיו הָעִתִּים וְלֹא מַצָּב כִּי שָׁם מִקְרֵי הָאָנָה נֶחְתִּים.
אֵין לוֹ מַאֲמַר הַקִּנְיָן וִיכַלְלֵהוּ כּוֹלֵל אוֹ יַקִּיפֵהוּ מַקִּיף,
וְלֹא שֶׁיִּתְפָּעֵל וִישַׁנֵּהוּ פּוֹעֵל וְיֶחְסַר פַּעַם וְאַחֶרֶת יַעְדִּיף.
אֵינֶנּוּ שֶׁיִּפְעַל לְפִי הַמְּבִיאִים כְּדֵי שֶׁיִּשְׁתַּנֶּה כְּשִׁנּוּי הַבְּרוּאִים.

אַךְ פְּעוּלָּתוֹ בְּרִיאָה וְאַחְדוּתוֹ פְּלִיאָה,
וְאִם לָדַעַת דַּעַת סוֹד אַחְדוּתוֹ הַבָּרָה נִסְכְּלָה כָּל דַּעַת וְנֶפֶשׁ אָדָם נִבְעֲרָה,
וְנֶעֶלְמָה מֵעֵינֵי כָּל חַי וּמֵעוֹף הַשָּׁמַיִם נִסְתָּרָה.
זֹאת קִבַּלְנוּ וְהֶאֱמַנְנוּ וְחָקַרְנוּ וְהִכַּרְנוּ
כִּי אֵין הַפְּשִׁיטוּת לְךָ עִנְיָן וְלֹא הָאַחְדוּת לְךָ קִנְיָן.
אֵינֶנּוּ כְּאַחְדוּת הַמָּנוּי וְהַמִּנְיָן כִּי הוּא מִקְרֶה נוֹסָף עַל הַבִּנְיָן,
וְהָרִבּוּי עוֹמֵד לְנֶגְדּוֹ וַיָּשֶׂם לוֹ לְבַדּוֹ.
אֲבָל אַחְדוּתְךָ כָּל טֶבַע יִכְסוֹף אֵלֶיהָ לֹא יַשִּׂיגֶנָּה רִבּוּי וְדָבָר לֹא יַחֲלוֹק עָלֶיהָ,
וְכָל אֶחָד זוּלָתֶךָ אַחְדוּתוֹ נוֹסֶפֶת עַל עַצְמוּתוֹ וּפְשִׁיטוּתוֹ בְּעֶרְךְּ אֶל זוּלָתוֹ.
וּבְהֶעָרְכָם אֶל אַחְדוּתָם הַנָּכוֹן הָרִבּוּי בָּהֶם יִשְׁכּוֹן וְאַחְדוּתָם מֵאַחְדוּתְךָ יִבָּחֵן.
וְאַתָּה אֶחָד וְלֹא בְּעֶרְךְּ אֶל דָּבָר וּפָשׁוּט וְלֹא חֵלֶק מְאוּסָּף וּמְחוּבָּר
וּמִכָּל חֶסְרוֹן נָקִי וּבַר מַה לַתֶּבֶן אֶת הַבָּר.
אַתָּה אֶחָד יָחִיד וּמְיוּחָד,
רִאשׁוֹן מִבְּלִי רֵאשִׁית וְאַחֲרוֹן מִבְּלִי אַחֲרִית נִבְדָּל מִכָּל גַּשְׁמוּת.
אֱלוֹהַּ כָּל בְּרִיּוֹת אֲדוֹן כָּל תּוֹלָדוֹת,
סִבַּת כָּל פּוֹעֵל אֲשֶׁר בַּשָּׁמַיִם מִמַּעַל וַאֲשֶׁר בָּאָרֶץ מִתָּחַת.
עִילַּת כָּל עִילָּה וְתַשְׁלוּם כָּל צוּרָה,
תַּכְלִית כָּל תַּכְלִית וְחַיֵּי כָּל נִבְרָא,
אַחֲרוֹן בְּלִי תִּכְלָה וְרִאשׁוֹן מִכָּל הַתְחָלָה מְאֹד נַעֲלָה.

1. אתה...בסוד,--ע' רשב"ג, "כתר מלכות", ב.כ"א, "אתה אחד,ובסוד אחדותך חכמי לב יתמהו כי לא ידעו מה הוא." 2. אשר...וכגבורותיך,--דברים ג':כ"ד; זולתך,--ש"ב, ז':כ"ב; מעשה אצבעותיך,--תהל' ח':ד'. 3. ובכל...אמנה,--נחמיה י':א'. 5. כי... אלים,--פ"ט:ז'. 6. ממאורו נמצאו,--התהוות העולם ע"י האצלה בדומה לדעתו של רשב"ג, ע' "כתר מלכות", א.י"ד, "לך המציאות אשר מצל מאורו נהיה כל הוה"; ומשפע ...נבראו,--ע' רמב"ם,מו"נ,ב'.י"ב: "נאמר שהעולם נתחדש משפע הבורא." 7. נמשכו,--כלומר נאצלו וע' חסדאי קרסקס, אור ה', מהדורת הרי וולפסון, עמ' 200,: "אמרו 'ברוך כבוד ה' ממקומו', כלומר שתואר הברכה והשפע ממקומו, רוצה לומר מעצמותו ולא מזולתו, ויהיה הכנוי ממקומו שב אל הכבוד."; ובסוד הוד אחדותו,--"הוד", אחת הספירות אצל המקובלים, וע' ר"א שלום, נוה שלום, ה' י"א,פ"א: "והנה המקובלים נחלקו בעניין זה לשתי כתות: יש מהם שהאמין שמי' ספירות הוא הסבה הראשונה ית', ומהם מי שהאמין שהסבה הראשונה לא ידובר ממנה לא ברמז ולא בפירוש ויקראוהו אין סוף." ויש לומר שהפייטן ר"א פילוסוף נוטה לדעה שנייה, וע' אור ה', שם,עמ' 462,

הע' 93-4; ועל אלהי...נסמכו,--ע' רמב"ם,מו"נ,א',ס"ט: "שהוא (הבורא) אשר מציאות כל צורה בעולם וקיומה נסמך באחרונה אליו ובו קיומה." 8. החושים,--חוש= sensus והכונה לחמשה חושים וע' רמב"ם,מו"נ,א',מ"ז: "ומשפט רוממותו יתעלה מן החושים החמשה וכו'"; הנפשים,--נפש= anima,כלומר הטבעי, החיוני והשכלי, ע' רשב"ג, מקור חיים,ג',כ"א. 9. עצם,-- =substantia המאמר הראשון של עשרת המאמרות לאריסטו, ע' חיים דוידסון, ספר המאמרות לאריסטוטלס, (קיימבריג',1969) עמ' 36; המקרים ,--מקרה= accidens והרשמים,--רשום= descriptio. 10. איכות,-- qualitas,המאמר השלישי הנ"ל והשני אצל ר"א פילוסוף שעוקב בזה אחרי דעת הראב"ד בעל אמונה רמה, ע' שם, א'א': "והסוג השני הוא האיכות וכו'"; דמיון,-- =extimatio; ותמונה,--= figura; כמות,-- =quantitas,המאמר השני אצל אריסטו והשלישי בפיוט וע' אמונה רמה,שם; שעור,-- =mensura; וחילוק,-- =divisio; ותכונה,-- =forma. 11. הצטרפות ,-- =ad aliquid,המאמר הרביעי; במדרגתו,--מדרגה= ordo; אנה,-- =ubi; זולת,-- غير.12. מתי,-- =quando; מצב,-- =positio, נ"א הנחה, ע' דוידסון,שם; נחתים ,--חונים, ע' מ"ב,ו',ט'. 13. מאמר הקנין,--המאמר "לו", ע' דוידסון,שם, קנין= habitus; כולל,- κοινός,عام מקיף,-- =complectens. 14. שיתפעל,-- =pati, המאמר העשירי אצל אריסטו והתשיעי בפייטן ההולך לשיטתו של הראב"ד, ע' אמונה רמה, שם: "והסוג התשיעי הוא שיתפעל וכו'". 15. שיפעל,-- =agere, ποιεῖν,המאמר התשיעי באריסטו והעשירי אצל הפייטן וע' אמונה רמה, שם; מביאים,-- =agens, וע' רמב"ם, מו"נ,ב', י"ד: "אמנם יפעל הפועל בעת אחת ולא יפעל בעת אחרת לפי המונעים או המביאים המתחדשים לו בו." 16. בריאה,--הטבע= natura, וע' שיר היחוד, "אשירה ואזמרה" המיוחס לר' שמואל בר קלונימוס ה"חרזן" (ד.א' 8004),ה': "אין בריאה כי אם בריאתך". 7-16. אחדותו פליאה...סוד אחדותו...נבערה,--ע' רשב"ג,"כתר מלכות," ב'. כ"א המובא בהע' לטור 1. לעיל. 20. הפשיטות,-- =simplex; ענין,--=dispositio וע' ספר המאמרות לאריסטוטלס, עמ' 56, "והקנין והענין והחוש והידיעה מן המצטרף, וכל אלו מהותם יאמר בהקש אל דבר אחר" ולפי דעת ר"א פילוסוף זה לא הולם להקב"ה הנעלה ובניגוד לר' דויד אלמקמץ בהליכות קדם, ע"ג: "ואנו אומרים כי הקב"ה הוא אחד לא כאחד שהוא ממין גדול ולא כאחד שהוא במין קטן ולא כאחד במנין ולא כאחד ביצירה, אבל הוא כדרך הפשיטה הנכונה שאין בה שום חלוף ולא ריכוב." ע' י. קלצקין, ג' עמ' 220. 21. המנוי והמנין,--וע' רשב"ג, "כתר מלכות", ב.כ"ה: "אתה אחד,-- ולא כאחד הקנוי והמנוי"; נוסף,--ע' שם: "ואחדותך לא יגרע ולא יוסיף"; והמנין... הבנין,--ע"פ המשנה אהלות ב' א': "רוב הבניין...רוב המניין", וע' "כתר מלכות", ב.כ': "אתה אחד, ראש כל מנין/ויסוד כל בנין." 22. והרבוי...לבדו,--ע' שם, ב.

כ"ה: "כי לא ישיגך רבוי ושנוי/לא תאר ולא כנוי." 24. בערך,--ערך= relatio; אל זולתו,--וע' ר"י אלחריזי <u>במו"נ</u>,א',נ"א: "והחלק הרביעי מן המדות הוא לתאר הדבר בערכו לזולתו." 26. ומחובר,--כלומר מחומר וצורה, "כמו הגלגלים והכוכבים וכל אחד מד' היסודות", ע' <u>חו"ה</u>, היחוד,ו' ופ' <u>טוב הלבנון</u>,שם. 27. מה לתבן את הבר ,--כלומר אין להשוות הקב"ה לשום דבר בבריאותו, וע"פ ירמיה כ"ג:כ"ח: "מה לתבן את הבר" וע' רש"י שם. 29. גשמות,--גשם= corpus. 30. אלהי...תולדות,--ע"פ התפלה "נשמת כל חי". 31. סבת,--סבה= causa; פועל,--= activus. 32. עילת כל עילה,--עלת העלות= causa causorum וע' <u>חו"ה</u>, היחוד ז': "כי הוא רם על כל רמים ועלת כל עלה," והוא כנוי להקב"ה בלשון הפילוסופים וגם בספרות הקבלה, ע' י. קלצקין, ג',עמ' 136; תשלום,--שלמות= perfectio; צורה,--= forma. 33. תכלית כל תכלית,--ע' <u>מו"נ</u>,א',ס"ט: "הוא יתברך תכלית כל דבר...נאמר בו שהוא תכלית התכליות;"תכלית= غاية; ultimum. 34. תכלה,--סוף, וע' ר"י ברצלוני, <u>פ' ס' יצירה</u>, י"ד,:"ויוצרנו הוא אחד באין תחלה ואחרון באין תכלה;" מאד נעלה,--תהל' מ"ז:י'.

56. אברהם בר יעקב מקסטוריה

"מי כמוך" לשבת הגדול (חלק ב'). כ"ג בתים בני ד' טורים ששלושה מהם מחריזים והרביעי הבאה מהמקרא המסתיימת במילת "ישראל". מספר מילים 2-5 בכל טור. החתימה: אברהם בר יעקב מקסטוריאה יגאל. המקורות: כה"י מ"ר א. 1082, עמ' 51; רא. ח"א, 72; רב. עמ' ק"ד; רג. עמ' נ"ד. (ד.מ' 1157).

אַחַר בָּאוּ צִירִים
וּפָצוּ לְמוֹשֵׁל מִצְרַיִם:
׳כֹּה אָמַר יְיָ אֱלֹהֵי הָעִבְרִים,
שַׁלַּח אֶת עַמִּי בְּנֵי יִשְׂרָאֵל.׳

בְּשָׁמְעוֹ דִּבְרֵי אֵיתָנָי
הִקְשָׁה לוֹמַר: ׳מִי יְיָ
לֹא אֶשְׁמַע בְּקוֹל יְיָ
לְשַׁלֵּחַ אֶת בְּנֵי יִשְׂרָאֵל.׳

רָם רָאָה זְדוֹן לִבּוֹ
וְכוֹבֶד עָרְלַת לְבָבוֹ
וַיְחַזֵּק יְיָ אֶת לִבּוֹ
וְלֹא שִׁלַּח אֶת בְּנֵי יִשְׂרָאֵל.

הָדוּר הֶרְאָה כְבוֹדוֹ
גָּדְלוֹ וְתִפְאֶרֶת הוֹדוֹ
לַעֲשׂוֹת מִשְׁפַּט עַבְדּוֹ
וּמִשְׁפַּט עַמּוֹ יִשְׂרָאֵל.

מוֹפְתִים וְאוֹתוֹת רָמִים
הֵבִיא בְּתוֹךְ עֲנָמִים
וּמֵימֵיהֶם נֶהֶפְכוּ לְדָמִים
לִנְקוֹם נִקְמַת בְּנֵי יִשְׂרָאֵל.

בַּיְאוֹר צְפַרְדֵּעַ הִשְׁרִיץ
כִּנִּים וְעָרוֹב הֵרִיץ
וּמִקְנֵיהֶם נוּגְּפוּ בְּמֶרֶץ
וְלֹא מֵת מִמִּקְנֵה יִשְׂרָאֵל.

רִיחֵשׁ שְׁחִין שְׁאֵרֵיהֶם
בָּרָד הִכָּה גַּפְנֵיהֶם
אַרְבֶּה הֵמִית פְּלִיטֵיהֶם
וְשָׁלוֹם עַל יִשְׂרָאֵל.

יָשָׁר הֶחְשִׁיךְ עֲלֵיהֶם
וְלֹא רָאוּ עֵינֵיהֶם
וְלֹא קָמוּ מִתַּחְתֵּיהֶם
לוֹחֲצֵי יִשְׂרָאֵל.

עוֹד נֶגַע אַחַת
הֵבִיא בִּבְכוֹרֵי שַׁחַת
וְרֵאשִׁית אוֹנָם שִׁיחֵת
וְהִקְדִּישׁ בְּכוֹרֵי יִשְׂרָאֵל.

קָם פַּרְעֹה לַיְלָה
וַיִּקְרָא לְשָׂרֵי סְגוּלָּה
קוּמוּ צְאוּ מִן הַגּוֹלָה
גַּם אַתֶּם גַּם בְּנֵי יִשְׂרָאֵל.

בַּעֲדִי בַּקְּשׁוּ תְּפִלָּה
וְלֹא תַעֲשׂוּ אוֹתִי כָּלָה
עַתָּה יָדַעְתִּי סֶלָה
אֵין כֵּאלֹהֵי יִשְׂרָאֵל.

מַהֲרוּ וְשַׁלְּחוּם בְּחָזְקָה
מֵרוֹב צְעָקָה וַאֲנָקָה
כִּי כָל בֵּית מִצְרַיִם בִּזְעָקָה
וַיִּסְעוּ בְּנֵי יִשְׂרָאֵל.

קְדוֹשִׁים כְּלָשׁוּ שְׂאוֹר
בְּצִוּוּי אַדִּיר וְנָאוֹר
וַיְהִי הַבֹּקֶר אוֹר
וַיֵּלְכוּ בְּנֵי יִשְׂרָאֵל.

סֻכּוֹתָה סָעוּ בְּרוּרִים
וַיַּעֲשׂוּ הַפֶּסַח מַצּוֹת וּמְרוֹרִים
בַּלַּיְלָה לֵיל שִׁמּוּרִים
זִכָּרוֹן לִבְנֵי יִשְׂרָאֵל.

תּוֹלְדוֹת בְּנֵי יַעֲקֹב
יָצְאוּ בְּכוֹשֶׁר בְּלִי עָקוֹב
כִּי פָדָה יְיָ אֶת יַעֲקֹב
וְשָׁב שְׁבוּת יִשְׂרָאֵל.

רָשִׁים נָשְׂאוּ עֵינֵיהֶם
וְהִנֵּה מִצְרַיִם נוֹסֵעַ אַחֲרֵיהֶם
וְרַעַד אֲחָזָה לָהֶם
וַיִּזְעֲקוּ בְנֵי יִשְׂרָאֵל.

יָחִיד שׁוֹכֵן זְבוּלָה
נָם לְמָשׁוּי מִשְׁאוֹלָה
מַה תִּזְעַק וְתַרְבֶּה תְּפִלָּה
דַּבֵּר אֶל בְּנֵי יִשְׂרָאֵל.

אַתָּה הָרֵם אֶת מַטְּךָ בְּחָזְקָה
וּנְטֵה יָדְךָ הַחֲזָקָה
וּבְקַע הַיָּם לַחֲלָקָה
לְמִסְפַּר בְּנֵי יִשְׂרָאֵל.

הַיָּם רָאָה וַיָּנֹס
מִפַּחַד אֵל מָנוֹס
וּמֵימָיו עָלוּ לָאוֹרְנוֹס
מִלִּפְנֵי יְיָ אֱלֹהֵי יִשְׂרָאֵל.

יְדִידִים עָבְרוּ בֶּחָרָבָה
שְׂמֵחִים עַל כֹּל הַטּוֹבָה
כִּי הִצִּיל שָׁם רַבָּה
רִיבְבוֹת אַלְפֵי יִשְׂרָאֵל.

גְּאוּלִים דּוֹחֲקִים לְנִגְאָלִים
בַּיָּם רוּטְשׁוּ הוֹלְלִים
שָׁלַח יָדוֹ לְמִסְתּוֹלְלִים
מֶלֶךְ צוּר יִשְׂרָאֵל.

אֵל כַּבִּיר אַבִּיר לְבֵית יַעֲקֹב
מִשְׂגָּב וּמָנוֹס לְזֶרַע יַעֲקֹב
בִּישׁוּעָתְךָ יָגֵל יַעֲקֹב
יִשְׂמַח יִשְׂרָאֵל.

מִי כָמוֹךָ אֹמֶן אֱלֹהֵי יִשְׂרָאֵל
מַצְמִיחַ קֶרֶן צַדִּיק וְגוֹאֵל
לְכוֹנֵן בִּנְיַן אֲרִיאֵל
וְעָלוּ מוֹשִׁיעִים בְּנֵי יִשְׂרָאֵל.

25 ריחש|רב. רחש || 37 קם| רב. ויקם|| 54 מצות| רב. על מצות, ליל| א. בליל||
58 בכושר| רב. בכור|| 61 רשים| רב. רעים || 66 נם למשוי משאולה| א. נם למשה
מושיע ה'|| 79 כי הציל שם רבה| רב. כי הציל ה' את עם רבה.

1 צירים,--משה ואהרן. 3 כה אמר...עמי,--שמות ט':א'. 5 איתני,--רומז למשה ואהרן;
הקשה לומר,--מוסב על פרעה 'מושל מצרים' לעיל; מי יי,--שמות ה':ב'. 7 בקול...
ישראל,--שם. 9 רם,--כנוי להקב"ה; זדון לבו,--של פרעה. 11 ויחזק...שלח,--שמות
ד':כ"א. 13 הדור,--הקב"ה ע"פ ישעיה ס"ג:א'. 15 לעשות...ישראל,--מ"א, ח':נ"ט.
17 מופתים...רמים,--דברים כ"ט:ב'; ענמים,--מצרים ע' בראש' י':י"ג; נהפכו לדמים
,--שמות ז':י"ז. 21 ביאור צפרדע,--שם ח':א'; כנים וערוב,--שם י"ב:י"ז; הריץ,--
החיש; במרץ,--בכח. 24 ולא...ישראל,--שם ט':ו'. 25 ריחש,--השריץ; שחין,--שם ט';
שאריהם,--כלומר בשר בהמה וחיה במצרים; ברד הכה,--שם כ"ה; גפניהם,--תהל' ע"ח:
מ"ז; ארבה,--שמות י':ד'; פליטיהם,--כלומר את יתר הפלטה הנשארת מן הברד ע' שם
ה'. 28 ושלום...ישראל,--תהל' קכ"ה:ה'. 29 ישר,--כנוי להקב"ה; החשיך,--שמות שם
כ"א; ולא ראו...מתחתיהם,--שם כ"ג. 32 לוחצי ישראל,--המצרים ע' שם ג':ט'. 33
עוד...אחת,--שם י"א:א'; בבכורי,--מצרים ע' שם ה'; שחת,--כלומר שרצים לבאר שחת;
וראשית אונם,--כלומר בכורי מצרים ע' תהל' ע"ח: נ"א וע' מכילתא דפסחא י"ג. 36
והקדיש...ישראל,--שמות י"ג:ב' וע' פסיק' דר"כ, ז'.ה': "ביום שמתו בכוריהם של
מצרים בו ביום הקדשתי לי כל בכור." 37 קם...לילה,--שמות י"ב:ל'; ויק',--שם
ל"א. שרי סגולה,--כלומר משה ואהרן שרי עם סגולה. 40 קומו צאו...ישראל,--שם.
41 בעדי...תפלה,--כלומר וברכתם גם אותי ע' שם ל"ב, וע' מדרש ויושע, <u>אוצר
המדרשים</u>, א' עמ' 152: "(אמר פרעה למשה:)'משה אוהבי! בבקשה ממך התפלל עלי לפני
הקב"ה.'" 43 עתה ידעתי...ישראל,--פרעה חזר בתשובה, ע' פר"א מ"ג, וע' מדרש
ויושע, שם עמ' 154. 45 מהרו...בחזקה,--שמות י"ב:ל"ג; צעקה,--שם ל'; בעקה,--
בצוקה ולחץ ע' תהל' נ"ה:ד'. 48 ויסעו...ישראל,--שם ל"ז. 49 קדושים,--כנוי
לישראל ע' בעל הטורים לבמדבר י"א:ט"ז; כלשהו שאר,--שם ל"ט וע' מכילתא,שם,י"ד:
"לשו(ישראל) את העיסה ולא הספיקו לחומצה עד שנגאלו." 51 ויהי...וילכו,--כלומר
כיון שהגיע הקץ לא עכבן המקום כהרף עין, ע' מכילתא, שם. 53 סכותה סעו,--שמות,
שם ל"ז; ברורים,--רומז לישראל ע"פ דבה"א ז':מ'; ויעשו,--שמות שם נ'; מצות
ומרורים,--במדבר ט':י"א; ליל שמורים,--שמות י"ב:מ"ב. 56 זכרון...ישראל,--במדבר
י"ז:ה' ועוד. 58 בכושר,--בשעת הכושר; בלי עקוב,--כלומר בדרך ישר ע' ישעיה
מ':ד'; כי...יעקב,--ירמיה ל"א:י"א. 60 ושב...ישראל,--שם ל':ג'. 61 רשים,--

אביונים והכונה לישראל; נשאו...אחריהם,--שמות י"ד:י׳. 63 ורעד...ישראל,--שם. 65 יחיד,--הקב"ה; זבולה,--בשמים ע׳ ישעיה ס"ג:ט"ו; למשוי,--רומז למרע"ה ע"פ שמות ב׳:י׳; מה תזעק,--שם י"ד:ט"ו; ותרבה תפלה,--ע׳ מכילתא, בשלח ד׳: "(אמר הקב"ה למשה:)׳בני נתונים בצרה...ואתה עומד ומרבה בתפלה." 68 דבר...ישראל,--ויקרא א׳:ב׳ ועוד. 69 הרם...ובקע,--שמות שם ט"ז. 72 למספר...ישראל,--דברים ל"ב:ח׳. 73 הים...וינס,--תהל׳ קי"ד:ג׳; מפחד אל מנוס,--ע׳ מכילתא, שם ה׳:"(אמר הים למשה:)׳לא מפניך משה (אני בורח) אלא מפני אדון חולי ארץ׳". לאורנוס,--(οὐρανός) לשמים ולא מצאתי מקור לאגדה זו. 76 מלפני...ישראל,--ע׳ תהל׳ שם ז׳-ח׳ וע׳ מכילתא שם. 77 ידידים,--ישראל; בחרבה,--שמות,שם כ"א; שמחים...הטובה,--דבה"ב ז׳:י׳. 80 ריבבות...ישראל,--במדבר י׳:ל"ו. 81 גאולים,--טמאים והכונה למצריים; דוחקים,--כלומר שרדפו אחריהם אל תוך הים ע׳ שמות, שם כ"ג; נגאלים,--ישראל; הוללים,--המצרים; למסתוללים,--בעמו ע׳ שמות ט׳:י"ז. 84 צור ישראל,--ש"ב,כ"ג:ג׳ ועוד. 85 כביר,--איוב ל"ו:ה׳; אביר,--הקב"ה ע"פ ישעיה א׳:כ"ד; משגב ומנוס,--ש"ב,כ"ב:ג׳; בישועתך...יעקב,--תהל׳ ט׳:ט"ו. 88 ישמח ישראל,--שם קמ"ט:ב׳. 89 אמן,--ישעיה כ"ה:א׳; מצמיח...וגואל,--רומז למלך המשיח ע׳ תהל׳ קל"ב:י"ז; בנין אריאל,--הכונה למקדש בירושלים לעתיד לבא ע׳ ישעיה כ"ט:א׳. 92 ועלו...בני ישראל,--עובדיה כ"א.

57. משה האיקריטי בן אליהו דילמדגו

"רשות" לשבת הגדול. שמונה בתים בני ד׳ טורים מהם ארבעה הראשונים ושנים האחרונים מחריזים בכל טור. בבית ו׳ מחריזים רק שלושה טורים הראשונים ובית ה׳ בחריזה כמעט חפשית. סימן: א׳-ב׳, חזק ואמץ. המקור: כה"י מ"ר, א, 1082, עמ׳ 48. לפי הכותרת המחבר הוא משה האיקריטי "אביו של רב אליהו החסיד". היו שרים הפיוט הזה בניגון "אבא בחילי" ע"פ רשימת בעל הכותרת. (אין בד.).

אֲגַדְּלָה שִׁמְךָ סֶלָה/ בְּפַחַד וְרַעַד וְחַלְחָלָה
גַּל עֵינַי לְסַלְסְלָה/ דָּתְךָ נוֹרָא עֲלִילָה.

הוֹרֵנִי יָהּ דְּרָכֶיךָ/ וְאֶשְׁעֶה תָּמִיד בְּחֻקֶּיךָ
זַקֵּק אִמְרֵי חִכְּךָ/ חַנּוּן וְרַחוּם לִמְחַכֶּיךָ.

טוּב טַעַם וְרוּחַ נְדִיבָה/ יָחִיד תִּסְמְכֵנִי וְאֶתְהַלְּכָה בָרְחָבָה
כָּלְתָה רוּחִי וְנַפְשִׁי תְאֵבָה/ לְכָל תִּכְלָה רָאִיתִי קֵץ מִצְוָתְךָ רְחָבָה.

מִזְּקֵנִים אֶתְבּוֹנָן/ נֶצַח בְּתוֹרָתְךָ אֶשְׁתּוֹנָן
סוֹכְכֵנִי בְּאֶבְרָתְךָ וּבְצִלְּךָ אֶתְלוֹנָן/ עוֹד אָנוּב בְּשֵׂיבָה דָּשֵׁן וְרַעֲנָן.

כִּי פָּעַרְתִּי וְאֶשְׁעֶה/ צְדָקָה תִּלְבַּשׁ וּמְצָא לִי תְּרוּעָה
קוֹלִי תִּשְׁמַע וּמַחַץ מַכָּתִי תְּרַפֵּא/ בְּרַחֲמֶיךָ רַבִּים וְנַפְשִׁי מִתּוּגָה דָּלְפָה.

שָׂשׂ אָנֹכִי עַל אִמְרָתֶךָ וְנַפְשִׁי מִתְאַמֶּצֶת/ תּוֹרָתְךָ שַׁעֲשׁוּעַי חוֹרֶצֶת
חֲזָקָה כִּי עָלֶיךָ נִקְרֶצֶת/ וְאַמְצָה לְבָאֵר הִלְכוֹת בִּיעוּר חָמֵץ.

רְשׁוּת מֵאֵל אָיוֹם וְנוֹרָא/ טֶרֶם כָּל דִּבּוּר וַאֲמִירָה
הַמְעֻדָּתוֹ הַיְקָרָה/ אֲרַשֶׁה מַרְבָּה וְזוּטְרָא.

אָמְנָם דַּעְתִּי קְצָרָה/ וְאִם אֶכָּשֵׁל יְזַכּוּנִי חַכְמֵי הַתּוֹרָה
וֵאלֹהִים אֵלִי אֲשַׁחֲרָה/ לְבָרֵר טָעוּתִי וּפְרִי שְׂפָתַי לְבַחֲרָה.

2. גל עיני,--תהלים קי"ט:י"ח; לסלסלה,--משלי ד׳:ח׳; נורא עלילה,--תהלים ס"ו: ה׳.3. הורני...דרכיך,--שם כ"ז:י"א; ואשעה...בחקיך,--שם קי"ט:קי"ז. 5. רוח... תסמכני,--שם נ"א:י"ד; ואתהלכה ברחבה,--שם קי"ט:מ"ה.6. תאבה,--מתאוה; לכל... רחבה,--שם צ"ו.7. מזקנים אתבונן,--שם ק׳; אשתונן,--שם ע"ג:כ"א וע׳ דברים ו׳: ז׳.8. סוככני באברתך,--תהלים צ"א:ד׳; ובצלך אתלונן,--שם א׳; עוד...ורענן,-- שם צ"ב:ט"ו.9. ואשעה,--שם קי"ט:קי"ז; תרועה,--כלומר חבה ורעות ע׳ במדבר כ"ג: כ"א וע׳ בתרגומו של רסע"ג ופירוש רש"י שם.10. מחץ...תרפא,--ישעיה ל׳:כ"ו; נפשי...דלפה,--תהלים קי"ט:כ"ח.11. שש...אמרתיך,--שם קס"ב. תורתך שעשועי,-- שם קע"ד; חורצת,--מחלטת. 12. חזקה,--מוסב על, "נפש"; עליך,--שם מ"ד:כ"ג; נקרצת,--נהרגת. לבער...ביעור,--לשון נופל על לשון ור"ל, "לבאר הלכות ביעור חמץ".14. ארשה,--כלומר אבקש רשות; מרבה וזוטרא,--בארמית מקטן וגדול.16. ואלהים ...אשחרה,--תהל׳ ס"ג:ב׳.

58. שבתי הרופא בר כלב

"חטאנו" ליוה"כ מעין שיר-איזור בעל מדריך בן ד׳ טורים המסתיים במילת "טהור" ושלוש עשרה מחרוזות בנות ג׳ טורים ומעין טור איזור המסתיים גם במילת "טהור". מספר מילים 2–4 בכל טור. החתימה: שבתי ברבי כלב חזק. המקורות: רא. ח"ב,ב׳, 46; רב. עמ׳ של"ו; רג. עמ׳ קע"ו; כה"י מ"כ,הנ"ל,עמ׳ 42. החריזה: אאאא,//בבב,/א// וכו׳. (ד.ש׳ 1192).

שְׁכִנְךָ אִוִּיתִי לִנְהוֹר
מַדּוּעַ עֲדָתְךָ לֹא תִנְהוֹר
רְאֵה צַר יָרֹשׁ מָהֹר
יָרֹק הַזָּב בַּטָּהוֹר.

בְּכִלְיוֹתַי חִצָּיו מוֹרֶה
רוֹעֵץ יוֹעֵץ וּמוֹרֶה
נִאֵץ אָמַר מִקְרֶה
הוּא בִּלְתִּי טָהוֹר.

תִּפְאֶרֶת אֲצִילַי שָׁסַף
עַל צִירַי יְגוֹנַי יָסַף
יַד הָרִים זְרוֹעַ חָשַׂף
וְאָסַף אִישׁ טָהוֹר.

יְתֵרִי פִּתַּח וַיִּגְעַל
מִזְבְּחִי וְקָדְשִׁי מָעַל
פָּשַׁט יַד עַל אָרוֹן וְעַל
שֻׁלְחַן הַטָּהוֹר.

בְּחֶלְבּוֹ פָּנָיו כִּסָּה
רְדִידַי מֵעָלַי נָשָׂא
לְבַז וְלִמְשִׁסָּה
יִתֵּן טָהוֹר.

רוֹפֵס רוֹמֵס מִתְאַזֵּר
חֶרֶף אֵין עוֹזֵר
חִבֵּט תִּפְאֶרֶת וָנֵזֶר
הַקֹּדֶשׁ זָהָב טָהוֹר.

בָּךְ שַׂמְתִּי כִסְלִי
הַעֲבֵר טֶפֶשׁ כִּסְלִי
אֱלֹהִים בְּרָא־לִי
לֵב טָהוֹר.

יִשְׁפּוֹךְ שִׂחוֹ בְּחֶבְלוֹ
עַמְּךָ מִתְחַנֵּן עַל מַעֲלוֹ
בַּשֶּׁרָה כַּשֶּׁלֶג פּוּלוֹ
הֲפֹךְ לָבָן טָהוֹר.

כַּלֵּה אוֹיְבֵי הִגְדִּיל
עוּלוֹ וּמַעֲלֵי הִבְדִּיל
בֵּין לֶשֶׁם יַבְדִּיל
וּבֵין הַטָּמֵא וּבֵין הַטָּהוֹר.

לְעִירְךָ שׁוֹבֵב לָחוּץ
וְהַנּוֹשֶׁה יַעֲמוֹד בַּחוּץ
אֱסוֹף צוֹלֵעַ מְחוּץ
לַמַּחֲנֶה בְּמָקוֹם טָהוֹר.

בָּלַק וְהָיָה לֶאֱכוֹל
יַעַן נִסְכַּל סָכוֹל
טָהוֹר כֹּפֶר אֶשְׁכּוֹל
לְכָל לֹא טָהוֹר.

חַיֵּה קָדוֹשׁ מְרוֹמַיִם
מְיַחֲדֶיךָ בְּיוֹם פַּעֲמַיִם
זְרוֹק עָלָיו מִשָּׁמַיִם
מַיִם וְהִזָּה הַטָּהוֹר.

זַהּ מְרִיוֹ תַּעֲזוֹב
וְאִם דָּר בְּשָׂרוֹ מִזּוֹב
יוּקַח בָּא אֵזוֹב
וְטָבַל בַּמַּיִם אִישׁ טָהוֹר.

קִרְבַת בָּמֵס נִמְבְזָה
לֹא שִׁקַּץ וְלֹא בָזָה
יְחַטִּיא שֶׂה רָזָה
וְהִזָּה הַטָּהוֹר.

1 לנהור,--אליו ע' ישעיה ב':ב'. 2 תנהור,--תאיר מלשון נהורא, וע' ביוצר ליו"כ, "אז ביום כפור" (ד.א'2106):"רענו כמקדם ותארנו ינהר/ רחום הקשיבה ועשה אל תאחר." 3 מהור,--ע"פ שמות כ"ב:ט"ו ורומז לכנסת ישראל כלתו של הקב"ה. 4 ירוק...בטהור,--ויקרא ט"ו:ח' ורומז לשעבוד גליות. 5 בכליותי,--איוב ט"ז:י"ג; חציו,--של הקב"ה כמבואר להלן. 6 רועץ,--שמות ט"ו:ו'; ירעץ,--ישעיה י"ט:י"ז; ומורה,--איוב ל"ו:

כ"ב ושלשתם כנויים להקב"ה. 7 באץ,--רשע,ע' תהל' י':י"ג. 8,7 מקרה...טהור,--
ש"א,כ':כ"ו ור"ל שרשע אמר ששעבוד גליות 'מקרה הוא' ולא מעשה ההשגחה העליונה.
9 שסף,--ש"א,ט"ו:ל"ג. 10 על...יסף,--ירמיה מ"ה:ג'. 11 זרוע חשף,--ישעיה נ"ב:
י'. 12 ואסף,--וסלק ע' בראש' ל':כ"ג. 13 יתרי,--כלומר שארית הפליטה ע' יחזקאל
י"ד:כ"ב; פתח,--כמו באבן; ויגעל,--וימאס. 14 מעל,--טמא. 15 ארון,--ר"ל ארון
ברית ה' ע' מ"א,ח':ו'. 16,15 ועל...הטהור,--אשר עליו לחם הפנים ע' שם ז':מ"ח.
17 בחלבו...כסה,--איוב ט"ו:כ"ז. 18 רדידי...נשא,--שה"ש ה':ז'. 19 לבז ולמשסה
,--מ"ב,כ"א:י"ד. 20 יתן טהור,--איוב י"ד:ד'. 21 רופס,--עוכר וע' יחזקאל ל"ב:ב';
רומס,--ישעיה ט"ז:ד'; מתאזר,--מתגבר האויב ע' תהל' צ"ג:א'. 22 חרף,--שם ע"ד:
י"ח; אין עוזר,--איכה א':ז'. 23 חבט,--נטל בכח; תפארת,--רומז לבגדי קדש של כהן
גדול ע' שמות כ"ח:ב'. 24,23 ונזר הקדש,--על המצנפת ע' שם כ"ט:ו'. זהב טהור,--
בבגדי כהן גדול ע' כ"ח:ו' וכו'. 25 כסלי,--תקותי ע' תהל' ע"ח:ז'. 26 טפש כסלי
,--כלומר אוילות שלי. 27,26 אלהים...טהור,--שם נ"א:י"ב. 28 ישפוך שחו,--שם ק"ב:
א'; בחבלו,--במכאובו ע' שם י"ח:ה'. 30 מעלו,--ע' יחזקאל י"ז:כ'. 31 בשרה,--
כלומר הודיע לכנסת ישראל; כשלג,--כלומר מצרעת כשלג ע' במדבר י"ב:י'. 32,31 כולו
...טהור,--ויקרא י"ג:י"ג. 33 כלה,--השמד; אויבי הגדיל,--איכה א':ט'. 34 עולו
,--בראש' כ"ז:מ'. 35 בין...יבדיל,--כלומר בין הקדש ובין החול ובהקבלה לטור הבא
וע' שמות כ"ח:י"ט. 36 ובין...הטהור,--ויקרא י':י'. 37 לעירך,--כלומר אל עיר
ירושלים; שובב,--יעקב,ע' ישעיה מ"ט:ה'; לחוץ,--מדוכה בגולה. 38 והנושה,--האויב;
בחוץ,--בחוצות וע"פ דברים כ"ד:י"א. 39 צולע,--רומז לגולי ישראל ע' מיכה ד':ו',
ז'. 40,39 מחוץ...טהור,--במדבר י"ט:ט'. 41 בלק,--השם ע' ישעיה כ"ד:א'; לאכול
,--תהל' כ"ז:ב'. 42 נסכל,--ש"ב,כ"ד:י'. 43 טהור כפר אשכול,--רומז ליצחק אבינו
ע"פ שה"ש רבה א':י"ד: "אשכול זה יצחק שנכפת על המזבח כאשכול; הכפר שמכפר
עונותיהם של ישראל." 44 לכל לא טהור,--דבה"ב ל':י"ז ור"ל לאיש חוטא. 45 חיה,--
תפלה להקב"ה ע' תהל' קי"ט:כ"ה: "חיני כדבריך"; קדוש מיומים,--רומז לישראל
שקדמה לבריאת העולם אלפים שנה וע' <u>סדר עולם רבה</u>, מהד' ב. רטנר, (ווילנא,
תרנ"ד) עמ' 71: "אמרתי לו דרכן של בני אדם שאומרים תורה קדומה לכל...אבל הייתי
אומר ישראל קדושים קודמין שנא' "קדש ישראל לה' ראשית תבואתו"' וע' ב"ר,א'.ד'.
46 מיחדיך...פעמים,--ע' בתפלה "רבון כל העולמים" בברכות השחר. 48,47 זרוק...
מים,--יחזקאל ל"ו:כ"ה; והזה הטהור,--במדבר י"ט:י"ט. 49 זך מריו,--כלומר מי שהוא
חף מפשע; תעזוב,--תעזור ע' שמות כ"ג:ה'. 50 ואם...מזוב,--ויקרא ט"ו:ג' ור"ל
ואם יחטא. 52,51 יוקח...טהור,--במדבר י"ט:י"ח. 53 נמס נמבזה,--רומז לישראל ע"פ
ש"א,ט"ו:ט'. 54 לא...בזה,--תהל' כ"ב:כ"ה. 55 יחטיא,--מ"א,ט"ז:ב'; שה רזה,--
רומז לישראל ע"פ יחזקאל ל"ד:כ'. 56 והזה הטהור,--במדבר י"ט:י"ט.

59. אליהו הלוי בר בנימין

"תחנון" ליוה"כ בצורת שיר איזור בעל מדריך בן ארבעה טורים וארבע מחרוזות בנות ששה טורים וטור איזור. הטור האחרון במדריך חוזר כפזמון בסוף כל מחרוזת. בכל טור חורזות שלוש הצלעיות הראשונות בחרוז פנימי. החריזה: אאא,ב (ד׳ פעמים)// גגג,ד (ה׳ פעמים)/ההה,ב, ווו,ב,//וכו׳. המשקל: המרנין. החתימה: אליה. המקורות: רא. ח"ב, ב׳ 57; רב. עמ׳ שנ"א; רג. עמ׳ קפ"ט; כה"י מ"כ הנ"ל, עמ׳ 68. (ד.א׳ 4504). המשקל: המרנין: ⏑---/⏑---//⏑---/⏑---

אֱלֹהֵי עוֹז/ הֱיֵה מָעוֹז/ לְדַל יָעוֹז/ וְיִשְׁפּוֹךְ לֵב
לְמוּל מִקְדָּשׁ/ אֲשֶׁר הוּדָשׁ/ בְּגוֹי חָדָשׁ/ וּבְמִלַבְלֵב
וְעַל בִּנְךָ/ בְּכוֹרְךָ/ שְׁלַח אוֹרְךָ/ וְשָׁב שָׁלֵו
מְשׁוֹךְ חַסְדְּךָ/ לְיוֹדְעֶיךָ/ וְצִדְקָתְךָ/ לְיִשְׁרֵי לֵב.

לְכָל תִּכְלָה/ הֲלֹא קֵץ לָהּ/ וְאֵיךְ תִּכְלָא/ בְּרַחֲמֶיךָ
פְּדוּת עַמָּךְ/ בְּךָ נִסְמָךְ/ וְעַתָּה מָהּ/ בְּעֶרְכֶּךָ
רְאֵה נִכְמָר/ כְּתוֹא מִכְמָר/ וְיִתְמַרְמַר/ בְּזַעְמֶךָ
וְגַם נִבְלָה/ בְּעַם עָוֶל/ בְּגוֹי נָבָל/ בְּכַעְסֶךָ
וּמַהֵר אֵת/ זְמַן תָּאֵת/ לְיֵשַׁע אֵת/ מְשִׁיחֶךָ
וְקַבֵּץ עָם/ אֲשֶׁר יוּעָם/ וְגַם נִפְעָם/ בְּלֵב וָלֵב.
משוך חסדך וכו׳

יְמִינְךָ אֵל/ בְּיִשְׂרָאֵל/ בְּטֶרֶם אֶל/ הֲכִי תִרְעָץ
לְכָל אוֹיֵב/ וּמִתְחַיֵּיב/ וּמִתְאַיֵּיב/ בְּעַם נִמְרָץ
וְעַתָּה שָׁב/ הֱיוֹת נֶחְשָׁב/ לְאַל וּלְשָׁוְא/ חֲזוֹן נִפְרָץ
וְאֵין מַרְפֵּה/ לְעַם נִסְפֶּה/ וְאֵין לוֹ פֶּה/ לְמוּל נַעֲרָץ
וְאֵין מָנוֹס/ אֲשֶׁר יָנוּס/ וּמִי יִכְנוֹס/ אֲשֶׁר פָּרַץ
לְבַד אַתָּה/ אֲשֶׁר בַּנְתָּה/ וְתֵדַע תַּ/עֲלוּמוֹת לֵב.
משוך חסדך וכו׳

הֲצָרִי אֵין/ לְעַם סוֹאֵן/ הֲבָנִים אֵין/ לְיִשְׂרָאֵל
וְנִתְגַּלְגֵּל/ גְּאוֹן נִסְגָּל/ וְהַגַּלְגָּל/ וְהַבֵּית אֵל
בְּיַד צָרִים/ וְאַכְזָרִים/ בְּיַד הַגְּרִים/ וְיִשְׁמָעֵאל
וְנָתַן יַד/ לְכָל צַיָּד/ וְאָזְלַת יַד/ בְּיִשְׂרָאֵל
וּמְיַחֵל/ תְּשׁוּעַת חֵיל/ הֲלֹא רָחֵל/ מְבַכָּה אֵל
אֱלֹהַי זֶה/ רְאֵה עַם זֶה/ בְּךָ חוֹזֶה/ וְנוֹשֵׂא לֵב.
משוך חסדך וכו׳

לְדוֹר וָדוֹר/ יְקוּ הַהוֹר/ בְּךָ לְגְדוֹר/ לְפִרְצוֹתָם
וְלַעֲבוֹר עַל/ אֲשֶׁר מָעַל/ וְלִנְקוֹם עַל/ עֲלִילוֹתָם
רְאֵה גָעְתָם/ פְּקֵץ גְחִתָם/ וְהוּא שְׁבִתָם/ וְקִימָתָם
וְחִישׁ יֶשַׁע/ לְעַם נוֹשַׁע/ וְאָז תִּשַׁע/ לְמִנְחָתָם
וְתִבְנֶה בֵּית/ זְבוּל שׁוֹבֵת/ וְיַעֲלוּ בֵּית/ מְנוּחָתָם
הֲמוֹן אַחִים/ מְרֻוָּחִים/ וְכִשְׂמֵחִים/ וְטוֹבֵי לֵב.
משוך חסדך וכו׳

17 בנתה|רב. בנת.

1 מעוז לדל,--ישעיה כ״ה:ד׳; וישפוך לב,--איכה ב׳:י״ט. 2 מקדש...הודש,--כלומר שדרסו בו וע׳ ישעיה כ״ח:כ״ז וע׳ "על חרבן בית המקדש",פתיח׳ ל"תסתר לאלם" לר״א קליר (ד.ת׳410):"על חרבן בית המקדש/ כי הרס וכי הודש"; חדש,--כלומר מתוקן לקרב ע׳ ישעיה מ״א:ט״ו; ומלבלב,--ופורח וע׳ תרגום יב״ע לתהל׳ צ״ב:ח׳:"כד אתלבלבן רשיעא" (בפרוח רשעים). 3 בנך בכורך,--ישראל ע׳ שמות ד׳:כ״ב; שלח אורך,--תהל׳ מ״ג:ג׳. 4 משוך...לב,--שם ל״ו:י״א. 5 לכל...קץ,--שם קי״ט:צ״ו; תכלא ברחמיך,--שם מ׳:י״ב. 6 פדות עמך,--שם קי״א:ט׳; נסמך,--ישעיה מ״ח:ב׳; מך,--ע׳ תהל׳ ק״ו:מ״ג:"וימכו בעונם." 7 נכמר,--איכה ה׳:י׳; כתוא מכמר,--ישעיה נ״א:כ׳; ויתמרמר,--ע׳ רות א׳:י״ג:"כי מר לי מאד" ר״ל, נעשה מר ע׳ בן יהודה,מלון,א.מרמר, ב.; בזעמך,--תהל׳ ל״ח:ד׳. 8 נבל בעם עול,--כלומר נבלה עשתה ע׳ דברים כ״ב:כ״א, בעם שיש בו עול ע׳ יחזקאל ג׳:כ׳; בגוי...בכעסך,--ע׳ דברים ל״ב:כ״א:"בגוי נבל אכעיסם". 9 תאת,--ביאת ע׳ ישעיה מ״א:כ״ה; משיחך,--מלך המשיח. 10 וקבץ עם,--כלומר נדחי ישראל ע׳ ישעיה נ״ו:ח׳; יועם,--איכה ד׳:א׳; נפעם,--כלומר רוחם של בני ישראל ע׳ בראש׳ מ״א:ז׳,ח׳. 12 ימינך...תרעץ,--שמות ט״ו:ו׳; בטרם,--כלומר בימי נעוריך ביציאת מצרים. 13 אויב,--שם; ומתחייב,--הקב״ה להלחם ב״עם נמרץ" להלן ומוסב על "ימינך" לעיל, ולא מצאתי מקורו; ומתאייב,--התנהג עמם כעם אויב; בעם נמרץ,--בעם אכזרי. 14 שב הירות נחשב,--כלומר בזמנו של הפייטן; לאל,--לאפס ע׳ איוב כ״ד:כ״ה; חזון נפרץ,--ש״א,ג׳:א׳ ור״ל שבן דויד עוד לא בא. 15 נספה,--כלומר מפני צריו ע׳ דבה״א כ״א:י״ב; פה,--פתחון פה, ע׳ יחזקאל כ״ט:כ״א; נערץ,--כנוי להקב״ה ע״פ תהל׳ פ״ט:ח׳. 16 מנוס,--מקלט,שם קמ״ב:ה׳; אשר ינוס,--שמה וחי ע׳ דברים י״ט:ד׳; ומי יכנוס,--את אבני המקדש ע׳ קהלת ג׳:ה׳; אשר פרץ,--בזמן החרבן. 17 בנתה,--לרעי מרחוק ע׳ תהל׳ קל״ט:ב׳; ותדע...לב,--שם מ״ד:כ״ב. 19 סואן,--הומה; הבנים...לישראל,--ירמיה מ״ט:א׳. 20 ונתגלגל,--ונתגולל; גאון,--כנוי לירושלים ע׳ שם י״ג:ט׳; נסגל,--ישראל עם סגולה; והגלגל...אל,--עמוס ה׳:ה׳. 21 הגרים וישמעאל,--כלומר ניתנו ערי ישראל ביד צרים וכו׳; הגרים

וישמעאלים כנויים לערבים ע׳ צונץ,ס.פ. עמ׳ 461 ולפי דעת בן יהודה במלונו, עמ׳ 1041 הע׳ 1: "וקרוב הדבר שממנו (מערבית هجر) גם השם הגר שפחת שרה." 22 לכל ציד,--כלומר ל׳צרים ואכזרים׳ דלעיל; אזלת יד,--חלשה ע"פ דברים ל"ב:ל"ו. 23 ומיחל...חיל,--איכה ג׳:כ"ו; רחל מבכה,--על בניה ע׳ ירמיה ל"א:י"ד; בך חוזה,--שמות כ"ד:י"א; ונושא לב,--שם ל"ה:כ"א. 26 לגדור לפרצותם,--עמוס ט׳:י"א. 27 ולעבור על,--כלומר ׳עובר על פשע׳ ע׳ מיכה ז׳:י"ח; מעל,--חטא; ולנקום...עלילותם,--ע׳ תהל׳ צ"ט:ח׳:"אל נושא היית ונקם על עלילותם." 28 נעתם,--מן נוע ור"ל נדודיהם של ב"י בגולה; בקץ נחתם,--דניאל י"ב:ט׳; שבתם וקימתם,--איכה ג׳:ס"ג. 29 עם נושע,--דברים ל"ג:כ"ט; תשע למנחתם,--בראש׳ ד׳:ד׳. 30 בית זבול,--רומז למקדש,ע׳ מ"א,ח׳:י"ג; שובת,--כלומר נח ושלו; בית מנוחתם,--כלומר ישב העם "במשכנות מבטחים ובמנוחות שאננות" ע׳ ישעיה ל"ב:י"ח. 31 אחים,--תהל׳ קל"ג:א׳; מרווחים,--כלומר שיש להם הנחה מצרה ע׳ ירושלמי מעשר שני נ"ו.ד׳:"בשעה שישראל בצרה ואמות העולם ברווחה"; וכשמחים...לב,--מ"א,ח׳:ס"ו.

60. שלמה מבורך

"בקשה". עשרה בתים בני ד׳ טורים. החריזה: אא,אא, / אב,בא,/ אג,גא, / וכו׳ פרט לשני בתים האחרונים החורזים: אאאא,. 2-3 מילים בכל טור. החתימה: שלמה מבורך חזק. המקורות: כה"י מ"ק, א. 1083, עמ׳ 98; כה"י "שירים וזמירות"?, הספרייה הלאומית, ירושלים, 421 °8, עמ׳ 78. הלחן: "קי דארידיש מי וידא אילוש קאנפוש סולח". (ד. אוצר, תוס׳, עמ׳ 98).

שַׁחַר אָעִירָה/ וְאָשִׁיר שִׁירָה
אֲזַמֵּר זִמְרָה/ לְעוֹטֶה אוֹרָה.

לְעוֹטֶה אוֹרָה/ בְּנוֹעַם קוֹלוֹת
יָמִים גַּם לֵילוֹת/ מָעוּזִּי אֶקְרָא.

מָעוּזִּי אֶקְרָא/ צוּרִי וּמִשְׂגַּבִּי
נַפְשִׁי וְלִבִּי/ הוֹצֵא מִצָּרָה.

הוֹצֵא מִצָּרָה/ עַמְּךָ יִשְׂרָאֵל
וְהָבֵא גוֹאֵל/ מַחֲסֶה וְעֶזְרָה.

מַחֲסֶה וְעֶזְרָה/ חוּשָׁה לְהָבִיא
גַּם שֵׁבֶט לֵוִי/ בְּהוֹד תִּפְאָרָה.

בְּהוֹד תִּפְאָרָה/ יָכִין מִזְבֵּחַ
וְיַקְרִיב זֶבַח/ וְאָז לֹא אִירָא.

וְאָז לֹא אִירָא/ אוֹיְבַי וּמְעַנַּי
כִּי שֵׁם יְיָ/ רֹאשִׁי יַכְתִּירָה.

רֹאשִׁי יַכְתִּירָה/ בְּכֶתֶר צְבִי
יִפְדֶּה מִשְּׁבִי/ כִּבְנוֹת הַבְּחִירָה.

כִּבְנוֹת הַבְּחִירָה/ אוּם גּוֹלָה וְסוּרָה
יָשִׁירוּ שִׁירָה/ חוֹבֵשׁ מְזוֹרָה.

חוֹבֵשׁ מְזוֹרָה/ זְכוֹר מְקוֹרָה
קַבֵּל עֲתִירָה/ מִנְחָה טְהוֹרָה.

1 שחר אעירה,--תהל׳ נ"ז:ט׳. 2 לעוטה אורה,--רומז להקב"ה ע"פ שם, ק"ד:ב׳. 4 מעוזי,--שם ל"א:ה׳. 6 נפשי וכו׳,--שם קמ"ג:י"א. 10 שבט לוי,--לשרת במקדש. 11 יכין מזבח,--עזרא ג׳:ג׳. 15 בכתר צבי,--ישעיה כ"ח:ה׳. 16 יפדה משבי,--כלומר יפדה אותי משבי; כבנות הבחירה,--כמו שיפדה בנות הבחירה שרה ע"פ בראש׳ כ"א:י"ב ורומז לכנסת ישראל. 17 גולה וסורה,--ישעיה מ"ט:י"א. 18 חובש מזורה,--כלומר ישירו שירה לחובש מזורה ורומז להקב"ה ע"פ תהל׳ קמ"ז:ג׳. 19 מקורה,--רומז לישראל ע"פ שם, ס"ח:י"ז. 20 קבל וכו׳,--מלאכי א׳:י"א ור"ל ונשלמה פרים שפתינו.

61. שלמה בן מזל טוב

"בקשה", מעין שיר-איזור בעל שש סטרופות בנות שלושה טורים ופסוק החוזר כפזמון בסוף כל מחרוזת. הצלעיות בטורי הסטרופות ובפזמון חורזות זו עם זו: א-ב,א-ב, א-ב,/ג-ד// ה-ו,ה-ו,ה-ו,/ז-ח//וכו׳. המקורות: <u>סדור התפלות כמנהג הקראים</u>, (גוזלוו,1836),ח"ד,ב׳ 23; הנ"ל (ווילנא,1890),ח"ד,עמ׳ 172; שלמה בן מזל טוב, <u>שירים וזמירות</u>, (קושטא,1545), עמ׳ 242. החתימה: שלמה מזל טוב. המשקל: מעין הקלוע: ◡–◡◡–◡–/–◡–– –◡– –◡– (ד.ה׳ 1027).

הַר שְׂנִיר תָּבוֹר וְחֶרְמוֹן/ הַרְאִיתֶם אֶת צְבִי
בְּנַפְשִׁי רָץ אֶל יְשִׁימוֹן/ מֹר עֲלֵי אֶרֶץ צְבִי
וַעֲדֵי פַּעְמֹן וְרִמּוֹן/ קֵן וְאֹהֶל חֹבְבִי
הַחֲזֵק מָגֵן וְצִנָּה/ יָהּ פְּדֵנוּ מִשְּׁבִי.

שְׁאֲגוּ שָׁכְנוּ צְחִיחָה/ פַּח וְרֶשֶׁת טָמְנוּ
צוֹרְרַי בָּתְנוּ צְוָחָה/ הֵד הֲרָרִים יַעֲנוּ
נִלְכְּדָה רַגְלָם בְּאִבְחָה/ מֵחֲרָבוֹת שָׁנְנוּ.
החזק וכו׳

לַעֲלוֹת צִיּוֹן בְּרִנָּה/ שָׂשׂ וְדָץ בִּשְׁנַת דְּרוֹר
גַּם זָמִיר דִּישׁוֹן וְעָנָה/ תַּעֲנֵהוּ אָז דְּרוֹר
הַמְשֻׁלַּחַת כְּיוֹנָה/ תֶּהֱגֶה אֶצְף צְרוֹר.
החזק וכו׳

מַה מְאֹד בָּאוּ הֲרָרִים/ תַּעֲנֶה שָׁלֵם בְּרוֹן
יִפְצְחוּ גִּבְעָה וְעָרִים/ יִצְהֲלוּ חֵיל שׁוֹמְרוֹן
יוֹם מְבַשֵּׂר נֵס לְהָרִים/ גַּם יְבָרֵךְ אַהֲרֹן.
החזק וכו׳

הַלְוִיִּם שִׁיר יְשִׁירוּן/ מִקְדַּשׁ אֵל בַּעֲלוֹת
יַעֲקֹב יָגֵל וְיָרוּן/ מֵהֲמוֹן שִׁיר מַעֲלוֹת
זָהֳרֵי שִׁבְעָה יְאִירוּן/ הַמְּנוֹרָה בַּעֲלוֹת.
החזק וכו׳

מִשְׁבְּצוֹת זָהָב לְבוּשָׁה/ טוֹב וְסַלָּח תַּעֲדֶה
תֹּף וְחָלִיל וַאֲנוּשָׁה/ שׁוּר כְּיוֹם צֵאת מִשָּׂדֶה
נוֹף וְצֹעַן בֶּחֱלָשָׁה/ צוּר כְּקַדְמָתָהּ פָּדֶה.
החזק וכו׳

1. הר...וחרמון,--דבהי"א, ה׳:כ"ג; תבור,--שם ו׳:ס"ב; צבי,--א"י ע"פ יחזקאל כ׳:ו׳. 2. ישימון,--במדבר כ"א:כ׳; ארץ צבי,--א"י ע"פ דניאל י"א:ט"ז. 3. פעמן ורמון,--רומז להר הבית שם במקדש נשא הכהן הגדול את מעיל האפוד עשוי פעמן ורמון, ע׳ שמות כ"ח:ל"ד; קן,--כנוי לא"י ע"פ שמות כ׳.ו׳: "כשבאו לא"י מצאו להם (בני ישראל) קן"; חבבי,--רומז לישראל ע"פ דברים ל"ג:ג׳. 4. החזק...וצנה,--תהל׳ ל"ה: ב׳. 5. שכנו צחיחה,--כנוי לישראל בגולה ע"פ שם, ס"ח:ז׳; פח...טמנו,--שם ק"מ: ו׳; הד הררים,--יחזקאל ז׳:ז׳. 7. רגלם,--מוסב על "שכנו צחיחה"; באבחה,--כלומר באבחת חרב, ע׳ שם כ"א:כ׳; מחרבות שננו,--לשונם ומוסב על "צוררי", ע׳ תהל׳ ס"ד: ד׳. 9. ציון ברנה,--ישעיה ל"ה:י׳; בשנת הדרור,--יחזקאל מ"ו:י"ז. 10. דישון,--בעל חי למשפחת הצבאים, ע׳ דברים י"ד:ה׳; וענה תענהו,--הקב"ה; דרור,--ישראל בגולה כצפור דרור. 11. כיונה,--ע׳ מכילתא, בשלח,ב׳,ב׳: "ישראל דומים ליונה";

תהגה,--ישעיה ל"ח:י"ד; קצף,--דברים כ"ט:כ"ז; צרור,--מתגבר. 13. מה...נאוו,--
ישעיה נ"ב:ז׳; הררים,--הררי ציון ע׳ תהל׳ קל"ג:ג׳; שלם,--ירושלים ע׳ שם
ע"ו:ג׳. 14. יפצחו,--בשיר; חיל שומרון,--נחמיה ג׳:ל"ד. 15. מבשר,--ישעיה נ"ב:
ז׳; נס להרים,--שם י"ח:ג׳; יברך אהרן,--הכונה לברכת כהן גדול בעבודת המקדש.
17. הלוים שיר,--דבהי"ב ז׳:ו׳; בעלות יעקב,--לראות את פני ה׳, ע׳ שמות ל"ד:
כ"ד. 18. שיר מעלות,--רומז לשירי המעלות בספר תהלים. 19. זהרי...בעלות,--
במדבר ח׳:ב׳. 21. משבצות...לבושה,--תהל׳ מ"ה:י"ד; תעדה,--ישעיה ס"א:י׳. 22.
ואנושה,--רומז לישראל ע"פ מיכה א׳:ט׳; שור,--ראה; משדה...וצען,--מצרים ע"פ
ישעיה י"ג:י"ט.

שמות הפייטנים

(המספרים בסוגריים מציינים את הפיוטים והמספרים בלי סוגריים רומזים לעמודים)

התחלותיהם של הפיוטים

אין בד. פירושו אין ב<u>אוצר השירה והפיוט</u> לישראל דוידזון.

המקורות

כתבי היד

אוכספורד = א.

הספרייה הבודליאנית

(לפי מספרי הקטלוג של נויבאויר וקאולי)

עמוד	הפיוט	סימן כה"י
23	(43ב)	1082, מחזור רומניה=מ"ר
26	(48)	"
38	(38)	"
40	(12)	"
42	(22)	"
48	(57)	"
51	(56)	"
61	(6א)	"
79	(49)	"
80	(24)	"

(המקורות, המשך)

עמוד	הפיוט	סימן כה"י
131	(2)	1082, מחזור רומניה=מ"ר
148	(22א)	"
30	(33)	1083, מחזור קורפו=מ"ק
98	(60)	"
138	(27)	"
182	(37)	1168,מ"ר
195	(42)	"
13	(43)	2501,מ"ר
79	(33)	"
3	(32)	1090,מחזור חלף=מ"ח

בולוניה = ב.

ספריית האוניברסיטה

עמוד	הפיוט	סימן כה"י
124	(36)	A 3574, מ"ר

ירושלים

בית-הספרים הלאומי = י.

78	(60)	8°421, מ"ק

אוסף ד.ש. ששון = ש.

32	(2)	493, מחזור בני רומא = מב"ר

לונדון = ל.

המוזיאום הבריטי

(לפי מספרי הקטלוג של מרגליות)

37	(48)	685 (הרלי 5583),מ"ר
51	(51)	"
151	(2)	"
258	(47)	"
336	(11)	"

אוסף מונטיפיורי

(המקורות, המשך)

ספריית Jews' College

117	(24)	220, מ"ר

ניו-יורק = נ.

ספריית בית-המדרש לרבנים

אוסף א. אדלר

42	(58)	0717, מחזור כפא=מ"כ
68	(59)	"
100	(29)	"
100	(46)	"
165	(27)	"
6	(17)	4027,מ"ר
37	(14)	"
43	(15)	"
44	(16)	"

פאריס = פ.

הספרייה הלאומית

(לפי מספרי הקטלוג של זוטנברג)

עמוד	הפיוט	סימן כה"י
33	(28)	606,מ"ר

אוסף לאטיני

208ב	(2)	16558

פארמה = פר.

הספרייה הפאלאטינית

(לפי מספרי הקטלוג של די רוססי)

135	(55א)	997,מ"ר
137	(55)	"

רומא = ו.

ספריית הואטיקאן

(לפי מספרי הקטלוג של אסמאני)

6	(25)	320,מ"ר
26	(55א)	"

המקורות, המשך)

עמוד	הפיוט	סימן כה"י
77	(20)	320,מ"ר
137	(6)	"
177	(40)	"
217	(42א)	"
225	(29א)	"
262	(7)	"
302	(26)	"
337	(45)	"
338	(7ב)	"
338	(8)	"
342	(26א)	"
352	(41)	"
354	(9)	"
354	(42ב)	"
356	(7א)	"
367	(13)	"
386	(4)	"
387	(23)	"
398	(43א)	"
510	(11)	"
522	(50)	"
551	(3)	"

מחזורים, סדורים ומקורות בדפוס

טוביה בירבי אליעזר, מדרש לקח טוב המכונה פסיקתא זוטרתא, ש.בובר, עורך, (ווילנא, 1880).

עמוד או מספר	הפיוט
מבוא,ל"ד	(1)

שמחה ויטרי, מחזור ויטרי, מהדורת שמעון הלוי הורוויץ, (ירושלים, 1963), קונטרס הפיוטים, הנלוה אל המחזור ויטרי, מהדורת חיים בראדי.

30	(3)

(המקורות, המשך)

מחזור טורינו, בית המדרש לרבנים, ניו-יורק, העתקת, ש.ז. שכטר.

עמוד או מספר	הפיוט
101:(166)	(12)

סידור חלף, בית המדרש לרבנים, ניו-יורק, (שנת 1560), חלק ב׳

נ׳,80	(32)

סדור התפלות כמנהג הקראים, (גוזלוו, 1836).

38	(53)
ח"ד,ב׳,23	(61)

הנ"ל, (ווילנא, 1890).

ח"ד,172	(61)

מחזור רומניה, (קושטא, 1510)=רג

10	(34)
15	(39)
43	(52)
54	(56)
140	(38)
145	(27)
162	(40)
166	(58)
173	(7)
189	(59)
260	(53)

הנ"ל, (ווינציה, 1522-3)=רב

51	(49)
53	(34)
57	(39)
90	(52)
104	(56)
118	(35)
192	(17)

(המקורות, המשך)

עמוד או מספר	הפיוט
212	(38)
238	(18)
241	(45)
248	(13)
254	(5)
256	(21)
260	(29)
260	(19)
262	(54)
280	(20)
332	(30)
332	(40)
334	(7)
336	(58)
351	(59)
352	(44)
372	(46)
412	(51)
414	(27)
443	(53)
446	(31)

<u>הנ"ל</u>, (קושטא, 1574), חלק א' = רא

21	(39)
37	(49)
38	(34)
63	(52)
72	(56)
82	(35)
151	(17)
167	(38)

(המקורות, המשך)

<u>הנ"ל</u>, חלק ב'

עמוד או מספר	הפיוט
5	(20)
9	(18)
12	(45)
19	(13)
26	(21)
29	(19)
30	(29)
31	(54)
43	(40)
44	(30)
44	(7)
46	(58)
57	(59)
58	(44)
73	(46)
101	(51)
102	(27)
119	(5)
123	(53)
125	(31)

לוח החריזה

(המספרים מציינים את הפיוטים)

1. חרוז מבריח ומשקל קלאסי

מס' 6,6א,29א,48,50,55

2. שירי-איזור בעלי מדריך

אא//בבב/אא//גגג וכו', 52
אאא//בבב/אא//גגג וכו', 53
אאאא//בבב/אא//גגג וכו', 40,8
אאאא//בבבב/אא//גגגג וכו', 47
אאאאא//בבבב/אא//גגגג וכו', 42
אאאא//בג בג בג בג/בא א// וכו', 33
אא אא אא אא//בב בב בב7אא אא//וכו', 14, 28
אב אב אב//גד גד גד/אב אב//הו הו וכו', 37
אא בא בא גדדדא אא//הו הו הו/זחחחא אא//טי טי וכו', 35
אאב גגב דדב ההב ב//ווז חחז טטז ייז/בב// וכו', 32
אב אב גגגג ב//דה דה וווו/ב//זח זח טטטט/ב// וכו', 51
אאאב גגגב דדדב ההב//וווז חחחז טטטז ייז כככז/לללב ההב// וכו, 59

3. שירי-איזור ללא מדריך

אאא/ב//גגג/ב// וכו', 15,24 (פרט לסטרופה הראשונה)

4. מעין שירי-איזור

אא//בבב/אא//גגג/אא וכו', 43ב,49
אאא/ב//גגג/ב// וכו', 18
אאא/ב//גגגג/ב//דדדד/ב// וכו', 9
אאאא//בבב/א//גגג/א// וכו' 58
אא אא/ב//גג גג/בב// וכו', 22
אא אא אא אא// בבבב/אא//גגגג/ וכו', 43א
אא אא אא אא//בג בג בג/אא//דה דה דה/ וכו', 7ב
אב אב אב/גד//הו הו הו/גד// וכו', 61
אב אב גגב ב//דדדד/בב//הההה/בב// וכו', 36

5. צורות אחרות

אא אא// בב בב// וכו׳, 2 (חלק ה׳), 10,12,16,17,23,25,26,34 (פרט לבית ט׳ בן ה׳ טורים), 41,42א,44,54,57

אאא/ב//גגג/ב// וכו׳, 4,7,7א,13,19,21,26א,27,30,39,42ב,45,46,56

אאא//בבב// וכו׳, 2 (חלק ו׳), 5,20,31 (בצירוף פתיחה), 43

אאאא//בבבב// וכו׳, 1,2 (חלקי א-ג)

אא אא/ב//גג גג/ב// וכו׳, 3

אא//בב/אא//בב/אא// וכו׳, 11

אא אא//אב בא//אג גא//וכו׳, 60

אא בב גג וכו׳, 38

אא (ה׳ פעמים בכל בית)//בב (ה׳ פעמים בכל בית)// וכו׳, 2 (חלק ז׳)

אא (ז׳ פעמים בכל בית)// בב (ז׳ פעמים בכל בית)// וכו׳, 2 (חלק ח׳)

אא אא//בב בא// וכו׳, 29

6. חרוז אחיד

מס׳ 2 (חלקי ד׳, ט׳)

7. חרוז בלתי קבוע

מס׳ 22א,55א

לוח המשקלים

1. משקלים קלאסיים

מס׳ 6א,29א,48,55: המרובה: ᴗ---/ᴗ---/ᴗ--//ᴗ---/ᴗ---/ᴗ--

מס׳ 59: המרנין: ᴗ---/ᴗ---//ᴗ---/ᴗ---

מס׳ 24: המרנין (מקוצר): ᴗ---/ᴗ---

מס׳ 6: השלם: --ᴗ-/--ᴗ-/--ᴗ-//--ᴗ-/--ᴗ-/---

מס׳ 8,40,42: השלם (מקוצר): --ᴗ-/--ᴗ-/---

מס׳ 38,50: המהיר: --ᴗ-/--ᴗ-/--//--ᴗ-/--ᴗ-/--

מס׳ 51: הקלוע: -ᴗ--/-ᴗ--//-ᴗ--/-ᴗ--

2. מספר קבוע של תנועות בטור

השוואים הנעים והחטפים אינם במניין.

שש תנועות בכל צלעית (12 בטור): 28,14

שבע תנועות בכל צלעית (14 בטור): 16

חמש תנועות בכל טור: 15

שבע תנועות בכל טור: 53

עשר תנועות בכל טור: 47

שתים-עשרה תנועות בכל טור: 32

צלעיות בלתי-שוות:

6 תנועות בכל צלעית בטורי סטרופות ו12 תנועות בטורי איזור: 33

6–7 תנועות בטורי סטרופות (פרט לטור 21 בעל 8 תנועות) ו7–9 בטורי מדריך ואיזור: 49

5 תנועות בטורי סטרופות ו9–10 בטורי מדריך ואיזור: 52

3. מספר משתנה של תנועות

4–5 תנועות בכל צלעית: 37

5 תנועות בצלעית הראשונה ו7–8 בצלעית השנייה של כל טור: 35

רשימת לשונות יוונית, לאטינית וערבית

1. יוונית	פיוט	2. לאטינית	פיוט
Θεωρῶν	6א	accidens	55א
καθεδριον	11	activus	55א
κοινός	55א	ad aliquid	55א
κόσμον	11	agens	55א
οὐρανός	56;11	agere	55א
παντοκράτωρ	11	anima	55א
ποιεῖν	55א	causa, causa causorum	55א
ποιητής	מבוא (ע'17)	complectens	55א
στοιχεῖοι	" (עמ'8);27	corpus	55א
ὕλη	27	descriptio	55א
χορυφαιος	מבוא (ע' 19)	dispositio	55א

2. לאטינית

	פיוט
divisio	55א
extimatio	55א
figura	55א
forma	55א
generatio et corruptio	מבוא (עמ' 8); 27
habitus	55א
mensura	55א
natura	55א
ordo	55א
pati	55א
perfecto	55א
positio	55א
qualitas	55א
quando	55א
quantitas	55א
sensus	55א
simplex	55א.
substantia	55א
ultimum	55א

3. ערבית

	פיוט
هجر	59
عام	55א
غاية	55א
غير	55א
شجاع	מבוא (ע' 23)

רשימת ספרות

(הרשימה מכילה חיבורים שפרטיהם הביבליוגראפיים לא הובאו במלואם בגוף הספר).

אוצר מדרשים= אוצר מדרשים, מהד' י.ד. אייזענשטיין, (נויארק, תרע"ה), ב' כרכים.

אוצר תוס'= תוספת חדשה לאוצר השירה והפיוט בשנתון להיברו יוניון קולג', 12-13, (1938), עמ' 715-823.

אלבוגן, י.מ. התפילה בישראל בהתפתחותה ההיסטורית, (תל-אביב, תשל"ב).

אלבוגן(סתם)= I. Elbogen, Studien zur Geschichte des jüdischen Gottesdienstes, (Berlin, 1907).

אמונה רמה= אברהם בן דוד הלוי, ספר האמונה הרמה, (ברלין, 1919).

אנקורי= Zvi Ankori, Karaites in Byzantium, (New York, 1959)

בן מימון, ר' משה, ספר מורה נבוכים, בהעתקת ש. אבן תיבון, (ווארשא, תרל"ב).

בראשית רבה, מהד' י. תיאודור וח. אלבק, (ירושלים, תשכ"ה).

ברנשטיין= ש. ברנשטיין, פיוטים ופייטנים חדשים מהתקופה הביצנטינית, (ירושלים, תש"א).

גויטיין= S.D. Goitein, A Mediterranean Society, (California, 1967), I and (California, 1971), II.

גולדשמידט, מחזור לימים נוראים לפי מנהגי בני אשכנז, מהד' ד. גולדשמידט, (ירושלים, תש"ל), ב' כרכים.

גולדשמידט רומניה= ד. גולדשמידט, "על מחזור רומניה ומנהגו", ספר זכרון ליצחק בן-צבי, (ירושלים, תשכ"ד).

גנזי שכטר, י. דוידזון= ג': פיוטים ושירים מן הגניזה שבמצרים, (ניו-יורק, 1928).

גנזי שכטר, ל. גינצבורג= א': קטעי מדרש והגדה מן הגניזה שבמצרים, (ניו-יורק, 1928).

דינור ב.= בן-ציון דינור, ישראל בגולה, (ירושלים-תל-אביב, תשי"ח-תשל"ג).

ד= י. דוידזון, אוצר השירה והפיוט מזמן כתבי הקודש עד ראשית תקופת ההשכלה (ניו-יורק, 1923-1933), ד' כרכים.

הברמן, א.מ. ספר גזירות אשכנז וצרפת, (ירושלים, תש"ו).

הברמן עיונים= א.מ. הברמן, עיונים בשירה ובפיוט, (ירושלים תשל"ב).

הברמן עתרת רננים= א.מ. הברמן, עתרת רננים, (ירושלים, תשכ"ז).

הברמן תולדות א' וב'= א.מ. הברמן, תולדות השירה והפיוט, (רמת-גן, תש"ל), א'; (רמת-גן, תשל"ב), ב'.

הלוי, ר' יהודה, ספר הכוזרי, מהד' א. צפרוני, (ווארשא, תרע"א).

וינברגר א' וב'= י.ל. וינברגר, "שירים חדשים מן התקופה הביזאנטינית", השנתון להיברו יוניון קולג', 39, (1968), א'; 43 (1972) ב'.

ויקרא רבה, מהד' מ' מרגליות, (ירושלים, תשי"ג-תש"ך).

ולנשטין מ.= M. Wallenstein, Some Unpublished Piyyutim from the Cairo Geniza, (Manchester, 1956).

זולאי עיוני לשון= מ. זולאי, "עיוני לשון בפיוטי ינאי", ידיעות המכון, ו', (ירושלים, תש"ו).

זולאי פיוטי ינאי= פיוטי ינאי, מהד' מ. זולאי, (ברלין, תרצ"ח).

חו"ה= בחיי אבן פקודה, ספר תורת חובות הלבבות, (לייפציג, 1846).

חסדאי קרסקס, אור ה׳, מהד׳ ה. וולפסון, (קיימבריג׳, 1929).

ידיעות= ידיעות המכון לחקר השירה העברית, א׳-ז׳, (ברלין-ירושלים, תרצ"ג-תשי"ח).

ילקוט שמעוני, (פולנאה, תקס"ה-תקס"ו).

מגילת אחימעץ, מהד׳ ב. קלאר, (ירושלים, תש"ד).

מדרש משלי, הוצ׳ ש. בובר, (ווילנא, תרנ"ג).

מדרש תהלים, המכונה שוחר טוב, הוצ׳ ש. בובר, (ווילנא, תרנ"א).

מדרש תנחומא, הוצ׳ ש. בובר, (ווילנא, 1885).

מכילתא, מהד׳ הורוביץ ורבין, (ברלין, תר"ץ).

מסעות בנימין= ספר מסעות של ר׳ בנימין מטודילה , הוצאת מ. אדלר, (לונדון, תרס"ז).

סדר אליהו רבה וסדר אליהו זוטא, הוצ׳ מאיר איש שלום, (ווינא, 1900).

סטאר ביזאנטיון= J. Starr, The Jews in the Byzantine Empire,(Athens,1939)

סטאר רומניה= J.Starr, Romania,(Paris,1949)

ספר תחכמוני= יהודה אלחריזי, ספר תחכמוני, הוצאת מ. שטערן, (וויען, תרי"ד).

ספרא דבי רב, מהד׳ א.ה. וויס, (וינה, 1862).

ספרי, מהד׳ מ. איש שלום, (וינה, תרכ"ד).

ערוגת הבושם= ספר ערוגת הבשם לר׳ אברהם ב"ר עזריאל, א׳-ד׳, מהד׳ א.א. אורבך, (ירושלים, תרצ"ט-תשכ"ג).

פליישר, ע. "לקדמוניות הקדושתא"= ע. פליישר, "לקדמוניות הקדושתא", הספרות, 2.2 (תשל"א).

פ׳ ס׳ יצירה= ר׳ יהודה הברצלוני, <u>פירוש על ספר היצירה</u>, מהד׳ שז"ח האלברשטאם, (ברלין, תרמ"ה).

פסיקתא דרב כהנא, הוצ׳ ש. בובר, (ליק, 1868).

פסיקתא רבתי, הוצ׳ מאיר איש שלום, (ווינא, תר"ם).

פרקי דר׳ אליעזר, עם ביאור הרד"ל (ר׳ דוד לוריא), (ווארשא, תרי"ב).

צונץ ל.ג.= L.Zunz, <u>Literaturgeschichte der synagogalen Poesie</u>, (Berlin, 1865)

צונץ, ס.פ.= L.Zunz, <u>Die synagogale Poesie des Mittelalters</u>, (Frankfurt a.M., 1920)

צונץ, ריטוס= L.Zunz. <u>Die Ritus des synagogalen Gottesdienstes</u>, (Berlin, 1859)

י. קלצקין, <u>אוצר המונחים הפלוסופיים ואנתולוגיה פלוסופית</u>, (ניו-יורק, תשכ"ח).

רשב"ג, "כתר מלכות"= שלמה אבן גבירול, "כתר מלכות", נדפס בשירמן, <u>השירה</u>, א׳, עמ׳ 257.

רשב"ג מקור חיים= שלמה אבן גבירול, ספר מקור חיים, (ירושלים, תרפ"ו).

שארף= A.Sharf, <u>Byzantine Jewry from Justinian to the Fourth Crusade</u>, (New York, 1971)

שד"ל לוח הפייטנים= ש.ד. לוצאטו, לוח הפייטנים (נחלת שד"ל, ב׳) ב"אוצר טוב", (ברלין, תר"ם-תרמ"א) עמ׳ 1-106.

שירי שלמה בן יהודה אבן גבירול, מהד׳ ח.נ. ביאליק וי.ח. רבניצקי, 3 כרכים, (ברלין-תל-אביב, תרפ"ד-תרצ"ב).

שירמן, הגניזה= ח. שירמן, <u>שירים חדשים מן הגניזה</u>, (ירושלים, תשכ"ו).

שירמן השירה= ח. שירמן, השירה העברית בספרד ובפרובאנס, (ירושלים-תל-אביב, 1961).

שירמן, מבחר= ח. שירמן, מבחר השירה העברית באיטליה, (ברלין, תרצ"ד).

שירמן, תורקיה= ח. שירמן "מגנזי בית הספרים, אסף פיוטים מתורקיה בספריה הלאומית", קרית ספר, י"ב.

שלום ג. (סתם)= G.G.Scholem, Major Trends in Jewish Mysticism,(New York, 1961)

שלום ג. מרכבה= G.G. Scholem, Jewish Gnosticism, Merkabah Mysticism and Talmudic Tradition,(New York,1965)

תרביץ, למדעי הרוח, רבעון האוניברסיטה העברית, ירושלים. משנת תר"ץ.

תקנות קנדיה= תקנות קנדיה וזכרונותיה, הוצ' א.ש. הרטום ומ.ד. קאסוטו, א' (ירושלים, תש"ג).

J.Q.R.= Jewish Quarterly Review

M.G.W.J.= Monatsschrift für Geschichte und Wissenschaft des Judentums

Neubauer,A.= A. Neubauer, Aus der Petersburger Bibliothek, (Leipzig,1866)